普通高等学校"十四五"规划物流
管理与工程类专业数字化精品教材

编委会

主　任
刘志学　教育部高等学校物流管理与工程类专业教学指导委员会副主任委员
　　　　华中科技大学教授

编　委（按姓氏汉语拼音排序）
冯　春　西南交通大学教授
黄福华　教育部高等学校物流管理与工程类专业教学指导委员会委员
　　　　湖南工商大学教授
李文锋　教育部高等学校物流管理与工程类专业教学指导委员会委员
　　　　武汉理工大学教授
李　燕　江汉大学副教授
李严峰　教育部高等学校物流管理与工程类专业教学指导委员会委员
　　　　云南财经大学教授
刘　丹　教育部高等学校物流管理与工程类专业教学指导委员会委员
　　　　福州大学教授
马　璐　广西民族大学教授
庞　燕　教育部高等学校物流管理与工程类专业教学指导委员会委员
　　　　中南林业科技大学教授
冉文学　云南财经大学教授
王忠伟　教育部高等学校物流管理与工程类专业教学指导委员会委员
　　　　中南林业科技大学教授
谢如鹤　教育部高等学校物流管理与工程类专业教学指导委员会委员
　　　　广州大学教授
徐贤浩　华中科技大学教授
张得志　中南大学教授
张　锦　教育部高等学校物流管理与工程类专业教学指导委员会副主任委员
　　　　西南交通大学教授
邹安全　佛山科学技术学院教授

普通高等学校"十四五"规划物流
管理与工程类专业数字化精品教材

总主编◎刘志学

物流自动化系统

LOGISTICS AUTOMATION SYSTEMS

冉文学◎主　编
金莉苹◎副主编

中国·武汉

内 容 提 要

本书从全新的角度去展示"物流自动化系统"的相关技术和理论知识。主要阐述了物流自动化基础、物流自动化搬运系统、物流自动输送系统、物流自动化仓储系统、物流自动化分拣作业系统、物流自动化控制系统、物流自动消防预警系统、物流监控追溯系统、物流自动化信息系统等内容。全面介绍了现代化的物流工程项目涉及的技术、设备、理论知识,向读者展示了物流自动化系统发展的新成就和新趋势。书中还包含一些典型的自动化物流系统的技术案例、练习与思考题。全书结构合理、层次清晰、内容全面,是一本融合了系统工程、物流工程、物流供应链管理、物流技术、物流设施与设备等多领域知识的专业图书。

本书适合作为高等院校物流管理、物流工程、采购管理、供应链管理等物流类专业的应用型本科生和研究生的教材,同时也可以作为从事物流管理、物流工程、供应链管理的研究人员和技术人员的参考书。

图书在版编目(CIP)数据

物流自动化系统/冉文学主编.—武汉:华中科技大学出版社,2023.1
ISBN 978-7-5680-8981-4

Ⅰ.①物… Ⅱ.①冉… Ⅲ.①物流-自动化系统-高等学校-教材 Ⅳ.①F253.9

中国版本图书馆 CIP 数据核字(2022)第 229449 号

物流自动化系统 冉文学 主编
Wuliu Zidonghua Xitong

策划编辑:陈培斌　周晓方
责任编辑:余　涛
封面设计:原色设计
责任监印:周治超
出版发行:华中科技大学出版社(中国·武汉)　　电话:(027)81321913
　　　　　武汉市东湖新技术开发区华工科技园　　邮编:430223
录　　排:华中科技大学惠友文印中心
印　　刷:武汉市籍缘印刷厂
开　　本:787mm×1092mm　1/16
印　　张:21　插页:2
字　　数:523千字
版　　次:2023年1月第1版第1次印刷
定　　价:59.80元

本书若有印装质量问题,请向出版社营销中心调换
全国免费服务热线:400-6679-118　竭诚为您服务
版权所有　侵权必究

总　序

　　物流业是国民经济和社会发展的基础性、战略性产业。加快发展现代物流业对促进产业结构调整和提高企业市场竞争力都具有非常重要的作用。进入21世纪以来，随着经济全球化的加速推进和信息技术的强力驱动，我国现代物流业发展迅速并呈现出强劲的发展态势，企业物流管理水平不断提高，物流企业服务能力显著增强，迫切需要大批高素质的物流管理与物流工程专业人才。2014年国务院发布的《物流业发展中长期规划（2014—2020年）》指出，"着力完善物流学科体系和专业人才培养体系，以提高实践能力为重点"，对培养既有理论创新思维又有实践应用能力的应用型本科物流专业人才提出了明确要求。

　　在教育部《普通高等学校本科专业目录（2012年）》中，物流管理与工程类专业已上升为管理学学科的一级大类本科专业，不仅为全国高校物流管理与工程类专业的发展带来了崭新的发展机遇，而且对加速培养社会和企业需要的物流本科专业人才提供了重要的发展平台。据统计，我国开办物流管理与工程类本科专业的高等学校已达到524所，专业布点数有570个，其中物流管理专业点456个，物流工程专业点109个，在校本科生约10万人。可见，我国物流高等教育已进入全方位发展新阶段，亟须全面创新物流管理与工程类本科专业人才培养体系，切实提升物流专业人才培养质量，以更好地满足日益增长的现代物流业发展对物流专业人才的需求。

　　在本科专业人才培养体系中，教材建设是极其重要的基础工程。在教育部高等学校物流管理与工程类专业教学指导委员会的大力支持下，华中科技大学出版社2015年7月召开"全国高等院校物流管理与工程专业类应用型人才培养'十三五'规划精品教材"建设研讨会，来自国内二十多所大学的物流专业资深教授和中青年学科带头人就课程体系、教材定位、教学内容、编著团队、编写体例等进行认真研讨，并达成共识，成立由多位物流管理与工程类专业教学指导委员会委员领衔组成的编委会，组织物流领域的专家学者共同编写定位于应用型人才培养的精品教材。

　　经多次研讨，编委会力求本套规划教材凸显以下特色。

一是充分反映现代物流业发展对应用型物流专业人才的培养要求。在考虑本套教材整体结构时,既注重物流管理学、供应链管理、企业物流管理等核心课程,更强调当今电商物流、冷链物流、物流服务质量等实践趋势;既注重知识结构的完整性,更强调知识内容的实践性,力求实现先进物流管理理论与当代物流管理实践的充分融合。

二是遵循《物流管理与工程类专业教学质量国家标准》规范要求。2015年,教育部高等学校物流管理与工程类专业教学指导委员会颁布了《物流管理与工程类专业教学质量国家标准》,对物流管理与工程类本科专业人才的培养目标、培养规格、课程体系、教学条件等提出了明确要求。因此,本套教材从选题到内容组织都力求以《物流管理与工程类专业教学质量国家标准》为指南。

三是强化案例分析教学。应用型本科物流专业人才特别注重实践动手能力的培养,尤其是培养其独立发现问题、分析问题和解决问题的能力,而案例分析教学是实现学生能力提升的有效途径。因此,本套教材的每章都以案例导入,并配备了大量的同步案例和综合案例,力求通过案例教学增强学生独立思考和综合分析能力,学以致用,知行合一。

本套教材由多年从事物流管理与工程类本科专业教学、在本学科领域具有丰富教学经验的专家学者担任各教材的主编。首批教材涵盖《物流管理学》《供应链管理》《企业物流管理》《国际物流学》《物流信息技术与应用》《第三方物流》《运输管理》《仓储管理》《物流系统建模与仿真》《物流成本管理》《采购与供应管理》《物流系统规划与管理》《物流自动化系统》《物流工程》《物流项目管理》《冷链物流》《物流服务质量管理》《电子商务物流》《物流决策与优化》等书目。同时,编委会将依据我国物流业发展变化趋势及其对应用型本科物流专业人才培养的新要求及时更新教材书目,不断丰富和完善教学内容。

为了充分反映国内外最新研究和实践成果,在本套教材的编写过程中参考了大量的专著、教材和论文资料,其作者已尽可能在参考文献中列出,在此对这些研究者和实践者表示诚挚的谢意。如果有疏漏之处,我们深感抱歉,一旦获知具体信息,我们将及时予以纠正。

应该指出的是,编撰一套高质量的教材是一项十分艰巨的任务。尽管作者们认真尽责,但由于理论水平和实践能力所限,本套教材中难免存在一些疏忽与缺失,真诚希望广大读者批评指正,不吝赐教,以期在教材修订再版时补充完善。

2016年5月20日

前言

应华中科技大学出版社的邀请,我们编写了《物流自动化系统》这本教材。

从1992年开始接触物流的概念,至今已经过去近30年了。这些年里,在企业、在学校,一直都在我国现代物流的前沿,从事具体的科学研究和教学工作,亲身经历了我国现代物流从无到有,亲身经历了物流高新技术装备走出的"跨越式"发展道路,亲身经历的工程技术研发项目总数超过500个,我敢说,每一个项目都代表了一个时代先进的特征。直到今天,无托盘立体仓储技术、无堆垛机立体仓储技术、无货架立体仓储技术、多种单元物料分拣技术、自动化立体仓储技术、多规格订单包装技术、AGV & AGVS技术、密集仓储技术、机器人技术、以CPS技术为核心的预排程技术等得到广泛应用。早在1995年,我们就将安防技术用于物流监控系统;早在2003年,就将手机定位技术用于配送车辆的监控与追溯;还记得美国人不卖陀螺导引的AGV给我们,欧洲人的单元物料分拣设备要天价,还有在安德卫普的一所教堂前受到"No copy!"的羞辱,……,记忆让我们殷实得多,在国家快速发展中的我们,直面西方国家的封锁,坚持走自己的路。至今,我和我的团队,依然还在研究制约生产效率的种种物流工程技术,并且努力用这些技术服务经济发展,支持一流学科建设。

我的团队始终坚持现代物流的高新技术特色,70多项国家专利技术为这本书所介绍,这是个纯粹的物流工程创新及教学团队,不是物流管理的工程团队,培养的是物流工程的工学本科生、硕士研究生,不是物流工程的管理学本科生,也不是物流管理的工程硕士。该给学科一个什么样的理论、技术体系?我们一直在思考。

本书包括十章内容。

第一章涉及物流、物流工程、物流自动化的含义,物流自动化系统的概念、分类以及功能构成、特征;物流自动化研究意义、发展历程及趋势。

第二章涉及物流集装的单元化理念,规范标准,集装单元化与物流信息化的作用;物流集装单元化工具,涉及各类托盘和集装箱;物流自动化的发展和应用。

第三章涉及物料搬运的概念及物料搬运系统的组成,搬运系统分析设计,对物料搬运及物料搬运系统的总体认识;各种刚性输送系统和柔性搬运系统,物料搬运作业合理化的原则和途径,对已有的物料搬运系统进行分析和改进。

第四章涉及物流自动化输送系统的特点和分类;物流自动化输送系统的应用范围及输送货物的特性;物流自动化输送设备的主要参数和选型;各种物流输送设备的结构和性能。

第五章涉及仓储系统的分类和特点、仓库布局合理化的含义;自动化仓库出入库能力指标的计算以及仓库的最佳参数选择;仓储设施的结构设计,包括建筑用地内的道路、建筑物内的通道、建筑物的柱间距、建筑物的梁下高度和屋檐高度、月台高度、建筑物的进/出货开口尺寸、地面载荷等设计;自动化立体仓库系统及其构成、自动化仓库的特点、自动化仓库系统的分类、自动化立体仓库的设计等。

第六章涉及配送分拣作业系统的概念、作用、价值;配送分拣作业分析,分拣业务构成、特性、提高分拣效率的思路;配送分拣作业系统设计与配置,包括单机能力、系统能力的计算。

第七章涉及自动控制技术基础,包括自动控制及自动控制系统的概念、自动控制系统的分类及特点;电气控制线路概述、简单设计法及其设计案例;PLC 的产生、发展、用途,PLC 的组成、工作原理、特点及分类,PLC 基本指令及程序设计;典型自动化物流工程控制系统设计。

第八章涉及自动消防预警系统的含义与技术内容;自动消防预警系统在物流领域的设计及运用;自动消防预警系统的实现。

第九章涉及自动化物流系统监控系统视频监控的含义与技术内容;监控系统在物流领域的设计及运用;GIS、GPS 的基本概念、关键技术及在物流领域的应用;手机定位技术的方式、原理及在物流领域的应用;车辆监控系统的方式、原理及在物流领域的应用等。

第十章涉及物流信息及物流信息管理的内容、特征及其功能;物联网技术和物流信息化技术及其在物流信息化中的应用方式和方法;物流信息系统的系统分析和系统设计的基本理论;物流信息管理的内容、特征及管理模式;物流信息管理系统的概念、特点、种类及功能。

本书由冉文学任主编,刘森、王家鹏任副主编,由冉文学负责总体构思和统稿编撰工作,参加编写的有冉文学、刘森、王家鹏、银伟丽、马锐瑾、赵俊丽、黄益、赖君谊、谢艮花、文评等。

本书在编写过程中参考了大量文献,已尽可能地列在书后的参考文献中,但其中仍难免有遗漏,这里特向被遗漏的作者表示歉意,并向所有的作者表示诚挚的感谢。

由于时间仓促及作者水平有限,本书错误之处在所难免,敬请读者批评指正。

冉文学

2022 年 8 月

目 录

第一章 绪论 / 1

第一节 物流、物流工程与自动化物流工程 / 1
第二节 物流自动化系统的发展 / 7
第三节 自动化物流系统架构 / 12

第二章 物流自动化基础 / 23

第一节 物流集装单元化概论 / 23
第二节 几类物料单元集装化工具 / 28
第三节 物流自动化的发展与应用 / 43

第三章 物流自动化搬运系统 / 60

第一节 装卸搬运概述 / 60
第二节 搬运的活性理论 / 64
第三节 物料搬运系统分析方法 / 66
第四节 物料搬运设备 / 75

第四章 物流自动输送系统 / 97

第一节 物流自动输送系统的特点与分类 / 97
第二节 物流自动输送系统的应用范围及所输送货物的特性 / 99
第三节 物流自动输送系统的主要参数和选型 / 106
第四节 各种物流自动输送机结构与性能 / 113

第五章　物流自动化仓储系统　/ 122

第一节　仓储系统的分类和特点　/ 122
第二节　仓库出/入库能力指标计算　/ 125
第三节　仓储设施及结构设计　/ 129
第四节　自动化立体仓库系统　/ 148

第六章　物流自动化分拣作业系统　/ 168

第一节　概述　/ 168
第二节　物料分拣作业分析　/ 174
第三节　配送分拣作业系统能力分析　/ 189

第七章　物流自动化控制系统　/ 207

第一节　自动控制技术基础　/ 207
第二节　电气控制线路基础　/ 213
第三节　PLC 基础　/ 221
第四节　自动化物流工程电气控制系统实例　/ 232

第八章　物流自动消防预警系统　/ 245

第一节　自动消防预警系统　/ 245
第二节　自动消防预警系统的特点及分类　/ 250
第三节　自动消防预警系统的实现　/ 252

第九章　物流监控追溯系统　/ 262

第一节　视频监控技术　/ 262
第二节　地理信息系统　/ 267
第三节　全球定位系统　/ 271
第四节　手机定位技术　/ 275
第五节　物流车辆监控系统　/ 278

第十章　物流自动化信息系统　/ 287

第一节　物流信息管理概述　/ 287

第二节　物联网技术与物流信息化　　　　　　　　　　／ 294
第三节　物流信息系统设计　　　　　　　　　　　　　／ 306
第四节　物流管理信息系统　　　　　　　　　　　　　／ 311

参考文献　　　　　　　　　　　　　　　　　　　　／ 323

第一章
绪　论

学习目标及要点

1. 理解并掌握物流、物流工程、物流自动化的意义；
2. 掌握物流自动化系统的概念、分类以及功能构成、特征；
3. 了解物流工程自动化研究意义、发展历程及趋势，掌握其理论体系、常用技术。

第一节　物流、物流工程与自动化物流工程

一、物流

虽然物流进入我国的历史不长，但随着社会各阶层的努力，目前已不是新概念了。物流概念最早起源于20世纪初的美国，到现在已有将近一百年的历史，期间经历了由"physical distribution"到"logistics"的演变，但其核心思想"加强实物和信息的有效流动以满足客户需求"，自始至终没有改变。

对于物流的定义，不同国家、不同机构、不同时期都有所不同，比较有影响的定义有美国的定义、欧洲的定义和日本的定义。

"物流是供应链管理的一部分，它是为满足客户需要对商品、服务及相关信息从源头到消费点之间的高效（高效率、高效益）、正向及反向流动和存储进行计划、实施和控制的过程。"——美国物流管理协会（American Council of Logistics Management）2000年的物流定义。

"物流是在一个系统内对人员或商品的运输、安排及与此相关的支持活动的计划、执行与控制，以达到特定的目的。"——欧洲标准化委员会（FEM）1994年给出的物流定义。

"物流是产品从卖方到买方的全部转移过程。为了全面实现某一战略、目标或任务，把

运输、供应仓储、维护、采购、承包和自动化综合成一个单一的功能,以确保每个环节的最优化。"——日本通商产业省运输综合研究所给出的物流定义。

物流的概念主要通过两条途径从国外传入我国：一条是在20世纪80年代初随"市场营销"理论的引入而从欧美传入,因为在欧美的所有市场营销教科书中,都毫无例外地要介绍"physical distribution",这两个单词直译为中文即为"实体分配"或"实物流通",所谓"实体分配"指的就是商品实体从供给者向需求者的物理性移动。另一条途径是"physical distribution"从欧美传入日本,日本人将其译为日文"物流"。20世纪80年代初,我国从日本直接引入"物流"这一概念。20世纪90年代中期,我国开始了现代物流高新技术及设备的开发,走出了中国物流跨越式的发展道路。

"根据实际需要,将运输、储存、装卸、搬运、包装、流通加工、配送、信息处理等基本功能实施有机结合,使物品从供应地向接收地进行实体流动的过程中。"——2021年8月颁布的中华人民共和国国家标准《物流术语》中的物流定义。

我国物流的定义既参考了国外的物流定义,又充分考虑了中国物流发展的现实。从定义中可以看出,物流是一个物品的实体流动过程,在流通过程中创造价值,满足顾客及社会性需求,即物流的本质是服务。这个定义的不足是物流与供应链之间的关系描述不够。在物流概念传入我国之前,我国实际上一直存在着物流活动,即运输、保管、包装、装卸、流通加工等物流活动,其中主要是存储运输即储运活动。物流业与储运业有本质区别,主要差别在于：

（1）物流比储运所包含的内容更广泛,一般认为物流包括运输、保管、配送、包装、装卸、流通加工及相关信息处理活动；而储运仅指储存和运输两个环节,虽然其中也涉及包装、装卸、流通加工及信息处理活动,但这些活动并不包含在储运概念之中。

（2）物流强调诸活动的系统化,从而达到整个物流活动的整体最优化；储运概念则不涉及存储与运输及其他活动整体的系统化和最优化问题。

（3）物流是一个现代的概念,在第二次世界大战后才在各国兴起；而在我国,储运是一个十分古老、传统的概念。

本书支持美国物流管理协会2000年对物流的定义,因为其符合时代发展的特征,它拓展了物流的外延,确立了"物流是供应链的组成部分"的开放性,强调物流的基础是顾客的需要,是"经济过程",包括物品进向、去向、内部和外部的移动以及以环境保护为目的的物料回收,将物流的范围扩大到经济的各个领域,物流的内容不仅包括货物,还包括服务、信息,反映了现代经济以顾客为中心的理念,并且该定义强调了信息在物流中的地位和作用,因为信息管理是高效率运作现代物流、提高物流效益的关键因素。此外,该定义还提出了"逆向物流"的观点。

当然,物流的定义,无论是美国、欧洲、日本,还是我国标准《物流术语》中的定义,都有以下共同点：

（1）物流是一个过程,是一个将实物从起源地（供应地）向消费地（接收地）进行流动,以消除空间阻隔和时间阻隔的过程。

（2）物流过程由若干环节组成,如运输、储存、装卸搬运、包装、流通加工、配送、信息服务等七个基本环节。

（3）物流过程的有机组合,是为了提高过程效率,即以最少的投入,达到最佳的物流效果。

（4）物流过程所追求的是满足顾客的要求。物流过程的设计、策划、整合，均应以满足顾客要求为最终目标，一切物流活动均围绕顾客需求而展开。

二、物流工程

物流工程是关于物流系统分析、设计、改善、控制和管理的学科，起源于两种独立的工业生产活动：一是企业对生产领域的物料流和物料搬运，面向生产企业将原材料变成产品的制造过程的工艺过程、设施器具的研究与设计；二是物资流通部门及其所属研究机构对物资流通领域的物资流通和分配的规划、运作、系统设施及技术的研究工作。自动化物流工程强调物流工程的现代化和先进性。

随着信息科学的发展和产业的专业化、集成化，使不同领域的学科理论、先进技术高度融合，自动化物流工程表现在以下几个方面：

（1）物流管理体制的变化，从过去专业的物资流通部门的"统购统销"，向多元化的市场经济发展；

（2）物流的系统化、专业化、集成化，从而形成新型物流企业；

（3）物流管理的信息化，决策的科学化；

（4）传统的物料搬运设备和仓储设备向自动化、智能化发展；

（5）物流系统的集中监控，以及集散控制系统在物流设备中的应用；

（6）物流装备的监控与物流管理的集成；

（7）计算机科学和电子商务的飞速发展，促进了物流业从传统的运作模式向现代物流的发展。

目前，对"物流工程"存在两种理解误区：一种认为"物流工程"是"物流系统工程"的简称，从这个意义上理解的"物流工程"是从系统科学的角度对物流进行研究；另一种认为"物流工程"与"物料搬运"的含义是相同的。产生这两种想法的原因在于物流工程起源的两个方面，因而其理解都是不全面的。

物流工程(logistics engineering)是物流学与管理学、系统工程、机电工程、自动控制工程、信息工程等多学科相融合的产物。它是将物流看作一个系统，运用系统工程、管理学和信息科学的理论与方法，进行规划、设计、管理和控制，选择最优方案，依靠采用机电一体化技术、自动控制技术等先进的、省力的设施，以低成本、高效率、高质量为社会经济系统和企业提供最有力的支持和服务的活动过程。

必须强调，物流工程意味着物流管理、工程技术和信息技术的有机结合。在物流工程中，如果把信息技术比喻成大脑和神经系统，工程技术构成了它的骨架，而物流管理科学就是它的肉体，单纯强调某一方面的作用都会偏离发展方向。

物流工程体现了自然科学和社会科学相互交叉、相互融合的特征。

（1）物流工程作为一门交叉学科，它与其他学科有着密切的联系，如机械工程、机械电子学、生产加工工艺学、计算机科学等。

（2）物流工程是以多学科综合为其理论基础的，物流工作人员和研究人员需要有多方面的知识，除了要掌握生产、运输等技术知识外，还要掌握经济学、统计学等经济管理知识。

(3) 物流工程的研究对象一般是多目标决策的、复杂的动态系统。在系统分析时,既要考虑其经济性指标,又要考虑技术上的先进性、科学性。因此,其研究方法不仅要运用自然科学中常用的科学逻辑推理与逻辑计算,同时,也常采用对系统进行模型化、仿真与分析的方法。研究中,常采用定量计算与定性分析相结合的综合性研究方法。

三、物流自动化

自动装置的出现和应用是在 18 世纪。自动化技术形成时期是在 18 世纪末到 20 世纪 30 年代。1788 年英国机械师瓦特发明离心式调速器(又称飞球调速器),并把它与蒸汽机的阀门连接起来,构成蒸汽机转速的闭环自动控制系统。瓦特的这项发明开创了近代自动调节装置应用的新纪元,对第一次工业革命及后来控制理论的发展有重要影响。人们开始采用自动调节装置来对付工业生产中提出的控制问题。这些调节器都是一些跟踪给定值的装置,使一些物理量保持在给定值附近。自动调节器的应用标志着自动化技术进入新的历史时期。进入 20 世纪以后,工业生产中广泛应用各种自动调节装置,促进了对调节系统进行分析和综合的研究工作。这一时期虽然在自动调节器中已广泛应用反馈控制的结构,但从理论上研究反馈控制的原理则是从 20 世纪 20 年代开始的。1833 年英国数学家巴贝奇在设计分析机时首先提出程序控制的原理。1939 年世界上第一批系统与控制的专业研究机构成立,为 20 世纪 40 年代形成经典控制理论和发展局部自动化做了理论上和组织上的准备。

"自动化(automation)"是美国人 D. S. Harder 于 1936 年提出的,他认为在一个生产过程中,机器之间的零件转移不用人去搬运就是"自动化"。20 世纪四五十年代是局部自动化时期,第二次世界大战时期形成的经典控制理论对战后发展局部自动化起了重要的促进作用。在此期间形成了经典控制理论,设计出各种精密的自动调节装置,开创了系统和控制这一新的科学领域。这一新的学科当时在美国称为伺服机构理论,在苏联称为自动调整理论,主要是解决单变量的控制问题。经典控制理论这个名称是 1960 年在第一届全美联合自动控制会议上提出来的。1945 年后由于战时出版禁令的解除,出现了系统阐述经典控制理论的著作。1945 年美国数学家维纳把反馈的概念推广到一切控制系统。20 世纪 50 年代以后,经典控制理论有了许多新的发展。经典控制理论的方法基本上能满足第二次世界大战中军事技术上的需要和战后工业发展上的需要。但是到了 50 年代末就发现把经典控制理论的方法推广到多变量系统时会得出错误的结论。经典控制理论的方法有其局限性。

20 世纪 40 年代中发明的电子数字计算机开创了数字程序控制的新纪元,虽然当时还局限于自动计算方面,但 ENIAC 和 EDVAC 的制造成功,开创了电子数字程序控制的新纪元。电子数字计算机的发明为 20 世纪六七十年代在控制系统中广泛应用程序控制和逻辑控制以及广泛应用电子数字计算机直接控制生产过程奠定了基础。

20 世纪 50 年代末起至今是综合自动化时期,这一时期空间技术迅速发展,迫切需要解决多变量系统的最优控制问题,于是诞生了现代控制理论。现代控制理论的形成和发展为综合自动化奠定了理论基础,同时微电子技术有了新的突破。1958 年出现晶体管计算机,1965 年出现集成电路计算机,1971 年出现单片微处理机。现代控制理论和电子计算机的推广应用,自动控制与信息处理结合起来,使自动化进入生产过程的最优控制与管理的综合自动化阶段。

第一章 绪 论

20世纪70年代,自动化的对象变为大规模、复杂的工程和非工程系统,涉及许多用现代控制理论难以解决的问题。这些问题的研究,促进了自动化的理论、方法和手段的革新,于是出现了大系统的系统控制和复杂系统的智能控制,出现了综合利用计算机、通信技术、系统工程和人工智能等成果的高级自动化系统,如柔性制造系统、办公自动化、智能机器人、专家系统、决策支持系统、计算机集成制造系统等。

自动化的概念是一个动态发展过程。过去,人们对自动化的理解或者说自动化的功能目标是以机械的动作代替人力操作,自动地完成特定的作业。这实质上是自动化代替人的体力劳动的观点。后来随着电子和信息技术的发展,特别是随着计算机的出现和广泛应用,自动化的概念已扩展为用机器(包括计算机)不仅代替人的体力劳动,而且还代替或辅助脑力劳动,以自动地完成特定的作业。

自动化(automation)是指机器设备、系统或过程(生产、管理过程)在没有人或较少人的直接参与下,按照人的要求,经过自动检测、信息处理、分析判断、操纵控制,实现预期目标的过程。自动化技术广泛用于工业、农业、军事、科学研究、交通运输、商业、医疗、服务和家庭等方面。采用自动化技术不仅可以把人从繁重的体力劳动、部分脑力劳动以及恶劣、危险的工作环境中解放出来,而且能扩展人的器官功能,极大地提高劳动生产率,增强人类认识世界和改造世界的能力。因此,自动化是工业、农业、国防和科学技术现代化的重要条件和显著标志。

自动化的广义内涵至少包括以下几点:在形式方面,作业自动化代替人的体力劳动、代替或辅助人的脑力劳动,以及作业系统中人机及整个系统的协调、管理、控制和优化;在功能方面,自动化代替人的体力劳动或脑力劳动仅仅是自动化功能目标体系的一部分,自动化的功能目标是多方面的,已形成一个有机体系;在范围方面,作业自动化不仅涉及具体生产工艺过程,而且涉及产品生命周期所有过程。

物流自动化,意味着自动化技术在物流领域的综合应用,即在物流系统的业务实现中,包括运输、装卸、包装、分拣、识别等作业过程,广泛采用自动化物流技术装备,包括自动化仓储系统(AS/RS)或自动化立体仓库、自动输送系统、自动化搬运系统(AGV、机器人)、自动分拣系统、自动检测系统、自动存取系统、自动跟踪系统、自动消防预警系统等,以"加快物流速度,提高物流效率,促进物流合理化"为目的。所谓物流自动化,是指物流作业过程的设备和设施自动化,包括运输、装卸、分拣、识别等作业过程。

所以,本书将物流自动化系统定义如下:

物流自动化系统是指在物流作业环节中,融合机电一体化技术、自动控制技术、计算机信息技术、自动识别技术、人工智能技术、机器人技术、先进运输技术、先进配送技术、先进装卸搬运技术、自动化仓储技术、先进库存控制技术、先进包装技术等多种现代化高新技术于一体的,融合先进管理理论的,把商流、物流、信息流、资金流,用计算机和现代信息技术集成在一起的现代化物流系统。

物流自动化系统集光学技术、机械技术、计算机技术、控制技术、检测传感技术、伺服驱动技术和系统集成技术等多学科技术于一体,各种技术相互渗透、相互影响,使物流自动化系统的内涵和外延得到不断丰富和拓展。

物流自动化系统在国民经济的各行各业中起着非常重要的作用,有着深厚的发展潜力。随着研究力度的不断加大,物流自动化技术将在信息化、绿色化方面进一步发展,其各种技术设备(如立体仓库等)和管理软件也将得到更大的发展和应用。目前,物流自动化系统已广泛运用于邮电、商业、金融、食品、仓储、汽车制造、航空、码头等行业。

四、物流自动化系统的研究意义

研究表明,就单个企业而言,物流成本一般占销售额的5%～35%。由此可见,物流自动化对优化企业管理、降低劳动强度、提高经济效益具有重要作用,有利于实现企业创造效益的"第三源泉"。

物流自动化对企业管理的重要意义主要表现在如下几个方面。

1. 可减轻工人的劳动强度

在机械制造企业中,一般地,从事搬运储存的工作人员占全部工人的15%～20%,加工1吨产品平均搬运量为60吨以上。所以合理规划、设计物流系统,对企业降低制造成本关系重大。另外,在物流业务活动中,采用先进的自动化设施,提高了作业效率,改善了劳动环境,降低了工人的劳动强度。

2. 可大幅度缩短生产周期

过去,设计人员在对生产系统进行设计时,往往只注意到先进的制造工艺对提高生产率、降低成本所起到的良好作用,而对物流系统所起的作用重视不够。据统计和分析,在工厂的生产活动中,从原材料进厂到成品出厂,物料真正处于加工等纯工艺时间只占生产周期的5%～10%,而90%～95%的时间都处于仓储和搬运状态。所以减少物流时间,可缩短生产周期和交货期,提高资金周转能力,增强企业竞争能力。

3. 可加速企业资金周转

在我国企业中,流动资金所占比例很大,而一般工业企业在制品和库存物料占流动资金的75%左右,所以合理设计平面布置、优化物流系统,可以最大限度地减少物流量,降低流动资金占用,降低成本,缩短生产周期,提高企业的效益。

4. 可降低搬运/运输费用

统计资料表明,在制造业中,总经营费用的20%～50%是物料搬运/运输费用,而优良的物流系统设计,可使这一费用减少10%～30%。在工业发达国家,除了营销、减少原材料和能源消耗外,已把改善物料搬运看作是节省开支,获取利润的"第三源泉"。

5. 提高产品质量

产品在搬运、储存过程中,因搬运手段不当,造成磕、碰、伤,从而影响产品质量的现象非常严重,而企业的管理者往往忽视这个问题。湖北某制造厂统计表明,该厂机床加工能力可保证质量合格率为98%,而运到装配线后合格零件只剩下60%,搬运中损坏35%以上。此后,他们加强工位器具研制和运输过程管理,现在零件到达装配线合格率达95%以上,质量大幅度提高。

6. 可有效地提高企业整体素质

物流贯穿于生产全过程,遍布企业各个角落,与各个部门都有不可分割的联系。所以,新工艺、新设备的采用,往往导致物流过程的缩短,从而改善物流系统。

7. 保证文明生产,安全生产

某拖拉机制造厂统计,直接与搬运有关的工伤事故占总工伤事故的30%以上。所以,物流系统合理化有利于改善环境和生产组织管理,提高安全生产水平。

8. 提高物流管理水平,实现生产管理现代化

当今人类已进入电子与信息时代,计算机的广泛应用以及自动化、柔性化的管理是提高企业竞争力的技术关键,只有提高物流系统的现代化管理水平,才能实现生产管理现代化。世界上各发达国家的高水平的生产系统都以具有高水平的设施设计和物流系统的自动化、柔性化、信息化条件作保障。

第二节 物流自动化系统的发展

一、国外物流自动化系统发展历程

生产力和社会经济的发展,促进了物流工程的发展。虽然人类自有生产以来就有物流的活动,但是物流工程作为一项专门的学问引起人们的重视,作为一个专门的学科被研究,却远远落后于生产制造。在传统社会生产力发展的初期,人们往往把主要精力放在生产制造过程,研究高效率、高质量的生产设备,改进生产工艺,以及采用新材料等方面。随着科学技术的发展,生产制造业呈现三种趋势:

(1)自动化水平越来越高。生产设备从手工生产到机械生产,从单机制造发展成成套的生产线,生产率大大提高。

(2)生产规模不断扩大,专业分工越来越细。如内燃机的生产,一个中型的工厂,年产量超过百万台套;汽车的生产,规模更大。随着生产能力的提高,生产复杂产品的能力加强,加上生产效率的提高,生产规模不断扩大。随着生产力水平的提高,专业化协作不断发展,分工越来越细,生产工序与生产环节越来越复杂。所以,所有大型的制造业企业的周围都围绕着许多配套的生产厂商,形成产业链。

(3)柔性化水平也越来越高。市场竞争促使多品种、小批量的产品生产日益增多,有的商品则出现大批量定制的新型生产规模经济。

然而,在生产制造迅速发展的初期,人们没有足够重视物流。其结果导致生产过程越自动化,越柔性化,生产规模越大,物流落后的矛盾就越突出,生产制造系统的高效率与物流系统的低效率越来越不匹配。人们在长期的探索过程中得出结论,为了满足市场竞争的需要,商品的价格需要不断降低,生产过程中的"成本"已经得到严格控制,要从中找出足够的利润空间已经相当困难,而物流仍是一块待开发的"处女地",降低物流成本,具有极大的潜力,所以,有学者把物流比作第三利润源泉,即在降低生产成本、降低销售成本的同时,重视采用新的技术手段,降低物流成本。特别是近几年,随着人们认识上的进步和现代科学技术的高速发展,物流技术也迅速地发展起来,已经成为企业制造系统的重要组成部分。

回顾物流工程的发展历史,大致可以分为五个阶段。

1. 原始物流阶段

原始物流阶段又称为人工物流阶段,如图1-1所示。初始的物流业务主要依靠人工简

单的推、拉、扛、举等来完成,用木棍、石子等计数。这是一种较为简单的物流作业,效率低下。

图 1-1　原始物流工程

2. 机械化物流阶段

由于机械的引入,人类的能力和活动范围得到了扩大,机械设备能够举起、移动和放置更重的物体,速度也更快,物料可以堆放得很高,如图 1-2 所示。在单位空间里,能够摆放更多的物体。

图 1-2　机械化物流工程

3. 物流自动化阶段

在物流作业中广泛采用自动化物流设备,如自动仓储系统(AS/RS)或自动化立体仓库、条码信息化系统、自动输送机系统、自动导引车(AGV)、机器人、自动监控系统等,加快了物流速度,大大地提高了物流效率。

4. 集成物流系统阶段

在自动化物流系统的基础上,进一步将物流系统的信息集成起来,使物流系统的各个单元达到协调,而且使物流系统与生产制造系统、销售系统有机地集成起来,提高了物流系统的效率,如图 1-3 所示。

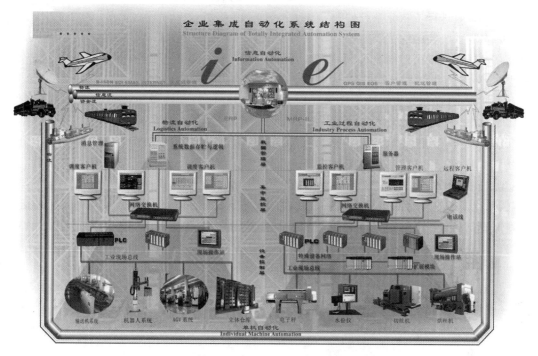

图 1-3　企业集成物流自动化系统结构模型图

5. 智能物流阶段

它强调在中央控制体系下各个自动化物流设备系统高速、可靠运行的协同性,中央控制系统通常由计算机系统实现。这种系统在自动化物流的基础上进一步将物流系统的信息集成起来,使得从物料计划、物料需求调度直到物料运输到达生产的各个过程的信息,通过计算机网络相互沟通,并且实现与生产系统的有机集成,使生产与物流之间得到协调。并且,物流工程根据市场即时需求条件,在生产计划做出后,自动生成物料需求和人力需求;自动查看存货单和购货单,规划并完成物流。如果物料不能满足生产需要,就自动推荐修改计划以生产出等值产品。这一阶段物流的主要特征是将人工智能等高新技术融于物流系统中。

二、我国物流自动化系统的发展状况

20 世纪 70 年代以来,发达国家大力推广商品物流自动化、高速化、信息化,在各大城市纷纷建立了大型自动化立体仓库。

进入 80 年代,自动化立体仓库在世界各国发展迅速,使用范围涉及几乎所有行业。随着科技的不断发展,先进的技术手段在自动化仓库中及时得以应用,实现了信息自动化采集、物品自动分拣、自动输送、自动存取,库存控制实现了智能化。

相对国外发达国家而言,我国的自动化仓库起步较晚。1974年在郑州纺织机械厂建成我国第一座自动化立体仓库。至1980年,我国建成和正在施工建设的自动化立体仓库只有21座,但应用并不理想。

我国物流自动化系统的迅速发展最初源于我国高度发达的烟草工业的需求。昆明船舶设备集团公司自20世纪90年代初始,系统开发了现代物流高技术成套装备,从而促进我国一些大型企业进行了物流系统的建设和重组,如玉溪红塔、红云红河、青岛海尔、长沙烟厂等已成为物流系统实施的重要范例。20多年过去,我国物流工程走出了现代物流跨越式的发展道路,供应物流、生产物流、销售物流,乃至于废弃与回收物流领域,都成功研发了成套的专业化、支持性自动化物流装备。

近几年,自动化立体物流系统的应用领域不断拓展,行业应用规模也在不断提升,截至2019年年底,我国自动化立体仓库系统保有量已经超过了5000座,同比增长了19.3%。按照当前发展势头,专业人士预测,未来五年我国自动化仓储市场规模增速将保持在18%~20%的水平,到2019年年底市场规模超过1100亿元,达到1114亿元,前景十分广阔。

经过多年的高速发展,智能云仓、仓配一体、精准配送等物流中心建设运营观念日渐成形,越来越多的企业开始布局供应链物流,为企业重塑全新的生产流程。自动仓储系统已由高附加值产品行业的应用,延伸至不同的领域,然后深入行业间的产供销环节,从而形成完整的产业链系统性解决方案。自动仓储系统的市场需求也由初级发展阶段的重视仓储系统的容量、密度,逐渐过渡到以仓储为依托的实现物流全面信息化、自动化、智能化。

目前,物流工程的重要性逐步被中国社会所认识,被认为是国民经济中的一个重要组成部分。同时,提高物流效率,降低物流成本,向用户提供优质服务,实现物流合理化、社会化、现代化也是各国物流界所共同面临的重要课题。

三、现代物流工程发展趋势

随着经济全球化步伐的加快,科学技术尤其是信息技术、通信技术的发展,以及跨国公司的出现所导致的本土化生产、全球采购、全球消费趋势的加强,现代物流的发展呈现出以下新的特点。

1. 物流系统化

物流是从原料到最终商品的流动的庞大的系统。物流工程必须以物流过程整体为对象,对供应、制造、销售广义制造过程中产品、服务及其相关信息的流动与储存进行规划、执行和控制。随着全球竞争和全球制造的日益加剧,越来越多的制造企业意识到,要想获得长期发展,不仅要降低生产成本,更重要的是要为顾客提供及时、准确、具有个性化的产品和服务。很多研究和实践表明,合理设计和管理物流系统,可以达到提高企业竞争优势的目的。

2. 物流标准化和信息化

物流全球化要求以标准化为基础,要实现全球供应链的链接和统一管理,必须实现数据的标准化和共享。

随着全球经济的一体化趋势,当前的物流业正向全球化、信息化、一体化发展。商品与生产要素在全球范围内以空前速度自由流动与配置。电子商务与互联网的应用,使物流效率的提高更多地取决于信息管理技术。计算机软硬件技术的普及应用提供了更多的需求和库存信息,提高了信息管理科学化水平,使产品流动更加容易和迅速。物流的信息化包括商品代码和数据库的建立、运输网络合理化、销售网络系统化、物流中心管理电子化及其企业管理信息系统等。

3. 物流社会化和专业化

为实现少库存或零库存,物流中心、批发中心或配送中心及代理中心应运而生,而且在国外已相当普遍。目前国外实行配送的产品十分广泛,不仅有生产资料、日用工业品,连图书、光盘也配送。制造企业的销售与供应很大程度上由物流公司或称第三方物流公司来实现,许多企业根本不设销售和供应部门。现在还产生了以经营物流为主的第四方物流。这些都可称为物流企业。通过这些形式可以进行集约化管理,在一定范围内实现物流合理化,从而大量节约流通费用和流动资金,并实现资金流的合理化。日本的流通产业就是一个成功的例子。

4. 物流装备现代化与智能化

现代物流离不开先进的物流技术与装备,物流装备的现代化要求机械化、自动化、标准化、信息化、集成化技术高度融合,组织起高效宜人的"人-机-物"系统。运输的现代化要求建立铁路、公路、水路、空运与管道的综合运输体系,这是物流现代化的必备条件。

随着智慧技术研究的进一步深入、推广应用,物流装备在 CPS(cyber physical system,物理网络融合系统)技术的支持下,将实现广域的互联互通,促进物流装备的智能化升级换代,提高各种物流设备的效率和利用率。

5. 物流柔性化与绿色化

物流柔性化指的是物流应对生产、流通和消费的需求多样化、个性化而表现出来的一种发展趋势,要求物流设备系统根据消费需求"多品种、小批量、多批次、短周期"的特点,能够灵活组织和实施物流作业。柔性化物流系统和生产系统是企业的两大基础工程,没有柔性物流系统,企业不可能实现现代化。

绿色物流强调物流在促进经济发展的同时,不能给环境带来负面影响。绿色物流包含两个方面:一方面是对物流系统的污染进行有效控制;另一方面是建立工业和生活废料处理的物流系统。

所以,发达国家都致力于港口、码头、机场、铁路、高速公路、物流中心、配送中心等先进物流设施的建设,为了减少运输费用,大量改进运输方式与包装方式,比如发展集装箱、托盘技术,提高粮食、水泥等物资的散装率,研制新型装卸机械等。物流装备正向信息化、自动化、集成化、智能化和绿色化方向发展。

6. 物流、商流、信息流、资金流"四流"一体化

传统的流通规律中,商流、物流、信息流、资金流四流相互分离。但是现代社会不同的产品形成不同的流通方式与营销业态。比如生产资料不仅有直达供货与经销制,还有代理制、配送制,与人民生活有关的产品还有连锁经营,这就要求物流随之变化。许多国家的物流中心、配送中心实现了商流、物流、信息流、资金流的统一。代理制的推行也使物流更科学、更

合理,许多代理行业实现"四流合一"。

因此,现代物流工程的研究必然体现上述六个特征,以适应快速发展的物流需求。

第三节 自动化物流系统架构

图 1-4 为自动化物流系统的架构示意图,即物流工程系统由仓储系统、自动输送系统、自动作业系统、电气控制系统、物流管理信息系统、自动消防预警系统、物流监控与追溯系统等构成。

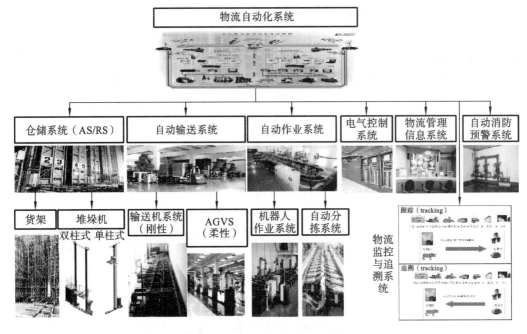

图 1-4 自动化物流系统架构示意图

一、仓储系统

仓储系统是物流系统的子系统,作为供应、生产和消费的中间环节,它能起到缓冲和平衡供需矛盾的作用。仓储系统的作业一般包括收货、存货、取货和发货等功能环节。

自动化立体仓库系统,是物流仓储中出现的新概念。利用立体仓库设备可实现仓库高层合理化,存取自动化,操作简便化;自动化立体仓库,是当前技术水平较高的形式。

自动化立体仓库系统(automated storage and retrieval system,AS/RS)一般由高层货架、仓储机械设备、出入库托盘输送机系统、尺寸检测条码阅读系统、通信系统、自动控制系统、计算机监控系统、计算机管理系统以及其他如电线电缆桥架配电柜、托盘、调节平台、钢结构平台、建筑物等辅助设备组成的复杂的自动化系统。运用集成化物流理念,采用先进的控制、总线、通信和信息技术,通过以上设备的协调动作进行出入库作业。

自动化仓储系统的储存和保管设备形式种类很多,因为仓储物料的形状、重量、体积、包装形式等特性不同,其使用的仓储方式也不同。如较轻的桶形包装流体物料,用重力货架存储;一般袋装、箱装散料,用轻型货架存储;较长的物件,如钢筋、铝型材、木材等,其仓储使用悬臂式货架。

一般地,自动化仓储系统主要以托盘式码垛单元为主,但根据各种拣货方式的需要,还有用于容器及单品的仓储设备。所以,按仓储单元分类,仓储系统可以分为托盘、容器、单品及其他等四大类,每一类型因其设计结构不同又可分为多种形式。

二、自动输送系统

本书将自动输送系统定义为自动输送、搬运系统,包括有多种输送设备构成的刚性输送搬运系统和柔性输送搬运系统。

刚性输送搬运系统由各种输送搬运设备组成,如各种重力式输送机(滚轮式、辊筒式、滚珠式等)、各种动力式输送机(链条输送机、辊道输送机、带式输送机、连板输送机等)等。而柔性输送搬运系统包括穿梭车、各类叉车、AGV、笼车等。

三、自动作业系统

在物流系统的运作中存在多种作业,包括进货作业、搬运作业、储存作业、盘点作业、订单处理作业、拣货作业、包装作业、补货作业、出货作业、配送作业等,为了实现物流系统的高效率,采用各种设施使相关作业自动化。

自动作业系统是指完成物流作业的自动执行系统,如自动抓取、自动分拨、自动分拣、自动装卸、自动包装等作业系统。

自动作业系统包括机器人、自动分类设备、自动分拣设备、自动包装设备等。

一个高效的物流系统离不开先进的物流技术和先进的物流管理。先进的物流技术是通过物流设备与设施体现的,而先进的物流管理也必须依靠现代高科技手段来实现。如在自动化仓库技术的应用中综合运用了自动控制技术、信息化技术、通信技术等高科技,使仓储作业实现了半自动化、自动化。物流管理过程中,从信息的自动采集、处理到信息的发布完全可以实现智能化,依靠功能完善的高水平监控管理软件可以实现对物流各环节的自动监控,依靠专家系统可以对物流系统的运行情况及时进行诊断,对系统的优化提出合理化建议,因此,物流设备与设施的现代化水平是物流技术水平高低的主要标志。

四、电气控制系统

为了保证物流设备运行的可靠与安全,需要有许多辅助电气设备为之服务,能够实现某项控制功能的若干个电器组件的组合成为电气控制系统,其具有以下功能:

(1) 自动控制功能。高压和大电流开关设备的体积是很大的,一般都采用操作系统来控制分、合闸,特别是当设备出现故障时,需要开关自动切断电路,要有一套自动控制的电气操作设备,对供电设备进行自动控制。

(2) 保护功能。电气设备与线路在运行过程中会发生故障,电流(或电压)会超过设备与线路允许工作的范围与限度,这就需要一套检测这些故障信号并对设备和线路进行自动调整(断开、切换等)的保护设备。

(3) 监视功能。电是眼睛看不见的,一台设备是否带电或断电,从外表看无法分辨,这就需要设置各种视听信号,如灯光和音响等,对设备进行电气监视。

(4)测量功能。灯光和音响信号只能定性地表明设备的工作状态(有电或断电),如果想定量地知道电气设备的工作情况,还需要有各种仪表测量设备,测量线路的各种参数,如电压、电流、频率和功率等。

在设备操作与监视当中,传统的操作组件、控制电器、仪表和信号等设备大多可被计算机控制系统及电子组件所取代,但在小型设备和就地局部控制的电路中仍有一定的应用范围。这也都是电路实现微机自动化控制的基础。

所谓电气控制系统,又简称为控制系统或者电控系统,是指由若干电气元件组合,用于实现对某个或某些对象的控制,从而保证被控设备安全、可靠地运行。电气控制系统的主要功能有:自动控制、保护、监视和测量。它的构成主要有三部分:输入部分(如传感器、开关、按钮等)、逻辑部分(如继电器、触电等)和执行部分(如电磁线圈、指示灯等)。

电气控制系统工艺设计的目的是为了满足电气控制设备的制造和使用要求。在完成电气原理图设计及电气元件选择之后,就可以进行电气控制设备的总体配置,即总装配图和总接线图的设计,然后再设计各部分的电气装配图与接线图,并列出各部分的元件目录、进出线号以及主要材料清单等技术资料,最后编写使用说明书。

五、物流管理信息系统

物流是国家经济的血脉,对经济建设起到了重大作用。随着物流的迅速崛起,业务能力越来越强,但与此同时带来的是管理难度的加大。为了能得到进一步发展,必须做到对客户更完善的服务,增加业内的竞争力,物流管理信息系统是管理物流业务的重要工具。

物流管理信息系统本身也是一个系统,它具有系统的一般特性。信息系统是一个企业或组织的内部神经系统,具有整体效应;目的性表现在信息系统的最终目标是为管理决策提供信息支持;信息系统是可以进行分解的,把整个组织的信息系统分解成若干个子系统,而各个子系统又可以划分为若干个模块,表现出了系统的层次性;系统的各个组成部分之间又有着各种各样的联系,体现出其相关性;由于信息系统最终是为管理和决策服务的,而管理和决策要依赖于企业或组织内部各方面的变化,依赖于外部环境的变化情况,环境发生了变化必然导致信息系统的变化,因此,一个良好的信息系统应具有良好的环境适应性。

物流信息系统一般由管理子系统、采购管理系统、仓储管理系统、库存控制系统、生产调度子系统、销售管理系统、配送管理系统、运输管理系统、财务管理系统、决策支持系统等子系统组成。

物流管理信息系统也称为物流信息系统(logistics information system,LIS)。物流管理信息系统作为信息系统的特殊系统有其独特性,同时为其他信息系统提供一些成功的应用模版,与信息系统相互融合。物流管理信息系统实现了从物流决策、业务流程、客户服务的全程信息化,对物流进行科学管理。由人员、计算机硬件、软件、网络通信设备及其他办公设备组成的人机交互系统,其主要功能是进行物流信息的收集、存储、传输、加工整理、维护和输出,为物流管理者及其他组织管理人员提供战略、战术及运作决策的支持,以达到组织的战略竞优,提高物流运作的效率与效益。

物流管理信息系统的目标是指在运用现代物流管理理论技术、方法和手段上,在系统具有的功能以及系统开发的效益上达到的目标,即有效地降低成本,将物流基础设施成配套性、兼容性,提高物流系统的技术水平,使运输、保管、装卸搬运、包装、流通加工、配送等成一体化,在功能上使之完备,让需求者更好地进行物流管理。

六、自动消防预警系统

消防安全问题作为现代建筑使用过程中的重要问题,特别是对自动化立体仓库的影响比较大。自动化立体仓库具有存储量大、疏散物资困难等特点,因此其消防设施和安全控制就显得非常重要。消防自动预警系统能够有效地提高系统响应的可靠性,降低火灾所造成的损失。消防自动预警系统作为物流系统消防控制中的重要系统,在应用的过程中要求反应快速、灵敏,处置及时,它在火灾发生的初始阶段有着比较好的效果。

自动消防预警系统是在火灾自动报警的基础上,利用探测器对火灾产生的烟雾和声光等进行自动检测,并且将采集到的信号传输给报警控制器,通过控制器对信号的判断和传输利用监控系统发出相关的指令,并且组织相关人员及时地消除火情,从而降低火灾损失率的一种系统。自动消防预警系统一般具有低成本、方便管理的特点,它能够对火情进行准确的预报。

自动消防预警系统不需要专业人员进行操作,在安装完成之后只要通电就可以连续使用,维护方便。同时,自动消防预警系统能够在火灾的初期进行及时预报,对于争取救火时间、保护人民的生命和财产安全具有重要的作用。

七、物流监控与追溯系统

随着市场竞争与日俱增,对于物流环节的各项KPI考核也随着增高,尤其是运输环节,所以对于面临发展瓶颈的各传统物流企业来讲,物流智能追溯管理系统功能的上线势在必行。

物流监控与追溯管理系统涵盖全流程跟踪监控、单据管理、运单分段、分量操作、调度派车管理、智能派车管理、可视化监控、消息异常管理、签收及回单管理、综合运力管控、综合运力资源管控、客诉体系管理、财务体系管理、商业信息决策分析等模块,可对企业各岗位操作人员、车辆、线路、财务、数据统计等进行全面统计考核,能最大限度地提高作业效率和人员绩效,保障物流业务安全,降低企业运输成本和人力操作成本。

1. 物流智能监控与追溯管理系统——仓库管理系统

仓库管理系统通过入库业务、出库业务、仓库调拨、库存调拨和虚仓管理等功能,综合批次管理、物料对应、库存盘点、质检管理、虚仓管理和即时库存管理等功能综合运用,有效控制并跟踪仓库业务的物流和成本管理全过程,监控仓储物资的货态,实现企业仓储智能化管理。

2. 物流智能追溯管理系统——运输配送管理系统

运输配送管理系统结合了运输管理(TMS)、地理信息系统(GIS)、全球卫星定位(GPS)三大系统,实行动态线路配送模式,具备高效整合区域优化、线路优化、车辆管理、车辆跟踪、绩效管理等一系列功能,大幅提高配送效率,降低配送成本,实现全方位物流配送信息的互联互通，信息共享。

3. 物流智能追溯管理系统——单据管理

订单支持录入、导入、EDI对接上游订单；支持订单合并与拆分，一键操作订单转运单；完整、准确、清晰的订单管理，可减少人工操作，提高作业效率；运单入口，运单录入、导入，订单转运单；基础信息前置维护，极速录单，提高客服操作效率；运单货物明细记录详细到每一货品编号；支持返货操作，返单匹配原单全过程数据跟踪；异地调货业务，支持企业内部独立经营结算。

4. 物流智能追溯管理系统——运单分段、分量操作

分段，根据运输路径分段作业，中转单生成两段作业单，分段作业单可追溯所属运单及订单信息；分量，根据货量拆分运输情况做分量操作，自动计算拆分的重量、体积，分量作废原有作业单，产生两个新的相同基础信息的作业单，分量作业单可追溯所属运单及订单信息。

5. 智能派车

多车联派，灵活调配货物装载，提高车辆空间利用率；同时生成多张派车单，支持鼠标拖曳，便捷直观；展示车辆预计装载率，支持单据在不同车辆间调配，降低分配时间，提高调度效率；支持一键批量派车。派车订单可地图展示，清晰直观；支持以圆、矩形及不规则图形绘制覆盖区域，选择待派车单据；自动计算并展示车辆预计装载率信息。

6. 可视化监控中心运单跟踪，实现运输单据全生命周期数据监控/查询

包括运单详情、节点跟踪、车辆跟踪、异常信息、费用信息、影像资料；回单监控准确，快速查询回单信息、回单状态，有效帮助企业做回单管控；作业单信息监控作业单状态，支持归属机构、状态等维度查询作业单信息，更全面分析、对比作业单运输情况；调度单跟踪，地图查询车辆在途状态，获取车辆运输轨迹、运输状态等信息。

7. 异常管理

PC端支持异常登记及异常处理；异常类型支持灵活设置；现场图片随时查看，及时掌握异常情况；异常数据自动推送至首页看板，监控人员重点关注解决。通过APP自动实现运输异常、货物异常照片的实时上传，缩短异常沟通处理时间。

8. 综合运力资源管控承运商管理

承运商资质、合同、任务、服务评估；成本管控，与承运商费用结算。

9. 车辆及司机管理

基础信息管理、装载量信息管理。司机信息管理、司机车辆关联。KPI考核采用科学准确的考核方式，评估承运商与个体司机的工作完成质量，规范操作；细化每一项运输任务完成质量，全面掌握各项运输数据；涵盖运输时效、异常数据、货物运输质量、任务处理量等全面考核数据。

10. 综合运力资源管控

档案管理，车辆、司机、证件、司机与车辆关联等各项基础数据记录，为运输提供准确的

数据支持;各项相关数据管控,车辆审验、保养、轮胎、配件管控,直观了解车辆每一项情况;车辆费用成本管控,油耗、维修费用、运输成本等各项费用可追溯,各项费用有据可依,各项预警机制提醒用户,针对其情况做出更好的解决方案。

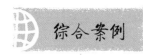

蒙牛乳业自动化立体仓库案例

一、概述

内蒙古蒙牛乳业泰安有限公司乳制品自动化立体仓库,后端与泰安公司乳制品生产线相衔接,与出库区相连接,库内主要存放成品纯鲜奶和成品瓶酸奶。

库区布置根据用户存储温度的不同要求,该库划分为常温和低温两个区域。常温区保存鲜奶成品,低温区配置了制冷设备,存储瓶酸奶。库区划分为入库区、储存区、托盘(外调)回流区、出库区、维修区和计算机管理控制室6个区域。

库区面积8323 m²,货架最大高度21 m,托盘尺寸1200 mm×1000 mm,库内货位总数19632个。其中,常温区货位数14964个,低温区货位总数46687个。入库能力150盘/h,出库能力300盘/h。出入库采用联机自动。

入库区有66台链式输送机、3台双工位高速梭车,负责将生产线码垛区完成的整盘货物转入各入库口。双工位穿梭车则负责生产线端输送机输出的货物向各巷道入库口的分配、转动及空托盘回送。

储存区有高层货架和17台巷道堆垛机。高层货架采用双托盘货位,完成货物的存储功能。巷道堆垛机则按照指令完成从入库输送机到目标货位的取货、搬运、存货及从目标货位到出货输送机的取货、搬运、出货任务。

托盘(外调)回流区分别设在常温储存区和低温储存区内部,有12台出库口输送机、14台入库口输送机、巷道堆垛机和货架,分别完成空托盘回收、存储、回送、外调货物入库、剩余产品、退库产品入库和回送等工作。

出库区设置在出库口外端,分为货物暂存区和装车区,有34台出库输送机、叉车和运输车辆。叉车司机通过电子看板、RF终端扫描,叉车完成装车作业,反馈发送信息。

维修区设在穿梭车轨道外一侧,当某台空梭车更换配件或处理故障时,其他穿梭车仍旧可以正常工作。计算机控制室设在二楼,用于出入库登记、出入库高度管理和联机控制。

运作流程按照成品、内包材和辅料三种不同物料划分。成品物流蒙牛六期物流中心从前到后依次为生产区、入库区、储存区和出库区。生产区22台封箱机经输送链与码盘机器人接头,输送链在码垛线将产品的纸箱提升至离地面2 m处。纸箱由码盘机器人按货架层间距的尺寸要求,整齐地码放在下游输送带上的托盘上。

入库区码好产品的托盘由环行穿梭车搬运到自动化立体仓库外与巷道堆垛机连接的输送机上。装有苗条型产品的托盘在入库前需要进行塑料薄膜缠绕。

在入库区设有双工位高速环行穿梭车,将入库货物向入库口进行分配。托盘货物在上穿梭车之前,须经过外形合格检测装置,未通过者由小车送到整形装置处进行整形后再入库。

经检测码垛合格的托盘被堆垛机自动放到计算机系统指定的货物出库区。出库作业区设置20个停车位,可以满足20辆运输车同时装卸任务。堆垛机从货架上取出装有产品的托盘,送到库房外的环行穿梭车上。根据销售清单,产品托盘从滚筒式输送机送到装货车旁。

在环行穿梭车的某处设立产品分拆区域,需要分拆的托盘在此脱离穿梭车道,通过人工分拣后,再回到穿梭车道上。

入库内包材从外部采购回来时,由人工卸车码放在托盘上后,用叉车将包材放置输送机上,运至入库台上(一个入口)。堆垛机接到指令后将货物就近或者按照预先设定的位置先放到穿梭板上,由穿梭板的往复运动将货物放置货架(两种尺寸货架)上。

出库根据生产的需求,由堆垛机自动将所需纸卷、纸盒托盘取出放到和生产车间相通的一端。从库房至生产灌装机之间的物料搬运采用激光导引自动搬运车(AGV)。AGV将整托盘纸卷或纸盒送到无菌灌装机指定的工位,人工辅助上纸卷或纸盒。空托盘由AGV送回包材库。系统充分考虑到了生产结束后剩余包材回库问题,在下次出货时优先使用剩余的包材。

纸箱:在辅料库中指定的工位,由人工将纸箱拆捆后,按生产要求的数量、方向放到搬运车的装载模具内。

吸管:在辅料库中指定的工位,由人工将吸管拆箱后,把箱内所有的吸管放在搬运车上的周转箱内。

纸箱及吸管送至生产车间,以及贴管机的运送,采用空中无人自动搬运悬挂车完成。搬运车可自动将这些辅料送到所需上料的装箱机处,并自动投放到装箱机上的纸箱缓冲工位。生产结束后或更换品种时,搬运车能将剩余纸箱或吸管送回辅料库内。

货架主材:主柱常温区选用126型异型材,低温区采用120型异型材;横梁采用异型材。地轨采用30 kg/m钢轨;天轨采用16#工字钢。

基础及土建要求:仓库地面平整度允许误差:仓库库区98 m长度方向,允许偏差10 mm;在最大载荷下,货架区域基础地坪的沉降变形应小于1/1000。

消防空间:货架北部有400 mm空间,200 mm安装背拉杆,200 mm安装消防管道。

规格:成品立体库总建筑面积102106 m^2,库房顶最高点24 m^2,最低点20 m^2。货架分布为24排76列12层、24排76列13层,共45600个货位。

设备装置:有轨巷道堆垛超重机主要由多发结构、超升机构、货叉取货机构、载货台、断绳自动保护装置、限速装置、过载与松绳保护装置以及电器控制装置等组成。

单元式直线型有轨巷道堆垛机共24台,单机最大起重量为1200 kg。采用变频调速方式,完成来自车间货物的入库或外来货物的出库操作。堆垛机与计算机管理监控系统采用红外线通信方式。

驱动装置:采用进口产品,性能优良、体积小、噪声低、维护保养方便。

变频调整:驱动单元采用变频调速,可满足堆垛机出入库平衡操作和高速运行,具有起动性能好、调速范围宽、速度变化平衡、运行稳定并有完善的过压、过流保护功能。堆垛机控制系统:先用分解式控制,控制单元采用模块式结构,当某个模块发生故障时,在几分钟内便可更换备用模块,使系统重新投入工作。

保护装置:堆垛机超升松绳和过载、娄绳安全保护装置;载货台上、下极限位装置;运行及超升强制换速形状和紧急限位器;货叉伸缩机械限位挡块;位虚实探测、货物高度及歪斜控制;电器联锁装置;各运行端部极限缓冲器;堆垛机设作业报警电铃和警示控制方式。手动控制:堆垛机的手动控制是由操作人员通过操作面板的按钮,直接操作机械运作,包括水平运行、载货台升降、货叉伸缩三种动作。

单机自动控制:单机自动控制是操作人员在出入库端通过堆垛机电控柜上的操作板,输入入(出)库指令,堆垛机将自动完成入(出)库作业,并返回入(出)库端待令。

在线全自动控制:操作人员在计算机中心控制室,通过操作终端输入入(出)库任务或入(出)库指令,计算机与堆垛机通过远红外通信连接将入(出)库指令下达到堆垛机,再由堆垛机自动完成入(出)库作业。

输送机整个输送系统由 PLC 控制系统控制,与上位监控机相连,接收监控机发出的作业命令,返回命令的执行情况和子系统的状态等。

出、入库端各设 24 条输送线,与立体库内 24 条巷道对应。

出库装车处有 20 条辊筒式输送机(有坡度),与 20 辆汽车对应。

入库码盘区空托盘的补充通过系统自动完成,可以保证在机器人码垛时始终有空托盘备用。码垛所需空托盘从立体库内取出后,由双工位/环形穿梭车系统完成搬运任务;其中一工位完成成品货物的接送功能,另一工位负责执行货物的拆卸分配。主要技术参数有:安定载荷,650 kg;接送货物规格,1200 mm×1000 mm×1470 mm(含托盘);最大空托盘数为 8 个;空托盘最大高度为 1400 mm;运行速度为 5~160 m/min,环形穿梭车用于将满载托盘从机器人码垛后的输送线,自动运送到成品仓库入库端的各工位,并完成入库端空托盘组至分解空托盘处的自动运输。

计算机管理与控制系统依据蒙牛乳业泰安立库招标的具体需求,考虑企业长远目标及业务发展需求,针对立库的业务实际和管理模式,为本项目定制了一套适合用户需求的仓储物流管理系统。

该系统主要包括仓储物流信息管理系统和自动化立体仓库控制与监控系统两部分。

仓储物流信息管理系统实现上层战略信息流、中层管理信息流的管理;自动化立体仓库控制与监控系统实现下层信息流与物流作业的管理。

(一)仓储物流信息管理系统

入库管理。实现入库信息采集、入库信息维护、脱机入库、条形码管理、入库交接班管理、入库作业管理、入库单查询等。

出库管理。实现出库单据管理、出库货位分配、脱机出库、发货确认、出库交接班管理、出库作业管理。

库存管理。对货物、库区、货位等进行管理,实现仓库调拨、仓库盘点、存货调价、库存变动、托盘管理、在库物品管理、库存物流断档分析、积压分析、质保期预警、库存报表、可出库报表等功能。

系统管理。实现对系统基础资料的管理,主要包括系统初始设置、系统安全管理、基础资料管理、物料管理模块、业务资料等模块。

质量控制。实现出入库物品、库存物品的质量控制管理,包括抽检管理、复检管理、质量查询、质量控制等。

配送装车辅助。通过电子看板、RF终端提示来指导叉车进行物流作业。信息管理系统通过RF实现入库信息采集、出库发货数据采集、盘点数据采集等。

（二）自动化立体仓库控制与监控系统

自动化立体仓库控制与监控系统是实现仓储作业自动化、智能化的核心系统,它负责管理仓储物流信息系统的作业队列,并把作业队列解析为自动化仓储设备的指令队列,根据设备的运行状况指挥协调设备的运行。同时,本系统以动态仿真人机交互界面监控自动化仓储设备的运行状况。

仓储物流控制与监控系统包括作业管理、作业高度、作业跟踪、自动联机入库、设备监控、设备组态、设备管理等几个功能模块。

（三）内包材物流系统

内包材物流系统从内包材经人工码垛后用叉车将托盘运至入库输送线起,至所有内包材被送到生产车间的使用点(包括空托盘回库)。内包材库存放的是和牛奶直接接触的包材(包括纸卷和纸盒),因此对库房内的洁净度有一定的要求,故采用自动化立体库储存。另外,内包材库还具有包材外调和空托盘外出的功能。内包材物流系统的仓储系统使用驶入式货架系统。内仓材库总建筑面积10230 m^2,库房净高9 m,总货位数2400个。由于两种包材的托盘尺寸不等,故将货架分为两个区域,每种各占50%。

放置利乐包材的托盘尺寸为1200 mm×1200 mm,托盘与包材重1200 kg/托盘。

放置康美包材的托盘尺寸为1240 mm×1000 mm,托盘与包材重780 kg/托盘。货架采用穿梭板式货位和螺栓连接式,高度可调整。

二、主要物流自动化装备

（一）单伸堆垛机

采用2台转轨式堆垛机,单机最大起重量为1300 kg,既可满足外来包材的进货量及送往车间的包材出货量的要求,又可满足不同货架尺寸的需求。

没有过载与松绳保护装置、断绳保护装置、货叉动作联锁保护装置及货叉力矩限止器、货位探测及有无货物检测装置。

堆垛机操作方式:联机操作、单机操作、手动操作。

（二）出库AGV自动搬运系统(AGVS)

在和生产车间相通的一端,由AGV自动将包材直接送到无菌灌装机指定的位置,空托盘由AGV送回内包材库。AGV采用激光引导,由带输送移载机构的AGV小车、地面导航系统、在线自动充电系统、周边输送系统、AGV控制台和通信系统等组成。

（三）辅料自动输送系统

该系统从人工将辅料放置自动搬运悬挂车起,至辅料被准确送到车间辅料位置。辅料库位于生产车间外马路对面,为驶入式库房,用于存放纸箱和吸管。

辅料库空中长廊底标高5 m,空中长度30 m,每条生产线纸箱需求量分别为:利乐包834片/h,康美包500片/h。

蒙牛乳业自动化立体仓库实现了生产物流与多库存储物流的统一调度管理。高度自动化要求对成品自动化库、内包材自动化库、辅料库进行多库统一调度和管理,即建立包括仓储物流信息管理系统、自动化主体仓库控制与监控系统和自动化库房控制执行系统等在内的信息控制系统;实现生产物流与包装的自动化控制,生产物流与存储物流的统一管理调度,以及多库存储与生产物流的统筹管理等。

案例讨论

1. 现代化工厂中,物流的作用是怎么样的?
2. 物流自动化与什么相关?

练习与思考

练习与思考题答案

一、填空题

1. 一般地,自动化仓储系统主要以_____为主,根据各种拣货方式的需要,还有用于容器及单品的仓储设备。

2. 先进的物流技术是通过_____与_____体现的,而先进的物流管理也必须依靠现代高科技手段来实现。

3. 物流信息系统一般由_____、_____、_____、_____、_____、_____、_____、_____、_____、_____等子系统组成。

二、选择题

(一) 单选题

1. 物品从(　　)的实体流动过程中,根据实际需要,将运输、储存、装卸、搬运、包装、流通加工、配送、信息处理等基本功能实施的有机结合。

A. 买方到卖方　　　B. 卖方到买方　　　C. 供应地到接收地　　　D. 接收地到供应地

2. (　　)作为物流系统消防控制中的重要系统,在应用过程中要求反应快速、灵敏,处置及时,它在火灾发生的初始阶段有着比较好的效果。

A. 消防自动预警系统　　　　　　　B. 消防系统
C. 警报系统　　　　　　　　　　　D. 感应系统

(二) 多选题

1. 柔性输送搬运系统包括(　　)。

A. 链条输送机　　　B. 穿梭车　　　C. 叉车　　　D. 笼车

2. 电气控制系统主要由(　　)三个部分构成。

A. 输入部分　　　B. 逻辑部分　　　C. 执行部分　　　D. 控制部分

3. 运输配送管理系统结合了(　　)系统,实行动态路线配送模式,具备高效整合区域优化、线路优化、车辆管理、车辆追踪、绩效管理等一系列功能。

A. TMS　　　B. GIS　　　C. GPS　　　D. WMS

三、名词解释

1. 物流自动化
2. 自动化立体仓库系统

四、简答题
随着经济全球化的发展,现代物流的发展呈现出哪些特点?
五、论述题
试述物流工程的发展历程。

第二章 物流自动化基础

学习目标及要点

1. 了解物流集装的单元化理念、规范标准、集装单元化与物流信息化的作用；
2. 了解物流集装单元化工具；
3. 掌握物流自动化的发展和应用。

第一节 物流集装单元化概论

一、物料及物料管理

物料是物流服务的对象，企业经常会因为断料而改变生产计划。企业生产常常要挑选物料，最担心的是物料的供给问题。

物料是我国生产领域中的一个专业术语。在生产和流通过程中流转的一切材料（包括生产资料和生活资料）、燃料、零部件、半成品、外协件以及过程中必然产生的边角余料、废料及各种废物统称为"物料"。

对于多数企业来说，它有广义和狭义之分。狭义的物料就是指材料或原料，而广义的物料包括与产品生产、流通、消费相关的所有的物品，如原材料、辅助用品、半成品、成品等。对于制造企业，物料指原料、辅料、设施设备、工模具、包装材料等。

物料与材料有本质区别。材料用于所生产产品上，会有形地体现在产成品上，是构成产品的一部分。而物料既包含了原料也包含一些消耗品，比如清洁产品可能会用到酒精，用完后酒精就没有了，不会有形地体现在产品上，那么酒精就叫物料，不能叫原料。另外，产品本身在物流作业中，也可称为物料。

在MRPⅡ管理理论中，系统地把物料分为"独立需求（independent demand）"和"相关需求（dependent demand）"两大类。位于产品结构最顶层的是用于销售的产品，其需求是由市场或客户订货决定的,也就是说,这是由企业外部因素决定的,称为"独立需求"。而构成销售产品的各种零部件、配套件、毛坯、原材料等,是在产品结构中最顶层以下的各层物料,它们的需求是由销售产品的需求决定的,称为"相关需求"。有些物料具有双重性质,如某些零部件可以安装在产品上,也可以作为备品备件直接出售。

所以,只要管理好独立需求(销售产品的需求),其余一切物料的需求计划都可以根据产品结构或物料清单按照 MRP 运算逻辑得出。物料清单是制造业信息化管理必不可少的重要管理文件,如果缺少 MRP 软件的支持,建立产品的物料清单是有困难的,即先进的管理思想和方法需要信息技术的支持。

物料管理是将管理功能导入企业产销活动过程中,以经济有效的方法,及时取得供应组织内部所需之各种活动。物料管理概念的采用起源于第二次世界大战中航空工业出现的难题。生产飞机需要大量单个部件,很多部件都非常复杂,而且必须符合严格的质量标准,这些部件又从地域分布广泛的成千上万家供应商那里采购,很多部件对最终产品的整体功能至关重要。

物料管理就是从整个公司的角度来解决物流供应链保障问题,包括协调不同供应商之间的协作,使不同物料之间的配合性和性能表现符合设计要求;提供不同供应商之间以及供应商与公司各部门之间交流的平台;控制物料流动率。计算机被引入企业后,更进一步为实行物料管理创造了有利条件,物料管理作用发挥到了极致。

二、规范及标准

规范,有名词、动词、形容词等词性,意指明文规定或约定俗成的标准,如道德规范、技术规范等。或是指按照既定标准、规范的要求进行操作,使某一行为或活动达到或超越规定的标准,如规范管理、规范操作。对于某一工程作业或者行为进行定性的信息规定,因为无法精准定量而形成标准,所以被称为规范。物流企业为了做出特色,需要规范自己的行为,影响组织的决策与行动。

规范是指群体所确立的行为标准,指生产和生活过程中有关使用设备工序、执行工艺过程以及产品、劳动、服务质量要求等方面的准则和标准。它们可以由组织正式规定,也可以是非正式形成。

规程,简单说就是"规则+流程"。所谓流程,即为实现特定目标而采取的一系列前后相继的行动组合,也即多个活动组成的工作程序。规则则是工作的要求、规定、标准和制度等。

标准主要是以某一类科学、技术、概念或经验的综合成果为基础制定的一种标准文件。规范主要针对某一类(个)具体的物品或事件(包括过程或服务)而制定的标准文件。

标准只规定要求性或统一概念内容,规范既规定要求性内容,又应包括规定用来测定所给出的要求是否已得到满足的程序即合格评定的内容,两者不可缺一。规范和标准的作用不同。标准存在的价值通过规范的引用来体现;规范通过引用标准而达到完整、简洁。对产品而言,标准作为组织生产和交货的依据。

综合地,规范、规程都是标准的一种表现形式,习惯上统称为标准,只有针对具体对象时才加以区分。当针对产品、方法、符号、概念等基础标准时,一般采用"标准",如《生活饮用水卫生标准》《道路工程标准》等；当针对产品规划、设计、制造、检验等通用的技术事项做出规定时，一般采用"规范"，如《包装箱设计规范》《产品制造与验收规范》等；当针对操作、工艺、管理等专用技术要求时，一般采用"规程"，如《制品检验规程》等。

"规范化"的定义是："在经济、技术和科学及管理等社会实践中，对重复性事物和概念，通过制定、发布和实施标准（规范、规程和制度等）达到统一，以获得最佳秩序和社会效益。"

物料在大千世界存在的形式千姿百态，形态有固体、气体、液体，形状则难以描述，有的物料不能直接计数，如散装粮食、散装化肥、灌装水泥、汽油、天然气、自来水等。在物流系统中，为了业务的有效控制，物料的规范化成为一种必然。

物料规范化是指物料形式表达上的规范化，实质上就是在一定范围内人们能共同使用的对某类、某些、某个客体抽象的某种计量方式的描述与表达。在大型物流中心业务中，计量的单位是集装箱、车皮、托盘，也可能是件箱；而在规模稍小、作业更精细化、直达最终消费者服务的物流配送中心，消费者个性化需求具体，计量的单位是件、包或者更小的规范化的计量单位；在化学、建材等生产过程中，可能还涉及吨（t）、千克（kg）、克（g）、毫克（mg）等计量单位；在布料的流通过程中，还可能是丈、尺、米、厘米、毫米等。

三、物流集装单元化

运输、仓储、装卸搬运、包装、物流加工、配送及信息服务等所有的物流功能，效率成为成本控制的主要影响因素。于是，在18世纪甚至更早，很多人就开始探索提高物流作业效率的有效途径，物流的集装化的思想产生了。

物流集装化是指使用集装用具或自货包装、捆扎、压饼等方法将散装、小件包装、不易使用机械作业的货物按规定集装成特定的单元后，完成相关物流业务的活动。

物流集装化的主要特点是集小为大，而这种集小为大是按标准化、通用化的要求进行的，它使中小件散杂货以一定的规模进入流通领域，形成规模优势。集装化的效果实际上就是这种规模优势的效果。

物流单元化则是将物料放在定型的储运器具内，组成统一规格的单元货物，采用物料搬运机械和交通运输工具进行装卸、搬运、堆垛和运输等物流作业的一种活动。

集装化技术的意义主要有以下方面：

（1）为装卸作业机械化、自动化创造了条件，加速了运输工具的周转，缩短了货物运输时间，从总体上提高了运输工具装载量和容积利用率。

（2）促使包装合理化。采用集装后，物品的单体包装及小包要求可降低甚至可去掉小包装，不仅节约了包装材料，且由于集装化器具包装强度高，对货物的防护能力强，能有效减少物流过程中货差、货损，保证货物安全。

（3）方便仓储保管作业。标准集装货物便于堆码，能有效提高仓库、货场单位面积的储存能力。

（4）减轻或完全避免污秽货物对运输工具和作业场所的污染，改善环境状况。

（5）集装化的最大效果是以其为核心所形成的集装系统，将原来分离的物流各环节有效地联合为一个整体，使整个物流系统实现合理化。

集装货物便于清点，简化了物流过程各环节间不同运输方式的交接手段，促进不同运输方式之间的联合运输,实现"门到门"的集成化服务。

集装单元化物流作业是现代化物流中普遍采用的高效率作业,在社会经济领域已经广泛使用。它不但能够提高搬运和流通效率,降低储运费用,提高经济效益,而且能够提高搬运作业的机械化水平,减轻工人的劳动强度,改善劳动条件和生产现场管理水平,防止货物在搬运过程中因磕、碰、划造成的损伤。

物流管理中把便于物料集装成一个完整、统一的重量、数量或者体积单元并在结构上便于机械搬运和储存的器具,称为集装单元器具。集装单元器具与普通货箱、容器的主要区别在于,它具有便于机械搬运和堆垛的结构,如叉孔、吊耳、承插口等,甚至还可以在空位时折叠,便于自身存储与搬运。装于集装单元化器具的货物,其搬运的活性系数比装于货箱、容器的货物更大。

按照我国传统的器具分类,常用的有四类:①托盘;②托架;③集装箱;④柔性集装袋。另外,根据单元化器具的材质、用途、使用条件、使用范围、使用期限的不同还可以进行分类。

在生产企业中,物流从支持生产活动所需要的原材料(包括原料、零部件、半成品、协作件及燃料等)进厂,经储存、加工、装配、包装,直至成品出厂这一全过程的物料在仓库与车间之间、车间之间、工序之间每个环节的流转、移动和储存(含停滞、等待)以及与之有关的咨询管理活动,它贯穿了整个生产过程,物流管理的实质就是如何解决生产过程中,应用集装单元器具促进物料的合理化存储和准时化的配送,从而达到节省空间、提高效率、降低成本的目的。由此可见,集装单元器具在现代化的生产物流管理中起到的是载体的作用,它与物料、物料流向一起组成物流的三大要素。

四、物流集装单元化与物流信息化

生产企业物流管理中要求:在工厂平面布置合理化的基础上,内部物流活动与生产工艺流程必须同步化,这就要求物流搬运路线要简捷、直线化;物料搬运机械化、省力化、自动化,从而集装单元化容器必须标准化、通用化,在物料搬运工艺设计中,尽可能做到装卸搬运集装化,以减少物料搬运次数,提高物料搬运活性系数,达到储、运、包一体化,集装单元化,才能为库存合理化、配送准时化打好基础,并且为先进管理方法和技术的引进做好准备。

随着生产的发展,现代流通机制的建立,物资流通迅速增加,物料搬运工作对提高生产效率、降低成本的重要意义,已经被越来越多的人所认识。据统计,在一些机械制造厂中,从原材料进厂到成品出厂的整个生产过程中,每生产一吨产品需搬运约 50 吨的物料;每生产一吨铸件需搬运约 80 吨的物料。物料真正处于加工和装配过程中的时间仅占 10%～20%,而 80%～90% 的时间处于搬运和储运过程;按生产成本分析,物料搬运费用约占生产总费用的 20%;从安全角度分析,在所有的生产事故中有 40% 左右发生在物料搬运过程中;搬运中的磕碰一直是影响产品质量的重要因素。

通常,从发货单位到收货单位的储运作业要经过取货、装货、运输、卸货和储存等基本作业,以及伴随着的质量检验、点数等作业内容。如果在上述作业中每次只搬运一件或少量的物品,作业的全过程将十分繁杂,并且存在大量的重复搬运,作业效率必然很低。如果把多件物品汇集成一个重量或者容积单位,使用机械来进行储运作业,就能够提高搬运效率,并带来一系列其他好处。我们把一定量的物料整齐地集装成为一个便于储运的单元,称为集装单元;把推行按集装单元进行机械化储运作业的思想称为"集装单元化的原则"。

此外,物料的储运作业也是影响工厂文明生产和管理的重要因素。由于集装单元化储运方式的出现,物料搬运技术起了巨大的变化。

目前搬运载体主要有三种形式:①利用集装单元化器具将货物集装成一个容积或者重量单元进行机械搬运,如托盘或者集装箱;②利用组合包装,即利用钢带、金属丝等材料将货物捆扎成为一个密实的、便于机械搬运的单元;③采用各种属具对经过组合、汇集起来的货物进行机械搬运,如各种无托盘作业方式或滑板托盘的搬运方式。

可见,物料集装单元化包含两层意思:一是把物料集装成为一个单元;二是利用机械设施进行储运作业。物料经过集装器具的集装或组合包装,从而有了较高的活性,物料随时处于准备搬运的机动状态,成为活跃的流动的货物。

所谓利用机械设施搬运,不仅包括采用动力的机械设施搬运,也包括人力驱动的机械搬运。利用机械设施搬运,具有以下作用:

(1) 有利于搬运作业实行机械化、标准化,从而减少重复搬运的次数,缩短装卸时间,提高搬运效率;

(2) 机械化搬运作业可以改善劳动条件,减轻工人的劳动强度,节约劳动力;

(3) 通过单元货物的垂直堆垛、码放,可以充分利用空间,减少占地面积;

(4) 在搬运过程中可以减少磕、碰、划等损伤,保证零件的质量,避免物料的污损和丢失;

(5) 单元货物有定数、定量的优点,便于过目知数,有利于管理。

另外,物流集装单元化是物流信息化的基础。计算机广泛引入信息处理技术以来,信息标准化的表达方式常常用数字、字符或抽象符号表达,这是因为计算机处理起这些抽象符号较之信息的其他表达方式(如语言、文字、图形、图像)更快捷、更方便。广义的信息标准化不仅涉及信息元素的表达,还涉及整个信息处理,包括信息传递与通信、数据流程、信息处理的技术与方法、信息处理设备等。

物流集装单元化后,能够有序地进行信息化编码。集装单元化后的物料都有且仅有一个确定的信息化编码与其对应,这就是物流信息化。

物流信息指的是反映物流各种活动内容的知识、资料、图像、数据、文件的总称,包括物流活动的主要商务管理过程:接受订单、订单处理、仓库管理、末端配送以及每一环节的异常处理及进行物流内部和外部的业务结算过程;质量信息服务,如质量监察、用户投诉处理、货件的跟踪查询和客户关系等。

物流信息在物流活动中具有十分重要的作用,通过物流信息的收集、传递、存储、处理、输出等,成为决策依据,对整个物流活动起指挥、协调、支持和保障作用,其主要作用如下:

(1) 沟通联系的作用。物流系统是由许多个行业、部门以及众多企业群体构成的经济大系统,系统内部正是通过各种指令、计划、文件、数据、报表、凭证、广告、商情等物流信息,建立起各种纵向和横向的联系,沟通生产厂、批发商、零售商、物流服务商和消费者,满足各方的需要。因此,物流信息是沟通物流活动各环节之间联系的桥梁。

(2) 引导和协调的作用。物流信息随着物资、货币及物流当事人的行为等信息载体进入物流供应链中,同时信息的反馈也随着信息载体反馈给供应链上的各个环节,依靠物流信息及其反馈可以引导供应链结构的变动和物流布局的优化;协调物资结构,使供需之间平衡;协调人、财、物等物流资源的配置,促进物流资源的整合和合理使用等。

(3) 管理控制的作用。通过移动通信、计算机信息网、电子数据交换(EDI)、全球定位系统(GPS)等技术实现物流活动的电子化,如货物实时跟踪、车辆实时跟踪、库存自动补货等,用信息化代替传统的手工作业,实现物流运行、服务质量和成本等的管理控制。

(4) 缩短物流管道的作用。为了应付需求波动,在物流供应链的不同节点上通常设置库存,包括中间库存和最终库存,如零部件、在制品、制成品的库存等,这些库存增加了供应链的长度,提高了供应链成本。但是,如果能够实时地掌握供应链上不同节点的信息,如知道在供应管道中,什么时候、什么地方、多少数量的货物可以到达目的地,那么就可以发现供应链上的过多库存并进行缩减,从而缩短物流链,提高物流服务水平。

(5) 辅助决策分析的作用。物流信息是制定决策方案的重要基础和关键依据,物流管理决策过程的本身就是对物流信息进行深加工的过程,是对物流活动的发展变化规律性认识的过程。物流信息可以协助物流管理者鉴别、评估经比较物流战略和策略后的可选方案,如车辆调度、库存管理、设施选址、资源选择、流程设计以及有关作业比较和安排的成本、收益分析等,这些均是在物流信息的帮助下才能做出的科学决策。

(6) 支持战略计划的作用。作为决策分析的延伸,物流战略计划涉及物流活动的长期发展方向和经营方针的制定,如企业战略联盟的形成、以利润为基础的顾客服务分析以及能力和机会的开发和提炼,作为一种更加抽象、松散的决策,它是对物流信息进一步提炼和开发的结果。

(7) 价值增值的作用。一方面,物流信息本身是有价值的,而在物流领域中,流通信息在实现其使用价值的同时,其自身的价值又呈现增长的趋势,即物流信息本身具有增值特征。另一方面,物流信息是影响物流的重要因素,它把物流的各个要素以及有关因素有机地组合并联结起来,以形成现实的生产力和创造出更高的社会生产力。同时,在社会化大生产条件下,生产过程日益复杂,物流诸要素都渗透着知识形态的信息,信息真正起着影响生产力的现实作用。企业只有有效地利用物流信息,投入生产和经营活动后,才能使生产力中的劳动者、劳动手段和劳动对象最佳结合,产生放大效应,使经济效益出现增值。物流系统的优化及各个物流环节的优化所采取的办法、措施,如选用合适的设备、设计最合理路线、决定最佳库存储备等,都要切合系统实际,依靠准确反映实际情况的物流信息;否则,任何行动都不免带有盲目性。所以,物流信息对提高经济效益起着非常重要的作用。

第二节 几类物料单元集装化工具

一、托盘

托盘是物流作业中必不可少的集装工具。它有装载面,可集合一定数量的物品,便于物品的装卸、运输和仓储。由于物品的种类繁多、性质不同、规格尺寸多样、形态各异,为此与之相适应的托盘种类也多种多样。

托盘的种类根据制作材质的不同,可以分为木质托盘、塑料托盘、金属托盘、纸质托盘等。

托盘的种类根据结构的不同,可以分为平托盘、箱式托盘、储槽式托盘、框栏式托盘、柜式托盘等,如图2-1所示。

第二章

物流自动化基础

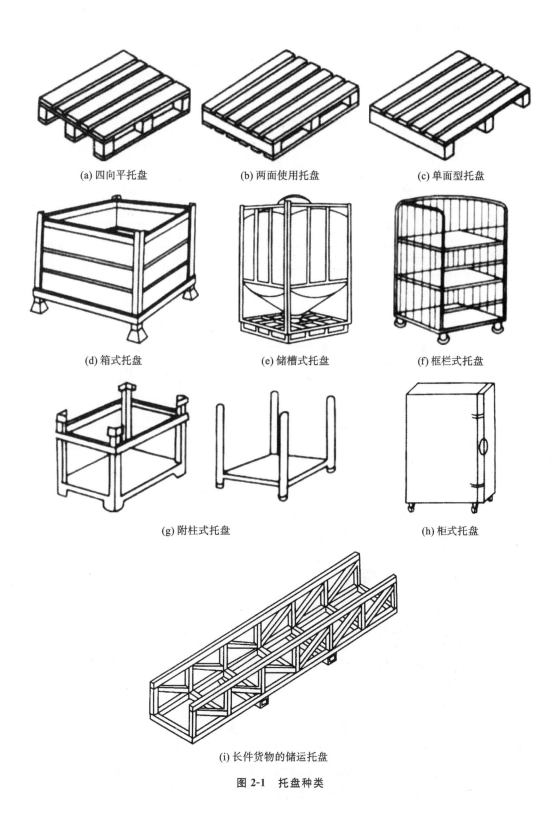

图 2-1 托盘种类

(一) 托盘的标准化

为了使物流作业机械化和自动化,托盘必须标准化。其标准规格如表 2-1 所示。托盘高度一般为 100~150 mm,单面用取 140 mm,双面用取 150 mm。托盘载质量有 50 kg、1000 kg、1500 kg 和 2000 kg 四个级别。

表 2-1 平托盘标准规格表

宽度(W)	长度(L)	高度(H)	宽度(W)	长度(L)	高度(H)
800	★1100	140,150	1200	800	
	1200			1000	
900	1100			1100	
1000	★1000	140,150		1400	
	★1200	140,150	1300	1000	
	1300			1100	
1100	800			1500	
	900		1400	1100	
	★1100	140,150		1200	
	1200		1440	1130	
	1300		1500	1300	
	★1400	140,150	1130	1440	

★为常用托盘。

(二) 平托盘

1. 平托盘结构及名称

图 2-2 所示的为托盘各部分的名称。有关要求如下:

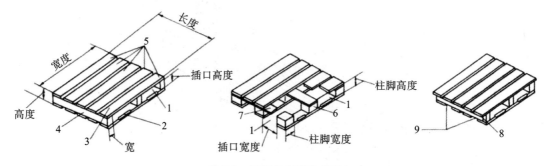

图 2-2 平托盘各部分名称
1—插口;2—梢;3—端板;4—横梁;5—面板;6—柱脚;7—板;8—板翼;9—下面开口

(1) 尺寸误差:要求托盘长度和宽度的制造误差为 ±3 mm,两对角线误差 ≤8 mm。
(2) 插口及底部开口宽度:插口及底部开口尺寸如图 2-3 所示,其对应尺寸如表 2-2 所示。图 2-4 所示的为横梁四向型托盘尺寸。表 2-3 所示的为横梁四向型托盘插口及底部开口宽度。表 2-4 所示的横梁为四向型托盘插口及底部开口尺寸值。

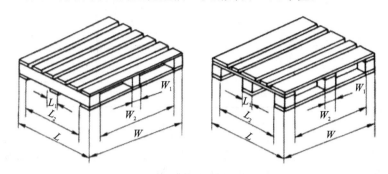

图 2-3 一般两面型、四向型托盘插口及底部开口尺寸

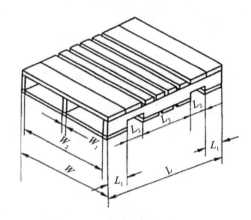

图 2-4 四向型托盘插口尺寸

（3）插口高度：插口是叉车的货叉插入时用的，一般插口高度 $h = 95 \sim 127$ mm，通常取 $h = 100$ mm 较合适。

表 2-2　一般两面型、四向型托盘插口及底部开口尺寸值　　　　　　单位：mm

托盘标准长度或宽度（L 或 W 值）	插口及底部开口宽度	
	L_1 及 W_1 最大值	L_2 及 W_2 最大值
1000	150	720
1100	150	760
1200	150	770

表 2-3　四向型托盘插口尺寸值　　　　　　单位：mm

常用托盘	插口及底部开口尺寸									
	L_1		L_2		L_3		W_1		W_2	
	最小	最大	最小	最大	最小	最大	最小	最大	最小	最大
1000×1200	90	155	200	255	180	420	38	150	900	1124
1200×1000	90	155	200	255	380	620	38	150	700	924
1100×1100	90	155	200	255	280	560	38	150	800	1024

表 2-4　四向型托盘插口及底部开口尺寸值　　　　　　　　　　　　　单位：mm

托盘标准长度或宽度 (L 或 W 值)	插口及底部开口宽度	
	L_1 及 W_1 最大值	L_2 及 W_2 最大值
1000	150	720
1100	150	760
1200	150	770

2. 平托盘强度

托盘强度是很重要的指标。如果托盘受力变形超过一定范围,将影响正常物流作业的进行,甚至造成设备事故,表 2-5 所示的为平托盘强度。

表 2-5　平托盘强度变化值

内容		允差	内容		允差
压缩强度	变形量/mm	≤4	面板强度	挠度/(%)	2.5 以下
	挠度/(%)	2.5 以下	坠落强度	对角线变化率/(%)	3 以下
抗弯强度	残留挠度/(%)	0.5 以下			

托盘出厂时应有合格证,并在托盘明显处标明公司名称、托盘规格、编号、制造日期、托盘质量及承载能力等。

(三) 箱式托盘

箱式托盘的面上具有上层结构,其四周至少有三个侧面固定,一个侧面是可折叠的垂直面,各侧面可以是平板、条状板或者网状板。

1. 形式、种类、代号

箱式托盘的基本形式及代号如图 2-5 所示。

BFS,即固定载重型,其载重量固定,多用于车间装盛金属零部件等。

RBF,即固定非载重型,其载重量较小。

BMS,即折叠载重型,其载重量较大。

RBM,即折叠非载重型,其载重量较小。

BCS,即可拆卸载重型,其载重量较大。

RBC,即可拆卸非载重型,其载重量较小。

2. 箱式托盘最大装载量

箱式托盘也可以根据制造材质的不同,划分为木制箱式托盘、金属箱式托盘,其中金属箱式托盘的载重量较大,金属箱式托盘的最大载重量为 0.3 t、0.5 t、1 t、1.5 t、2 t 等。

3. 箱式托盘的规格大小

金属箱式托盘的规格大小用长度(mm)×宽度(mm)×高度(mm)来表示。常用的金属箱式托盘尺寸如表 2-6 所示。

第二章
物流自动化基础

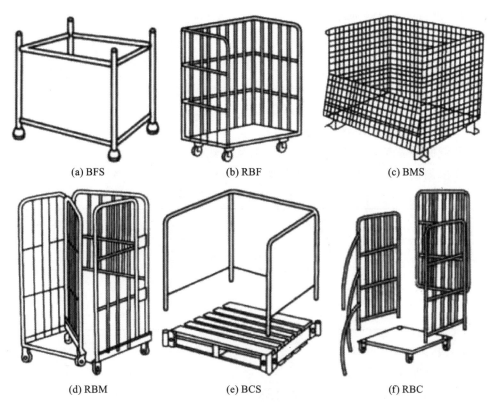

图 2-5　箱式托盘的基本形式及代号

表 2-6　箱式托盘的规格要求

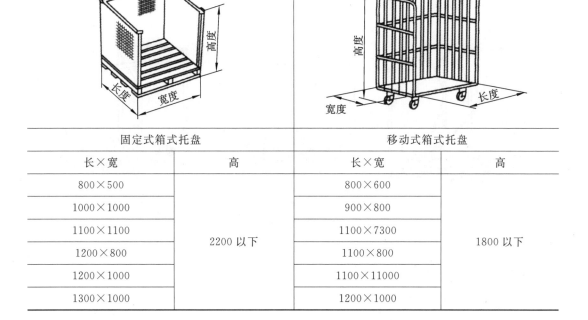

固定式箱式托盘		移动式箱式托盘	
长×宽	高	长×宽	高
800×500		800×600	
1000×1000		900×800	
1100×1100	2200 以下	1100×7300	1800 以下
1200×800		1100×800	
1200×1000		1100×11000	
1300×1000		1200×1000	

4. 箱式托盘的质量精度要求

1）箱式托盘的质量要求

（1）外观要求平整美观，不得有划伤、凹凸不平、翘曲、变形、涂装不良、电镀不佳等缺陷；

（2）稳定性好；

（3）要求起动阻力系数小于0.04；

（4）承载面的强度必须满足表2-7所示的强度要求；

（5）要求侧板强度、载货时的垂直强度达到强度要求。

表 2-7　箱式托盘承载面强度要求

材　　质		挠 度 要 求
钢材	型材、管材	0.7
	金属网	1
木材及其他		2

2）箱式托盘的精度要求

（1）插口高度大于60 mm；

（2）箱式托盘的长度、宽度、高度的公差为±5 mm。

（四）柱式托盘

1. 柱式托盘各组成部分名称

柱式托盘各组成部分名称如图2-6所示。

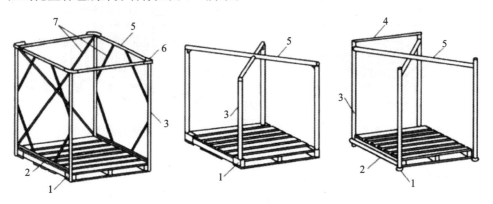

图 2-6　柱式托盘各组成部分的名称

1—支脚；2—下横梁；3—立柱；4—上横梁；5—横梁；6—接头；7—拉杆

2. 柱式托盘的种类、代号

图2-7所示的为柱式托盘。

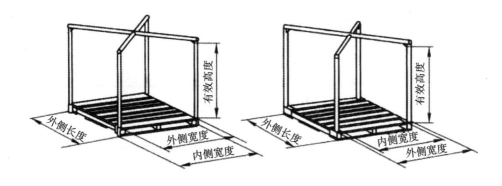

(a) 外插安装型柱式托盘　　(b) 内插安装型柱式托盘

(c) 独立型柱式托盘

图 2-7　柱式托盘的种类

各种形式托盘的代号如下：

FO，外插安装型柱式托盘，支柱在托盘承载面的外侧；

FI，内插安装型柱式托盘，支柱在托盘承载面的内侧；

CO，独立型柱式托盘，支柱独立，位于托盘之外。

3. 最大装载质量和堆叠层数

柱式托盘的最大装载质量如表 2-8 所示，而满载的柱式托盘堆叠在地面上最高可达到 4 层。

表 2-8　柱式托盘的装载质量

项　　目	装载质量/t					
单托盘的装载质量	0.25	0.50	0.75	1.00	1.25	1.50
单托盘最大装载质量（含自重）	0.30	0.55	0.80	1.05	1.30	1.55

4. 柱式托盘的标准尺寸

表 2-9 给出了柱式托盘的标准尺寸。

表 2-9　柱式托盘的装载质量

托盘长(L)×宽(W)	有效高度	长度、宽度的最大最小尺寸		
		FO	FI	CO
800 mm×1100 mm 900 mm×1100 mm 1100 mm×1100 mm 1100 mm×1300 mm 1100 mm×1400 mm 1130 mm×1440 mm 800 mm×1200 mm 1000 mm×1200 mm	800 900 1000 1100 1200 1300 1400 1500 1600 1700 1800 1900 2000 2100 2200	外侧长度　($L+160$)以下 外侧宽度　($W+160$)以下 内侧宽度　W 以上	($L+20$)以下 ($W+20$)以下 ($W-120$)以上	($L+160$)以下 ($L+250$)以下 ($W+150$)以上

(五) 其他托盘

1. ST 式箱式托盘

图 2-8 所示的为 ST 式箱式托盘。

(a) ST/1033 型

(b) ST/1035 型

(c) ST/1034 型

图 2-8　ST 式箱式托盘

ST/1033 型箱式托盘带有脚轮,承载能力为 500 kg,并具有防货物溢出机构;ST/1035 型箱式托盘具有打开滑轮机构,打开滑轮机构的拉线长度为 7～10 m;ST/1034 型箱式托盘自身质量为 300 kg,容积为 1.7 m³,底面具有自动安全装置,最大开启角度为 60°。各种型号的相关数据如表 2-10 所示。

表 2-10　ST 式箱式托盘型号尺寸

型号	内尺寸(宽×长×高)	外尺寸(宽×长×高)	自重/kg	容积/m³	载重/kg
ST/1033	1020 mm×820 mm×880 mm	1100 mm×900 mm×1020 mm	135	0.7	800
ST/1034	1450 mm×1202 mm×960 mm	1530 mm×1280 mm×1100 mm	265	1.7	1000

续表

型号	内尺寸(宽×长×高)	外尺寸(宽×长×高)	自重/kg	容积/m³	载重/kg
ST/1035	1020 mm×820 mm×880 mm	1100 mm×900 mm×1020 mm	165	0.7	800

2. 支柱装卸式托盘

图 2-9 所示的为 ST 支柱装卸式木制托盘，图 2-10 所示的为 ST 支柱装卸式塑料托盘。

图 2-9　ST 支柱装卸式木制托盘　　　　图 2-10　ST 支柱装卸式塑料托盘

3. 堆高式托盘

图 2-11 所示的为堆高式托盘，这种装载货物的托盘可以堆叠，节省空间。其型号、尺寸如表 2-11 所示。

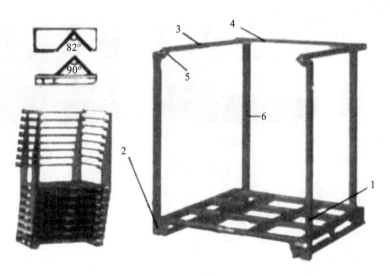

图 2-11　堆高式托盘

1—前立柱；2—下轨；3—上轨；4—横梁；5—连接件；6—后立柱

表 2-11 堆高式托盘型号、尺寸、性能表

型号	外形尺寸/mm			外形尺寸/mm			自重/kg	承载/t	堆叠层数
	开口	进深	高度	开口	进深	高度			
NR32	1350	1200	1200	1250	1100	1100	55	1	4
NR34	1350	1200	1400	1250	1100	1200	62	1	4
NR37	1350	1200	1700	1250	1100	1500	61	1	4
NR42	1450	1200	1200	1350	1100	1000	58	1	4
NR44	1450	1200	1400	1350	1200	1200	83	1	4
NR52	1550	1200	1200	1450	1100	1000	57	1	4
NR54	1650	1200	1400	1450	1100	1200	64	1	4
T3	1350	1200	140	1250	1100	—	33	1	1
T4	1450	1200	140	1350	1100	—	34	1	1
T5	1550	1200	140	1450	1100	—	35	1	1

4. 货架式托盘

图 2-12 所示的为货架式托盘。

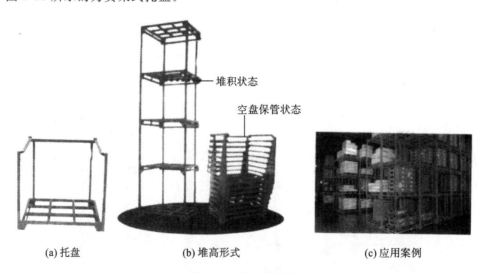

(a) 托盘　　(b) 堆高形式　　(c) 应用案例

图 2-12 货架式托盘

货架式托盘的优点有：
(1) 多层堆积,能有效利用空间；
(2) 堆积结合科学,稳定性好；
(3) 作业效率高；
(4) 安全、结实、寿命长；
(5) 空托盘堆积节省空间。

二、集装箱

(一) 概述

集装箱是具有一定规格和强度进行周转用的大型货箱,如图 2-13 所示。根据货物特性和运输要求,集装箱可以用钢、铝、塑料等各种材料制成,适合于铁路、水路、公路、航空等多种运输方式的现代化装卸和运输,是仓库外部物流合理化的集装化运输工具。

  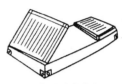

(a) 内柱式集装箱　　　　(b) 外柱式集装箱　　　　(c) 折叠式集装箱

图 2-13　普通集装箱

集装箱,英文名 container,是能装载包装或无包装货进行运输,并便于用机械设备进行装卸搬运的一种组成工具。

为了便于集装箱在国际上的流通,1964 年国际标准化组织 ISO 在汉堡会议上颁布了两种集装箱的标准规格系列:第 1 系列(1A～1F 六种)和第 2 系列(2A～2C 三种),共九种规格。1970 年在莫斯科会议上增加了第 3 系列(3A～3C 三种)集装箱,第 1 系列又增加了 1AA、1BB 和 1CC 三种集装箱。

为了便于统计集装箱的运量,常将 20 ft 的标准集装箱作为标准换算单位,称为换算箱或标准箱,简称 TEU(twenty-foot equivalent unit)。一个 20 ft 的国际标准集装箱换算为 1 个 TEU;一个 40 ft 的集装箱,简称 FEU(forty-foot equivalent unit),1FEU=2TEU。

集装箱最大的成功在于其产品的标准化以及由此建立的一整套运输体系。能够让一个载重几十吨的庞然大物实现标准化,并且以此为基础逐步实现全球范围内的船舶、港口、航线、公路、中转站、桥梁、隧道、多式联运相配套的物流系统,这的确堪称人类有史以来创造的伟大奇迹之一。

(二) 规格标准

集装箱运输的初期,集装箱的结构和规格各不相同,影响了集装箱在国际上的流通,亟须制定集装箱的国际通用标准,以利于集装箱运输的发展。集装箱标准化,不仅能提高集装箱作为共同运输单元在海、陆、空运输中的通用性和互换性,而且能够提高集装箱运输的安全性和经济性,促进国际集装箱多式联运的发展。同时,集装箱的标准化还给集装箱的载运工具和装卸机械提供了选型、设计和制造的依据,从而使集装箱运输成为相互衔接配套、专业化和高效率的运输系统。集装箱装箱标准按使用范围分,有国际标准、国家标准、地区标准和公司标准四种。

通常所说的集装箱是指根据国际标准化组织(ISO)第 104 技术委员会制定的国际标准来建造和使用的国际通用的标准集装箱。

集装箱标准化历经了一个发展过程。国际标准化组织 ISO/TC104 技术委员会自 1961

年成立以来,对集装箱国际标准做过多次补充、增减和修改,现行的国际标准为第 1 系列共 13 种,其宽度均一样(2438 mm),常见的长度有四种(12192 mm、9125 mm、6058 mm、2991 mm),常见的高度有三种(2896 mm、2591 mm、2438 mm),如表 2-12 所示。

表 2-12 部分国际标准集装箱长宽高关系表

型号	高度(H)/mm		宽度(W)/mm		长度(L)/mm		额定重量(最大重量)/kg
	尺寸	偏差	尺寸	偏差	尺寸	偏差	
1AA	2591	0,-5	2438	0,-5	12192	0,-10	30480
1A	2438	0,-5	2438	0,-5	12192	0,-10	30480
1AX	2438		2438	0,-5	12192	0,-10	30480
1CC	2591	0,-5	2438	0,-5	6058	0,-6	20320
1C	2438	0,-5	2438	0,-5	6058	0,-6	20320
1CX	2438		2438	0,-5	6058	0,-6	20320
10D	2438	0,-5	2438	0,-5	4012	0,-5	10000
5D	2438	0,-5	2438	0,-5	1968	0,-5	5000

我国现行国家标准《系列 1 集装箱 分类、尺寸和额定质量》(GB/T 1413—2008)制定了集装箱各种型号的外部尺寸、极限偏差及额定重量。

此外,世界还有不少非标准集装箱。如非标准长度集装箱有美国海陆公司的 35 ft 集装箱、总统轮船公司的 45 ft 及 48 ft 集装箱;非标准高度集装箱,主要有 9 ft 和 9.5 ft 两种高度集装箱;非标准宽度集装箱,如 8.2 ft 宽度集装箱等。随着中国经济的不断腾飞,我国进出口贸易也越来越频繁,从而使集装箱在市场上也得到了更广泛的应用。

集装箱内部高度为箱底板面至箱顶板最下面的距离,宽度为两内侧衬板之间的距离,长度为箱门内侧板量至端壁内衬板之间的距离。集装箱内部的最大长、宽、高尺寸决定集装箱内容积和箱内货物的最大尺寸。

国际上通常使用的干货柜(dry container)有:

(1) 外尺寸为 20 英尺×8 英尺×8.6 英尺,简称 20 尺货柜,内容积为 5898 mm×2352 mm×2390 mm;

(2) 外尺寸为 40 英尺×8 英尺×8.6 英尺,简称 40 尺货柜,内容积为 12024 mm×2352 mm×2390 mm;

(3) 较多使用的 40 英尺×8 英尺×9.6 英尺,简称 40 尺高柜,内容积为 11.8 m×2.34 m×2.68 m,配货毛重一般为 26 t,体积为 68 m³;

(4) 45 尺高柜:内容积为 13.58 m×2.34 m×2.68 m,配货毛重一般为 29 t,体积为 86 m³;

(5) 20 尺开顶柜:内容积为 5.89 m×2.32 m×2.31 m,配货毛重为 20 t,体积为 31.5 m³。

(6) 40 尺开顶柜:内容积为 12.01 m×2.33 m×2.15 m,配货毛重为 30.4 t,体积为 65 m³。

(7) 20 尺平底货柜:内容积为 5.85 m×2.23 m×2.15 m,配货毛重为 23 t,体积为

28 m³。

(8) 40 尺平底货柜:内容积为 12.05 m×2.12 m×1.96 m,配货毛重为 36 t,体积为 50 m³。

(三) 分类

集装箱种类很多,分类方法多种多样,有以下分类方法。

1. 按所装货物种类分类

集装箱按所装货物种类分类,可分为杂货集装箱(dry container)、散货集装箱(bulk container)(见图 2-14)、液体货集装箱(见图 2-15)、冷藏集装箱(见图 2-16),以及一些特种专用集装箱,如汽车集装箱、牧畜集装箱、兽皮集装箱等。

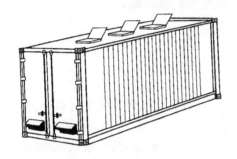
图 2-14　固体散料集装箱

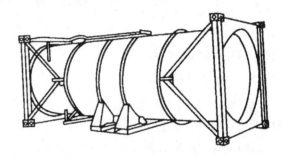
图 2-15　液体罐式集装箱

杂货集装箱是最普通的集装箱,主要用于运输一般杂货,适合装载各种不需要调节温度的货物的集装箱,一般称为通用集装箱。

散货集装箱是用以装载粉末、颗粒状货物等各种散装的货物的集装箱。

液体货集装箱是用以装载液体货物的集装箱。

冷藏集装箱是一种附有冷冻机设备,并在内壁敷设热传导率较低的材料,用以装载冷冻、保温、保鲜货物的集装箱。

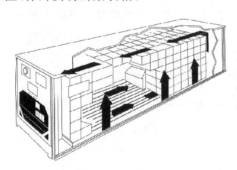

图 2-16　冷藏集装箱

汽车集装箱是一种专门设计用来装运汽车,并可分为两层装货的集装箱。

牲畜集装箱是一种专门设计用来装运活牲畜的集装箱,有通风设施,带有喂料和除粪装置,如图 2-17 所示。

兽皮集装箱是一种专门设计用来装运生皮等带汁渗漏性质的货物,有双层底,可存储渗

图 2-17 牲畜集装箱

漏出来的液体的集装箱。

2. 按制造材料分类

制造材料是指集装箱主体部件（侧壁、端壁、箱顶等）材料。集装箱按制造材料分类，可分为钢制集装箱、铝合金集装箱、玻璃钢集装箱。此外，还有木集装箱、不锈钢集装箱等。其中，钢制集装箱用钢材制造，优点是强度大，结构牢，焊接性高，水密性好，价格低廉；缺点是重量大、防腐性差。铝合金集装箱用铝合金材料制造，优点是重量轻，外表美观，防腐蚀，弹性好，加工方便以及加工费、修理费低，使用年限长；缺点是造价高，焊接性能差。玻璃钢集装箱用玻璃钢材料制造，优点是强度大，刚性好，内容积大，隔热、防腐、耐化学性好，易清扫，修理简便；缺点是重量大，易老化，拧螺栓处强度降低。

3. 按结构分类

集装箱按结构分类，可分为固定式集装箱、折叠式集装箱、薄壳式集装箱。固定式集装箱又可分为密闭集装箱、开顶集装箱（open top container）、板架集装箱等；折叠式集装箱，指集装箱的主要部件（侧壁、端壁和箱顶）能简单地折叠或分解，再次使用时可以方便地再组合起来；薄壳式集装箱，是把所有部件组成一个钢体，它的优点是重量轻，可以适应所产生的扭力而不会引起永久变形。

4. 按总重分类

集装箱按总重分类，可分为30吨集装箱、20吨集装箱、10吨集装箱、5吨集装箱、2.5吨集装箱等。

5. 按规格尺寸分类

国际上通常使用的干货柜（dry container）有：外尺寸为20英尺×8英尺×8.6英尺，简称20尺货柜；外尺寸为40英尺×8英尺×8.6英尺，简称40尺货柜；外尺寸为40英尺×8英尺×9.6英尺，简称40尺高柜。

6. 按用途分类

集装箱按用途分类，可分为冷冻集装箱（reefer container，RF）、挂衣集装箱（dress hanger container）、开顶集装箱（open top container，OT）、框架集装箱（flat rack container，

FR)、罐式集装箱(tank container,TK)、冷藏集装箱、平台集装箱(platform container)、通风集装箱(ventilated container)、保温集装箱(insulated container)等。

开顶集装箱是用于装载玻璃板、钢制品、机械等重货,可以使用起重机从顶部装卸,开顶箱顶部可开启或无固定项面的集装箱。框架集装箱是以箱底面和四周金属框架构成的集装箱,适用于长大、超重、轻泡货物。罐装集装箱是由箱底面和罐体及四周框架构成的集装箱,适用于液体货物。

平台集装箱(见图2-18)是专供装运超限货物的集装箱,有一个强度很大的底盘,在装运大件货物时,可同时使用几个平台集装箱。

图 2-18 平台集装箱

第三节 物流自动化的发展与应用

一、自动化物流系统中的基本物料集装单元

1. 作业单元

物流的功能是为产业发展提供支持服务。针对不同的物料单元、不同的物流业务、不同的操作方式和操作设备,其作业效率不同。这里,将具体物流作业业务所涉及的物料单元,称为作业单元。

物流作业(logistics operation),指实现物流功能时所进行的具体操作活动。

就物流系统功能而言,包括运输、仓储、包装、搬运装卸、流通加工、配送以及相关的物流信息等七个功能环节,每一个功能环节都涉及详细而具体的物流作业,物流作业单元就是这些具体物流作业对象的具体描述。

在物流中心的运作中,不论是人力化、机械化的物流系统,或是自动化、智慧化的物流系统,若无正确有效率的作业方法配合,则不论是多先进的系统、设备,也未必能达到最佳的效果。

虽然特性或规模不同的物流中心,其营运涵盖的作业项目不完全相同,但大致可归纳为如下的基本作业流程:由供应货车到达码头开始,经"进货"作业确认货品进入后,便依序将货品"储存"入库,而为了确保在库货品受到良好的保护管理,再施以定期或不定期的"盘点"

检查。

当有了客户订单后,先将订单依其性质做"订单处理",之后即可依处理后的订单信息执行将客户订购货品从仓库中取出的"拣货"作业。拣货完成一旦发现拣货区所剩余的存量过低,则必须由储区来"补货"。当然,若整个储区的存量亦低于标准,便向上游采购进货。从仓库拣出的货品经整理后即可准备"出货"。等到一切出货动作就绪,司机便可将出货品装上配送车,将之"配送"到各个客户点交货。

另外,在所有作业的进行中,只要牵涉物的流动的作业,其间的过程就少不了搬运的动作,搬运也是影响物流效率的关键因素之一。

显然,作业单元的合理划分直接影响物流作业的效率。

2. 仓储单元

仓储是物流中心的主要的作业之一。仓储是指通过仓库对物资进行储存、保管以及仓库相关储存活动的总称。它随着物资储存的产生而产生,又随着生产力的发展而发展。仓储是商品流通的重要环节之一,也是物流活动的重要支柱。

仓储是产品生产、流通过程中因订单前置或市场预测前置而使产品、物品暂时存放。它是集中反映工厂物资活动状况的综合场所,是连接生产、供应、销售的中转站,对促进生产效率的提高起着重要的辅助作用。同时,围绕着仓储实体活动,清晰准确的报表、单据账目、会计部门核算的准确信息也同时进行着,因此仓储是物流、信息流、单证流的合一。

仓储单元,又称为库存单元,指的是仓储作业服务对象的基本单位。

在客观世界,物料存在的形式千姿百态,为了研究方便,将物料划分为连续物料(continuity materials)和离散单元物料(discrete units of material)两类。连续物料如散装粮食、散装化肥、灌装水泥、汽油、天然气、自来水等,连续物料往往间接计量,可能以吨、千克、克、毫克等计量单位作为单元物料,对于一些柔性材料,还可能是丈、尺、米、厘米、毫米等。离散单元物料具有规范化的包装,可以计数,可以是集装箱、车皮、托盘,也可能是箱、件、包,或者更小的规范化的计量单位等。

仓储单元是构成仓库货格的基础单位,是货架参数设计的根本。如集装箱堆场的仓储单元,可能是30吨集装箱、20吨集装箱、10吨集装箱、5吨集装箱、2.5吨集装箱;自动化立体仓库,常见的仓储单元可能是托盘,也可能是周转箱、件箱;自动化的医药仓库,则仓储单元是瓶、盒、板等。当然,仓储单元不一定是物流中心的最小作业单元。

3. 配送订单组配单元

以配送订单生产的角度去思考配送订单组配单元,这是物流配送中心的核心生产业务,配送订单组配单元主要存在于仓库和分拣车间。

配送订单组配单元,又称为订单组配单元物料(unit material),即订单最小组配单元,这是订单构成的最小计量单元,由顾客需求决定,它是直接面向顾客的一种订货单位。

订单分拣,接受仓库分拣出库的货物,按顾客订单的实际需求量进行拣货、配单、订单缓存作业,货物周转速度快,存储量小,一般每种货物的存储量不会超过一托盘,订单分拣车间中通常以包、件或者更小的包装等作为分拣作业的单元物料。

订单分拣与组配订单的单元物料密切相关。在物流量大的物流中心,单元物料可能是集装箱、车皮、托盘,也可能是件箱;而在规模稍小、作业更精细化、为直接最终消费者服务的物流配送中心中,消费者个性化需求具体,其订单最小组配单元可以是件、包或者更小的规范化的计量单位等;在化肥、建材、粮食、散装水泥、汽油、天然气等散装连续物料分拣作业中,可能还涉及以吨、千克、克、毫克、立方米等计量单位作为组配单元;在布料的流通过程中,还可能是丈、尺、米、厘米、毫米等作为配送订单组配单元。

订单分拣可以分为人工分拣、自动分拣等作业方式,其作业基础就是配送订单组配单元。

二、物流自动化及其基本原则

(一) 物流自动化定义

物流自动化是充分利用各种机械和运输设备、计算机系统和综合作业协调等技术手段,通过对物流系统的整体规划及技术应用,使物流的相关作业和内容省力化、效率化、合理化,快速、精准、可靠地完成物流的过程。

物流自动化是指物流作业过程的设备和设施自动化,包括运输、装卸、包装、分拣、识别等作业过程,如自动识别系统、自动检测系统、自动分拣系统、自动存取系统、自动跟踪系统等。

物流自动化是集光、机、电子一体的系统工程。它是把物流、信息流用计算机和现代信息技术集成在一起的系统。物流自动化的设施包括条码自动识别系统、自动导向车系统(AGVS)、货物自动跟踪系统(如 GPS)等。物流自动化系统有信息引导系统、自动分拣系统、条码自动识别系统、语音自动识别系统、射频自动识别系统、自动存取系统、货物自动跟踪系统。物流自动化,指在一定的时间和空间里,将输送工具、工业机器人、仓储设施及通信等高性能相关设备,利用计算机网络控制系统相互制约,构成有机的具有特定功能的整体系统。

物流自动化有着显著的优点。第一,它提高了仓储管理水平。由于采用了计算机控制管理,各受控设备完全自动地完成顺序作业,使物料周转管理、作业周期缩短,仓库吞吐量相应提高,适应现代化生产需要。第二,它提高自动化作业程度和仓库作业效率,节省劳动力,提高了生产率。第三,贮存量小,占地面积小,物料互不堆压,存取互不干扰,保证了库存物料的质量。

物流自动化在物流管理各个层次中发挥重要的作用。它包括物流规划、物流信息技术及自动物流系统等各种软技术和硬技术。物流自动化在国民经济的各行各业中起着非常重要的作用,有着深厚的发展潜力。随着研究力度的不断加大,物流自动化技术将在信息化、绿色化方面进一步发展,其各种技术设备(如立体仓库等)和管理软件也将得到更大的发展和应用。

(二) 物流自动化系统的特点和优势

物流自动化系统的主要特点为快速、高效、合理地存储物料和及时、准确地提供所需物品。与传统物流系统相比,自动化物流系统的优势主要体现在以下几方面。

1. 提高生产与配送的效率和准确性

物流自动化系统采用先进的信息管理系统以及自动化物料存储、分拣和搬运设备等,使货物在仓库内按需要自动存取与分拣。在物流输送环节中,物流自动化系统根据接收的订单信息自动安排发货配送,通过使用自动拣选技术、电子标签技术、自动分拣技术等,可以大幅提高分拣与配送的效率和准确性。如单元物料自动分拣系统,因其分拣效率高,每小时分拣大于15000单元,准确率高,破损率几乎为零等优点,在卷烟配送领域得到广泛使用。

2. 实现企业信息一体化

物流信息化是企业信息化的重要组成部分,物流信息管理系统通过与企业其他管理系统无缝对接,实现信息在企业的各个系统之间自动传递与接收,使企业实现信息一体化。自动化物流系统可自动获取其他管理系统的订单信息并进行处理,保证信息获取迅速、处理及时、准确、高效地汇总配送需求并进行备货、配送。

3. 提高空间利用率,降低土地成本

物流自动化系统采用高层货架存储货物,存储区可以向高空发展,减少库存占地面积,提高仓储空间利用率和库容。立体仓库货架区单位面积的储存量可达 $7.5\ t/m^2$,是传统普通仓库的5~10倍,与传统普通仓库相比节约40%~70%的占地面积,可以大幅降低土地成本。

4. 减少人工需求,降低人工成本

物流自动化系统可以减少对人工的需求及降低劳动强度,提高劳动效率。例如,同样吨位货物存储时配备的仓储物流人员,物流自动化系统与传统物流系统相比,可以节约2/3以上。

5. 提高物流管理水平

物流自动化系统可以对库存的入库、出库、移库、盘点等操作进行全面的控制和管理,对物品进行实时分析与控制,为企业管理者做出正确决策提供依据,将库存量减至最优存储量,大幅提高资金流转速度与利用率,降低库存成本;通过使用卫星定位系统等技术可对物资运输路线进行优化,对在途物资实时监控,保证物资的安全。

因此,从物流效率和管理水平、空间利用率、人工成本等方面可以看出,物流自动化系统与传统物流系统相比,具有明显的优势。

(三) 物流自动化系统的设计原则

针对具体项目的要求和实际情况,总体规划既要满足当前的使用,又要考虑今后的发展,特别注重实用性和先进性。物流自动化系统的设计、开发遵循以下原则:

(1) 系统可靠性原则;

(2) 系统柔性、开放性和兼容性原则;

(3) 有限空间最大存储量原则;

(4) 工艺流程最简洁原则;

(5) 功能完备,全面满足生产原则;
(6) 设备选用先进性原则;
(7) 规划合理性、实用性、标准化及通用化原则;
(8) 安装操作简便、人机界面友好、维护简单原则;
(9) 系统易操作性、易修改性、易维护性和可扩充性原则;
(10) 性价比最高的原则、安全性符合或超过国家标准的原则。

三、物流自动化系统的发展与应用

(一) 物流自动化系统的发展

在当今飞速发展的物流行业中,经济有效的物流自动化系统具有极为重要的价值。其中,高速、可靠的物料输送控制技术起着关键的作用,特别是在不断提升的高吞吐量的物流应用中。传统的物流管理技术受到了极大的挑战,暴露了自身存在的一些问题。现代化程度较高的物流中心的仓储作业基本上实现了机械化,过去的那种主要依靠人工作业的现象已经基本改变。物流中心的仓储系统一般包括收货、存货、取货、配货、发货等环节。在收货环节,配备了供铁路车厢和货运汽车停靠卸货的站台和场地、升降平台,配备了托盘搬运车、叉车以及各种吊车,用于完成卸车作业。在收货处一般设有计算机终端,用来输入收货信息,并打印出标签或条码等,这些都是近年来我国物流自动化的发展状况。

物流自动化系统,把先进的科学技术成果广泛应用于物流活动的各个方面,实现物流管理、物流作业、物流控制过程的无人与省力,以达到提高物流作业效率,降低物流成本的目的。

(二) 物流自动化系统的应用

物流系统由立体仓库、各类缓冲站、运输设备及物流控制管理系统和物流信息管理系统组成。物流系统设计及仿真,目前主要是用计算机开展柔性自动化物流系统的设计。物流设备的选择与布局优化、自动化立体仓库的设计、AGV 设计与调度、缓冲站设计、工业机器人功能的开发与应用、物流系统的评价分析等,都是现代化物流设计正在解决的问题。

神经网络、模糊控制、面向对象设计等新理论、新技术不断应用于物流系统的目标就是高效率、合理化地利用全部储运机械。

对从毛坯采购入厂到成品销售出厂全过程中的物流进行控制和管理,满足生产各单元的需求,达到降低生产成本、降低物流故障率、提高生产效率、提高产品质量和优化生产过程的目标。

物流自动化管理技术拥有很多优点:物流系统由于高实时性和高可靠性的要求,适于采用分布式多进程的监控管理方式。将复杂的物流系统进行分解,形成若干面向服务对象的物流中心(每个中心包括若干缓冲站及为其服务的 AGV 和自动仓库)。各物流中心既能独立运行又可通过上级机构相互协调配合,共同完成复杂的物流运输任务。

在自动化物流系统中,一般采用自动化立体仓库系统(AS/RS),它由多层货架、自动存取设备、周边设备、计算机控制及通信系统组成,能在任何货位存储和取货。物资控制、管理要求实时、协调、一体化,信息自动化技术逐渐成为物流自动化技术的核心。

(三) 如何使物流业实现全面自动化

1. 可以把计算机管理应用到物流中

现在物流中心的业务大都实现了计算机管理,但使用效果各不相同。有的主要用于文秘、统计业务,有的用于柜台业务和财务管理,有的用于辅助经营决策,制定投资和经营计划等。

计算机管理也要配套,构成一个系统,要覆盖储运业务的主要环节。如果一些部门使用计算机管理,另一些部门不用计算机管理,计算机中只有部分业务数据,缺少另一部分业务数据,系统分析就无法进行。如果一些部门的信息通过计算机网络自动传输,而另一些部门的信息则用书面文件传递,使用计算机的部门只好同时用两种方法传递和接收信息,反而费力费时。在物流中心,要建立一个计算机局域网络,这个网络通过远程网与外部相连。

由于计算机的运算速度快、信息容量大,加上信息可以在网络上传输,所以在经济管理中的作用越来越大,被广泛应用于各种业务的管理。对于物流中心而言,计算机可用于经营决策以发挥"支持"作用,成为经营决策的有效工具。物流中心的决策大部分是结构化决策,即大部分是例行的和重复的决策。对于这些决策可以建立一种规则或模型,应用现代管理方法为决策提供支持。相对来讲,它的业务比较规范,可以制定出比较科学的经营计划或方案。在这方面,计算机对物流全面实现自动化将发挥很好的作用。

2. 物流自动化要与电子商务相结合

互联网的迅猛发展以及其所创造的无与伦比的效率与价值,使得构建在互联网之上的电子商务应运而生,并强劲发展。在电子商务时代,由于企业销售范围的扩大,企业和商业销售方式及最终消费者购买方式的转变,使得送货上门等业务成为一项极为重要的服务业务,促使了物流行业的发展。信息化、全球化、多功能化和一流的服务水平,已成为电子商务下的物流企业追求的目标。

在电子商务时代,物流业会越来越强化,必须承担更重要的任务:不但要把虚拟商店的货物送到用户手中,而且还要从生产企业的货物及时进货入库。物流公司既是生产企业的仓库,又是用户的实物供应者。物流企业成了代表所有生产企业及供应商对用户的唯一最集中、最广泛的实物供应者。物流业成为社会生产链条的领导者和协调者,为社会提供全方位的物流服务。可见,电子商务对现代物流具有重大的影响,它把自动化应用于物流业提升到了前所未有的高度,为其提供了空前发展的机遇。

现代物流的自动化,把分散在千家万户的物流由合理化布局的社会物流网点集中组织,形成产业,实现物流的规模效应,减轻和分担企业的供应压力,实现企业零库存生产。要克服实际困难,建立全国性的物流体系,专门从事物流配送,实现物流真正的自动化,以及社会化、产业化。只有这样才能开展优质高效、功能齐全的服务,才能解决制约我国现代流通业发展的问题。自动化、柔性化、智能化的物流系统及其各组成部分的开发研究,已成为一种必然的发展趋势。充分利用各种新理论、新技术来提高设计水平,仍是设计者一贯坚持的原则。可以相信,随着其他学科的发展,物流的自动化程度必然会不断地提高。

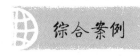

卷烟生产自动化辅料实托盘设计

在卷烟生产实际中,辅料的品种繁多,每台机组对各种辅料的需求情况复杂,所以,为了使物料的供应保持一定均衡,通常需求量大的辅料可以单品供应,而需求量小且数量不一致的辅料应根据卷接包机组单位时间段内生产对辅料的需要,对辅料实托盘进行配盘,这些物料包括多种卷接包辅料和成型盘纸,涉及物料的入库、辅料高架库的存储、物料的出库、剩余物料的返库、空托盘组的返库等一系列工艺流程,托盘均作为承载单元,保证物料运输的稳定性和便捷性。

实际生产中,选用四向进叉式木质托盘(单面托盘),规格为 1000 mm×1200 mm×150 mm,单重 50 kg;空托盘以组的形式码放时,最多为 8 个/组,重量不能超过 400 kg,码完后的空托盘组规格为 1200 mm×1000 mm×1200 mm;空托盘承载物料之后,要求最大外形尺寸不能超过 1200 mm×1000 mm×1200 mm,重量不能超过 800 kg。图 2-19 为按要求设计的空托盘及空托盘组示意图。

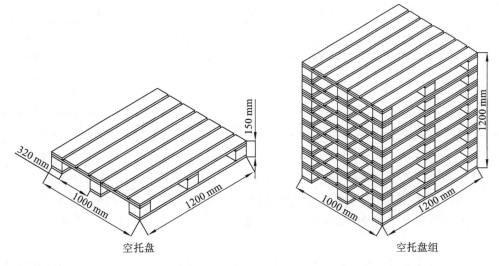

图 2-19 空托盘及空托盘组示意图

所有辅料实托盘的设计,包括高度、承重、面积等,均未超过招标文件对实托盘的最大规格要求(1200 mm×1000 mm×1200 mm,800 kg)。配盘图形各截面也未超过包络图要求,满足物料单元存储限制条件,辅料实托盘包络图如图 2-20 所示。

(一)辅料配盘分析

辅料搭配需要考虑单品种辅料配盘以及多品种辅料配盘。单品种辅料配盘是指在承重、面积和垛形稳定性要求范围内,同一托盘上只安放一种类型的辅料,并尽可能在限制条

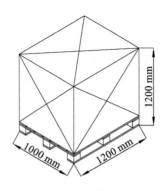

图 2-20 辅料实托盘包络图

件内搭配最多的数量,使辅料可使用的时间延长。多品种辅料配盘是指在承重、面积和垛形稳定性要求范围内,同一托盘上安放两种或两种以上类型的辅料,并尽可能使每个类型的辅料搭配数量最优,使托盘使用时间延长的同时,各辅料消耗时间接近1∶1。卷烟生产辅料组成如表 2-13 所示。

表 2-13 卷烟生产辅料组成

类 型	托 盘 号	辅 料 名 称	备 注
卷接辅料	J	卷烟纸、水松纸	不分软硬
包装辅料	RB1	小盒商标、条盒商标	软包
	RB2	封签纸、内衬纸、小盒透明纸、条盒透明纸、金拉线	软包
	YB1	小盒商标、条盒商标	硬包
	YB2	舌片纸、内衬纸、小盒透明纸、条盒透明纸、金拉线	硬包
装封箱辅料	RF	烟箱	软包
	YF	烟箱	硬包
成型辅料	C	成型盘纸	—

搭配实托盘规格:最大尺寸为 1200 mm×1000 mm×1200 mm。辅料配盘原则如下:

(1) 相邻工位所需的辅料搭配在同一托盘上;

(2) 同一托盘上搭配的各辅料消耗比率接近1∶1,剩余辅料小于1个单位;

(3) 考虑移载过程中垛形稳定性,配盘后辅料实托盘重量应小于或等于托盘可承载重量 800 kg;

(4) 考虑移载过程中垛形稳定性,配盘后辅料实托盘高度应小于或等于实托盘规格尺寸 1.2 m;

(5) 考虑移载过程中垛形稳定性,配盘后辅料边缘不能超出实托盘规格要求;

(6) 承载单元利用率最大化。

(二) 配盘模型

$$\max T_i = \frac{Q_i}{\lambda_i P} \quad i \in (1,2,3,\cdots,n) \tag{2-1}$$

式中:T_i 为托盘上各辅料使用时间,h;Q_i 为托盘上各辅料搭配数量,个;P 为卷接包机组单位时间生产能力,箱/小时;λ_i 为表示各辅料单箱消耗个数,个。

λ_i 按下式计算:

$$\lambda_i = \frac{C_i}{U_i} \tag{2-2}$$

式中:C_i 为各辅料单箱消耗量;U_i 为各辅料单位。

$$\text{s.t.} \begin{cases} Q_n = \frac{\lambda_n}{\lambda_m} Q_m & \text{表示托盘上各辅料搭配要满足单箱耗量比} \\ \sum_{i=1}^{n} s_i + B \leqslant S & \text{表示托盘上剩余辅料要小于一个单位} \\ \sum_{i=1}^{n} w_i Q_i + w_p \leqslant W & \text{表示辅料搭配不能超过实托盘高度要求} \\ \sum_{i=1}^{n} h_i q_i + h_p \leqslant H & \text{表示辅料搭配高度要满足稳定系数} \\ h_i q_i \leqslant \alpha_i & \text{表示辅料搭配不能超过实托盘重量要求} \\ T_i - (T_i)_{\min} \leqslant \frac{T_i}{Q_i} & \text{表示辅料搭配不能超过实托盘面积要求} \end{cases}$$

式中:s_i 为单个辅料面积;B 为间隙;w_i 为单个辅料重量;w_p 为空托盘重量;h_i 为单个辅料高度;q_i 为单列辅料数量;h_p 为空托盘高度;α_i 为稳定系数。

根据生产企业计划年生产卷烟商品总量、年工作日、卷包每天有效工作时间、卷烟的结构(硬软包)比例等参数,可以计算出生产企业的卷接包机组的每小时平均生产能力,进一步计算出每小时生产软包卷烟和硬包卷烟的具体生产量。

(三) 实托盘使用时间分析计算

以单箱耗量为计算依据,结合招标文件关于实托盘的规格要求,按照配盘模型进行分析,各辅料搭配数量计算如下。

1. 计算卷接辅料卷烟纸 Q_1 和水松纸 Q_2 搭配数量

(1) 卷接辅料规格如表 2-14 所示。

表 2-14 卷接辅料规格

辅料名称	规格/mm	单位	单重/kg	单箱消耗	备注
卷烟纸	Φ550×26.5	5000 m/卷	3.975	3219.25 m	卷烟机辅料
水松纸	Φ380×64	6.24×4/盘	6.24	1.7 kg	卷烟机辅料

(2) 计算过程如下:

重量一定的条件下,$3.975Q_1 + 6.24Q_2 \leqslant 800 \text{ kg}$,即每托盘重量不能超过 800 kg。

比例一定的条件下,单箱卷烟消耗卷烟纸个数 $\lambda_1 = \frac{3219.25 \text{ m}}{5000 \text{ m}} \approx 0.64$ 个,消耗水松纸数量 $\lambda_2 = \frac{1.7 \text{ kg}}{6.24 \text{ kg}} \approx 0.27$ 个,即卷烟纸和水松纸配盘数量要满足 $Q_1 = \frac{64}{27} Q_2$。

高度一定,卷烟纸单列数量 $h_1 \leqslant \frac{(1200-150)}{26.5} = 39$ 层;水松纸单列数量 $h_2 \leqslant \frac{(1200-150)}{64} = 16$ 层。

空托盘表面大小为 1200 mm×1000 mm，考虑面积利用最大化，卷烟纸最多搭配 2 列 78 个。卷接辅料配盘平面分析图如图 2-21 所示。

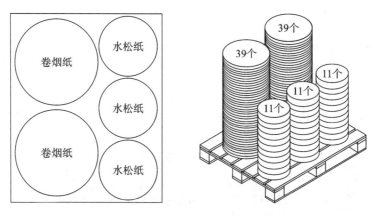

图 2-21 卷接辅料配盘平面分析图

$Q_1 = \frac{64}{27} Q_2$ 表明，在配盘时，卷烟纸的数量随水松纸数量变化大。下面分析卷接辅料配盘平面图：假设卷烟纸的数量为 78 个，按照 $Q_1 = \frac{64}{27} Q_2$，$Q_2 = (78 \times 27)/64 = 33$ 个。但由于水松纸的数量 Q_2 是根据单箱耗量计算而来，并没有考虑剩余辅料的情况，而一个托盘上的辅料是连续使用的，只会在最后更换托盘时产生余料，所以求出的边界值 33 往往需要进行检验。利用约束条件 $T_i - (T_i)_{\min} \leqslant \frac{T_i}{Q_i}$ 进行检验，由于实托盘实际使用时间应由托盘上各辅料使用时间中最短的决定，而此时托盘上单品种辅料使用时间为

$$T_1 = (78 \times 5000)/(3219.25 \times 240) = 0.5048 \text{ h/盘}$$
$$T_2 = (33 \times 6.24)/(1.7 \times 240) = 0.5047 \text{ h/盘}$$

即实托盘使用时间与水松纸使用时间一致，应为 0.5047 h/盘。剩余卷烟纸使用时间为 $T = T_1 - T_2 = 0.0001$ 盘/h，单个卷烟纸使用时间 $T = T_1/Q_1 = 0.006$ h/盘 > 0.0001 盘/h，说明当水松纸刚好消耗完时，剩余卷烟纸少于一个单位，同时消耗时间接近，搭配合理。

2. 计算包装辅料（软包）小盒商标 Q_3 和条盒商标 Q_4 搭配数量

(1) 包装辅料（软包）规格如表 2-15 所示。

表 2-15 包装辅料（软包）规格

辅料名称	规格/mm	单位/张	单重/kg	单箱消耗/张	备注
商标纸（软包）	522×335×200	10×2000	48	0.2512 万	包装机辅料
条盒（软包）	585×375×180	2×500	22	250.8	包装机辅料

(2) 计算过程如下：

重量一定的条件下，$48Q_3 + 22Q_4 \leqslant 800$，即每托盘重量不超过 800 kg。

比例一定的条件下，单箱卷烟消耗小盒商标数量 $\lambda_1 = \frac{0.2512 \text{ 万}}{2 \text{ 万}} \approx 0.13$ 个，消耗条盒商标数量 $\lambda_2 = \frac{250.8 \text{ 张}}{1000 \text{ 张}} \approx 0.25$ 个，即小盒商标和条盒商标配盘数量要满足 $Q_3 = \frac{13}{25} Q_4$。

高度限制条件下,小盒商标单列数量 $h_3 \leqslant \dfrac{(1200-150)}{200} = 5$ 层;条盒商标单列数量 $h_4 \leqslant \dfrac{(1200-150)}{180} = 5$ 层。

空托盘平面大小为 1200 mm×1000 mm,考虑面积利用最大化,条盒商标最多搭配 4 列 20 个。包装辅料(软包)配盘平面图分析如图 2-22 所示。

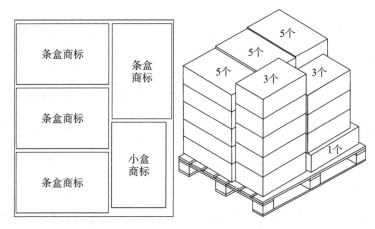

图 2-22 包装辅料(软包)配盘平面图分析

$Q_3 = \dfrac{13}{25}Q_4$ 表明,在配盘时,条盒商标的数量随小盒商标数量变化大。下面分析包装辅料(软包)配盘平面图:假设条盒商标的数量为 20 个,按照 $Q_3 = \dfrac{13}{25}Q_4$,小盒商标应该搭配 $Q_3 = (13 \times 20)/25 = 11$ 个。由于面积的限制,这种搭配不满足限制条件。同理分析,$Q_4 = 19$,$Q_3 = 10$;$Q_4 = 18$,$Q_3 = 10$;$Q_4 = 17$,$Q_3 = 9$ 均不满足限制条件。而当条盒商标的数量为 16 个、小盒商标为 8 个时,满足面积和高度的限制条件。

利用约束条件 $T_i - (T_i)_{\min} \leqslant \dfrac{T_i}{Q_i}$ 进一步进行检验,此时托盘上单品种辅料使用时间为

$$T_3 = (8 \times 20000)/(2512 \times 72) = 0.8846 \text{ h/盘}$$
$$T_4 = (16 \times 1000)/(250.8 \times 72) = 0.8861 \text{ h/盘}$$

即实托盘使用时间与小盒商标使用时间一致,应为 0.8846 h/盘。剩余条盒商标使用时间为 $T = T_4 - T_3 = 0.0015$ h/盘,单个条盒商标使用时间 $T' = T_4/Q_4 = 0.0554$ h/盘 > 0.0015 h/盘,大于 0.0015 小时/盘说明了当小盒商标刚好用完时,剩余条盒商标少于一个单位,同时消耗时间接近,搭配合理。

3. 计算包装辅料(硬包)小盒商标 Q_{10} 和条盒商标 Q_{11} 搭配数量

(1) 包装辅料(硬包)规格如表 2-16 所示。

表 2-16 包装辅料(硬包)规格

辅料名称	规格/mm	单位/张	单重/kg	单箱消耗/张	备注
商标纸(硬包)	415×275×345	8×500	24	0.2505 万	包装机辅料
条盒(硬包)	625×395×170	2×500	24	250.2	包装机辅料

(2) 计算过程如下：

重量一定的条件下，$24Q_{10} + 24Q_{11} \leqslant 800$。

比例一定的条件下，单箱卷烟消耗小盒商标纸数量 $\lambda_{10} = \dfrac{0.2505 \text{ 万}}{0.4 \text{ 万}} \approx 0.63$ 个，消耗条盒商标纸数量 $\lambda_{11} = \dfrac{250.2}{1000} \approx 0.25$ 个，即小盒商标和条盒商标配盘数量要满足 $Q_{10} = \dfrac{63}{25} Q_{11}$。

高度限制的条件下，小盒商标单列数量 $h_{10} \leqslant \dfrac{(1200 - 150)}{345} = 3$ 层；条盒商标单列数量 $h_{11} \leqslant \dfrac{(1200 - 150)}{170} = 6$ 层。

空托盘平面大小为 1200 mm×1000 mm，考虑面积利用最大化，小盒商标最多搭配 5 列。

$Q_{10} = \dfrac{63}{25} Q_{11}$ 表明，在配盘时，小盒商标的数量随条盒商标数量变化的弹性大。下面分析包装辅料（硬包）配盘：假设小盒商标的数量为 15 个，按照 $Q_{10} = \dfrac{63}{25} Q_{11}$，条盒商标应该搭配 $Q_{11} = (15 \times 25)/63 = 6$ 个。

利用约束条件 $T_i - (T_i)_{\min} \leqslant \dfrac{T_i}{Q_i}$ 进一步进行检验，此时托盘上单品种辅料使用时间为

$$T_{10} = (15 \times 0.4)/(0.2505 \times 168) = 0.1426 \text{ h}/盘$$

$$T_{11} = (6 \times 1000)/(250.2 \times 168) = 0.1427 \text{ h}/盘$$

即实托盘使用时间与小盒商标使用时间一致，应为 0.1426 h/盘。剩余条盒商标可使用 $T = T_{11} - T_{10} = 0.0001$ h/盘，单个条盒商标可使用 $T' = T_{11}/Q_{10} = 0.0239$ 盘/h > 0.0001 盘/h，说明这种搭配情况下，当小盒商标刚好用完时，剩余条盒商标少于一个单位，同时消耗时间接近，搭配合理。

4. 计算包装辅料（软包）封签纸 Q_5、内衬纸 Q_6、小盒透明纸 Q_7、条盒透明纸 Q_8、金拉线 Q_9 搭配数量

(1) 包装辅料（软包）规格如表 2-17 所示。

表 2-17 包装辅料（软包）规格

辅料名称	规格/mm	单 位	单重/kg	单箱消耗	备 注
封签纸	535×210×205	5×50000 张	4	0.26 万张	包装机辅料
内衬纸	Φ365×114	3 盘	8.6	2.38 kg	包装机辅料
小盒透明纸	Φ300×120	2800 m(66 盘)	6.42	0.98 kg	包装机辅料
条盒透明纸	Φ280×350	2400 m(1 盘)	17.1	0.55 kg	包装机辅料
金拉线	Φ140×110	10000 m	1	0.0515 卷	包装机辅料

(2) 计算过程如下：

重量一定的条件下，$4Q_5 + 8.6Q_6 + 6.42Q_7 + 17.1Q_8 + Q_9 \leqslant 800$。

比例一定的条件下，单箱卷烟消耗封签纸数量 $\lambda_5 = \dfrac{0.26 \text{ 万}}{25 \text{ 万}} \approx 0.01$ 个，消耗内衬纸数量 $\lambda_6 = \dfrac{2.38}{8.6} \approx 0.28$ 个，消耗小盒透明纸数量 $\lambda_7 = \dfrac{0.98}{6.42} \approx 0.15$ 个，消耗条盒透明纸数量 $\lambda_8 =$

$\frac{0.55}{17.1} \approx 0.03$ 个,消耗金拉线数量 $\lambda_9 \approx 0.05$ 个,即各辅料配盘比例为 $Q_5 : Q_6 : Q_7 : Q_8 : Q_9 = 1 : 28 : 15 : 3 : 5$。

下面对数量消耗较慢的封签纸进行分析。按单箱消耗数量合理取整,假设托盘上搭配的封签纸数量 $Q_5 = 1$,那么按照配盘比例,$Q_6 = 28, Q_7 = 15, Q_8 = 3, Q_9 = 5$。这种搭配方式满足条件限制,包装辅料配盘如图 2-23 所示。

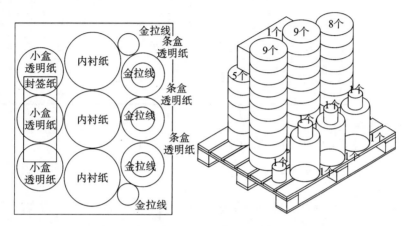

图 2-23 软包封签、内衬等包装辅料配盘示意图

假设托盘上搭配的封签纸数量 $Q_5 = 2$,那么按照配盘比例,$Q_6 = 56, Q_7 = 30, Q_8 = 6, Q_9 = 10$,这种搭配方式不满足条件限制。

经过分析,$Q_5 = 1, Q_6 = 28, Q_7 = 15, Q_8 = 3, Q_9 = 5$,托盘上单品种辅料使用时间为

$$T_5 = (1 \times 25)/(0.26 \times 72) = 1.3355 \text{ h/盘}$$
$$T_6 = (28 \times 8.6)/(2.38 \times 72) = 1.4052 \text{ h/盘}$$
$$T_7 = (15 \times 6.42)/(0.98 \times 72) = 1.3648 \text{ h/盘}$$
$$T_8 = (3 \times 17.1)/(0.55 \times 72) = 1.2955 \text{ h/盘}$$
$$T_9 = 5/(0.0515 \times 72) = 1.3484 \text{ h/盘}$$

即实托盘使用时间与条盒透明纸使用时间一致,应为 1.2955 h/盘。

检验:托盘上剩余封签纸使用时间为 1.3355−1.2955=0.04 h/盘,单个封签纸平均使用时间为 1.3355÷1=1.3355 h/盘>0.04 h/盘,搭配合理。

托盘上剩余内衬纸使用时间为 1.4052−1.2955=0.1097 h/盘,单个内衬纸平均使用时间为 1.4052÷28=0.0502 h/盘 $< \frac{0.1097}{2}$ h/盘,说明剩余内衬纸大于 2 个单位,所以将内衬纸增加到 26 个,使用时间为 (26×8.6)/(2.38×72)=1.3049 h/盘。剩余内衬纸可使用 1.3049−1.2955=0.0094 h/盘,单个内衬纸平均使用时间为 1.3094÷26=0.0504 h/盘,大于 0.0094 h/盘,搭配合理。

托盘上剩余小盒透明纸使用时间为 1.3648−1.2955=0.0693 h/盘,单个小盒透明纸平均使用时间为 1.3648÷15=0.0910 h/盘,大于 0.0693 h/盘,搭配合理。

托盘上剩余金拉线使用时间为 1.3484−1.2955=0.0529 h/盘,单个条盒透明纸平均使用时间为 1.3484÷5=0.2697 h/盘,大于 0.0529 h/盘,搭配合理。

分析得出各辅料搭配数量:$Q_5 = 1, Q_6 = 26, Q_7 = 15, Q_8 = 3, Q_9 = 5$。

5. 计算包装辅料(硬包)舌片纸 Q_{12}、内衬纸 Q_{13}、小盒透明纸 Q_{14}、条盒透明纸 Q_{15}、金拉线 Q_{16} 数量

(1) 包装辅料(硬包)规格如表 2-18 所示。

表 2-18 包装辅料(硬包)规格

辅料名称	规格/mm	单位	单重/kg	单箱消耗	备注
舌片纸	Φ520×95	1 卷	15.8	1.735 kg	包装机辅料
内衬纸	Φ365×114	3 盘	8.6	2.38 kg	包装机辅料
小盒透明纸	Φ300×120	2800 m(66 盘)	6.42	0.98 kg	包装机辅料
条盒透明纸	Φ280×350	2400 m(1 盘)	17.1	0.55 kg	包装机辅料
金拉线	Φ140×110	10000 m	1	0.0515 卷	包装机辅料

(2) 计算过程如下:

重量一定的条件下,$15.8Q_{12} + 8.6Q_{13} + 6.42Q_{14} + 17.1Q_{15} + Q_{16} \leq 800$。

比例一定的条件下,单箱卷烟消耗舌片纸数量 $\lambda_{12} = \dfrac{1.735}{15.8} \approx 0.11$ 个,消耗内衬纸数量 $\lambda_{13} = \dfrac{2.38}{8.6} \approx 0.28$ 个,消耗小盒透明纸数量 $\lambda_{14} = \dfrac{0.98}{6.42} \approx 0.15$ 个,消耗条盒透明纸数量 $\lambda_{15} = \dfrac{0.55}{17.1} \approx 0.03$ 个,消耗金拉线数量 $\lambda_{16} \approx 0.05$ 个,即各配盘比例为 $Q_{12} : Q_{13} : Q_{14} : Q_{15} : Q_{16} = 11 : 28 : 15 : 3 : 5$。包装辅料配盘示意图如图 2-24 所示。

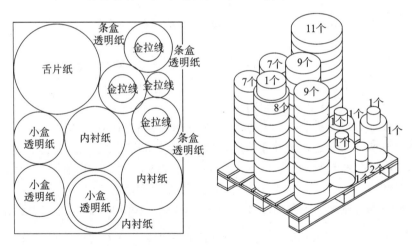

图 2-24 硬包封签、内衬等包装辅料配盘示意图

与前述软包包装辅料配盘一样,内衬纸、小盒透明纸、条盒透明纸、金拉线的数量分别为 26、15、3、5 时,各辅料消耗时间接近,则舌片纸的数量应该为 11,托盘上单品种辅料使用时间为

$$T_{12} = (11 \times 15.8)/(1.735 \times 168) = 0.5963 \text{ h/盘}$$

$$T_{13} = (26 \times 8.6)/(2.38 \times 168) = 0.5592 \text{ h/盘}$$

$$T_{14} = (15 \times 6.42)/(0.98 \times 168) = 0.5849 \text{ h/盘}$$

$$T_{15} = (3 \times 17.1)/(0.55 \times 168) = 0.5552 \text{ h/盘}$$

$$T_{16} = 5/(0.0515 \div 168) = 0.5779 \text{ h/盘}$$

即实托盘使用时间与条盒透明纸使用时间一致,应为 0.5552 h/盘。

检验:托盘上剩余舌片纸使用时间为 0.5963－0.5552＝0.0411 h/盘,单个舌片纸平均使用时间为 0.5963÷11＝0.0542 h/盘,大于 0.0411 h/盘,搭配合理。

托盘上剩余内衬纸使用时间为 0.5592－0.5552＝0.0040 h/盘,单个内衬纸平均使用时间为 0.5592÷26＝0.0215 h/盘,大于 0.0040 h/盘,搭配合理。

托盘上剩余小盒透明纸使用时间为 0.5849－0.5552＝0.0297 h/盘,单个小盒透明纸平均使用时间为 0.5849÷15＝0.0390 h/盘,大于 0.0297 h/盘,搭配合理。

托盘上剩余金拉线使用时间为 0.5779－0.5552＝0.0227 h/盘,单个金拉线平均使用时间为 0.5779÷5＝0.1156 h/盘,大于 0.0227 h/盘,搭配合理。

分析得出各辅料搭配数量:$Q_{12} = 11, Q_{13} = 26, Q_{14} = 15, Q_{15} = 3, Q_{16} = 5$。

6. 计算烟箱数量

(1) 烟箱规格如表 2-19 所示。

表 2-19　烟箱规格

辅料名称	规格/mm	单位/个	单重/kg	单箱消耗	备注
烟箱(硬包)	815×695×10	1×10	1	5.03	装封箱辅料
烟箱(软包)	815×695×10	1×10	1	5.03	装封箱辅料

(2) 计算过程如下:

空托盘平面大小为 1200 mm×1000 mm,烟箱平面大小为 815 mm×695 mm,考虑面积利用最大化,托盘上也只能放置 1 列烟箱。同时,在高度限制条件下,烟箱最多搭配 100 层。

托盘上烟箱(软包)使用时间为

$$T_{17} = 100 \div 5.03 \div 72 = 0.2761 \text{ h/盘}$$

实托盘使用时间为 0.2761 h/盘。

托盘上烟箱(硬包)使用时间为

$$T_{18} = 100 \div 5.03 \div 168 = 0.1183 \text{ h/盘}$$

实托盘使用时间为 0.1183 h/盘。

7. 计算成型盘纸搭配数量

(1) 成型盘纸规格如表 2-20 所示。

表 2-20　成型盘纸规格

规格/mm	单位/(m/卷)	单重/kg	单箱消耗/m	备注
Φ525×27	5000	3.83	1075	—

(2) 计算过程。

空托盘平面大小为 1200 mm×1000 mm,成型盘纸平面大小为 Φ525×27,考虑面积利用最大化,托盘上只能放置 3 列烟箱。同时,在高度限制条件下,每列最多搭配 38 层,成型盘纸配盘分析图如图 2-25 所示。

成型盘纸使用时间为

$$T_{19} = 3 \times 38 \times 5000 \div 1075 \div 240 = 2.2093 \text{ h/盘}$$

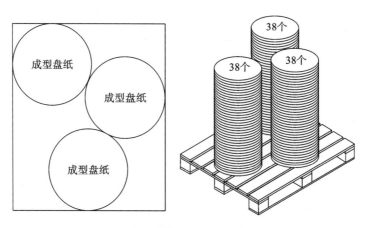

图 2-25　成型盘纸配盘分析图

实托盘使用时间为 2.2093 h/盘。

（四）托盘的结构

托盘是由两层面板中间夹纵梁（或柱脚）或单层面板下设纵梁（垫板或柱脚）组成的一种平面结构，图 2-26 描述了比较常用的托盘结构。

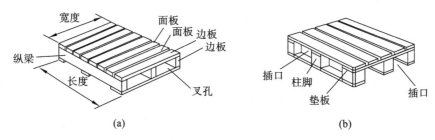

图 2-26　托盘结构

练习与思考

练习与思考题答案

一、填空题

1. 物流集装单元化后，能够有序地进行_____。集装单元化后的物料都有且仅有一个确定的_____与其对应，这就是物流信息化。

2. 物料集装单元化包含两层意思，一是_____；二是_____。

3. 按结构划分，集装箱可分为三类，即_____、_____、_____。

4. 货架式托盘的优点包括：_____、_____、_____、_____。

二、多选题

1. 托盘的种类根据结构不同可分为（　　）。

A. 平托盘　　　B. 箱式托盘　　　C. 储槽式托盘　　　D. 框栏式托盘
E. 柜式托盘　　F. 附柱式托盘

2. 普通集装箱的结构有（　　）。

A. 内柱式　　　B. 外柱式　　　C. 折叠式　　　D. 架放式
E. 薄壳式　　　F. 格板式

三、名词解释

1. 规范
2. 物流作业
3. 物流集装化

四、简答题

1. 简述物流信息在物流活动中的作用。
2. 简述集装化技术的意义。

五、论述题

论述物流自动化系统的特点和优势。

第三章 物流自动化搬运系统

> **学习目标及要点**
>
> 1. 了解物料搬运的概念及物料搬运系统的组成,理解搬运系统分析设计,对物料搬运及物料搬运系统有总体认识。
> 2. 学习认识各种刚性输送系统和柔性搬运系统,了解物料搬运作业合理化的原则和途径,对已有的物料搬运系统进行分析和改进。
> 3. 了解物流自动化搬运系统的主要设施。

第一节 装卸搬运概述

一、装卸搬运基本概念、作用、特点

(一)装卸搬运的定义

装卸搬运是对物料、产品、零部件或其他物品进行装上、卸下、移动的活动(见图3-1),包括装货、卸货、移运、拣选、分类、堆垛、入库、出库等活动。

物料装卸搬运是指在同一场所范围内进行的,以改变物料的存放状态(装卸)和空间位置(搬运)为主要目的的活动。

物料装卸搬运是物料装卸和物料搬运两项作业的统称。这两项作业又密不可分,一般来说,在强调物料存放状态的改变时,使用"装卸"一词;在强调物料空间位置的改变时,使用"搬运"一词。因此,本书中统一使用"物料搬运"一词概述物料的装卸搬运活动。

具体的装卸搬运作业主要有:水平或斜面运动——搬运作业;垂直运动——装卸作业;码垛或取货——提升或下降作业;转向——绕垂直轴线转线作业,翻转——绕水平轴线转动作业。

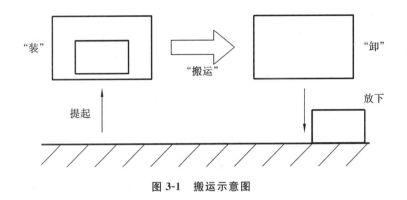

图 3-1 搬运示意图

(二) 装卸搬运的作用

物流系统各个环节的先后和同一环节的不同活动之间,都必须进行装卸搬运作业,如运输、储存、包装等都要有装卸搬运作业配合才能进行。例如,待运出的物品要装上车才能运走,到达目的地后,要卸下车才能入库等。由此可见,装卸搬运是物料的不同运动(包括相对静止)阶段之间相互转换的桥梁,正是因为有了装卸搬运活动才能把物料运动的各个阶段连接成连续的"流",使物流的概念名实相符。

正如前面所述,装卸搬运是指在同一地域范围内进行的,以改变物料的存放(支承)状态和空间位置为主要目的的活动。装卸搬运与运输、储存不同,运输是解决物料空间距离的,储存是解决时间距离的,而装卸搬运没有改变物料的时间或空间价值,因而往往难以引起人们的重视。可是一旦忽略了装卸搬运,生产和流通领域轻则发生混乱,重则造成生产活动停顿。

(三) 装卸搬运的特点

在生产领域和流通领域中的装卸搬运有共性,但也有各自的特性。

1. 在生产和流通领域中的装卸搬运的共性

1) 具有伴生(伴随产生)和起讫性的特点

装卸搬运的目的总是与物流的其他环节密不可分的(在加工业中甚至被视为其他环节的组成部分),不是为了装卸而装卸,因此与其他环节相比,它具有伴生性的特点。又如运输、储存、包装等环节,一般都以装卸搬运为起始点和终结点,因此它又有起讫性的特点。

2) 具有提供保障和服务性的特点

装卸搬运保障了生产中其他环节活动的顺利进行,具有保障性质;装卸搬运过程不消耗原材料,不排放废弃物,不大量占用流动资金,不产生有形产品,因此具有提供劳务的性质。

3) 具有"闸门"与"咽喉"的作用

装卸搬运制约着生产与流通领域其他环节的业务活动,这个环节处理不好,整个物流系统将处于瘫痪状态。

2. 在生产和流通领域中装卸搬运的特点

生产和流通两个领域的生产规律不同,这两个领域中的装卸搬运也有不同的特性。

1) 均衡性与波动性

生产领域的装卸搬运必须与生产活动的节拍一致,而均衡性是生产的基本原则,因此物料搬运作业基本上也是均衡的、平稳的、连续的。流通领域的装卸搬运是随车船的到发和货物的出入库而进行的,作业的突击性、波动性和间歇性较多;对作业波动性的适应能力是装卸搬运系统的特点之一。

2) 稳定性和多变性

生产领域的装卸搬运的作业对象是稳定的,或略有变化但有一定规律。而流通领域的装卸搬运的作业对象是随机的,货物品种、形状、尺寸、重量、包装、性质等千差万别,车型、船型也各不相同;对多变的作业对象的适应能力是装卸搬运系统的又一特点。

3) 局部性和社会性

生产领域的装卸搬运作业的设备、设施、工艺及管理基本上局限于企业内部。流通领域的装卸搬运的诸因素牵涉整个社会,如装卸搬运的收货、发货、车站、港口、货主、收货人等都在变动,因此,设备、设施、工艺、管理、作业标准等都必须相互协调,才能发挥整体效益。

由于在不同的领域装卸搬运作业具有各自的特点,因此,在进行研究、设计、运用、改进、评价时,就表现出不同的侧重面。

二、装卸搬运作业的分类

1. 按作业场所分类

(1) 铁路装卸,指在铁路车站进行的装卸搬运活动。除装卸火车车厢货物外,还包括汽车的装卸、堆码、拆取、分拣、配货、中转等作业。

(2) 港口装卸,指在港口进行的各种装卸活动,如装船、卸船作业,搬运作业等。

(3) 场库装卸,指在仓库、堆场、物流中心等处的装卸搬运活动。另外,如空运机场、企业内部以及人不能进入的场所,均属此类。

2. 按操作特点分类

(1) 堆码取拆作业,包括在车厢内、船舱内、仓库内的码堆和拆垛作业。

(2) 分拣配货作业,指按品类、到站、去向、货主等不同特征进行分拣货物作业。

(3) 挪动移位作业,即单纯地改变货物的支承状态的作业(如从汽车上将货物卸到站台上等)和显著(距离稍远)改变空间位置的作业。

以上作业又可分为手工操作、半自动操作和全自动操作。

三、装卸搬运作业的方法

1. 按作业方式分类

(1) 吊装吊卸法(垂直装卸法),主要是以使用各种起重机械来改变货物的铅锤方向的位置为主要特征的方法,这种方法历史最悠久、应用面最广。

(2) 滚装滚卸法(水平装卸法),是以改变货物的水平方向的位置为主要特征的方法。例如,各种轮式、履带式车辆通过站台、渡板开上开下装卸货物,用叉车、平移机来装卸集装箱、托盘等。

2. 按作业对象分类

（1）单件作业法，是人力作业阶段的主导方法。目前对长大笨重的货物，或集装会增加危险的货物等，仍采取这种传统的单件作业法。

（2）集装作业法，指先将货物集整为零，再进行装卸搬运的方法，有集装箱作业法、托盘作业法、货捆作业法、滑板作业法、网装作业法及挂车作业法等。

（3）散装作业法，指对煤炭、矿石、粮食、化肥等块、粒、粉状物资，采用重力法（通过筒仓、溜槽、隧洞等方法）、倾翻法（铁路的翻车机）、机械法（抓、舀等）、气力输送（用风机在管道内形成气流，应用动能、压差来输送）等方法进行装卸。

另外，作业法按装卸设备作业原理分，有间歇作业法（如起重机等）和连续作业法（如连续输送机等）；按作业手段和组织水平分为人工作业法、机械作业法、综合机械化作业法。

四、物料搬运系统的原则

1. 规划原则

所设计的方案，须以获得物料装卸搬运系统最大工作效益为目标，全面考虑需求、作业目标和功能要求来规划所有的物料装卸搬运和物料存储工作。

2. 系统化原则

尽可能广泛地把各种搬运活动视作一个整体，使之组成相互协调的、完整的装卸搬运系统。其范围涉及供货厂商、收获、存储、生产、检验、包装、成品存储、发货、运输和消费用户等。

3. 精简原则

在方案中，尽量减少、取消或合并不必要的动作与设备，精简方案，且达到作业所需的生产率和服务水平。尽量考虑利用实际环境条件，在可能的条件下，采用省力、省电、节能的搬运方式，如尽量利用重力搬运物料，但应注意防止磕碰。

4. 集中单元化原则

在生产、装卸搬运和储存物料的过程中，采用适度、合理的自动化作业，尽可能一次搬运多个物品，采用标准容器与装载工具集装物料，实现装卸搬运过程的标准化、集装化。这样可以缩短搬运时间、保持搬运的灵活性和作业的连贯性，从而提高生产作业效率。

5. 标准化原则

力求尽量使搬运方法、搬运设备、搬运器具的类型与尺码标准化，且不牺牲灵活性、模块化和吞吐量的要求，搬运机械也要根据标准模块决定其主要性能参数。这有利于物流系统中各个环节的协调配合，在易地中转等作业时不用换装，提高通用性，减少搬运作业时间，减轻物品的散失、损坏等。

6. 柔性原则

柔性原则又叫灵活性原则，所采用的搬运方法和搬运设备，应能适应由市场变化所提出的搬运任务和实际要求。

五、影响物料搬运效果的因素

物料搬运系统实施、投入运营后,要得到良好的运营效果,除了做好后续运营保障和维护工作外,还需要继续做好技改工作。以下这些原因将影响物料搬运系统的实施效果:

(1) 配套设施不健全。如保证系统高效运行的搬运站台之外必需的辅助设施不完备,员工的素质要求没有达到等。

(2) 配套措施不完善。如维持系统正常运行的管理方法、管理措施、管理条例和行为规范、安全条例等的制定和执行没有跟上。

(3) 物料搬运系统各工序设备之间的"磨合"以及人工作业与搬运系统的协调问题。物料搬运系统由多种工序设备组成,系统建好后需要"磨合"一段时间才能高效运转。由于物料搬运系统的规划设计"脱胎"于先前的生产物料搬运工艺,在生产现场的物料搬运中,存在着大量原始的搬运动作,如抓取、捆扎、提升、摆放、垒高、挪动、翻转等,物料搬运系统建成后,这些动作或许没有全部实现,依然还有一些原始的作业形式,就会影响物料搬运系统的效率。

(4) 物料搬运系统在规划设计中,受阶段性技术进步和各方面因素的局限,投入运行后,需要重视采用高效率措施加以改进。

(5) 企业置身于纷繁变化的市场生态之中,易受各种市场因素的影响,这些因素会影响企业的生产,从而影响物料搬运的效率。

第二节 搬运的活性理论

一、搬运活性的概念

装卸搬运作业有悠久的历史,而对装卸搬运作业的管理进行研究则还是一门新的学科。在装卸搬运作业中,装货、移动、卸货这三种作业在多数情况下是以一个整体出现的,由此看出,装、卸、移动次数是 2∶2∶1 的关系。往往装卸的劳动强度大,通常花费的时间也多,因此在改善装卸搬运系统的过程中,应更重视次数多、劳动强度大、耗时多的装卸环节。重视装卸是现代装卸搬运管理的基本观点,如使用叉车、机器人就是要减轻装卸的劳动强度。所谓"良好的搬运状态",首先应是装卸花费时间少的状态,"良好的搬运"就是装卸次数少的搬运。

由于装卸搬运作业对象的多样性和作业形式的复杂性,对装卸搬运进行定量评价是很困难的。为此,一些学者提出一种活性理论,可以在一定程度上解决上述问题。

物料或货物平时存放的状态是各式各样的,可以散发在地上,也可以装箱放在地上,或放在托盘上,等等。存放的状态不同,物料的搬运难易程度也不一样。人们把物料或货物的存放状态对装卸搬运作业的方便(难易)程度称为搬运活性,那些装卸较方便、费工时少的货物堆放法的搬运活性较高。从经济上看,应选择搬运活性高的搬运方法。

二、搬运活性系数

物料搬运活性系数是一种度量物料搬运难易程度的指标,是用来表示各种状态下的物品的搬运活性的。

在整个装卸搬运过程中,往往需要进行几次物品的搬运,下一步比前一步的活性系数高,因而下一步比前一步更便于作业时,称为活化;装卸搬运的工序,应设计工步使得物料或货物的活性系数逐步提高(至少不降低),称为步步活化。由于存放的状态不同,物料的搬运难易程度也不一样。物料的存放状态包括散放、装箱、支垫和装车等。搬运作业主要是指集中、搬起、升起和运走四种作业。物料从散放状态到进入装卸搬运状态这一过程,按存放状态要求分为四项内容,把物料所处状态已经完成而无需进行的活动称为步步活化活动。散放状态的活性,规定其系数为零。对此状态每增加一次必要的操作,其物品的搬运活性系数加上 1,活性系数越高,则所要求的工位器具及其工位器具所消耗的费用水平就越高,活性水平最高的状态活性系数为 4,如表 3-1 所示。

表 3-1 活性的区分和活性系数

物 品 状 态	作 业 说 明	已不需要的作业数目	活 性 系 数
散放在地	集中、搬起、升起、运走	0	0
集装箱中	搬起、升起、运走(已集中)	1	1
托盘中	升起、运走(已搬起)	2	2
车中	运走(不用升起)	3	3
运动中	保持运动	4	4

从表 3-1 可以看出,要运走物品,最多需要进行四项作业,假如其中有几项作业不需要进行,就可省去这几项作业,此时物品的存放状态就有利于搬运,其活性系数就高。从以上分析得知,活性系数越高,物料流动越容易,相应投资费用越高。所以在系统设计时,不应机械地认为系数越高越好,要综合考虑。因此,合理选择活性系数就是要根据具体情况,充分考虑工艺要求和成本费用等。

三、应用活性理论改善搬运作业

在设计装卸搬运方法时,主要是根据物料的分类、布置和移动的路线,选择合适的搬运设备、设备之间的组合方式及使用方法。搬运的活性理论能改善装卸搬运作业,使方案设计、设备选择有定量的依据,成为一种比较方案优劣的有效方法。其步骤大致如下:

(1)测定平均搬运活性指数,了解整个系统的特点、缺点,根据分析、评价确定整体改进方案;

(2)确定需改进的局部区域;

(3)选定用于局部区域的装卸搬运设备;

(4)对设备和搬运方式进行经济性评价;

(5)对方案进行细致审查,改进不合理部分,也可以同时提出几个方案进行比较研究。

总之,应用活性理论,可以改善装卸搬运作业,合理选择搬运设备,合理设计工步和工序,已达到作业合理化、节省劳力、降低能耗、提高搬运效率的目的。应该指出,应用活性理论,还要考虑其他条件和影响因素,才能取得好的效果。

第三节　物料搬运系统分析方法

一、物料搬运系统

物料搬运系统是指通过一系列的搬运设备和装置,用于一个过程或逻辑动作系统中,协调、合理地将物料进行移动、储存或控制。

物料搬运系统的意义为在适当的成本下,采用正确的方法、顺序、方向、时机,在正确的位置提供正确数量、正确条件的正确物料。

物料搬运系统包含了时间、空间、移动、数量和控制五个特征。数量就是指总的搬运量和每次搬运的数量。数量一般是由企业的生产过程决定,规模越大的企业,数量一般也越大。移动是指货物和设备的移动。合理的移动的目的就是使货物能够顺利地搬运。移动会消耗人力和物力,在货物能够成功搬运的前提下,移动的次数越少越好,因此要制定合适的搬运系统和搬运路线。时间是指搬运的速度和频率等。从某种角度来讲,搬运的速度越快越好,但也要考虑搬运设备的最大承受能力和企业的适当经济情况等各种因素,因此要选择合适的搬运方式,减少搬运的人力物力费用消耗,提高搬运速度。

物料搬运系统主要由搬运设备、搬运单元(容器)和搬运线路共同组成。

1. 物料搬运设备

物料搬运设备一般可以分为搬运车辆、输送机、起重机械和升降装置四大类。在进行物料搬运系统分析时,一般根据设备费用情况对物料搬运设备进行分类。具体来说,就是把物料搬运设备分为四类:①简单的搬运设备;②复杂的搬运设备;③简单的运输设备;④复杂的运输设备。在工作中,可以根据图 3-2 所示的距离与物流量指示图,初步选择不同搬运设备的类型。

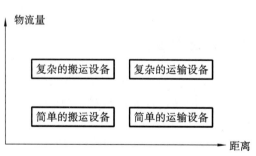

图 3-2　物料搬运设备选择示意图

2. 物料搬运单元

物料搬运单元(容器)是指物料搬运时的基本装载方式。在物料搬运过程中,由于物料的种类繁多、性质不同、大小形状差别较大,可把各式各样的物料集装于一定的单元(容器)中,以实现快速、高效的搬运。

物料搬运单元的种类和样式很多,常见的有箱盒、瓶罐、周转箱、平托盘、托盘箱(笼)、集装袋和集装箱等。搬运容器是物料搬运的基本载体,是物流机械化、自动化作业的基础,它们不能单纯地被看作一个容器,其本身也是物流设备。

物流集装化是高效多式联运的必要条件,使用的出发点是便于储运。一般应根据物料类型和设备特点来选择运输与搬运单元,如散装货多采用车厢、罐装来运输,单件则采用包装、集装器具等进行。

3. 物料搬运线路

物料搬运线路是物料在搬运过程中所途经的轨迹,可分为直接型和间接型两种,间接型又可分为渠道型和中心型,如图 3-3 所示。

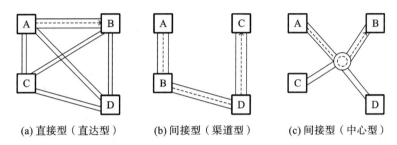

(a) 直接型(直达型)　　(b) 间接型(渠道型)　　(c) 间接型(中心型)

图 3-3　物料搬运线路示意图

距离与物流量的相互关系有助于根据不同的搬运活动来确定线路系统的类型。直达型是指物料的搬运路线取从起点到终点的最短距离,这种路线适用于距离短而物流量大或者有特殊要求的物料的情况;渠道型是指物料在预定好的搬运路线上移动,与来自不同地点的其他物料一起汇合,最后搬运到终点,这种搬运路线适合生产布置情况不规则或者物流量中等且搬运路线较长的物料;中心型是指各种物料从不同的起点开始搬运,到某一点汇合,最后一起搬运到终点,这种物料搬运方式适合于物流量较小且搬运路线比较长的情况。

二、搬运系统分析设计的基本要素和基础流程

1. 基本要素

搬运系统基本影响因素是进行搬运系统分析设计的主要基础数据,我们将之称为搬运系统基本分析设计的基本要素,主要包括以下几个:

P——产品或物料(零件、部件、商品)。产品和物料的可运性取决于物品的特性和所用容器的特征,而且每个工厂都有其经常搬运的某些物品。

Q——数量(销售量或合同订货量)。数量有两种含义:①单位时间的数量(物流量);②单独一次的数量(最大负荷量)。不管按照哪种含义,只要搬运的数量越大,搬运所需的单位费用就越低。

R——路线(操作顺序和加工过程)。每次搬运都包括一项固定的终端(即取、放点)费用和一项可变的行程费用,注意路线的具体条件,并注意条件变化(室内或室外搬运)及方向变化所引起的费用变化。

S——后勤与服务(如库存管理、订货单管理、维修等)。传送过程、维修、发货、文书等均属服务性质,搬运系统和搬运设备都有赖于这些服务,工厂布置、建筑物特征以及存储设施都属于周围环境,搬运系统及设备都必须在此环境中运行。

T——时间因素(时间要求和操作次数)。一项重要的时间因素(即时间性)是物料搬运

必须按其执行的规律,另一重要因素是时间的持续长度,紧迫性和步调的一致性也会影响搬运费用。

2. 基础流程

搬运系统分析(system handling analysis,SHA)是谬瑟提出的一种系统分析方法,它适用于一切物料搬运项目。具体来说,基础流程是针对企业物流系统的环境、物料性质、搬运路线、搬运设备与器具、物料移动方式和搬运方法进行全面、系统的调查和分析,找出当前存在的问题,设计出最佳的物料搬运系统方案,主要包括确定搬运路线系统、装卸搬运设备、运输单元,最后用图表的形式表示出来。

SHA 的分析过程如图 3-4 所示,它由阶段结构(四个阶段)和选定一套方案的程序模式组成。

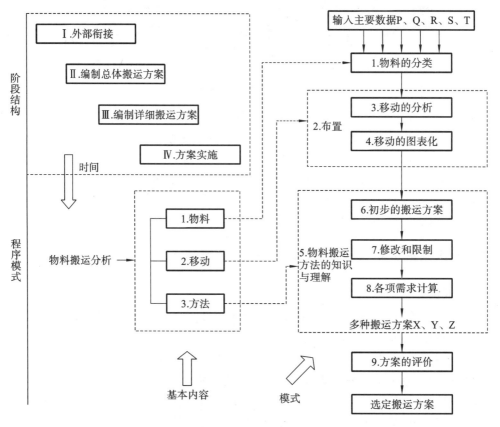

图 3-4 物料搬运系统分析(SHA)过程图

其中,四个阶段的活动内容主要包括以下几个方面。

第Ⅰ阶段:外部衔接。该阶段要分析区域的全部物料进出情况,包括物料输入/输出系统的方式(运输车辆、装载容器、路线入口等)、频率以及输入/输出系统的条件(时间、道路以及工厂周围环境等)。先要考虑所分析区域以外的物料搬运活动,把区域内具体的物料搬运问题同外界情况或外界条件联系起来考虑。

第Ⅱ阶段:编制总体搬运方案。这个阶段要确定各主要区域之间的物料搬运方法。对物料搬运的基本路线、搬运设备大体的类型以及运输单元或容器做出总体决策。

第Ⅲ阶段：编制详细搬运方案。这个阶段要考虑每个主要区域内部各工作地点之间的物料搬运，确定详细的搬运方法，确定各工作地点之间具体采用哪种路线系统、设备和容器。如果说第Ⅱ阶段是分析工厂内部各车间或各厂房之间的物料搬运问题，那么第Ⅲ阶段就是分析从一个具体工位到另一个工位或者从一台设备到另一台设备的物料搬运问题。

第Ⅳ阶段：方案实施。任何方案都要在实施之后才算完成，这个阶段要进行必要的准备工作，订购设备，完成人员培训，制定并实现具体搬运设施的安装计划以及后面的实施与管理，然后对所规划的搬运方法进行调试，验证操作规程，并对安装完毕的设施进行验收，确保它们能正常运转。

上述四个阶段是按时间顺序一次进行的，但是为取得最好的效果，各阶段在时间上应有交叉重叠，总体方案和详细方案的编制是物流系统规划设计人员的主要任务。

三、搬运系统设计的基础分析

（一）物料分类

物料是装卸搬运的对象，是选择搬运方法时主要影响因素。如果需要搬运的物料是单一的产品，则只需弄清这种物料的特性即可。如果是多种不同的物品，则必须按一定的规则对它们进行分类，使同一类的物料基本上用同一方式进行搬运。这样做有两大好处：第一，分类后可简化分析工作；第二，有助于整个问题划分成若干部分逐一解决。

1. 物料分类的原则

物料分类是为了便于搬运，因此，分类的原则是根据影响物料可运性（即移动的难易程度）的各种特征和影响能否采用同一种搬运方法的其他特征进行分类。在实际应用时，往往按物品的实际最小单元（瓶、罐、盒等）或按便于搬运的运输单元（箱、捆等）进行分类。

2. 物料分类的基本方法

（1）物料是固体、液体还是气体；
（2）物料是单件、包装件还是散装物料；
（3）物料的数量也是进行分类的重要标准之一，如每批批量、总数量、相对数量等；
（4）物料的时效性，如规则性、紧急性、季节性等；
（5）特殊控制，如政府法规、工厂标准、操作规程等。

3. 物料分类的程序

（1）列表标明所有物品或分组归并物品的名称；
（2）记录其物理特征及其他特征；
（3）分析每类物料的各项特征，并确定哪些特征是主导的，在起决定作用的特征下面画出标记线；
（4）确定物料类别，把那些具有相似主导特征的物料归并为一类；
（5）对每类物料写出分类说明。

对物料进行分类后，可编制出物料特征表，如表3-2所示。

表 3-2　物料特征表

产品与物料名称	物品的实际最小单元	单元物品的物理特征						其他特征			
		尺寸/in			重量/lb	形状	损伤的可能性（对物料、人、设施）	状态（湿度、稳定性、刚度）	数量（产量）或批量	时间性	特殊控制	类别
		长	宽	高								

（二）设施布置

设施布置和搬运是分不开的。不同的布置，搬运的起点和终点之间的距离是不一样的，而移动距离又是选择搬运方法的主要因素。在根据现有的布置制定搬运方案时，距离和路线已经是确定的。然而有时为了搬运的合理化，能达到充分节省费用的目的，在可能的条件下，也可以改变布置。因此，在设计方案时，往往要对搬运和布置进行分析。如果项目本身要求考虑新的布置，并作为改进搬运方法的规划工作的一部分，那么规划人员就必须把两者结合起来考虑。

1. 布置类型

设施布置有三种传统类型：

（1）按固定位置布置。产品（或物料）尺寸比较大，数量比较少，工艺过程比较简单的，可按固定位置布置。其搬运的特点是：主要物料及主要部件尺寸庞大或者非常笨重，不经常搬动。

（2）按工艺过程布置，即按功能布置。产品（或物料）比较多样化，数量中等或少量，工艺过程占主导地位或费用昂贵的，可按工艺过程布置。其搬运的特点是：机动灵活；如果是固定位置的，则要求通用性强，适应性好，而且是间断工作的。

（3）按产品布置（流水生产）。产品（或物料）比较标准化，数量较多，工艺过程较简单的，可按产品布置。搬运特点是：固定的、直线的或直接的，而且相对来讲是连续性的。

2. 物流模式

工业布置中常遇到的基本物流模式有三种：直线形（或直通形）、L 形和 U 形。直线形模式是物品一端进，另一端出。这种布置最简单，搬运也最简单。

在工业布置中，L 形和 U 形都比直线形多见，通常是因为受外界搬运设施以及搬运方法、面积利用、运转管理费用等因素的影响。实际上，大多数布置都是采用上述三种物流模式的组合形式。如圆形物流模式和曲折形（或称蛇形）物流模式实际上就是上述三种物流模式的变换，具体形状如图 3-5 所示。

3. 搬运分析对物料布置的要求

对物料搬运分析来说，我们需要从布置中了解的信息基本上有四点：①每项移动的起点和终点（提取和放下的地点）的具体位置在哪里；②哪些路线及路线上有哪些物料搬运方法是在规划之前已经确定了的，或大体上做出了规定的；③物料运进运出和穿过的每个作业区所涉及的建筑物特点是什么样的（包括地面负荷），以及房屋高度、柱子间距、屋架支承强度、

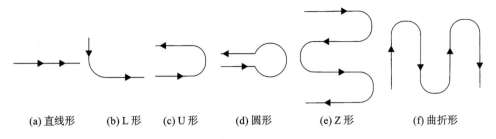

(a) 直线形　(b) L 形　(c) U 形　(d) 圆形　(e) Z 形　(f) 曲折形

图 3-5　常见的几种物流模式

室内还是室外、有无采暖、有无灰尘,等等;④物料运进运出的每个作业区内进行什么工作,作业区内部已有的(或大体规划的)安排或大概是什么样的布置。

当进行某个区域的搬运分析时,应该先取得或先准备好这个区域的布置草图、蓝图或规划图;如果是分析一个厂区内若干建筑物之间的搬运活动,那就应该取得厂区布置图。总之,当最后确定搬运方案时,选择的方案必须是建立在物料搬运作业与具体布置相结合的基础之上的。

(三)移动分析

在分析各项移动时,需要掌握以下资料。

1. 物料

掌握物料的物理特征及其他特征,以及物料的分类。

2. 路线

用标注起点和终点的方法来表明每条路线。起点和终点是用符号、字母或数码来标注的,也就是用一种"符号语言"简单明了地描述每条路线,最终绘出能确切表明每条路线起讫点的布置图。

1)距离

每条路线的长度就是从起点到终点的距离,常用单位是 m、km。距离往往是指两点间的直线距离,垂直距离(如楼层之间)可换算成当量距离。属于哪种距离,应在文件上注明。

2)路线的具体情况

(1)直接程度和直线程度:水平、倾斜、垂直、直线、曲线、曲折。

(2)拥挤程度:有无临时的或长期的阻碍、良好的铺砌路面、需要维修的路面、泥泞道路。

(3)气候与环境:室内、室外、冷库、空调区、清洁卫生区、洁净房间、易爆区。

(4)起讫点的工作情况和组织情况:取货和卸货地点的数量和分布、起点和终点的具体布置、起点和终点的组织管理情况等。

当然,路线和设备、设施的布置有密切的关系。不同的布置形式,其搬运物料的路线是不同的,路线的决定要充分考虑布置的情况。

3. 物流(或搬运活动)

1)物流量

物流量是指单位时间内在一条线路上移动的物料数量,一般用每小时多少吨或每天多少吨来表示。但有时物流量的典型计量单位并没有真正的可比性,如一种空心的大件,如果只用重量来表示,还不能真正说明它的可运性,而且无法与重量相同但质地密实的物品相比较。这类问题应采用"马格数"的概念来计量。先按照物品的外形尺寸定出一个基本值,然后根据其他影响因素的修正值再对基本值进行增减,这样得出的最后值就是马格数。这个值的大小就是表示物料可运性的一个量度。这样,不同类型物品的可运性就能进行比较了。

2) 物流条件

(1) 数量条件:每次搬运的件数、批量的大小、搬运的频繁性、每个时期的数量以及这些情况的规律性。

(2) 管理条件:指控制各项搬运活动的规章制度,以及它们的稳定性。

(3) 时间条件:对搬运快慢或缓急程度的要求,是否稳定并有规律。

4. 分析各项移动的方法

在进行移动方法的分析之前首先对移动进行分析,主要考虑的情况有以下几种。

(1) 工作区域之间的移动:从一个工作场所到另一个工作场所的工作流程,将是决定流程类型的重要因素,因此,有相互关系的工作场所必须紧密相靠。

(2) 验收与装运等活动地点:这些地点通常为物料流程的开始和结束地点,设计者必须配合外界道路运输体系加以考虑,以便决定验收与装运地点是否必须分开,或者加以连接成验收与装运区域。在该两地点,内部物料流程与外部物料流程应相连通,整体物料流程为一封闭回路。

(3) 水平方向流程:装配线或主生产流程的布局将决定水平方向的流程,主要考虑因素为设施实体结构以及进货出货部门的位置。

(4) 垂直分析流程:在多楼层建筑的实施中,物料必须以垂直方式流过每一楼层,此时,垂直输送带为必需设备。

(5) 交叉流程:设施内交叉流程对工作流程造成潜在障碍,因此交叉流程现象必须尽量避免。

移动分析的方法包括流程分析法、起讫点分析法和编制搬运活动一览表。

1) 流程分析法

这种方法每次只观察一类产品或物料,并跟随它沿整个生产过程收集资料,必要时,要跟踪原料库到成品库的全过程,编制流程图表。这种方法适合物料品种很少或是单一品种的情况。

物料在加工或转移的过程中,最多只有六种情况,即操作、运输、搬动、检验、储存、停滞。为了简化,可以用符号来表示这六种情况,如表3-3所示。

表3-3 流程图表符号

符 号	活动或作业	定 义
○	操作	有意识地改变物体的物理或化学特性,或者把物体装配到另一物体上或从另一物体上拆开,所需进行的作业叫操作。当发出信息、接收信息、做计划或者做计算时所需进行的作业也叫操作
→	运输	物体从一处移到另一处的过程中所需进行的作业叫运输

续表

符　号	活动或作业	定　　义
⊄	搬动	为了进行另一项作业（如操作、运输、检验、储存或停滞）而对物体进行安排或准备时所需进行的作业叫搬动
□	检验	在验证物体是否正确合格，或者核对其一切特性的质量或数量时，所需进行的作业叫检验
▽	储存	保存物体，不得无故挪动的作业叫储存
⊖	停滞	除了为改变物体的物理或化学特性而有意识地延续时间以外，情况不允许或不要求立即进行计划中的下一项作业叫停滞
	复合作业	如果要同时进行多项作业，或者要表示同一工位上的同一操作者所进行的多项作业，就要把这些作业的符号组合起来表示

说明：上述符号和定义与 ASME（美国机械工程师学会）的流程图表符号标准相同，只是增加了一项"搬动"。如果不增加"搬动"这项符号，那就必须把物料的整理、堆放、定位或卸下都看成是一种操作，或者看成是广义的运输的一部分；把"搬动"这项作业划分出来，就可以更加清楚而确切地表明单纯操作和单纯运输的方法。

2）起讫点分析法

这种方法有两种不同的做法：一是通过观察每次移动的起讫点收集资料，编制搬运路线一览表，每次分析一条路线，收集这条路线上移动的各类物料或各种产品的有关资料，即搬运路线分析法；二是每次对一个区域进行观察，收集运进运出这个区域的一切物料的有关资料，每个区域要编制一个物料进出表，即区域进出分析法。

在编制搬运路线一览表时，应每一条路线编一张表，物料进出表也应每个区域编一张表。一般情况下，在产品或物料品种很少或是单一品种时，采用编制搬运路线一览表的方法；如果产品或物料品种繁多时，采用编制物料进出表的方法。

3）编制搬运活动一览表

为了把所收集的资料进行汇总，并编制在一张表上，达到全面了解情况以及运用的目的，可编制搬运活动一览表，这是一种实用的方法。搬运活动一览表包含的资料有：所有路线的方向、距离和具体情况；所有的物料类别；各项移动的物流量、运输工作量、搬运工作具体情况；每条线路上总的物流量及每类物料的物流量，总的运输工作量及每类物料的运输工作量；每类物料总的物流量及每条线路上的物流量，总的运输工作量及每条线路上的运输工作量。在这个表中，要对每条路线、每类物料和每项移动的相对重要性进行标定，按 5 个英文元音字母标定等级（也可以用光谱顺序的颜色来代表）如下：

A——超高物流量（红色）；

E——特大物流量（黄色）；

I——较大物流量（绿色）；

O——普通物流量（蓝色）；

U——不重要的或可忽略的物流量（无色）。

（四）图表化

简单来说,图表化就是用图表来表示实际搬运作业的情况。图表化是数据处理的一种方法,它把对各项移动的分析结果和区域布置两部分综合起来,用一些规定的特殊符号制成图表,就能清楚地表示出所需要设计搬运系统的情况。一张清晰的图表比各种各样的文字说明更容易表示清楚。

1. 物流图表化的几种方法

1) 物流流程简图

物流流程简图只能了解物料运动的过程和次序。因为它没有联系到布置,所以不能表达每个工作区域的正确位置,没有标明距离,因此,不能作为选择搬运方法的依据,只能在分析和解释中作为一种中间步骤。

2) 在平面布置图上绘制的物流图

这种方法是物流系统中常用的。图 3-6 是根据平面布置的实际情况绘出的物料流程图,图上标出了每条线路的距离、物流量和流向,可以用它作为选择搬运方法的依据。

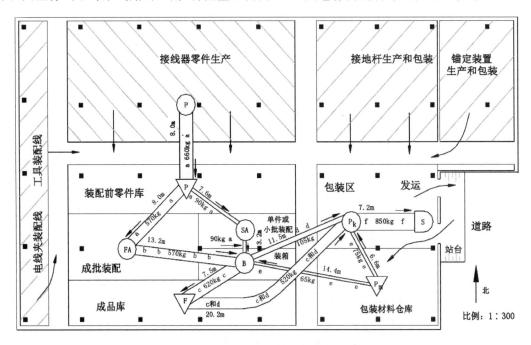

图 3-6　在平面布置图上绘制的物料流程图

3) 坐标指示图

它是距离与物流量的指示图,是表示物料移动的又一种图表化的方法。这种方法是把移动的距离和物流量用点标明在图表上。

2. 物流图的表示方法

物流图是用一种形象的方法表示是什么物料、运往何处、数量多少等,可用一系列的符号来表示。

第四节 物料搬运设备

搬运作业是物流配送中心的主要作业之一。物料搬运设备是机械化生产的主要组成部分,它的技术水平是搬运作业现代化的重要标志之一。

一、物料搬运设备选择应考虑的因素

1. 物料搬运设备选择的基本思路

选择物料搬运设备是物料搬运中很重要的内容,选择正确与否对搬运效果和成本有直接的关系。选择物料搬运设备一般遵循如下基本思路:

(1) 明确问题性质。弄清楚是否确定需要进行这个搬运步骤。

(2) 要有长远考虑。制订设备选择计划时应当有长远发展的眼光。

(3) 牢记系统化的概念。所选用设备不仅仅局限于工厂某一角落,它要在整个生产系统的总目标下发挥作用。

(4) 简化原则。没有充分的理由时,不要盲目追求不必要的高级设备。

(5) 选用合适的规格型号。应尽量采用标准产品,而不采用价格比较昂贵的非标准设备。

(6) 要考虑多方案的比较。不要局限于一种设备和搬运方法去完成某项搬运工作,要想到可能会有更好、更低廉的设备和搬运方法。

2. 物料搬运设备选择应考虑的因素

选择物料搬运设备时一般要考虑设备的性能、可靠性、经济性、管理、安全性、工厂特性、环境等。具体来说应考虑如下因素:

(1) 设备的技术性能。设备能否完成所需要的任务和工作,以及设备的灵活性等。

(2) 设备的可靠性。在规定的时间内能够工作而不出现故障,或出现一般性故障时容易立即修复且安全可靠。

(3) 与工作环境的配合和适应性。工作场合是露天还是室内的,是否有振动,是否有化学污染及其他特定环境要求等。

(4) 经济因素,包括投资水平、投资回收期及性能价格比等。设备性能好、可靠性高,但是价格太高,需花费大量的外汇,也不一定适合。

(5) 可操作性和可使用性。工人是否能很快熟练掌握设备的操作、培训的复杂程度等。

(6) 能耗因素。对燃料和电力供应情况要做充分估计,设备能耗是否过高。这既是经济问题,也是燃料供应的可能性问题。

(7) 配件及维修因素。要考虑设备是否易于维修,配件能否及时获得。有的企业购买的设备很好,但一个零件磨损后,无法得到配件而导致整个设备不能使用,也是不行的。

(8) 与物料的适配程度。这与物料本身物理、化学性质有关,是否易燃易爆、易损坏,是否液体状态等。

二、搬运车辆

搬运车辆种类很多,通常包括无轨道运输车,如起重汽车、自卸汽车、拖车、工程专用汽

车等;有轨道运输车,如蒸汽机车、内燃机车、电力机车、各种铁路车辆等。小型车辆则有手推车、简易叉式搬运车、牵引车、电瓶搬运车、叉车、拽引小车、穿梭车、AGV、卫星小车等。搬运车辆的作业具有一定的柔性,搬运作业的范围大。下面简单介绍一些常见的运输车辆。

1. 卡车

卡车是一种通用型载货汽车的通称,是主要的运输机械。在物料搬运中,配合装卸机械在厂内外进行运输工作,其类型、型号很多,选用时可根据需要在机电产品目录中选用。

2. 拖车

拖车由牵引车牵引行驶,其运载能力强,适应尺寸大、重量大的货物运输,有全挂车和半挂车两种。一般由汽车牵引,也有用蓄电池搬运车或其他车辆牵引。

3. 手推车

手推车的分类如图 3-7 所示。

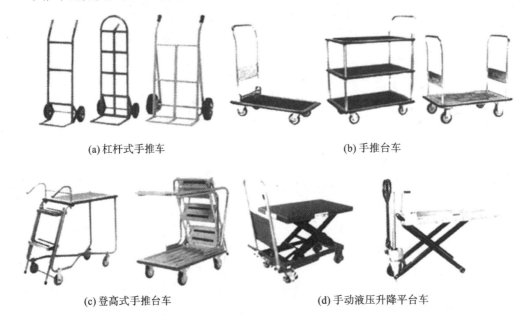

(a) 杠杆式手推车　　　　　　　(b) 手推台车

(c) 登高式手推台车　　　　　(d) 手动液压升降平台车

图 3-7　手推车分类

手推车是一种以人力为主,一般不带动力,在路面上搬运货物的小型搬运车辆的总称。其特点是轻巧灵便、易操作、转弯半径小。手推车的选择需考虑货物的形状和性质,当搬运多品种货物时,应采用通用性的手推车;搬运单一品种货物,则考虑专用性以提高搬运效率。

4. 叉车

叉车是车站、码头、仓库、货场、车间之间,广泛用来承担装卸、搬运、堆码等作业的一种搬运工具,具有适用性强、机动灵活、效率高等优点,它不仅可以将货物进行水平运输,还可以叉取货物进行垂直堆码。

叉车的分类如图 3-8 所示。

为了缩小转弯半径,扩大叉车的使用范围,人们发明了许多新型的叉车,如图 3-9 所示。

5. 简易叉式搬运车

简易叉式搬运车是一种小型的利用人力提升货叉的装卸、搬运设备,用于搬运装载于托

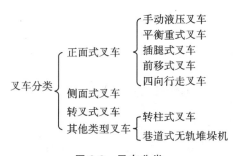

图 3-8 叉车分类

盘上的货物,多用于不需要堆垛的场合。其特点是转弯半径小,适用于搬运 3 吨以下的托盘(或带托盘结构的容器)的货物,搬运效率较高,但要求运行的道路平整度好,否则会影响安全提升高度、搬运效率和操作性。

6. 牵引车

牵引车俗称拖头,其特点是没有承载货物的平台,只能作为牵引工具,用来牵引挂车,不能单独运输货物。牵引车只在牵引时才与挂车连在一起,当挂车被拖到目的地进行装卸货物后,牵引车就可脱开与挂车的连接,再去牵引其他挂车,从而提高了设备的利用率。采用牵引车-挂车方式搬运货物,在一定条件下比采用平板搬运车能获得更好的经济效果。

7. 电瓶搬运车

电瓶搬运车有固定的承载平台,可载重运输,也可以用作牵引。电瓶搬运车车体小而轻,动作灵活,使用清洁卫生,无污染,适宜于室内工作。但其无防爆装置,故不能在易燃、易爆的场所工作;此外,蓄电池不能经受强烈的振动,故需要在平坦的路面上行驶,行驶的速度不高,一般为 10 km/h。

8. 拽引小车

拽引小车系统是现代无人搬运车系统的原型,是在工厂或仓库里用来输送货物的连续输送设备,如图 3-10 所示。拽引小车系统具有闭合的地链轨道,其结构包括牵引链、驱动装置、回转装置、张紧装置、道岔、停止器、传感器以及各种保护装置。载货小车前部的销杆,能够很方便插入和脱离牵引链的引导装置,通过埋在地沟槽中的输送链驱动小车。该系统的特点是用人少,不占用地面以上的空间,小车与牵引链没有固定连接,因此有一定的灵活性。缺点是地沟的防污措施难以解决,必须同时启动整个系统,不能单独启动其中一条运输路线,对地面的平整度要求高。

9. 穿梭车

穿梭车是近年来发展起来的新型的搬运设备,逐步形成系列产品,并在各行业得到广泛的应用。它的优点是由它构建的自动化搬运系统工艺简捷、设备最少、运行效率高,在搬运过程中,具有灵活分拣、分配的功能,系统具有一定的柔性。缺点是,因为有导轨,更改输送路线较难。

穿梭车按导轨形式分类,可分为单轨穿梭车和双轨穿梭车;按使用的路径分类,可以分为往复式穿梭车和环行穿梭车等。图 3-11 所示的是往复式穿梭车,运行速度达 360 m/min,承载 800 kg,定位精度为 ±3 mm;图 3-12 是复杂路径的环形穿梭车,其最快运行速度达 720 m/min,定位精度为 ±3 mm。

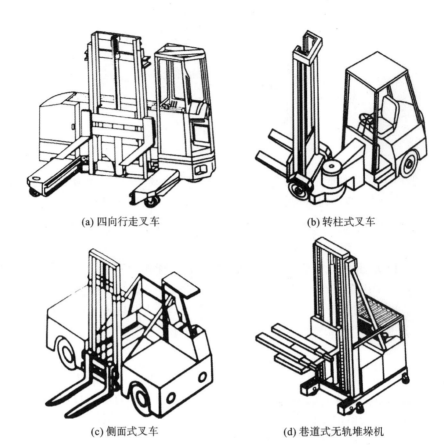

(a) 四向行走叉车　　(b) 转柱式叉车

(c) 侧面式叉车　　(d) 巷道式无轨堆垛机

图 3-9　几种新型的叉车

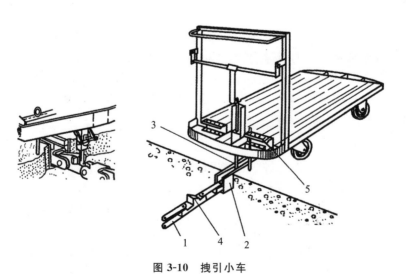

图 3-10　拽引小车

1—输送链；2—导引槽；3—金属销；4—小车导引装置；5—路径选择触发开关

图 3-11 往复式穿梭车

图 3-12 复杂路径的环形穿梭车

6) 卫星小车

卫星小车是叉车和巷道堆垛机衍生的设施,有两类:一类是穿梭板类;另一类是带货叉的分配小车。穿梭板类又有两种:一种与叉车配套使用,采用无线遥控方式,由叉车驾驶员操作;另一种则与堆垛机配套使用,相当于延长了的堆垛机货叉,与堆垛机一起组成全自动的卫星小车搬运系统。

卫星小车的能源供给有两种:一种是在堆垛机上带可伸缩的电源线缆;另一种则是使用蓄电池供电。

三、自动导引搬运车

(一) 自动导引搬运车的组成

自动导引搬运车(automated guided vehicle,AGV)是装备有自动导引装置,能够独立自动寻址,并具有多重安全防护装置以及各种功能装置,通过计算机系统集中控制,自动完成无人驾驶及特定功能的搬运车辆。AGV与输送设备等其他系统设备结合,可方便灵活地构成由计算机系统集成控制的自动仓库或全自动物流系统。

AGV 系统(AGVS)具有服务面广,运输路线长,柔性好,运输路线灵活多变,运行费用少,系统安全可靠及无人操作等特点,广泛应用于厂内运输、装备生产线、仓库、医院等场所,特别适用于有噪声、有污染、有放射性等有害人体健康的地方,以及通道狭窄、光线较暗等不适应驾驶车辆的场所。当货物运量增大时,可以方便地增加车辆数量,方便构建新的搬运系统,并且不影响正常的生产作业。

AGV 的导引方式有许多种,可分为固定路径导引和自由路径导引,分类情况如图 3-13 所示,目前广泛采用的是电磁导引和激光导引技术,最先进的是视觉导引技术。

- AGV 导引方式
  - 固定路径导引
    - 电磁导引
    - 光学导引
    - 磁块导引
    - 二维码导引
  - 自由路径导引
    - 激光导引
    - 路径计算定位法
    - 惯性导引
    - 环境影射法导引
    - 视觉导引

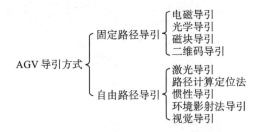

图 3-13　AGV 分类

AGV 由行走驱动装置、方向转动装置、机架本体部分、控制部分、蓄电池、安全装置和移载装置等组成。

1. 行走驱动装置

行走驱动装置由车轮、电动机、制动部分、传动部分、速度检测器(编码器)和齿轮等组成。图 3-14 所示的为驱动方式。图 3-14(a)所示的为单轮驱动,图 3-14(b)所示的为双轮驱动,图 3-14(c)所示的为四轮驱动。图 3-15 所示的为行走驱动装置的构成。在设计时,首先选择驱动方式,之后确定在最大载荷之下的额定速度和转矩、车轮转速、车轮和地面的接触压力。

(a) 单轮驱动　(b) 双轮驱动　(c) 四轮驱动

⊠主动轮　□从动轮

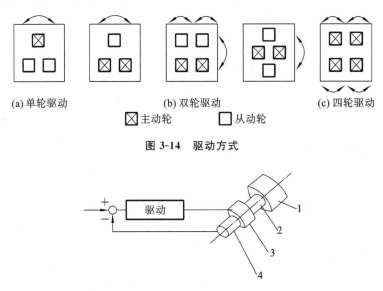

图 3-14　驱动方式

图 3-15　行走驱动装置构成

1—车轮;2—减速机;3—电动机;4—速度检测器(编码器)

制动方式采用手动式和断电自动制动式两者结合的形式。一般情况下,通电时,手动制动也是开启的。如果需要在通电情况下制动住自动导引搬运车,可利用手动制动装置进行制动。

2. 方向转动装置

(1) 转向装置:要求在容许载荷下转向装置能顺利进行工作。表 3-4 所示的为各种转向方式,根据实际条件进行选用。

表 3-4 各种转向方式

转向方式	前轮转向方式	独立转向方式	二轮速度差转向方式
略图			

(2) 导磁传感器:传感器的型号取决于路面质量、路面状况和周围环境。

3. 机架本体部分

(1) 机架:要求机架的扭曲度和弯曲度必须控制在规定范围,保证不影响整机功能。

(2) 本体外罩:本体必须用外罩罩起来,确保设备安全。万一与障碍物发生冲击时,仍能保证其力学性能。为此,还要求外罩必须结实。

(3) 上面板:在没有自动移载装置的情况下,搬运物品是直接放在上面板上的。为此,必须设计防止物品滑动造成货物倾斜的防滑装置。

4. 控制部分

(1) 控制装置:控制装置必须保证振动时不伤及物品和不容易因振动造成电路短路。

(2) 操作面板:设计操作面板时,必须保证操作者不易误操作,要求具有良好的可见性和操作性。

5. 蓄电池

根据开动时间、充电方法决定蓄电池容量、个数和型号。此外,必须保证不易短路,以免造成机械事故。

6. 安全装置

(1) 缓冲安全装置:如果自动导引搬运车与人或物发生碰击,由于有缓冲安全装置,不会造成机械和人身的事故。

(2) 接近检测装置:是检测动作范围和车体宽及高度关系的装置。根据对象的色彩和材质检测出距离。

(3) 自动运转表示灯:其作用是一旦自动导引搬运车接近人时,自动亮起来。

(4) 非常停止按钮:在特殊情况下才使用非常停止按钮。为此,其形状、位置和颜色(一般是红色)都是便于操作的。

7. 移载装置

移载装置要求停止精度高,具有防止位置偏移的功能。根据搬运物形状,在考虑防止位置偏移装置时,如果采用辊筒输送机式,必须注意辊筒的安装节距;如果采用举升起重式,应注意托盘弯曲变形。

(二)安全设计

1. 自动导引搬运车的结构和功能

(1) 外形。自动导引搬运车外形设计一定要考虑安全性。

(2) 速度。自动导引搬运车的速度由低到高应具有几个档次,在遇到较差路面时能自动减速慢行。

(3) 自动导引搬运车应有制动机构、安全报警机构、安全表示功能、检测障碍物功能、手动运转功能、非常停止功能和安全监视的检测装置等。

2. 移载动作的安全保证

(1) 自动导引搬运车的移载装置应具备互锁机构。

(2) 当发生移载异常时,自动导引搬运车自动处于停止状态,直到故障排除。

(3) 在移载面和移载物之间具有防滑功能。

3. 检测障碍物的检测装置

在自动导引搬运车上安装了检测障碍物的检测装置,这些检测装置有:障碍物接触缓冲器、接近检测装置。

检测装置具有防止自动导引搬运车之间发生碰击和追尾等事故的功能。

4. 非常停止装置和安全监视的检测装置

(1) 非常停止按钮。

(2) 障碍物接触缓冲器。

(3) 脱线检测装置。

(4) 超速检测装置。

非常停止状态一直保持到故障排除为止。在故障尚未排除之前,启动操作是不起作用的。

(三)性能

1. 行走性能

(1) 行走速度。直接影响到自动导引搬运车的工作循环时间和效率,必须综合考虑,正确选择。

(2) 停止精度。为使自动导引搬运车能安全自动移载物品,必须保证足够的停止精度。

(3) 最小回转半径。自动导引搬运车在拐角处行走时必须保证大于最小回转半径的足够空间。

2. 本体性能

(1) 自重。自动导引搬运车本体在保证必要的刚度和强度条件下,越轻越好。如果太重,手工移动困难,修理时不太方便。

（2）车体尺寸。用车体外形尺寸、前后轴距、轮距和移载高度来表示。根据搬运物尺寸、行走通道等来选择有关尺寸。

（3）蓄电池容量。根据自动导引搬运车能够驱动的时间来确定蓄电池的容量。

四、垂直提升搬运设备

垂直提升类设备，主要用于连接楼房仓库或高层建筑各层的楼层面之间的货物运输需要，以及在不同作业层面货物输送的需要。主要的设备有载货电梯、液压升降平台和板条式垂直提升机。

液压升降平台相对简单，且适应能力很强，能够精确定位在不同的高度位置，适合于不需要经常性提升货物的场所。

板条式提升机，有的人又称其为连续提升机，如图 3-16 所示，其特点是占地面积小，可连续提升输送货物。提升过程中，由板条组成的载货平台保持水平；回程时，载货平台转为垂直位置；回程结束时，又转为水平位置，从而减少占地面积。此外，提升机还有秋千式垂直提升机、念珠式垂直提升机等。

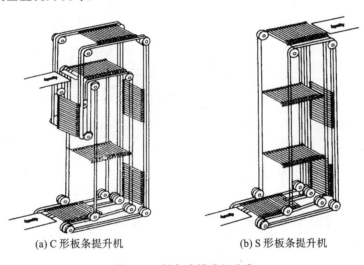

(a) C 形板条提升机　　(b) S 形板条提升机

图 3-16　板条式提升机分类

五、起重机械设备

起重机械设备是一种以间歇作业方式对物料进行起升、下降和水平移动的搬运机械。其中机械的作业通常带有重复循环的性质，一个完整的循环一般包括取物、起升、平移、下降和卸载等环节。经常启动、制动、正反方向运动是起重机械的基本特点。起重机械广泛应用于工业、交通运输业、建筑业、商业和农业等。

常用的起重机有电动梁式起重机（见图 3-17）、通用桥式起重机、固定旋转起重机（见图 3-18）、门式起重机（见图 3-19）、轮胎式起重机、港口起重机（见图 3-20）等。

在物料搬运中，主要根据以下参数选择起重机的类型、型号：①所需起重物品的重量、形态、外形尺寸等；②工作场地的条件（长×宽×高，室内或室外等）；③工作级别（工作频繁程度、

图 3-17 电动单梁起重机

图 3-18 固定旋转起重机

图 3-19 门式起重机

图 3-20 港口起重机

负荷情况)的要求;④每小时的生产率要求。主要起重机类型的特点与使用范围如表 3-5 所示。

表 3-5 主要起重机类型的特点与使用范围

类 别	特 点	使用范围
电动梁式起重机	采用电葫芦为起重机构,具有重量轻、范围大等特点	适用于小吨位起重量及工作不繁忙的场所
通用桥式起重机	起升机构为卷扬小车,有单钩和双钩。具有起重量大,起升、运行范围广等特点	适用于机加工、修理、装配车间或仓库、料场等场所一般装卸搬运作业
门式起重机	采用单梁或双梁结构,起升机构为通用小车,取物装置为吊钩	适用于露天堆场的装卸搬运作业
固定转柱式旋转起重机	立柱作为臂架金属结构的组成杆件之一,随同臂架一起绕轴心线旋转 90°～270°,起重量不超过 5 吨	可安装在室内或室外有立柱的场合使用
固定定柱式旋转起重机	立柱和起重机臂架分开,能转 360°,起重量一般不超过 10 吨	可安装在室内或室外任何场合使用
汽车起重机	起重装置在标准或特制汽车底盘上,运行速度高,机动性能好,能直接与汽车编队行驶	适用于仓库、码头、货栈、工地等场所装卸和安装工作
轮胎式起重机	采用专用的轮胎底盘,重心低,起重平稳。在使用短臂时,可在额定起升重量 75% 的条件下带负荷行驶,扩大了起重作业的机动性	适用于港口、车站、货场、工地等场所装卸和安装工作

六、堆垛起重机设备

巷道堆垛机,简称堆垛机,主要用途是在高层货架的巷道内来回运行,将位于巷道口入库站台上的货物,自动随机存入货位;或者将货架货位上的货物取出,送到巷道口的出库站台上。

堆垛机的特点是:整机的结构高而窄,结构的刚度和精度要求高,堆垛机的运行速度高,启动、制动快而平稳,运行平稳性好,停靠精度高,安全性保护措施完善。

堆垛机按支撑方式分类,分为悬挂式堆垛机和地面支撑式堆垛机;按结构形式分类,可分为单立柱堆垛机和双立柱堆垛机;按货叉结构分类,有单深堆垛机和多深堆垛机;按作业方式分类,可分为单元式堆垛机、拣选式堆垛机、拣选-混合式堆垛机等。近年来,堆垛机发展了转轨堆垛机和换轨堆垛机等新的形式。图 3-21 所示的是一种自动换轨巷道堆垛机。

图 3-21　自动换轨巷道堆垛机

七、机器人设备

工业机器人是一种能自动定位控制,可重复编程,多功能、多自由度的操作机。机器人是一种智能性的高新技术搬运设备,能搬运材料、零件或操持某些工具,以完成各种作业。主要用在生产线上和自动化物流系统的码垛、拆垛上,用在集装化单元货物和货物体积、重量较大的场合,具有定位精度高、运行效率高、可靠性高等特点。图 3-22 所示的是一种直角坐标机器人,其拆码垛的效率高于极坐标机器人,具有中国人自己的知识产权。

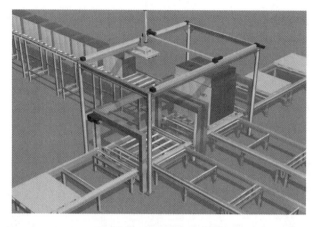

图 3-22 直角坐标机器人

综合案例

AGV & AGVS 在青岛港的应用

随着集装箱码头吞吐量的迅速增加,自动化装卸和搬运设备的广泛应用,集装箱码头的调度作业变得日益复杂,进而影响到集装箱码头的整体作业效率。作为码头水平运输系统中自动搬运设备的 AGVS(automated guided vehicle system,自动导引车系统),解决了空载时间长、重载率低等问题,促进了港口物流系统的自动化。

一、背景

随着全球贸易的发展,集装箱码头在进出口贸易中的地位越显重要。

集装箱码头(container terminal)是指能够容纳完整的集装箱装卸操作过程的具有明确界限的地方,其中包括货运站、办公生活区域、码头前沿、堆场等陆域部分,以及泊位、港池、航道、锚地等水域部分。集装箱码头是货物的缓冲地和交接点(集装箱货物在集装箱码头转换运输方式),也是水运和陆运的枢纽站,集装箱码头不仅在整个集装箱运输过程中扮演重要角色,而且在国民经济和区域经济的发展中起到促进作用。

港口是集装箱的集散地,特别是大型港口,集装箱在装船前或卸船后都需要临时堆放在多个不同分类的暂存区(货场)。港口集装箱每天的装卸量很大,搬运频率很高。目前国内采用的是人工操控的机械化、半自动化作业方式,实现在船—岸桥—货场(往往还分前方和后方两级)—收发货点之间的频繁装卸、往返搬运作业。过去,往返搬运一般用牵引车带平板挂车、跨运车、吊运车、集装箱叉车等,均为人工操作。缺点是:①种类杂,数量多,管理成本高;②除集装箱叉车外,其他设备每次搬运都需吊具重复抓持或夹持,故障率高,可靠性差,维护成本高;③集装箱叉车的平衡能力有限,大吨位的少;④完全需要人工操作,准确率低,劳动强度大,工作环境差,箱、车、人的安全性均不好;⑤昼夜生产,每个作业环节都离不开人,人力成本高;⑥机械化、自动化、电子化、信息化等技术只能在独立单元内实现,不能形成系统。能力、速度、可靠性、安全性、效率、效益的提高受制约。

为了满足集装箱船舶装载能力最大化和集装箱船舶停靠港口时间最小化的要求,集装箱码头需要不断提高集装箱码头装卸作业水平。如果配备大量人员、集卡和堆场,将会增加营运成本,同时也会加大管理难度。高度自动化集成的装卸和搬运作业设备将逐渐代替传统集装箱码头普遍采用的拖挂车设备。

自动导引运输车(automated guided vehicles,AVG)作为一种比较先进的自动化搬运装备,在效率、自动化水平和统一调度方面都要强于传统的集卡运输方式。AGV 作为一种新型的中间搬运设备,近年来正逐渐应用于国际大型港口的集装箱自动化搬运,如青岛港、洋山港、鹿特丹港、伦敦港、汉堡港、哥德堡港等。

AGV 的技术特点如下:

1. 先进性

技术含量高,完全在计算机控制下工作,全自动、带一定智能、快捷高效、准确无误地实现集装箱自动搬运;能有效地减轻劳动强度,节约人力、物力、财力;能优化生产结构,改善生产环境,建立人机一体、和谐友好、科学文明的生产关系。

2. 可靠性

在 AGV 的工作过程中,每一步都有一系列数字信息的交换,后台有强大的数据库支持,消除了人为因素,充分保证 AGV 作业过程的可靠性、完成任务的及时性、信息数据的准确性。

3. 兼容性

AGV 不仅能独立工作,而且更善于与其他执行系统、控制管理系统等紧密结合,很容易进行重组或扩充,具有良好的兼容性。

4. 独特性

AGV 作为无人驾驶的自动车辆,能够在某些人工操作很困难的场合发挥优势,如 AGV 可准确地钻到集装箱下面进行托举作业。

5. 安全性

AGV 的行驶和作业安全保护是一个严格受控的系统,包含机电 PLC 逻辑控制、车辆调度、任务管理、交通管理、充电管理等,比人工操作搬运集装箱更精确、更灵活、更安全。

二、集装箱码头 AGV 运输系统

集装箱码头的水平运输系统是由码头前沿的水平运输系统、堆场内的水平运输系统以及进出大门的水平运输系统组成。集装箱自动化码头内的水平运输设备多为 AGV(见图 3-23),其中集装箱码头的总体布置设计、装卸设施的密切配合程度以及调度模式的科学性等因素都会影响到 AGV 的路径优化设计。

AGV 的系统构成如图 3-24 所示。

(一)集装箱码头布置形式

集装箱码头管理工作的规范化、标准化、现代化以及装卸机械作业的高效化、自动化,加快了集装箱船舶、水平运输车辆、集装箱的周转速度,为了使港口能够适应集装箱运输的要求,为此发展了集装箱专用码头。集装箱专用码头的建设应满足以下几个条件:

(1)具备足够的前沿水深和水域面积,以及所必需的泊位宽度和岸线长度,确保集装箱船舶安全航行、靠港和离港;

(2)具备能够保证堆场堆存作业以及车辆运行道路所需要的码头前沿宽度、码头纵深及堆场面积,还应该具有前瞻性发展所需的陆域面积;

图 3-23 AGV 在搬运集装箱

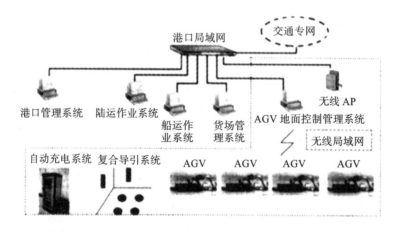

图 3-24 AGV 的系统构成

（3）为实现集装箱码头内各项作业高效化、自动化、机械化的要求，应该具备适应堆场堆存作业、水平运输作业、岸桥装卸作业所需的机械设施和装备；

（4）具有完善的集疏运系统，以保证集装箱能够高效地集中和疏散，防止港口内出现交通堵塞；

（5）为保证集装箱码头内正常作业的需要，应当配备维修保养机械设备相应的技术人员和集装箱码头运营的管理人员；

（6）为满足现代管理和作业的需要，应当采用先进的电子信息手段，如 EDI。

为实现集装箱码头机械化、高效化、规模化的要求，在集装箱码头的建设过程中要求布局合理，各项设施配置得当，使得各项作业密切配合、管理工作协调统一，形成一个有机整体。图 3-25 所示的是一般常见码头的平面布局方式。

码头前沿：是指沿码头岸壁到集装箱编排场之间的区域，设置有岸桥及运行轨道，应当

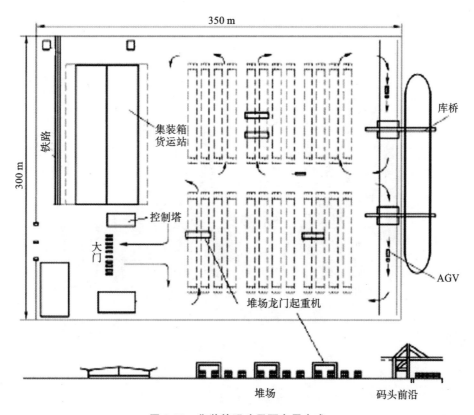

图 3-25 集装箱码头平面布局方式

满足所设计船型吃水要求的前沿水深,至少为 12 m。

前方堆场:是指将即将卸下的集装箱以及即将装船的集装箱排列待装所备好的堆存场所。为了确保船舶装卸集装箱作业不间断地进行,通常布置在集装箱后方堆场与码头前沿之间。

集装箱堆场:又称为后方堆场,是指对集装箱码头内的集装箱进行安检、保管、交接的区域。集装箱堆场在码头的堆场位置称为"场箱位",场箱位是指在场内依照集装箱的尺寸、箱型预设的标准区域,并用一组代码表示出它的物理位置。

大门:是集装箱码头的出入口。在大门所有的集装箱都要进行安检、交接并制作单据。大门也是与集装箱码头其他部门划分责任的场所。

控制塔:是一个集装箱码头的运营指挥中心,其主要职责是监管和指挥船舶装卸作业和堆场作业。控制塔设在码头的最高处,以便能准确、及时地观察到码头集装箱的各项作业状态,进而有效地进行调度和指挥作业。

(二)集装箱码头装卸机械

一般将集装箱码头的机械化系统划分为三个部分,即码头前沿装卸机械、水平运输设备、码头堆场作业机械。

1. 码头前沿装卸机械

集装箱码头前沿主要是将集装箱进行装卸,以保证码头物流的正常运行。常用的码头前沿装卸机械是岸壁集装箱装卸桥(quayside container crane),简称"岸桥",主要承担着将集装箱装卸在集装箱船舶上的作业任务。其装卸效率一般为 20~35 TEU/h，起重量为 50 t，外伸距离为 55 m，内伸距离为 18 m，轨距一般为 30 m。图 3-26 为岸桥与 AGV 图。

图 3-26　岸桥与 AGV

2. 水平运输设备

集装箱码头内的水平运输设备主要承担着运输和搬运码头内集装箱的任务。其水平运输设备包括跨运车、牵引车、自动导引运输车（AGV）等，AGV 是在自动化集装箱码头使用最多的水平运输设备，如图 3-27 所示。

图 3-27　集装箱船装卸 AGV 搬运

自动导引运输车（AGV）是在自动化或半自动化码头使用的水平运输设备，具有无人驾驶、自动导航、准确定位、路径优化以及安全避碰等特征，并且能够沿规定的导引路径自动行驶。在集装箱运输作业中，AGV 根据搬运任务要求，由计算机管理系统优化运算得出最优运输路径后,通过控制系统向 AGV 发出指令信息,AGV 在接收到指令信息后,通过机体上的导向探测器检测到导向信息,对信息进行实时处理,沿规定的路径行走,完成运输搬运任务。图 3-28 所示的为自动导引运输车运行路径。

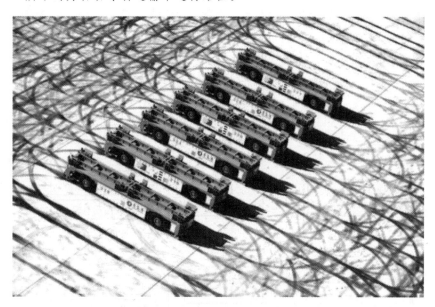

图 3-28　集装箱码头 AGV 运行路径

集装箱 AGV 装卸过程如图 3-29 所示。

图 3-29　集装箱 AGV 装卸过程

3. 码头堆场作业机械

码头堆场作业机械主要承担堆场内搬运、装卸、堆垛集装箱的任务。这些机械包括龙门起重机、集装箱叉车、集装箱正面吊运机、空箱堆高机等,其中龙门起重机在堆场中起着重要作用。

龙门起重机(transtainer)包括轮胎式和轨道式两种形式,又称"龙门吊",它主要承担着堆场内集装箱堆垛和装卸的任务。

轨道式龙门起重机(rail mounted transtainer)是集装箱码头堆场进行堆码和装卸集装箱的专用机械。优点是可堆 4~5 层集装箱,可跨多列集装箱和一个车道,堆存能力高,堆场面积利用率高,采用自动控制的轨道式集装箱龙门起重机(ARMG),易于实现自动化。缺点是要沿轨道运行,灵活性差。

轮胎式龙门起重机(rubber-tired transtainer)主要承担集装箱码头堆场内堆码和装卸集

装箱的任务。其优点是机动灵活,可以从一个堆场转移到另一个堆场,缺点是自重比较大,轮胎易磨损。在自动化堆场常用的是自动控制的轮胎式集装箱龙门起重机(ARTG),采用垂直于码头布置,堆箱区采用封闭、无人化管理。

(三)集装箱码头 AGV 运输系统组成及特点

1. 集装箱码头 AGV 运输系统组成

集装箱码头的水平运输系统由码头前沿水平运输系统、堆场水平运输系统、进/出闸口的水平运输系统等三部分组成,如图 3-30 所示。

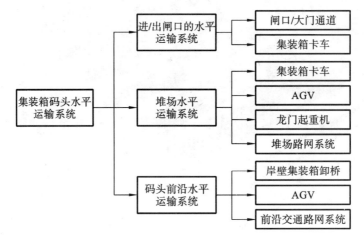

图 3-30　集装箱码头水平运输系统原理图

集装箱码头的水平运输是集装箱码头装卸工艺很重要的一个环节,其运行效率的高低将会影响整个码头的运作的快慢。集装箱码头的 AGV 水平运输系统主要包括三部分:AGV 与岸桥的衔接、AGV 水平运输以及 AGV 与场桥的衔接等。其工作过程如下:AGV 在运行的时候,首先要接到中央控制室生产过程控制系统(PCS)的指令,将小车运行到固定的停车位,当有作业调度指令下达时,AGV 根据指令运行到指定的岸桥下方,岸桥上装有位置传感器,能够感知 AGV 的实际位置,然后将位置信息传给 PCS,PCS 再向 AGV 发出停车指令,用来确保 AGV 精准停靠在作业点位置上。

AGV 的水平运输也是由 PCS 指挥控制的,主要包括 AGV 的定点停车、安全避碰、行驶路径优化以及集装箱装卸作业任务管理等,进而完成从码头前沿到堆场之间的自动化运输集装箱的任务。在使用自动堆垛起重机(ASC)的自动化码头,当 AGV 与 ASC 配合作业时,AGV 只要进入 ASC 下方的装卸作业位置,PCS 就会指令 ASC 配合完成与 AGV 的集装箱装卸工作,其工作流程如图 3-31 所示。

2. 集装箱码头 AGV 水平运输的特点

AGV 水平运输系统是一个复杂、科学的系统工程,不仅要求安全可靠的硬件支持,还需要高效稳定的软件的匹配,AGV 成功应用到集装箱码头的水平运输上,呈现出以下特点:

1)自动化程度高

从集装箱码头的装卸工艺上可以看出,AGV 水平运输系统是一个信息化、智能化、数字化、绿色化的系统工程。在码头前沿有自动化装卸岸桥,水平运输系统上有自动导引运输车(AGV),在集装箱码头堆场上有自动控制的轨道式集装箱龙门起重机(ARMG)或自动控制

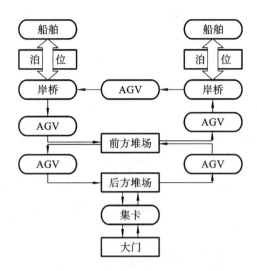

图 3-31 AGV 在集装箱码头中的工作流程

的轮胎式集装箱龙门起重机(ARTG),这些自动化机械统一匹配,协调工作,形成一个集成化较高的系统工程。

2) 灵活性高,具有柔性化的特征

集装箱码头的集装箱装卸的数量具有不平衡性,即在集装箱装卸船时,出口箱的数量和进口箱的数量不相等,这要求具有高度灵活的调度方案;以及集装箱船舶在靠泊的时间上也存在不确定性,船舶的靠泊时间受很多因素的影响,比如天气的好坏、泊位的空缺等,这自然会影响到码头装卸工艺生产的进行,对调度决策产生了不确定性,AGV 的柔性化设计提供了解决方案的条件。

3) 安全性高

集装箱码头是机械化生产的场所,在传统的集装箱码头需要人手工去操作,这就大大增加了意外事故对人身安全的风险。在自动化码头的 AGV 运输系统中,采用了机器视觉技术、自适应控制技术和 AGVS 控制技术等先进的科学技术,解决了 AGV 自身避碰,以及 AGV 之间的避碰;通过 GIS 与 AGV 位置的控制技术,解决了 AGV 与集装箱、岸桥以及场桥的碰撞;通过交通流的控制使得集装箱码头物流合理有序。以上种种技术的实施,大大提高了 AGV 系统的安全性,减少人身安全的威胁,甚至将人身安全威胁降到零。

4) 节能减排,绿色环保

现在的集装箱码头的 AGV 生产采用清洁能源——电能作为动力驱动能源,减少二氧化碳的排放,在能源节省方面,比传统集装箱码头要节省 25%,在成本上,比传统码头节省 20%。

(四) AGV 调度系统

1. 集装箱码头的 AGV 调度原理

在集装箱码头的 AGV 调度系统中,集装箱码头中央控制室的生产过程控制系统(process control system,PCS)监管和控制 AGV 的运行状态,PCS 通过无线电的方式和管控的设备进行数据传输,进而可以实现全自动化运作。

PCS 调度控制集装箱码头内所有的 AGV,其调度方式是 PCS 首先规划出 AGV 的行驶路线,在整个调度路线上,已经设置出 AGV 需要装载或卸载的"停车"点,当 AGV 行驶到一个"停车"点时,PCS 通过计算发出下一条调度路线和"停车"点的指令,如此循环,直到执行完所有的装卸任务。在自动化集装箱码头堆场上,使用自动堆码起重机(ASC)与 AGV 衔接,在衔接点处为 AGV 的装卸设置"停车"点,当 AGV 处于空载状态时,AGV 在接到 PCS 的指令以后,行驶到 ASC 下方的"停车"点,ASC 也根据 PCS 的指令在堆场中吊取相应的集装箱装载到 AGV 上;处于满载状态的 AGV,根据 PCS 的指令运行到 ASC 处指定的"停车"点,ASC 同样根据 PCS 发出的指令卸载 AGV 上的集装箱并且堆存到堆场上的相应位置。

在集装箱码头的前沿设置不同的"停车"点,这些"停车"点是根据岸桥起重机的相对位置设定的。当 AGV 运行到岸桥的下方时,装在岸桥上的红外传感器可以检测出 AGV 的装卸位置,然后将有关的位置信息发送到 PCS,PCS 为了确保 AGV 能够准确地停靠在装卸点处,向 AGV 发出一条停车验证指令。AGVS 调度原理如图 3-32 所示。

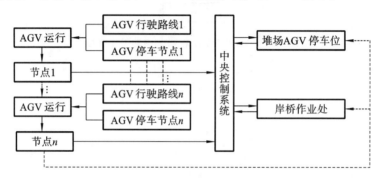

图 3-32　AGVS 调度原理

2. AGV 调度原则

在集装箱码头中,研究 AGV 的调度可遵循以下几个原则。

1)等待时间最短

为了降低调度系统的空闲等待时间和交通拥堵时间,提出了以等待时间最短为原则的调度模式。当有新的任务时,寻找周围距离最近的 AGV 进行集装箱运输,并且传输新的任务指令,这样就能够提高集装箱运输的效率。

2)AGV 配置数量最少

在求得等待时间最小化的基础上,为了提高 AGV 的利用率,基于"作业面"调度模式从全局考虑集装箱装船和卸船整体调度,让一辆小车尽可能多地参与多条作业线任务,使得机械设备得到充分的利用。

3)成本最小

基于成本最小化研究集装箱码头 AGV 调度问题,是要求在保证完成集装箱码头所有运输任务的情况下,计算实际运输所消耗的最少费用。

4)路线最短

AGV 在调度过程中,遵循最短路径原则进行优化调配。岸桥或堆场起重机根据最短路径调度方法,选择离装卸机械路径最短的 AGV 为其服务,缩短 AGV 的总行驶路径,减少 AGV 配备数量,提高 AGV 的利用率。当 AGV 下次执行调度任务时,以路径最短为原则,分配 AGV 运载集装箱。

3. AGV 调度影响因素分析

AGV 的生产调度是集装箱码头生产作业系统内主要的生产环节,因此系统内其他环节和要素影响、制约着 AGV 的调度。直接或间接影响码头 AGV 的配置策略和路径选择的因素有泊位分配、岸桥作业模式、装卸作业顺序、集卡调度模式、堆场计划安排等,这些因素从层次方面影响 AGV 的调度。集装箱码头运作层次图如图 3-33 所示。

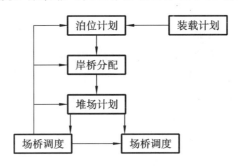

图 3-33　集装箱码头运作层次图

泊位计划是集装箱码头生产作业计划的重要组成,由码头控制中心负责,目前码头对于泊位计划的安排原则是首先挂靠具有优先级别的船舶,然后按照先到先靠的顺序进行泊位计划安排。泊位的计划分配将直接影响对应进出口集装箱堆场箱区的分布、AGV 行驶路径的选择、岸桥和场桥数量的配置。配载计划的预先制定可以使集装箱码头装卸作业更为流畅,提高码头生产作业效率,确保船舶装卸安全。船舶配载计划将直接影响船舶装卸作业序列、岸桥装卸作业进度、AGV 行驶路径选择和集装箱在堆场箱区内的摆放箱位。

岸桥分配是指码头操作人员在船舶装卸作业开始之前制定的岸桥作业计划,主要包括岸桥数量配置和岸桥作业序列。岸桥的优化分配是提高集装箱码头生产作业效率的关键,其他作业机械如 AGV、场桥等的作业效率应至少不低于岸桥作业效率,以避免出现岸桥等待 AGV、场桥的现象。

堆场计划主要确定集装箱在码头堆场内的箱区箱位,指挥集装箱在堆场箱区内的位移。集装箱的堆场计划将直接影响既定船舶的泊位计划、岸桥作业计划和 AGV 的调度计划。

问:AGV 和 AGVS 在码头集装箱场站中起到了什么作用?

练习与思考

练习与思考题答案

一、填空题

1. 物料装卸搬运是指_____、_____和_____为主要目的的活动。
2. 装卸搬运作业按操作特点分类,有_____、_____、_____和_____。
3. 物料搬运系统主要由_____、_____和_____共同组成。
4. 设施布置的类型有_____、_____、_____。

二、名词解释

1. 搬运活性
2. 搬运活性系数
3. 物料搬运系统

三、简答题

1. 简述装卸搬运的特点。
2. 简述物料搬运系统的原则。
3. 简述搬运系统设计的基础分析。
4. 简述搬运设备选择的基本思路。

四、论述题

试论述搬运系统分析的四个阶段。

第四章
物流自动输送系统

> 学习目标及要点
>
> 1. 了解物流自动输送系统的特点与分类；
> 2. 学习物流自动输送系统的应用范围及所输送货物的特性；
> 3. 了解物流自动输送系统的主要参数和选型；
> 4. 学习各种物流输送设备的结构和性能。

第一节　物流自动输送系统的特点与分类

一、物流自动输送系统的特点

物流自动输送系统是物料搬运机械的一种主要类别。它是以形成物流自动化输送方式沿一定线路输送一定种类货物或人员的机械装置。某些物流自动输送系统亦可进行间歇输送。物流自动输送系统与间歇作业的起重机械相比，具有以下优、缺点。

1. 优点

（1）输送能力大。可以不间断地连续进行输送，其装载和卸载是在输送过程不停顿的情况下进行的，不必因空载回程而导致输送间断。同时由于不经常起动和制动，故可采用较高的工作速度。连续而高速的输送所能达到的输送能力远非间歇作业的起重机械所能比拟。

（2）结构比较简单。物流自动输送系统沿一定线路全程范围内设置并输送货物，动作单一，结构紧凑，自身质量较轻，造价较低。因受载均匀、速度稳定，工作过程中所消耗的功率变化不大。在相同输送能力的条件下，单台物流自动输送设备所需功率一般较小。

（3）输送距离可以较长。不仅单机长度日益增加，且可由多台单机组成长距离的输送线路。

(4) 便于实现程序化控制和自动化操作。

2. 缺点

(1) 通用性较差。每种机型一般只适用于输送一定种类的货物。

(2) 必须沿整条输送线路布置。输送线路一般固定不变。在输送线路变化时,往往要按新的线路重新布置。在需要经常改变装载点及卸载点的场合,须将输送机安装在专门机架或臂架上,借助它们的移动来适应作业要求。

(3) 大多不能自动取料。除少数连续输送机能自行从料堆中取料外,大多要靠辅助设备供料。

(4) 不能输送笨重的大件物品。不宜输送质量大的单件物品或集装容器。

二、物流自动输送系统的分类

1. 按用途分类

物流自动输送系统按结构形式不同,可分为通用自动输送系统、专用自动输送系统和辅助装置。

将多台输送机械按生产工艺流程的要求,相互衔接起来,形成货物输送与生产工艺紧密结合的输送系统,便成为生产加工与装配作业一条龙的流水生产线。

物流自动输送系统中的若干衔接部位,如转载、分拣、分流、合流等也可实现机械化,以期减轻工人劳动强度,提高作业速度与精度,提高整个系统的输送能力。

与工艺过程相配的输送机械的重要特征是:它的速度取决于生产工艺过程。

仅用于装卸作业的输送机械,一般具有较高的工作速度和较大的输送能力。

2. 按输送的对象分类

物流自动输送系统按输送的对象不同,可分为散粒物料自动输送系统、成件物品自动输送系统和人员自动输送系统(如自动扶梯)三类。其中散粒物料自动输送系统的形式最多,应用最广,输送能力也最大。人员自动输送系统的机械必须具备多种安全装置。

3. 按安装形式分类

物流自动输送系统按安装形式不同,可分为固定式、移动式和移置式三类。大多数物流自动输送系统均沿输送线路安装在固定的机架上。移动式仅适用于输送距离短、作业地点多变的场合。移置式则适用于自动输送系统在使用一段时间后,需要移动一定距离以继续使用的场合。

4. 按结构形式分类

物流自动输送系统按结构形式不同,可分为有挠性牵引构件输送机和无挠性牵引构件输送机两类。

有挠性牵引构件输送机的特点是:物料放在牵引构件上或与牵引构件连接的承载构件上,利用牵引构件的连续运动来自动输送物料。这类自动输送设备除具有牵引构件、承载构件、驱动装置、张紧装置外,一般还具有装载、卸载、改向等装置,它包括图 4-1 所示的带式自动输送机、斗式自动提升机、板式自动输送机、自动扶梯等,它们分别采用输送带或链条作为牵引构件。

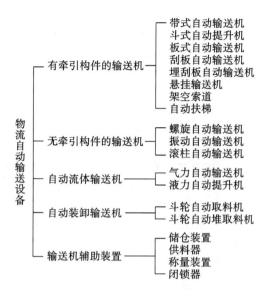

图 4-1　物流自动输送设备分类表

无挠性牵引构件输送机械的特点是：利用工作构件的旋转运动或往复运动使货物沿封闭的管道或料槽移动。它们输送货物的工作原理各自不同，且共性的零部件也很少，如图4-1所示的螺旋自动输送机、振动自动输送机、滚柱自动输送机等。

5．按输送机理分类

物流自动输送系统按输送机理不同，可分为机械式和流体式两类。机械式输送系统依靠工作构件的机械运动进行输送；流体式输送系统则利用空气或水等的流体动力通过管道进行输送。

第二节　物流自动输送系统的应用范围及所输送货物的特性

一、物流自动输送系统的应用范围

物流自动输送系统在国民经济的各个部门得到了相当广泛的应用，已经遍及各行各业。例如，在重工业及交通运输部门主要用于输送大宗散粒物料；在现代化生产企业中，物流自动输送系统是生产过程中组成有节奏的流水作业线所不可缺少的设备，通过物流自动输送系统的应用实现车间运输和加工安装过程的机械化，并实现程序化和自动化；在粮食、化工、轻纺、食品等许多部门，物流自动输送系统往往不单纯进行物料输送，还在输送的同时进行某些工艺处理；在大型工程项目的施工工地，物流自动输送系统可用来搬运大量土方和建材物料；在机场、港口，物流自动输送系统还用来输送旅客和行李。总之，物流自动输送系统的应用场合是不胜枚举的，表4-1列举了使用物流自动输送系统的有关行业及所输送的货物名称。

表 4-1 物流自动输送系统应用举例

行业（部门）	所输送的货物
采矿	煤炭、各类矿石、矿砂、矿粉等
冶金	各种钢管、型材、钢板、焦炭、炉渣等
电力	煤炭、粉煤灰、石灰石、石灰粉等
铸造	新砂、旧砂、型砂、型芯、煤粉、黏土粉、沙箱、铸锻件等
机械制造	各类机器零件、毛坯、半成品、铁屑等
建材	石灰石、生料、熟料、水泥、黄沙、黏土、碎石、耐火材料等
化工医药	各类化工医药原料及产品等
食品轻工	各种粮谷、面粉、糖、盐、奶粉、烟草、酿酒原料等
橡胶	橡胶粒、橡胶制品、滑石粉、炭黑等
造纸	碎木料、锯屑、树皮、干纸浆、化学药品、石灰石、黏土、淀粉等
塑料	粉粒状的聚乙烯、聚氯乙烯、尼龙、酚醛树脂等
港口	煤炭、矿石、矿砂、矿粉、砂土、盐、糖、粮谷、水泥、化肥等

在实际应用中，除了采用各种通用物流自动输送系统（如通用带式自动输送机）和特种连续自动输送机（如特种带式输送机）以外，往往还根据生产作业的需要，将各种连续自动输送机安装在不同结构形式并具有多种工作机构的机架或门架上构成某种专用机械。

以港口的散粒物料连续装卸船为例，我国的各个散粒物料出口专业化码头均装备了以带式输送机为主体的散粒物料装船系统；而在散粒物料进口专业化码头上则有以各种连续输送机为主体的散粒物料连续卸船系统，如用于散粒码头的卸船作业的双带式卸船机、波形挡边带式卸船机、埋刮板卸船机、气力吸粮机等；用于化肥卸船作业的螺旋卸船机；用于煤炭卸船作业的链斗卸船机；用于卸驳船作业的悬链式链斗卸船机。这些散粒物料连续装卸机械的迅速发展开拓了物流自动输送系统新的发展领域。

二、物流自动输送系统所输送货物的主要特性

设计物流自动输送系统之前，必须先熟悉所输送货物的主要特性，因为货物特性对物流自动输送系统的选型、主要参数的确定等关系颇大。

物流自动输送系统所输送的货物可分为成件物品和散粒物料两大类。

（一）成件物品的主要特征

成件物品的种类繁多，应用物流自动输送系统进行输送的主要是袋装、箱装、桶装和其他各种单件物品。如在厂内输送、堆垛或港口装卸的袋装粮食、化肥；在机场输送的旅行箱、小行包；在制造、装配生产流水作业线上输送的单件零部件、铸件、锻件等。如果是轻小成件物品，则可集装于容器内进行单元化输送，这种单元亦可视为成件物品。

被输送的成件物品的主要特征是质量、外形尺寸（长、宽、高）、物品的重心高度及其变动范围、物品底面形状及其物理性质以及包装形式等。对一些较特殊的成件物品还应考虑其

他特性,如物品的温度、物品放置或悬吊的方便性、易燃性、爆炸危险性等。

常见袋装物料的特征如表 4-2 所示。

表 4-2 常见袋装物料的特征

物料名称	包装形式	包装尺寸/mm			质量/kg
		长	宽	高	
面粉	布袋	700	450	200	50
大米	麻袋	600	450	200	100
食盐	麻袋	600	450	200	100
食糖	麻袋	700	450	200	100
化肥	塑料袋	700	500	200	50
水泥	纸袋	700	400	150	50

(二) 散粒物料的主要特性

物流自动输送系统大多用于输送散粒物料,也就是不进行包装而成批堆积在一起的块状、颗粒状、粉末状物料。这些物料的主要特性分别介绍如下。

1. 由粒度和颗粒组成

单一散粒体的尺寸大小称为物料粒度,以长度单位表示。对球形或类似球形颗粒,其粒度以球体直径表示;对椭圆球体颗粒以其长径表示;对长方体或不规则形体颗粒则以其最大对角线长度表示。

大多数散粒物料均含有大小不等的颗粒。物料中所含的不同粒度颗粒的质量分布状况称为物料的颗粒组成。它反映散粒物料颗粒尺寸大小的均匀程度。

物料的颗粒组成可用物料颗粒级配百分率和典型颗粒粒度来表示。

物料颗粒级配百分率有分计级配百分率和累计级配百分率两种表示法。前者指物料样品中各个不同粒度级别的颗粒的质量占该样品全部颗粒总计质量的百分比;后者指物料样品中大于某粒度的各个粒度级别的颗粒的累计质量占该样品全部颗粒总计质量的百分比。

典型颗粒粒度是表示物料试样的粒度大小的特征指标,应根据物料的粒度组成情况不同而分别确定:

对于颗粒尺寸大小较均匀的分选物料,即在整批物料中,颗粒的最大粒度 $d_{\max}$ 与最小粒度 $d_{\min}$ 之比,即 $\frac{d_{\max}}{d_{\min}} \leqslant 2.5$ 时,物料的典型颗粒粒度用平均粒度 d_0 表示:

$$d_0 = \frac{d_{\max} + d_{\min}}{2} \tag{4-1}$$

对于原装物料,即在 $\frac{d_{\max}}{d_{\min}} > 2.5$ 时,如果最大粒度级别 $(0.8 \sim 1) d_{\max}$ 的物料质量大于该批试样总质量的 10% 时,其典型颗粒粒度用最大粒度 $d_{\max}$ 表示。如果最大粒度级别 $(0.8 \sim 1) d_{\max}$ 的物料质量小于该批试样总质量的 10% 时,则可以取 $0.8 d_{\max}$ 为典型颗粒粒度。

散粒物料的物料特性分为 8 级,如表 4-3 所示。

表 4-3 散粒物料特性分级

级	粒度/mm	粒度类别
1	>100～300	特大块
2	>50～100	块
3	>25～50	中块
4	>13～25	小块
5	>6～13	颗粒状
6	>3～6	小颗粒状
7	>0.5～3	粒状
8	0～0.5	尘状

对于粒度大于 0.5 mm 的物料常用筛分法,并以筛网的目数来表示其粒度范围。我国常用的泰勒标准筛与美国、日本、英国的标准筛大致相同。泰勒标准筛目与孔径的对照如表 4-4 所示。

表 4-4 泰勒标准筛规格

目	孔径/mm	目	孔径/mm	目	孔径/mm
325	0.043	60	0.246	12	1.397
270	0.053	48	0.295	10	1.651
250	0.061	42	0.351	9	1.981
200	0.074	35	0.417	8	2.362
170	0.088	32	0.495	7	2.794
150	0.104	28	0.589	6	3.327
1115	0.124	24	0.701	5	3.962
100	0.147	20	0.833	4	4.699
80	0.175	16	0.991	3.5	5.613
65	0.208	14	1.168		

2. 堆积密度

堆积密度是指散粒物料在自然堆放的松散状态下,含颗粒间间隙在内的单位体积物料所具有的质量,其单位为"t/m^3"或"kg/m^3"。

由于物料颗粒之间存在间隙,当物料处于贮存状态,下层物料会被上层物料压实,而物料在机械式输送过程中因受振动同样可能被振实。物料在压实或振实状态下的堆积密度大于松散状态下的堆积密度,前者与后者之比用压实系数 K 表示,显然 $K>1$。对于砂,$K=1.12$;煤,$K=1.4$;矿石,$K=1.6$。对于其余各种不同物料的压实系数大致为 1.05～1.52。

此外,当物料从容器中倾斜流出,物料受到充气流态化或经历气力输送之后,物料的松散程度和堆积密度也将发生变化,处于充气状态的堆积密度明显减小。物料在上述不同状态下堆积密度数值变化反映了物料的流动性和能否被充气流态化的特性。在设计中,堆积密度与所需储仓装置、供料器等的容积以及输送机械的输送能力的计算有关。

常见物料的堆积密度如表 4-5 所示。

表 4-5 散粒物料的特性参数

物 料 名 称	堆积密度/(kg/m³)	自然堆积角/(°)	对钢的静摩擦系数
小块干燥无烟煤	800~950	45	0.84
铁矿石烧结矿	1700~2000	45	0.9
干燥磷灰石	1300~1700	30~40	0.58
小块石膏	1200~1400	40	0.78
干燥、小块的黏土	1000~1500	50	0.75
块度均匀的圆砾石	1600~1900	30~45	0.8
炉灰(干)	400~600	40~50	0.84
中等块度的焦炭	480~530	35~50	1.0
面粉	450~660	50~55	0.65
木屑	160~320	39	0.8
砂(干)	1400~1650	30~35	0.8
小麦	650~830	25~35	0.6
稻谷	550~570	35~45	0.57
各种块度的铁矿石	2100~3500	30~50	1.2
水泥(干)	1000~1300	40	0.65
碎石(干)	1500~1800	35~45	0.74
砂糖	720~880	51	0.85
细盐	900~1300	48	0.7
玉米	700~800	35	0.58
大米	800~820	23~28	0.58

物料的堆积密度数值还与其湿度(含水率)有关。

3. 湿度(含水率)

物料除了本身以形成化合物的方式而存在的结构水以外,还有物料颗粒从周围空气中吸收的湿存水和存在于物料颗粒表面及颗粒间的表面水。仅含有结构水的散粒物料称为干燥物料。

散粒物料的湿度(含水率)W 是指物料试样中所含湿存水和表面水的质量与该物料试样经烘干后的质量之比,即

$$W = \frac{G_1 - G_2}{G_2} \times 100\% \tag{4-2}$$

式中：G_1 表示物料试样在烘干前的质量；G_2 表示干燥的物料试样质量，通常是在 (105 ± 5) ℃温度下将物料试样烘干至恒重时的质量。

除了物料的含水率外，还要注意物料的吸湿性。有些物料如硝酸钠、硝酸铵、氢氧化钠等容易从大气中吸收水分而潮解，有些物料如苏打粉、奶粉、盐、芒硝等则容易从周围吸收水分而结块。

4. 堆积角（自然坡度角）

堆积角（自然坡度角）是指物料从一个规定的高度自由均匀地落下时，所形成的能稳定保持的锥形料堆的最大坡角，即自然堆放的料堆表面与水平面之间的最大夹角。

堆积角反映了物料的流动性，也就是在四周无侧壁限制的条件下，散粒物料所具有的向四周自由流动的特性。堆积角越小则流动性越好，而物料的流动性又与其颗粒之间的黏性和内摩擦力有关。对于同一种物料，堆积角大小随其湿度、粒度和形状等不同而变化，粒度越小则堆积角越大，颗粒形状越接近球形则堆积角越小。粉末状物料充气时的堆积角显著地减小。

堆积角有静态和动态之分，在静止平面上自然形成的叫静堆积角 ρ，在作振动的平面上测得的叫动堆积角 ρ_d。一般动堆积角可取 $\rho_d = 0.7\rho$。

常见物料的静堆积角如表 4-5 所示。

5. 外摩擦系数

物料的外摩擦系数是指散粒物料对与之接触的某种固体材料表面之间的摩擦系数，其数值等于该物料对该表面之间的摩擦力与反向正压力之比值。

外摩擦系数是该物料对该固体表面的外摩擦角的正切函数。外摩擦系数不仅与固体表面的材料有关，而且与表面的形状和粗糙度有关。

外摩擦系数有静态和动态之分。静态是指在物料与固体表面相对静止状态下测得的数值；动态是指该物料与该固体表面之间以一定速度相对滑移时测得的数值。试验表明，动摩擦系数值为静摩擦系数值的 70%～90%。

常见散粒物料对钢的静摩擦系数如表 4-5 所示。

6. 其他特性

除了以上列举的散粒物料基本特性以外，对于具体的设计任务，有时还要考虑对物流自动输送系统选型和部件结构等有重要影响的散粒物料其他方面的特性，如散粒物料（以下简称物料）的磨琢性、爆炸危险性、腐蚀性、有毒性、黏附性、脆性以及物料的温度等。

物料对输送设备的磨琢性可用其莫氏硬度来表示。莫氏硬度共分 10 级。最软的矿石是滑石，它的莫氏硬度定为 1；最硬物料的莫氏硬度为 10，以金刚石为代表。物料越硬，其磨琢性越大。各种被输送的物料可按其莫氏硬度值，分为磨琢性不同的 4 类。部分物料的磨琢性分类如表 4-6 所示。物料的磨琢性除取决于硬度外，还受粒度和形状等因素影响。对同一种物料，粒度越大、表面棱角越尖锐，则其磨琢性越大。

表 4-6 物料磨琢性分类

物料类别	莫氏硬度	物料名称
非磨琢性	1～2	蜡、石墨、滑石、硝酸铵、沥青、膨润土、石膏、硫黄、苏打粉、可可、面粉、淀粉、糖等

续表

物料类别	莫氏硬度	物 料 名 称
轻微磨琢性	2~3	熟石灰、黏土、无烟煤、硼砂、酚醛、聚酯、食盐、芒硝、碳酸氢钠、磷酸钠、方解石、铝土矿、一般塑料、云母等
中等磨琢性	4~5	氟石、碳酸镁、磷灰石、石棉、磷酸钙、炭黑等
强磨琢性	6~7及以上	正长石、浮石、黄铁矿、石英、二氧化硅、砂、铝土陶瓷等

物料粉尘的爆炸危险性取决于粉尘的性质、粉尘的表面积和粉尘在空气中的浓度,同时还要有一定的引爆源。可燃粉尘因其表面积较大,很易受热起火。当空气中的含尘量达到一定浓度并遇到具有一定能量的火种时,粉尘便会急剧氧化燃烧,在瞬间释放出大量的热能,同时产生的大量气体来不及扩散,使压力急剧升高而引起剧烈爆炸。

粉尘的粒度越小,其表面积越大。对粉尘爆炸来说,最危险的粉尘粒度范围是5~70 pm。如粒度大于150 pm,其危险性大为减小;如粒度大于420 pm,一般在空气中不爆炸,除非其化学性质不稳定。

空气中含尘浓度很低时,粉尘之间的距离较大,即使一些粉尘着火后也不易传递到其他粉尘上,因而不会引起爆炸。含尘浓度过高时,由于氧气数量相对减少,粉尘不能完全燃烧,也不会引起剧烈爆炸。由此可知,每种易爆粉尘在空气中均有其最低和最高浓度。

就粉尘的性质而言,其爆炸性可用它的爆炸危险级别来表示。如表4-7所示,按粉尘的起爆敏感性、爆炸猛烈性和爆炸危险级别将各种粉尘分为弱、中、强、剧烈等4级。由表4-7可知,在爆炸危险性强或剧烈的粉尘中,煤尘、硫黄等是燃烧热能大的物质;镁粉、铝粉等是氧化速度快的物质;淀粉、谷物、塑料类粉末是导电性不良、容易积聚静电而产生电火花的物质。

表 4-7 粉尘在空气中的爆炸危险级别

分 类	粉尘名称	起爆敏感性	爆炸猛烈性	爆炸危险级别
农牧产品	可可	强	强	强
	咖啡	中	弱	弱
	谷物	强	剧烈	强
	奶粉	强	中等	强
	淀粉	剧烈	剧烈	剧烈
	糖粉	剧烈	剧烈	剧烈
	小麦	强	强	强
	面粉	强	强	强
碳素物	活性炭	弱	中等	弱
	沥青	强	剧烈	强
	碳黑	弱	—	弱
	煤尘	强	中等	强
	焦	弱	—	弱
	天然沥青	剧烈	强	剧烈
	炭黑	弱	—	弱
	硬柏油脂	强	中等	强

续表

分类	粉尘名称	起爆敏感性	爆炸猛烈性	爆炸危险级别
金属和矿物	铝	中等	剧烈	剧烈
	铬	弱	—	弱
	铜	弱	中等	弱
	铁	弱	弱	弱
	镁	中等	中等	剧烈
	锰	弱	弱	弱
	黄铁矿	弱	—	弱
	硫黄	强	—	强
	锡	弱	剧烈	弱
	钛	强	剧烈	剧烈
	锌	弱	弱	弱

物料的腐蚀性取决于其酸碱度,用 pH 值来表示,取值范围为 0～14。pH 值等于 7 表示中性,小于 7 表示酸性,数值越小表示酸性增加,大于 7 表示碱性,数值越大表示碱性增加。对于具有腐蚀性物料,应详细了解该物料对不同金属的腐蚀程度。

有毒性的物料其毒性有大小之分,有的毒性物料与人体接触会引起疾病,如皮肤发炎、呼吸道疾病等,有的毒性剧烈的物料可能使人中毒死亡。这类物料在输送过程中必须严格防止外泄。

物料的黏附性表现为其颗粒之间不仅有内摩擦力,还存在着黏聚力,致使颗粒相互黏结或黏附在输送设备上。影响物料黏附性的因素有很多:有的物料是粒度极小的细粉,由于分子之间的作用力而黏附,如炭黑、氧化钛等;有的物料会吸收周围的水分而黏附,如某些盐类、芒硝等;有的物料因带静电而黏附,如某些塑料类粉末;还有的物料受热熔融软化而黏附,如石蜡等。在设计中应根据不同情况采取相适应的措施。

脆性物料在输送过程中容易发生破碎,而某些物料如粮谷、食品、焦炭、种子等的破碎将影响其质量甚至报废。因此,在设计中应选择低速输送或采用适当的防止冲击碰撞措施,避免物料破碎损失。

第三节 物流自动输送系统的主要参数和选型

一、物流自动输送系统的主要参数

物流自动输送系统的主要参数包括输送能力、水平运距、提升高度、工作速度、主要工作构件的特征尺寸和驱动功率等。

1. 输送能力

输送能力的单位用"t/h""m³/h""件/h"或"人/h"表示。一般根据生产需要、建设规模确定,它是设计或选用物流自动输送系统的主要依据。

2. 水平运距和提升高度

水平输送距离和垂直提升高度的单位用"m"表示。它反映不同机型输送线路的特点以及同一机型输送机的规格大小,关系着所需驱动功率的计算,因而也是重要的参数。

3. 工作速度

具有挠性牵引构件的物流自动输送系统的工作速度是指牵引构件的速度,即带速、链速、牵引索运行速度等,其单位用"m/s"表示;无牵引构件的物流自动输送系统的工作速度因机型而异,如螺旋输送机的螺旋转速,其单位用"r/min"表示;气力输送装置的输送风速,其单位用"m/s"表示,等等。

工作速度不仅对输送能力起决定性作用,而且还影响物流自动输送系统运行的可靠性、经济性和工作质量等。例如,增加带式输送机带速可提高其输送能力,或在同样输送能力条件下采用较小的带宽,而输送带的线载荷和张力减小又可取较少的衬垫层数,这些都可降低输送带的成本以及减小输送机的尺寸和自重。由于输送带的价格在带式输送机的制造中占有很大的比例(一般占整机成本的40%~50%),因此,提高带速有很大的经济意义。但是,增加带速可能会扬起粉尘、造成被运物料的破损,还会在装食段、清扫段等处增加对输送带的磨损。气力输送装置的输送风速若选用过低,容易造成管道暗塞;若输送风速选择过高,则会增加动力消耗及管道和部件的磨损,增大部件的尺寸,还可能造成物料破损。因此,必须根据不同的机型、被输运物料的特性和具体输送条件来选取合理的工作速度。

4. 驱动功率

驱动功率是动能大小的参数,它直接关系连续输送机械动力装置的尺寸、重量、投资和运营成本。驱动功率的单位用"kW"表示。一般是输送量和运输距离平均的功率消耗数值,即单位功率消耗指标作为评价各种输送机械的指标之一。

驱动功率取决于输送机械的运行阻力。选用合理的输送参数、改进输送机械部件的结构、尽量减小运行阻力可降低所需的单位功率消耗。

二、物流自动输送系统输送能力的通用计算公式

(一) 输送成件物品的物流自动输送系统输送能力的计算

输送成件物品的物流自动输送系统输送能力可按每件物品的质量或件数计算。

1. 输送能力(t/h)

对于输送成件物品(见图 4-2)的带式输送机、板式输送机、悬挂输送机等,设工作速度为 v(m/s),每件物品的质量为 G(kg),物品的间距为 a(m),则输送成件物品以质量计的输送能力为

$$Q = 3.6 \frac{G}{a} v \text{ (t/h)} \tag{4-3}$$

2. 输送能力(件/h)

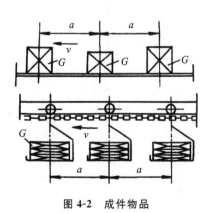

图 4-2 成件物品

对于输送成件物品的物流自动输送系统,仍如图 4-2 所示,设工作速度为 v,物品与物品间的时间间隔为 $t=a/v$,则按每小时件数计算的输送能力为

$$Q = \frac{3600}{t} = \frac{3600v}{a} \text{(件/h)} \tag{4-4}$$

(二)输送散粒物料的物流自动输送系统输送能力的计算

输送散粒物料的物流自动输送系统输送能力可按所输送散粒物料的质量或容积计算。

1. 输送能力(t/h)

输送散粒物料的物流自动输送系统以质量计的输送能力为

$$Q = 3.6 q_{物} v \text{ (t/h)} \tag{4-5}$$

式中:$q_{物}$ 为每米长度散粒物料的质量,kg/m;v 为工作速度,m/s。

对于输送散粒物料的带式输送机、板式输送机等,物料是连续堆积在承载构件上的,如图 4-3 所示,设物料的堆积横截面积为 $F(\text{m}^2)$,堆积密度为 $\rho(\text{kg/m}^3)$,则

$$q_{物} = \rho F \text{ (kg/m)} \tag{4-6}$$

$$Q = 3.6 \rho v F \text{ (t/h)} \tag{4-7}$$

对于埋刮板输送机、螺旋输送机等,物料以一定的充填系数 ψ 堆积在机槽内被输送,如图 4-4 所示,设机槽的横断面积为 $F_0(\text{m}^2)$,则

$$Q = 3.6 \psi v F_0 \text{ (t/h)} \tag{4-8}$$

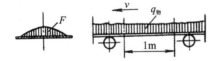

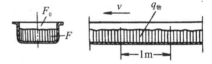

图 4-3 物料堆放在承载构件上的断面图　　　图 4-4 物料堆放在机槽中的断面图

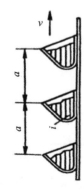

图 4-5 物料装在料斗中的断面图

对于物料装在容积为 $i_0(\text{dm}^3)$ 的工作构件内被输送的物流自动输送系统,如图 4-5 所示,物料装在料斗中的斗式提升机,设斗的间距为 $a(\text{m})$,每一料斗物料的容积为 $i(\text{dm}^3)$,料斗内的物料充填系数为 ψ,即 $i=i_0\psi$,则物料每米长度的质量和输送能力为

$$q_{物} = 1000 \frac{i}{a} \rho = 1000 \frac{i_0 \psi}{a} \rho \text{ (kg/m)} \tag{4-9}$$

$$Q = 3600 \frac{i}{a} \rho v = 3600 \frac{i_0 \psi}{a} \rho v \text{ (t/h)} \tag{4-10}$$

2. 输送能力(m³/h)

物料堆积在承载构件上被输送(见图 4-3)的输送能力为

$$Q = 3600 v F \text{ (m}^3\text{/h)} \tag{4-11}$$

物料堆积在机槽内被输送(见图 4-4)的输送能力为

$$Q = 3600 F_0 \psi v \text{ (m}^3\text{/h)} \tag{4-12}$$

物料装在料斗(见图 4-5)或工作容器内被输送的输送能力为

$$Q = 3600 \frac{i_0 \psi}{a} v \text{ (m}^3\text{/h)} \tag{4-13}$$

(三)计算输送能力和平均实际输送能力

由上述各计算式所求得的物流自动输送系统的输送能力称为计算输送料能力。它等于或大于平均的实际输送能力 $Q_{均}$,即

$$Q = KQ_{均}(\text{m}^3/\text{h}) \tag{4-14}$$

式中:K 为供料不均匀系数,$K \geqslant 1$。

从以上公式可知,物流自动输送系统的输送能力取决于每米输送长度物料的质量、输送工作速度和供料的情况。加大工作构件尺寸、增大物料堆积断面积和充填系数可以提高每米输送长度物料的质量和输送机械的输送能力,而提高工作速度可使同样输送能力的输送机械断面尺寸减小。由于物流自动输送系统大多不能自行取料,所以实际物料堆积断面积或成件物品间距的大小、输送机械实际输送能力的大小在很大程度上取决于能否均匀而充分地供料。

三、物流自动输送系统选型的原则

物流自动输送系统选型的基本原则是满足生产与工艺的要求。在选型时应使所选机型符合被输送物料的特性、输送量、输送线路以及现场的具体条件和要求,并考虑到以下几项具体原则。

1. 先进性和可靠性原则

尽量采用国内外先进技术,使所选机型结构先进、性能可靠,便于操作和维护管理,便于程序化和自动化控制。

2. 合理性和经济性原则

在满足生产工艺要求的条件下,尽量选用投资小、能耗低、效率高、维修简便的机型。要根据国家和行业标准优先选用定型的系列产品,以便减少备件的数量,降低维修费用。

3. 安全性和环保原则

所选机型应保障操作人员的安全、健康以及保证物料的质量,避免粉尘、噪声等污染环境。

此外,还应考虑所选机型供货的可能性以及对今后进一步发展生产的适应性等。

四、影响物流自动输送系统选型的因素

影响物流自动输送系统选型的因素,除了设备投资等经济因素外,主要有以下几方面。

(一)输送物料的种类和特性

由于各种物流自动输送系统都受其自身工作原理、结构特点的限制,不可能对所有物料的输送都很适应,如果所选机型对被输送物料不适应,就会引起故障甚至不能工作。因此,被输送物料的种类和特性对物流自动输送系统的选型是至关重要的,不只关系到物流自动输送系统的主要参数的确定、结构的设计和零部件材料的选择,而且关系到物流自动输送系统的正常运转。

物流自动输送系统所输送的物料种类繁多。大多数连续输送机可适用于多种物料的输送，而袋装、箱装、单件等小件物品只能选用带式、板式、悬挂、滚柱或托架提升机。双螺旋输送机也可输送小的成件物品，但实际应用不多。此外，某些轻小物品（如单据、邮件等）可选用小型容器式气力输送。

各种物料的特性差异很大，以粒度而言，有小至约 0.1 μm 的碳黑粉，大至超过 300 mm 的煤块。一般来说，承载构件敞开的带式、板式等输送机可输送较大粒度的物料。但微细粉料因容易扬起粉尘，宜采用气力、螺旋、埋刮板等输送机，因其输送线路封闭，可以输送易扬尘甚至有毒的物料，但被输送物料的粒度受到管径、机槽和弯道尺寸的限制。

不仅物料的粒度，而且物料的颗粒组成也与物流自动输送系统的选型有关。一般颗粒越细越易结块。物料中如含有较多的细粉就容易黏附和起拱。通常，颗粒较大且粒度分布较均匀的物料有利于流动，而粒度分布不均即多种不同粒度颗粒混合的物料在贮存和输送过程中容易发生堵塞。此种情况与气力输送装置、辅助装置等的选型密切相关。

散粒物料的其他诸多特性对物流自动输送系统的选型同样有较大影响。

1. 物料颗粒形状的影响

通常均匀球形颗粒的流动性较好，自然坡度角较小，而多角形颗粒的摩擦阻力较大。表面多棱角的颗粒容易破碎，磨琢性较强。这对采用机槽或管道的输送机械选型影响较大。

2. 物料堆积密度的影响

物料堆积密度的大小直接影响输送机械以质量计的输送能力和储仓等辅助装置所需的容积。一般堆积密度较大的物料对部件的冲击磨损较剧烈，要求选用工作部件耐磨的机型。

3. 物料含水率和吸湿性的影响

含水率较高的物料扬尘性小，可以减小带静电或发生爆炸的可能性，但有些物料含水率高时黏性增大，有些物料容易从周围环境中吸收水分而在不同程度上成团结块，这些性质对利用机槽或管道的输送机械的选型影响更为显著。实践表明，有的物料随含水率升高而黏附机槽、管道、供料器，或在料斗出口处起拱，选型时就要考虑到该机型或部件能否采用。含水率高低对物流自动输送系统的输送能力也可能产生影响，以气力输送黏土为例，当黏土含水率在 0~3% 范围时，含水率每增加 1%，输送能力就降低 15%。此外，某些粮谷会因含水率增高减弱脆性，从而降低输送过程中的破碎率。

4. 物料腐蚀性的影响

由于物料的酸碱度对不同金属各有一定的腐蚀作用，选型时，要根据物料的腐蚀性强弱考虑是否需要采用不锈钢或其他特种材料。

5. 易燃易爆性的影响

对易燃易爆物料要选择能保障操作安全的机型，如采用惰性气体的气力输送装置。

由于物料特性千差万别，上面仅列举了某些特性对物流自动输送系统选型的影响。值得注意的是，有些物料具有同样的名称和相似的外观，但其特性如堆积密度、含水率、酸碱度等却相差甚多；有时同一物料因粒度及颗粒组成不同而具有完全不同的输送性能。因此，在物流自动输送系统选型时必须认真调研和周密考虑。

（二）输送量

在物流自动输送系统选型时，应使所选机型的输送能力满足生产工艺对输送量的需要。这是对选型的基本要求，是保证该生产项目达到预期效果的关键。各种连续输送机的输送能力适应范围很广。以输送散粒物料的连续输送机为例，轻小型的输送能力不足 0.1 t/h，大型的甚至超过 10000 t/h。

随着连续输送技术的快速发展，一方面向高输送能力发展，如我国用于秦皇岛港煤炭装船的带式输送机达 6000 t/h；北仑港矿石堆场的斗轮堆取料机的输送能力最大可达到 5250 t/h；上海港用于煤炭卸船的以链斗提升机为主体的链斗卸船机的输送能力达到 1200 t/h；武汉钢铁公司用于矿石卸船的悬链式链斗卸船机的输送能力达到 1200 t/h；上海港用于散料的埋刮板卸船机为 1000 t/h；上海港用于卸化肥的螺旋卸船机为 500 t/h；散料卸船的吸料机为 400 t/h。另一方面，出现了许多新颖的机型，如多种形式的特种带式输送机、多种能耗较低的气力输送装置等。这就为各种不同输送量要求的选型提供了更多的可选方案。对于一定的输送量要求，应考虑哪种物流自动输送系统可以与之相适应，如果多种机型的输送能力可达到工艺要求，则应根据选型原则进一步比较后择优选定。

常用散粒物料连续输送机的输送能力范围可参考表 4-8。

表 4-8　连续输送机的输送能力

机　型		输送能力范围/(t/h)						
		≤10	10～100	100～300	300～500	500～1000	1000～2000	2000～6000	＞6000
带式输送机		√		√	√	√	√	√	√
斗式提升机		√	√	√	√	√			
刮板输送机		√	√	√					
埋刮板输送机			√	√	√	√			
螺旋输送机		√	√	√					
振动输送机		√	√	√					
气力输送	吸送	√	√	√		√			
	压送	√	√	√					
斗轮堆取料机					√	√	√	√	√

（三）输送距离和线路布置

对输送距离和线路布置的要求也直接影响着连续输送机的选型。

在多种多样的连续输送机中，有的适用于简单线路，仅用于水平输送或垂直提升；有的可适应复杂的输送线路，按需要做水平、倾斜、弯曲或垂直布置。各种机型的输送线路大致可分为 5 类。

（1）适用于水平或微倾斜输送，指用于沿水平或与水平成小倾角的输送作业，如采用通用带式输送机。

（2）适用于垂直或与水平成大倾角输送的，如斗式提升机、波状挡边带式输送机、埋刮板输送机。

（3）可灵活布置输送，可方便地改变输送方向，灵活地布置线路的，如气力输送装置。

（4）只允许向下输送的，如空气斜槽。

（5）长距离输送，能够实现长距离输送是物流自动输送系统的一个特点，其中以带式输送机最为突出，如用于矿山和发电厂、矿山和港口之间的输送，最大输送距离可达几十公里。

物流自动输送系统通过倾斜向上输送或垂直向上提升达到一定的高度，一般提升数十米，用于矿井的大型斗式提升机的提升高度可达数百米。

常用连续输送机的水平运距和提升高度范围参数及其特点如表 4-9 所示。

表 4-9　连续输送机输送线路的特点

机型		水平运距/m						对水平的允许倾角	垂直提升/m	
		≤10	10~100	100~200	200~1000	1000~2000	>2000		<50	>50
通用带式输送机		√	√	√	√	√	√	小		
特种带式输送机		√	√	√	√	√	√	任意	√	√
斗式提升机								大	√	√
板式提升机		√	√	√				小		
埋刮板输送机		√	√					任意	√	
悬挂输送机			√	√	√	√		大		
螺旋输送机	水平	√	√					小		
	垂直							90°	√	
气力输送	吸送	√	√					任意		
	压送	√	√	√	√	√		任意		

（四）供料点与卸料点的要求

供料点的供料和卸料方式，以及与其他生产环节的衔接要求等也影响着物流自动输送系统的选型。例如，对于普通货船或铁路敞车的卸载，由于物料无法从供料点自行流出，必须选择具有取料功能的机型，如吸送式气力输送装置、链斗卸船机、带有连续取料装置的带式卸船机等。又如卸料终点的情况关系到卸料点可能是一个或者多个，这也影响到选型，对于需要多点卸料可选择压送式气力输送装置等。

（五）现场条件及要求

在物流自动输送系统选型时应掌握的现场情况包括：安装使用地点的环境温度、湿度、风、雨雾、冰雪等自然条件,附近是否存在有害粉尘、腐蚀性介质,当地对粉尘、噪声防治的要求,当地的供电、供水情况以及其他生产环节对所选机型的要求等,这些条件和要求对选用机型及其结构材料和电机型式等都有一定影响。

(六)物流自动输送系统的其他性能特点

除了上述物流自动输送系统适用物料种类、输送能力、输送线路等性能特点以外,还有其他方面对物流自动输送系统的选型有重要影响的因素。

1. 结构方面

具有挠性牵引构件的带式、板式、刮板等输送机不但有输送物料的有载分支,还有空载的回程分支,因而输送段的横断面尺寸较大;螺旋输送机无挠性牵引构件,没有回程分支,输送段横断面尺寸也较大;气力输送装置的输送段为输料管,其横断面占用空间小且可灵活布置,对于现有工程的改造项目、现场空间狭窄的情况下选用更加有利。

2. 能耗方面

几种常用物流自动输送系统的能耗以带式输送机的单位功率消耗为最小;垂直螺旋、埋刮板输送机等能耗较大;传统的悬浮式气力输送装置的能耗最大。所以,一般对大宗散粒物料的输送应优先选用带式输送机等能耗低的机型,而对小批物料则可更多考虑其他因素。

3. 安全、环保方面

对于易燃易爆的物料,采用气力输送比采用机械式输送更为安全;对于脆性、怕碎的物料以及谷物种子等,采用高速气流输送装置或螺旋输送机等会使被输送物料受损;对操作人员的安全来说,统计资料表明,采用机械式输送导致的工伤等安全事故比例高于采用气力输送的方式;对容易扬尘的细粉末物料,采用封闭式机槽或气力输送可减少粉尘对环境造成的污染,同时减小因粉料外扬造成的经济损失;对靠近居民生活区等要求安静的地带,尽量不要选用高噪声的机型,如气力输送装置等。

4. 与加工过程的其他工艺操作相结合方面

有些物流自动输送系统在输送过程中能够与其他加工工艺操作很好地结合。如气力输送过程中可进行一些通风、除尘、风选、冷却、干燥等工作;又如板式输送机在输送铸锻件、机器零部件过程中可进行洗涤、喷漆、烘干、淬火、冷却、检验等工作。输送机械在这方面的特点同样对选型有一定的影响。

第四节　各种物流自动输送机结构与性能

(一)带式输送机

带式输送机由挠性输送带作为货物承载件和连续牵引件。根据摩擦传动原理,由驱动鼓轮带动输送带,可以在水平方向和小倾角的倾斜方向上运输货物。带式输送机是应用最为广泛、最典型的连续输送机,在各种连续输送机中,它的生产率最高、输送距离最长、工作平稳、能耗小、自重轻、噪声小、操作管理容易,最适合于水平或小倾角的倾斜方向上连续输送散货或小型成件货物。

1. 平带输送机

1) 平带水平输送机

图 4-6 为平带水平输送机示意图。

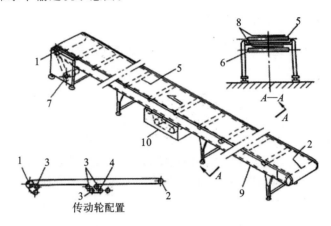

图 4-6 平带水平输送机示意图

1—主动轮；2—从动轮；3—惰轮；4—张紧轮；5—导向轮；6—回动辊；
7—驱动装置；8—输送带；9—框架；10—张紧装置

2) 平带倾斜式输送机

图 4-7 为平带倾斜式输送机示意图。

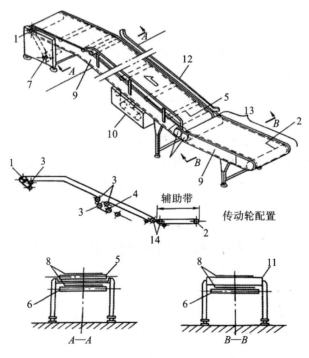

图 4-7 平带倾斜式输送机示意图

1—主动轮；2—从动轮；3—惰轮；4—张紧轮；5—导向轮；6—回动辊；7—驱动装置；8—输送带；
9—框架；10—张紧装置；11—滑动带；12—导轨；13—辅助装置；14—连接轮

2. 弧形带输送机

图 4-8 为弧形带输送机示意图。

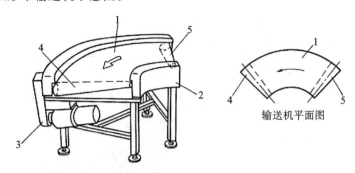

图 4-8 弧形带输送机示意图
1—弧形输送带；2—框架；3—驱动装置；4—锥形主动辊；5—锥形从动辊

（二）链式输送机

链式输送机是利用链条牵引、承载，或由链条上安装的板条、金属网、辊道等承载物料的输送机。链式输送机常与其他输送机、升降装置等组成各种功能的生产线。

1. 滑动链式输送机

图 4-9 为滑动链式输送机示意图。

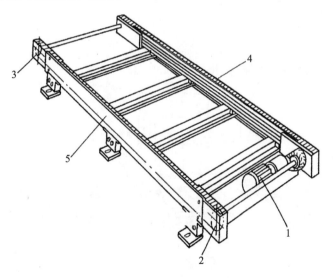

图 4-9 滑动链式输送机
1—驱动装置；2—主动链轮；3—从动链轮；4—输送机链条；5—框架

2. 平板输送机

图 4-10 为平板输送机示意图。

（三）辊筒输送机

辊筒输送机是利用辊子的转动来输送成件物品的输送机。它可沿水平或曲线路径进

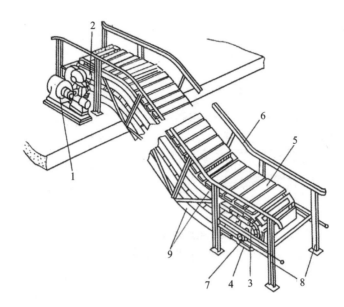

图 4-10 平板输送机

1—驱动装置;2—主动链轮;3—从动链轮;4—输送机链条;5—平板(金属或木制);
6—导轨;7—张紧装置;8—支架;9—链条导轮

行输送,其结构简单,安装、使用、维护方便,对不规则的物品可放在托盘或者托板上进行输送。

1. 自由辊筒输送机

1) 直线式自由辊筒输送机

图 4-11 为直线式自由辊筒输送机示意图。

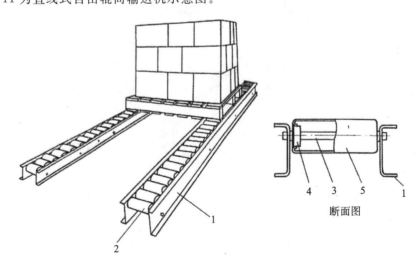

图 4-11 直线式自由辊筒输送机示意图

1—框架;2—辊筒;3—辊筒轴;4—轴承;5—辊筒管

2) 曲线式自由辊筒输送机

图 4-12 为曲线式自由辊筒输送机示意图。

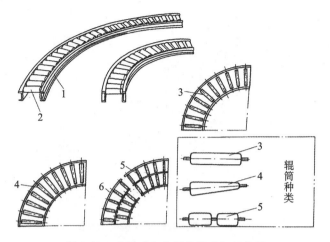

图 4-12　曲线式自由辊筒输送机示意图

1—框架；2—辊筒；3—直线辊筒；4—圆锥辊筒；
5—双辊筒(同轴多辊式)配置辊筒；6—异轴多辊筒式配置辊筒

2．动力辊筒输送机

1) 链条驱动辊筒输送机

图 4-13 为链条驱动辊筒输送机示意图。

2) 电动机辊驱动的辊筒输送机

图 4-14 为电动机辊驱动的辊筒输送机示意图。

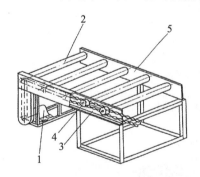

图 4-13　链条驱动辊筒输送机示意图

1—驱动装置；2—主动辊；3—传动链条；
4—从动链条；5—框架

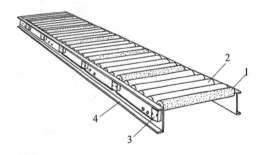

图 4-14　电动机辊驱动的辊筒输送机示意图

1—电动机辊筒；2—从动辊筒；3—接线盒；4—框架

3) 带式驱动辊筒输送机

图 4-15 为带式驱动辊筒输送机示意图。

4) 摩擦驱动辊筒输送机

图 4-16 为摩擦驱动辊筒输送机示意图。

5) 总轴驱动辊筒输送机

图 4-17 为总轴驱动辊筒输送机示意图。

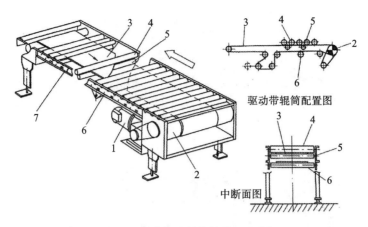

图 4-15 带式驱动辊筒输送机示意图

1—驱动装置；2—带驱动的从动轮；3—驱动带；4—传动辊筒；5—张紧辊筒；6—回转辊筒；7—框架

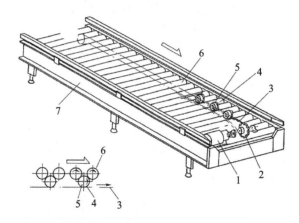

图 4-16 摩擦驱动辊筒输送机示意图

1—驱动装置；2—主动链轮；3—主动链条；4—摩擦轮驱动的链轮；5—摩擦轮；6—从动辊筒；7—框架

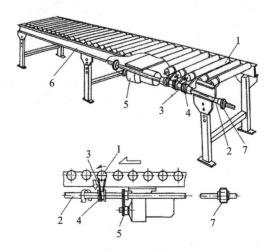

图 4-17 总轴驱动辊筒输送机示意图

1—从动轴；2—驱动总轴；3—圆形带；4—圆形带轮；5—驱动装置；6—框架；7—联轴器

第四章
物流自动输送系统

向家坝水电站带式输送机分析

向家坝水电站位于金沙江下游峡谷出口河段,是金沙江梯级开发的最后一级电站,是一座以发电为主,兼顾防洪、拦沙、灌溉、航运等综合效益的巨型水电站。工程枢纽建筑物主要由大坝、左岸坝后厂房、右岸引水发电系统及升船机等组成。大坝为混凝土重力坝,水库正常蓄水位 380 m,坝顶高程 384 m,最大坝高 162 m;左岸坝后厂房与右岸引水发电系统各安装 4 台水轮发电机组,总装机容量 6400 MW;大坝坝体混凝土总量约 1220 m^3,共需生产混凝土骨料约 2680 万吨,其中粗骨料约 1820 万吨、细骨料约 860 万吨。

根据区域地质资料,结合公路、铁路、水路等交通运输条件,以向家坝水电站坝址为中心,在周围近 100 km 范围内进行了全面的建筑材料勘察工作。结果表明,向家坝工程可供选择的混凝土骨料料源有天然砂石料、砂岩料和灰岩料,料场有 10 个。通过对不同料源组合方案进行综合技术经济比较,选择太平料场作为向家坝水电站主体工程混凝土骨料料源。太平料场距向家坝水电站坝址公路里程约 59 km,直线距离约 30 km。砂石运输方案采用头尾相接的 5 条长距离带式输送机。

根据料源的选择及技术经济比较,向家坝水电站砂石加工系统采取分散布置方式,半成品加工区布置在太平料场,成品加工区布置在坝区马延坡,太平料场到坝区马延坡之间采用长距离带式输送机输送半成品骨料。太平料场骨料输送线由 5 条长距离带式输送机组成,总长约 31.1 km;沿线穿越高山深谷,形成 9 段输送隧洞,总长约 29.3 km,分别为 6661 m、6451 m、2383 m、3220 m、1199 m、822 m、3767 m、4633 m、170 m。主洞断面净空尺寸为 5 m(宽)×4 m(高)。按混凝土浇筑高峰时段强度 34.7 万立方米/月,确定带式输送机输送线的输送能力为 3000 t/h。长距离带式输送机输送线平面布置见《长距离带式输送机输送线规划示意图》。

根据国内外煤炭、矿山带式输送机使用情况调研,带式输送机是一种运行稳定、可靠的运输设备,目前大型带式输送机最大输送能力达到 7000~8000 t/h,带宽在 2.0 m 以上,带速在 5.0 m/s 以上,单机长度为 5~15 km。目前,带式输送机关键部件(驱动装置、拉紧装置、滚筒、托辊、钢绳芯输送带、中间架等)均采用国产设备。国内有数家大型带式输送机和钢绳芯输送带的设备制造厂家,分别引进了国际先进水平的托辊制造装配线和钢绳芯输送带生产线,具备长距离带式输送机设备的总体制造、安装及调试的能力。

带式输送机总体安装程序是根据各隧道现场施工条件及工作面交付的时间安排,每条带式输送机安装程序各有区别,安装程序如下:①所有带式输送机安装同时进行;②每条带式输送机部件安装采用头部、尾部及中间部分同步施工的方法;③B1、B2 胶带铺设采用从尾部到头部的铺设方法,B3、B4、B5 胶带铺设采用从两头到中部的铺设方法。

在长距离带式输送机的调试中,调试的原则由部件至组件,由组件至单机,由单机至全输送线,且应先手动后再机动,从低速至高速,由空负荷逐渐增加负荷至额定负荷,按步骤进行。调试内容主要包括:CST、CSB、制动闸参数调整和整定;设备控制逻辑、保护逻辑,每条带式输送机各种工况下的启停控制参数以及急停控制方式;与电气系统的接口信号调试,以及与带式输送机保护系统之间的逻辑配合等。

长距离带式输送机设计为日运行方案。日工作班制：非高峰期2班制，高峰期3班制。日运行时间：非高峰期14 h，高峰期20 h。长距离带式输送机使用高压电动机：全部启动需0.5 h。半成品骨料从太平料场运输到马延坡砂石加工系统需2 h 10 min。2007年、2008年上半年按设计方案运行，每天只能输送3万吨半成品骨料，主体工程混凝土浇筑时，各项工作均比较被动。

在充分了解设备性能、做好检修工作的前提下项目部开始连续运行试验，2008年7月13日运行24 h输送半成品骨料61089 t，首次突破6万吨。多次连续运行试验证明，长距离带式输送机能满足混凝土月浇筑强度45万立方米的要求，为高峰期连续正常运行积累了经验，并初步确定主体工程混凝土浇筑高峰期生产运行方案为"输送量2400～2700 t/h，每班次8 h，连续48 h运行一次、全线检修一天"，生产任务紧张时可延长运行时间。

自2007年6月28日投产至2011年8月底，长距离带式输送机累计运行11420 h、输送半成品骨料2718万吨。2010年全年累计输送1000.2万吨，期间没有发生人身、设备安全责任事故，没有发生影响砂石料供应的情况，目前设备状况良好。

最高单日纪录：2009年5月22日，输送半成品骨料68434 t。

最高单次纪录：2011年3月8日至3月14日连续运行130 h，输送半成品骨料345942 t。

最高单月纪录：2010年12月，输送半成品骨料1572448 t，2010年12月供应成品骨料153.8万吨。2011年1月14日供应6.86万吨，为世界人工砂石骨料生产供应最高纪录。

向家坝水电站长距离带式输送机2007年6月28日投入试运行，实践证明，31.1 km长距离带式输送机输送砂石料是成功的。长距离带式胶带机在向家坝水电站砂石骨料系统中的成功应用，为我国水电工程散装物料输送提供了很好的实践经验。

练习与思考

练习与思考题答案

一、填空题

1. 物流自动输送系统按结构形式不同可分为：_____、_____、_____。
2. 物流自动输送系统的主要参数包括_____、_____、_____、_____和_____等。
3. 带式输送机由_____作为货物和_____。根据_____原理，由_____带动输送带，可以在_____和_____的倾斜方向上运输货物。
4. 链式输送机是利用_____、_____，或由_____、_____等承载物料的输送机。链式输送机常与其他输送机、_____等组成各种功能的生产线。

二、名词解释

1. 物流自动输送系统
2. 堆积密度

3. 外摩擦系数

三、简答题

1. 简述物流自动输送系统的应用范围。
2. 简述物流自动输送系统选型的原则。

四、论述题

论述影响物流自动输送系统选型的因素。

第五章 物流自动化仓储系统

学习目标及要点

1. 了解仓储系统的分类和特点,理解仓库布局合理化的含义;
2. 掌握自动化仓库出入库能力指标的计算以及仓库的最佳参数选择;
3. 仓储设施的结构设计,包括建筑用地内的道路设计、建筑物内的通道、建筑物的柱间距、建筑物的梁下高度和屋檐高度、月台高度设计、建筑物的进/出货开口尺寸、地面载荷等;
4. 学习并掌握自动化立体仓库系统及其构成、自动化仓库的特点、自动化仓库系统的分类、自动化立体仓库的设计等。

第一节 仓储系统的分类和特点

一、仓储系统的分类

1. 按使用对象和权限分

自备仓库:单位储备自用物资的仓库。
营业仓库:面向社会,以经营和盈利为目的的仓库。
公共仓库:本身不单纯进行经营,而是为其他公用事业配套服务的仓库。

2. 按所属的职能分

生产仓库:为企业生产储存原材料、燃料及产成品的仓库。
流通仓库:以物流中转(转运、换载)为主要职能的仓库。
储备仓库:完成国家或部门物资储备保证的仓库。

3. 按结构和构造分

平房仓库:单层,层高为 $5\sim6$ m。

楼房仓库：两层及以上的仓库（层间可通过垂直运输机或坡道相连）。

高层货架仓库：建筑单层，内设层数多、总高度大的货架，一般自动化程度较高。

罐式仓库：以罐体为储存库的大型容器型仓库。

4. 特种仓库

移动仓库：不固定在一定位置，而利用本身可移动的性能，能移动至所需地点完成储存任务的仓库。

保税仓库：根据有关法律和进出口贸易的规定，专门保管进口货物，以及暂未纳进口税的货物。

5. 按技术处理方式及保管方式分

普通仓库：常温保管，自然通风。

冷藏仓库：具有制冷装置和保温隔热性能，专门用于储存冷冻物资的仓库。

恒温仓库：能调节温度的仓库。

露天仓库：自然条件下直接对货堆进行防护的仓库。

水上仓库：在水面或水下的高湿度条件下储存货物的仓库。

危险品仓库：对危险品有一定防护作用的仓库。

散料仓库：保管散粒状、粉状物资的容器式仓库。

地下仓库：用地下建筑储存石油等物资，安全性较高。

二、仓储系统的特点

1. 专业性

专门针对大型的仓储配送中心和第三方物流（3PL）管理开发的专业管理软件，并配有多年经验的专业的实施专家队伍。

2. 全面性

覆盖了仓储配送管理的各项业务，包括收货、上架、拣货、发货、库存控制、盘点、增值服务、仓内组装、配送管理、计费及绩效分析、VMI 及网上查询、无线射频（Power RF）条码管理等，所有与仓储配送相关业务都可以纳入 Power WMS 的管理。

3. 灵活性

系统采用模块化方式，可以方便用户进行灵活的调整，并提供强大的配置功能，可以对权限、操作规则等许多业务模式进行调整，以便适应业务变化的需要。

4. 易用性

系统采用了易于操作的客户端界面，普通用户可以很快上手使用。系统也具有 Web 查询的界面，以方便货主对信息的访问。基于科学高效的系统实施策略和实施方法，用户可以在较短的时间内完成系统上线。

三、仓库布局的合理化

1. 提高储存精密度,提高仓容利用率

主要目的是减少储存设施的投资,提高单位储存面积的利用率,以降低成本、减少土地占用,有以下三种方法。

(1) 采用高堆垛的方法,增加储存的高度。具体方法是采用高层货架仓库和集装箱等,相对于一般堆存方法可大大增加储存高度。

(2) 缩小库内通道宽度以增加储存有效面积,如采用窄巷道式通道,配以轨道式装卸车辆,以减小车辆运行宽度要求;采用侧向叉车、推拉式叉车,以减少叉车转弯所需宽度。

(3) 减少库内通道数量以增加储存有效面积。具体方法是采用密集型货架、可进车的可卸式货架、各种贯通式货架、不依靠通道的桥式吊车装卸技术等。

2. 采用有效的储存定位系统

储存定位的含义是被储物位置的确定。如果定位系统有效,能大大节约寻找、存放、取出的时间,节约不少物化劳动及活劳动,而且能防止差错,便于清点及实行订货点等的管理。储存定位系统可采用先进的计算机管理,也可采用一般人工管理。行之有效的方式主要有以下几种。

(1) "4号定位"方式。它是用一组4位数字来确定存取位置的固定货位方法,是我国手工管理中采用的科学方法。这4个号码是序号、架号、层号、位号。这就使每一个货位都有一个组号,在物资入库时,按规划要求,对物资编号,记录在账卡上,提货时按4位数字的指示,很快将物资拣选出来。这种定位方式可对货位先做出规划,并能很快地存取货物,有利于提高速度,减少差错。

(2) 电子计算机定位系统。这是利用电子计算机储存容量大、检索迅速的优势,在入库时,将存放货位输入计算机,出库时向计算机发出指令,并按计算机指示人工或自动寻址,找到存放货、拣选取货的方式。一般采取自由货位方式,计算机指示入库货物存放在就近易于存取之处,或根据入库货物的存放时间和特点,指示合适的货位,取货时也可就近就便。这种方式可以充分利用每一个货位,而不需专位待货,有利于提高仓库的储存能力,当吞吐量相同时,可比一般仓库减少建筑面积。

3. 采用有效的监测清点方式

对储存物资数量和质量的监测不但是掌握基本情况之必须,也是科学库存控制之必须。在实际工作中稍有差错,就会使账物不符,所以,必须及时且准确地掌握实际储存情况,经常与账卡核对,这无论是人工管理或是计算机管理都必不可少。此外,经常的监测也是掌握被存物质量状况的重要工作。监测清点的有效方式主要有以下几种。

(1) "五五化"堆码。"五五化"堆码是我国手工管理中采用的一种科学方法。储存物堆垛时,以"5"为基本计数单位,堆成总量为"5"的倍数的垛形,如梅花五、重叠五等,堆码后,有经验者可过目成数,大大加快了人工点数的速度,且少差错。

(2) 光电识别系统。在货位上设置光电识别装置,该装置对被存物扫描,并将准确数目自动线束出来。这种方式不需人工清点就能准确掌握库存的实有数量。

(3)电子计算机监控系统。用电子计算机指示存取,可以防止人工存取所易于出现的差错,如果在被存物上采取条码识别技术,则每存取一件物品时,识别装置自动将条形码识别并将其输入计算机,计算机会自动做出存取记录。这样只需在计算机查询,就可了解所存物品的准确情况,而无需再建立一套对实有数的监测系统。

4. 采用现代储存保养技术,是储存合理化的重要方式

(1)气幕隔潮。在潮湿地区或雨季,室外湿度高且持续时间长,仓库内若想保持较低的湿度,就必须防止室内外空气的频繁交换。一般仓库打开库门作业时,便自然形成空气交换的通道,由于作业的频繁,室外的潮湿空气会很快进入库内,一般库门、门帘等设施隔绝潮湿空气效果不理想。

在库门上方安装鼓风设施,使之在门口处形成一道气流,由于这道气流有较高压力和流速,在门口便形成一道气墙,可有效阻止库内外空气交换,防止湿气侵入,而不会阻止人和设备出入。

气幕还可起到保持室内温度的隔热作用。

(2)气调储存。调节和改变环境空气成分,抑制被储物的化学变化,抑制害虫生存及微生物活动,从而达到保持被储物质量的目的。

调节和改变空气成分有许多方法,可以在密封环境中更换配好的气体,即充入某种成分的气体,或除去或降低某种成分的气体等。气调方法对于有新陈代谢作用的水果、蔬菜、粮食等物品的长期保质、保鲜储存可起到有效的作用。例如,粮食可以长期储存,苹果可储存三个月等。气调储存对防止生产资料在储存期的有害化学反应也很有效。

(3)塑料薄膜封闭。塑料薄膜虽不能完全隔绝气体,但能隔水隔潮,用塑料薄膜封垛、封袋、封箱,可有效地造就封闭小环境,阻缓内外空气交换,完全隔绝水分。在封闭环境内储存水果,如果置入杀虫剂、缓蚀剂,或注入某种气体,则内部可以长期保持该种物质的浓度,长期形成一个稳定的小环境,所以用这个方法能进行气调储存。气调仓储简便易行且成本较低。这种方法还能对水泥、化工产品、钢材等做防水封装,以防变质和腐蚀。

热缩性塑料薄膜在对托盘货物封装后再经热缩处理,则可基本排除封闭体内的空气,塑料膜缩贴到被封装物上,不但有效地与外部环境隔绝,还可起到紧固作用,防止塌垛、散垛。

5. 采用集装箱、集装袋、托盘等运储装备一体化的方式

集装箱等集装设施的出现,也给储存带来了新观念。采用集装箱后,本身便是一个仓库,不需要再有传统意义的库房。在物流过程中,也就省去了入库、验收、清点、堆垛、保管、出库等一系列储存作用,因而对改变传统储存方式有很重要的意义,是储存合理化的一种有效方式。

第二节 仓库出/入库能力指标计算

一、自动化仓库的出/入库能力计算

(一)堆垛机的工作循环

以前计算堆垛机的工作循环时间时,是设定堆垛机货叉在货架中央位置来计算的。随

着控制方法的先进化,计算堆垛机循环时间的基准位置也发生了变化。其方法是求出堆垛机从入库工作台开始到达全部货位间的平均值。

堆垛机的循环时间有平均单循环时间和平均复合循环时间。

1. 平均单循环时间

堆垛机从出/入库工作台到达所有出/入库的时间总和除以总货位数的值称为平均单循环时间。图 5-1 为单循环图。平均单循环时间计算如下:

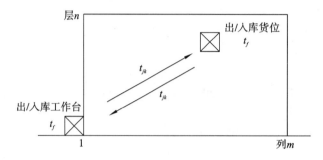

图 5-1　单循环图

$$T_s = \frac{\sum_{j=1}^{m}\sum_{k=1}^{n} t_{jk}}{mn} + 2t_f + t_i \tag{5-1}$$

式中: T_s 为平均单循环时间,s; j 为货架列数,为 $1,\cdots,m$; k 为货架层数,为 $1,\cdots,n$; t_{jk} 为堆垛机单边运动到某货位的时间,s; t_f 为货叉取货时间,即在出/入库工作台或在货位处货物移动的时间,s; t_i 为浪费时间,s。

2. 平均复合循环时间

平均复合循环时间计算如下:

$$T_D = \frac{\sum_{j=1}^{m}\sum_{k=1}^{n} t_{jk} \times 2}{mn} + t_t + t_s + 4t_f + t_i \tag{5-2}$$

式中: T_D 为平均复合循环时间,s; t_t 为平均货位之间的移动时间,入/出库的货位是随机决定的,指一定次的货位间移动时间,s; t_s 为入/出库工作台之间的移动时间,即入/出库工作台在不同位置时的移动时间,s。

【例 5-1】　图 5-2 为出/入库为一个工作台的示意图。

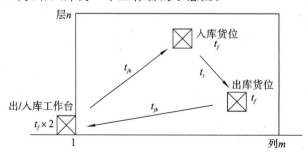

图 5-2　出/入库为一个工作台

【例 5-2】 图 5-3 为出/入库工作台分开的示意图。

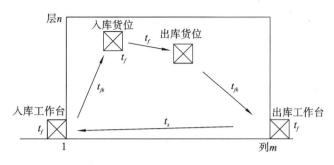

图 5-3 出/入库工作台分开

【例 5-3】 图 5-4 为出/入库工作台在不同层上的示意图。

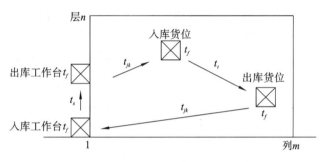

图 5-4 出/入库工作台在不同层

(二) 堆垛机的基本出/入库能力计算

所谓堆垛机的基本出/入库能力即是每小时出/入库的装载单元数。

1. 平均单循环时间的基本出/入库能力

平均单循环时间的基本出/入库能力计算公式如下：

$$N_s = \frac{3600}{T_s} \tag{5-3}$$

式中：N_s 为每小时入库或者出库的装载单元数量；T_s 为平均单循环时间，s。

2. 平均复合循环时间的基本出/入库能力

平均复合循环时间的基本出/入库能力计算公式如下：

$$N_D = \frac{3600}{T_D} \times 2 \tag{5-4}$$

式中：N_D 为每小时入库或者出库的装载单元数量；T_D 为平均复合循环时间，s。

(三) 自动化仓库系统能力

自动化仓库的能力可视为构成系统的各要素的综合能力，其中包括各种机器的处理时间、响应时间、人的作业时间和运转方法。具体地说，这些内容包括：

(1) 出/入库的货位安排；

(2) 货位区域管理；

(3) 多台堆垛机的负荷平衡；
(4) 出库顺序的控制。

（四）货物的出/入库周期

在选择自动化仓库的功能时,应考虑货物出/入库周期。货物出/入库周期是选择自动化仓库的基本单位,它表示堆垛机存取货物时间的长短,即表示其效率的高低。通过对货物在库内流动的时间分析,确定各相关设备的能力,为设计自动化仓库的规模提供科学依据。

按照自动化仓库的运转方法来决定堆垛机是单循环还是复合循环。把整个系统作为研究对象,在规划设计时进行概算。在设计阶段,充分应用计算机和设计程序进行模拟。

堆垛机存取货物周期算法如下：
(1) 计算位于自动化仓库的平均位置的托盘的单循环时间。
(2) 计算位于自动化仓库的1/2高度和1/2长度位置的托盘的单循环时间。
(3) 在自动化仓库运转初期,把1/2作为1/3来计算。

一旦计算出堆垛机的工作循环时间之后,按照自动化仓库的设计原则便可计算出它的基本出/入库能力。计算公式如下：

$$\eta = \frac{3600}{T_0} \tag{5-5}$$

式中:η为每小时托盘的出/入库数量,个/h;T_0为基本运动时间(周期),s。

例如,循环时间$T_0=180$ s,则

$$\eta = \frac{3600}{180} \text{个/h} = 20 \text{个/h}$$

就是说自动化仓库每小时的出/入库能力为20个托盘装载单元。根据1台运输车辆的装载能力可计算出每小时所需运输车辆的台数。此外,还可计算堆垛机的台数,从而能够计算出自动化仓库的大小。

二、自动化仓库的最佳参数选择

确定自动化仓库的最佳高度是极其重要的,因为高度直接影响自动化仓库的占地面积、长度、宽度、起重运输机械的装卸效率及其技术经济指标的选择。而影响货架高度H选择的因素是:物流量和货物周转率(储存期t),以及订货发送时的配套方式,此方式取决于每一批货物的品种数目和单位数量。国外许多专家认为,货架的最佳高度在15～21 m为宜。

最新的研究成果表明,折算费用随货架高度H的变化如表5-1所示。

自动化仓库的最佳高度取决于容量:当容量为1000～4000 t时,高度为12.6 m;当容量为6000 t或以上时,高度为16.2 m。

表5-1 折算费用随货架高度H的变化

H/m	6	8.4	10.8	12.6	14.4	16.2
折算费用/(%)	100	96	92	73	64	58

但根据可建自动化仓库的土地面积大小的实际情况,一些发达国家的自动化仓库高达50 m以上。特别是日本等发达国家,人口多、土地少、自动化程度高,50 m以上的自动化仓

库拔地而起,数量激增。

关于货架长度,多数专家认为,由一台堆垛机上、下货的货架的最佳长度 L 在 $80\sim120$ m 为宜。货架的最大长度取决于一台堆垛机在一条通道中所服务的货位数。为保持 $H/L = v_y/v_x$(v_x、v_y 为堆垛机在 x、y 方向的分速度)均衡,使堆垛机的托架垂直和水平移动平稳,推荐采用货架高度和长度比例 $\dfrac{H}{L} = \dfrac{1}{6} \sim \dfrac{1}{4}$。

货架最佳参数关系曲线如图 5-5 所示。图 5-5(a)所示的为货架最佳长度 L 和高度 H 与一台堆垛机按配套方式提取货物数量和储存期 t(昼夜)的依赖关系曲线。图 5-5(b)所示的为货架的折算费用 R、高度 H 和长度 L 与货物储存期 t 的依赖关系曲线。对这些曲线图的分析表明,上述种种因素对货架参数有很大的影响。其中,当一批货物的储存期 t 和单位货物容量增加时,货架的最佳高度 H 和长度 L 也随之增加。由图 5-5(b)中的曲线 4 可知,当储存期 $t=4\sim5$ 天(昼夜)时,H 的变动范围为 $5\sim6$ m;当 $t=80\sim90$ 天(昼夜)时,H 达 20 m。在确定储存区货架参数时,折算费用是衡量最佳水平的客观依据。

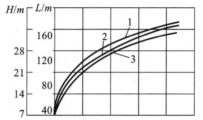

(a) 货架最佳长度和高度与一台堆垛机按配套方式提取货物数量和储存期的依赖关系曲线

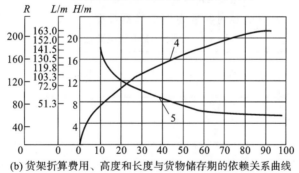

(b) 货架折算费用、高度和长度与货物储存期的依赖关系曲线

图 5-5 货架最佳参数关系曲线

1—两种货物单位;2—三种货物单位;3—四种货物单位;
4—货架折旧费 R、最佳高度 H、长度 L 与备品水平的关系曲线;
5—折算费用 R 与备品水平的关系曲线

第三节 仓储设施及结构设计

在建造仓储系统设施时,正确设计通道尺寸是极为重要的。为了高效率地搬运和保管物品,仓储系统设施的通道尺寸必须满足货态和仓储系统设备的要求。

在进行仓储系统设施的建筑规划时,除了考虑占地条件、法制条件和建筑物结构条件之外,还必须考虑装载单元尺寸、托盘尺寸和各种搬运设备的尺寸。

为使设计人员能顺利进行仓储系统设施的规划,很有必要对建筑用地内的道路、建筑物内的通道、建筑物的柱间距、建筑物的梁下高度和屋檐高度、月台高度、建筑物的进/出货开口尺寸以及地面载荷等进行设计计算。

一、建筑用地内的道路

在仓储系统的设施中,运输车辆站台、道路和停车场等之间的通道是仓储系统与外界联系的节点,通过这些通道才能使物流工作有序进行。

建筑用地内的道路尺寸取决于主要运输的车辆规格。这些运输车辆包括普通卡车、双轮拖车和重型拖车。一般仓储系统用的运输工具是12 t的普通拖车。随着物流业的迅速发展,运输的货物趋向大型化,运输工作更加合理化。为此,双轮拖车的数量将日益增加。根据发展需要,必须按照双轮拖车的规格尺寸来建造相应的建筑用地的道路。

(一)法定车辆尺寸

决定普通拖车尺寸的前提是能否在高速公路上运行。比如在日本,按照公路安全法,高速公路允许拖车规格为长度12 m、宽度2.5 m、高度3.8 m、总质量25 t以下。如果超过上述规格,必须根据车辆限制法,作为特殊车辆,持公路管理局的通行证之后方可上路运行。

(二)拖车种类和尺寸

普通拖车从小型的0.2 t到大型的12 t之间有许多种类。一般来说,进出仓储系统的拖车规格如表5-2所示。表中括号内参数为加长车辆数据。

表 5-2 仓储系统用的主要拖车

拖车 参数	大型(11 t)	中型(4 t)	小型(2 t)
全长/m	11~12	7~8	5(6)
全宽/m	2.5	2.2~2.5	1.7(2)
全高/m	3.8	2.5	2(2.2)
车质量/t	8~9	3.5~3.8	1.9~2(2.5)
总质量/t	20	8	4(4.5)

1. 站台

科学规划仓储系统室外空地的站台极为重要。这种站台有进/发货专用和进/发货并用两种形式。

进/发货专用站台的进货采用大型拖车。因为发货呈小型化的倾向,而且发货车辆台数较多,为此发货车辆的车位比进货车辆的车位要多。进/发货并用站台的动线交错,大/小型车辆混合停泊。

1) 站台车位形式

图5-6所示的为站台车位形式。站台车位形式主要有直角排列式和斜角排列式两种,

其他车位形式应用较少。直角排列式要求长度较大,装卸货物作业的自由度较大,停车台数较多。斜角排列式的场地长度比直角排列式的小,没有装卸货物作业的自由度,停车台数也略少一些。当斜角 $\theta=45°$ 时,$W'=1.5W$,也就是说,相同的站台长度,直角排列式有3个车位,斜角排列式只有2个车位。

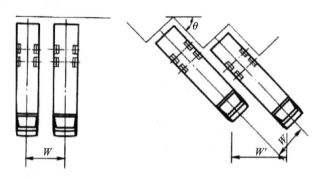

图 5-6　站台车位形式

2) 拖车的车位节距

直角排列式站台车位的节距取决于装卸方向,如图 5-7 所示。图 5-7(a) 所示的为从拖车后面装卸货物。在此情况下,节距 W 计算如下:

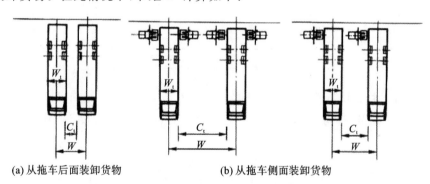

(a) 从拖车后面装卸货物　　　　(b) 从拖车侧面装卸货物

图 5-7　直角排列式站台车位的节距

$$W = W_t + C_t \qquad (5-6)$$

式中:W 为拖车的车位节距;W_t 为拖车的宽度;C_t 为拖车间距。

拖车间距 C_t 的尺寸根据拖车种类和规格不同而不同。一般根据车门开闭范围,取 $C_t = 1.0 \sim 1.5$ m。对于大型车辆,C_t 值还要取大一些。在规划阶段,拖车间距 C_t 值按如下取值较为方便。

大型车辆:$C_t = 1.5$ m($W = 4.0$ m);

中型车辆:$C_t = 1.3 \sim 1.5$ m($W = 3.5 \sim 4.8$ m);

小型车辆:$C_t = 1.0 \sim 1.3$ m($W = 3.0$ m)。

众所周知,拖车车位节距与拖车车位深度方向有一定关系。当深度方向没有富余空地时,车位节距要比上述推荐尺寸大一些。

图 5-7(b) 所示的为从拖车侧面装卸货物时的情况。拖车车位节距 W 计算见式(5-6)。

拖车间距 C_t 大小与叉车种类有关。

叉车在两侧作业时，$C_t=6.0\sim7.0$ m$(W=9.0$ m$)$；

叉车在单侧作业时，$C_t=3.0\sim4.0$ m$(W=6.0$ m$)$。

3) 站台深度

站台深度尺寸如图 5-8 所示。

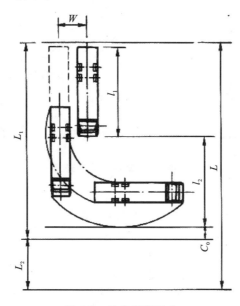

图 5-8　站台深度尺寸

站台深度 L_1 主要取决于拖车本身长度 l_1 和倒车所需路宽 l_2。拖车倒车路宽 l_2 与拖车节距 W 有关。节距 W 越宽，l_2 值越小。当取 $l_1=l_2$ 时，拖车站台深度 L_1 为

$$L_1 = 2l_2 + C_0 \tag{5-7}$$

式中：L_1 为站台深度；l_2 为拖车倒车用宽度；C_0 为富余量。

为了便于用户临时停车，应增加一定宽度的临时停车场。为此，拖车站台的全部长度 L 为

$$L = L_1 + L_2 \tag{5-8}$$

式中：L 为站台全长；L_2 为临时停车场宽度。

拖车站台全长计算示例如表 5-3 所示。设大型拖车长度 $l_1=11.0$ m，$C_0=2.0$ m，则 $L_1=(2\times11.0+2.0)$ m $=24.0$ m。

表 5-3　拖车站台全长计算示例

参数　　拖车	大型(11t)	中型(4t)	小型(2t)
l_1/m	11.0	7.0	5.0
L_1/m	24.0	16.0	12.0
L_2/m	12.0	8.0	6.0
L/m	36.0	24.0	18.0

2. 仓储道路系统

1）道路宽度

设道路宽度为 W，在行车宽度 2.5 m 的基础上增加一定余量，则道路宽度 W 的经验参考值如下：

单行道时，$W=3.5\sim 4.0$ m；

双行道时，$W=6.5\sim 7.0$ m。

（1）小型货车的道路宽度推荐如下：

单行道时，$W=3.7$ m；

双行道时，$W=5.9$ m。

（2）大型货车的道路宽度推荐如下：

单行道时，$W=4.0$ m；

双行道时，$W=6.5$ m。

此外，当设计有人行道时，应增加人行道宽度 2 m。

2）转弯尺寸

图 5-9 所示的为拖车转弯的必要尺寸。此图是根据最大车辆的转弯半径绘制成的。为了减少投资，必然减小道路宽度。为使对面来车易于通行，必须通过切角来增加道路转弯宽度，即必须保证对面来车的行车宽度在 2.5 m 以上。

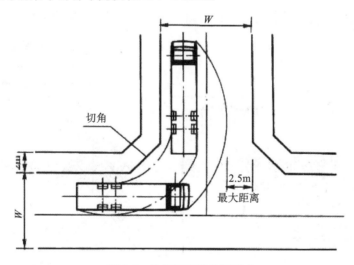

图 5-9 拖车转弯的必要尺寸

3. 停车场

一般来说，在新建仓储系统时，为降低成本，确保配送方便，易于补充劳力和使地价低廉，应把仓储系统设置在城市郊外。由于交通不便，用户和员工都需自备车辆才能顺利工作。为此，必须具备较大的停车场。

1）停车场大小的决定因素

为了确定停车场大小，必须估计停车台数，并留有余地。可考虑下列因素：

（1）包括临时工在内的企业人数；

（2）经常用户人数；

(3) 有无公共交通车站以及停车场与车站的距离；

(4) 乘自备车的人数；

(5) 公司有无接送员工的专车。

2) 停车场面积

根据上述调查可以确定车辆台数。根据每台车辆的占地面积，便可以算出总的停车场面积。如果仓储系统的占地面积不大，停车场内可设置两层或三层的立体停车库。常用车辆的占地面积如下：

(1) 一般汽车，15 m^2；

(2) 摩托车，1.5～1.8 m^2；

(3) 自行车，1.0～1.2 m^2。

3) 停车场形式

停车场形式如图 5-10 所示。

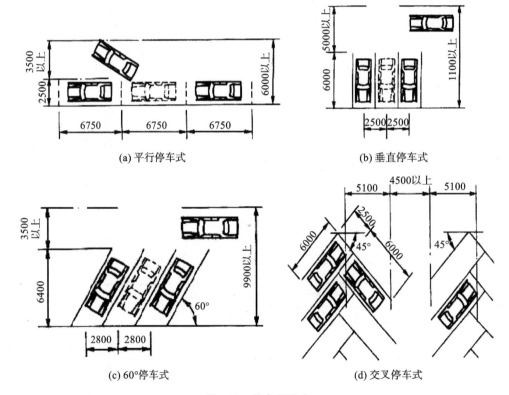

图 5-10　停车场形式

二、建筑物内的通道

建筑物内的通道有人行道、手推车通道和叉车通道 3 种。仓储系统中的通道主要用于装卸和搬运车辆的通行。为此，这种通道宽度主要取决于搬运车辆的种类和型号。

(一) 建筑物内通道的种类和通道宽度

仓储系统的建筑物内的通道有人行道、手推车通道和叉车通道。这些通道的宽度根据货物的保管率、人流量和叉车的作业效率来决定。

1. 人行道的宽度

人行道的作用除了正常员工通行之外,还用于作业、保管、维修和紧急避难等。人行道宽度 W 计算如下:

一般情况,$W=0.8\sim0.9$ m;

多人通行,$W=1.2$ m。

2. 手推车通道的宽度

手推车用的通道宽度 W 如图 5-11 所示,经验参考值如下:

单行道时,$W=0.9\sim1.0$ m;

双行道时,$W=1.8\sim2.0$ m。

这种通道宽度完全满足了在货架之间用手推车作业的要求。

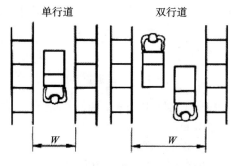

图 5-11 手推车用的通道宽度

3. 叉车通道的宽度

叉车通道宽度根据叉车种类和规格不同而不同。

(二)叉车通道宽度决定因素和叉车通行条件

1. 决定叉车通道宽度的因素

决定叉车通道宽度的因素有叉车的型号、规格和尺寸;托盘输送机型号和规格;一定的富余尺寸。由于叉车生产厂家不同,其叉车的型号、规格和尺寸也略有差异。在实际设计规划时,应根据所选厂家叉车产品进行设计。

2. 叉车通行条件

(1) 在设计叉车通道时,首先设计叉车通道的直线部分、装卸部分和转弯部分的通道宽度。

(2) 以最大载荷为 $500\sim3000$ kg 的叉车为研究对象,设计叉车通道。

(3) 富余尺寸随载荷条件的变化而变化。

① 叉车侧面富余尺寸 C_0:$150\sim300$ mm。

② 对面来车时的富余尺寸 C_m:$300\sim500$ mm。

③ 保管货物空间的货物之间距离 C_D:100 mm。

(三) 通道宽度计算

1. 直线通道宽度

如图 5-12 所示，直线通道宽度取决于叉车宽度、托盘宽度和侧面间隙尺寸。图 5-12(a) 为单行道宽度 W 计算图，叉车型号和规格取决于托盘尺寸。其公式为

$$W = W_p + 2C_0 \tag{5-9}$$

或者

$$W = W_B + 2C_0 \tag{5-10}$$

式中：W 为直线通道宽度；W_p 为托盘宽度；W_B 为叉车宽度；C_0 为侧面余隙。

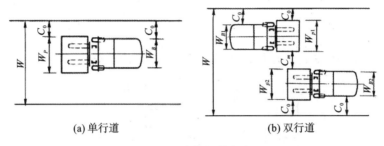

(a) 单行道　　　　　　　　(b) 双行道

图 5-12　直线通道宽度

单行道宽度计算示例：设托盘宽度 $W_p = 1.100$ m，起重能力为 1 t 的叉车宽度 $W_B = 1.070$ m，叉车侧面余隙 $C_0 = 0.3$ m。

因为 $W_p > W_B$，按式(5-9)求 W 值，则

图 5-12(b)为双行道宽度计算图。通道宽度 W 计算如下：

$$W = W_{p1} + W_{p2} + 2C_0 + C_m \tag{5-11}$$

或者

$$W = W_{B1} + W_{B2} + 2C_0 + C_m \tag{5-12}$$

式中：W 为直线通道宽度；W_{p1}、W_{p2} 为托盘宽度；W_{B1}、W_{B2} 为叉车宽度；C_0 为叉车侧面余隙；C_m 为两车间距。

当 W_{p1}、W_{p2} 分别大于 W_{B1}、W_{B2} 时，采用式(5-11)计算 W；当 W_{p1}、W_{p2} 分别小于 W_{B1}、W_{B2} 时，采用式(5-12)计算 W。

2. 最小直角通道宽度

图 5-13 为最小直角通道宽度计算图。由图可知，当叉车进行直角转弯时，必须保证足够的直角通道宽度 W_d。其计算公式如下：

$$W_d = \left[R_f - \left(B - \frac{W_p}{2}\right)/\sqrt{2}\right] + C_0 \tag{5-13}$$

式中：W_d 为最小直角通道宽度；R_f 为车体最小旋转半径；B 为旋转中心到车体中心的距离；W_p 为托盘宽度；C_0 为侧面余隙。

图 5-13 中 R_p 为托盘外侧的最小旋转半径，X 为旋转中心到托盘内侧的距离，L_p 为托盘长度。

当叉车型号确定时，可按式(5-13)计算最小直角通道宽度。举例如下：

设叉车举重为 1 t，T-11 型托盘宽度 $W_p = 1100$ mm，侧面余隙 $C_0 = 300$ mm，车体最小旋转半径 $R_f = 1750$ mm，转弯中心到车体中心的距离 $B = 635$ mm。按式(5-13)计算最小直角通道宽度 W_d，则

第五章

物流自动化仓储系统

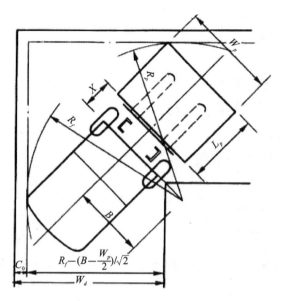

图 5-13 最小直角通道宽度计算图

$$W_d = \left[R_f - \left(B - \frac{W_p}{2}\right)/\sqrt{2}\right] + C_0$$
$$= [1750 - (635 - 1100/2)/1.414] \text{ mm} + 300 \text{ mm}$$
$$= 1990 \text{ mm}$$

取 $W_d = 2000$ mm。

三、建筑物的柱间距

对于一般建筑物来说,柱间距的计算方法主要是根据建筑物层数、层高、地面承载能力和其他条件,在最经济的条件下,确定最佳结构和最经济的柱间距。对于仓储系统而言,主要是根据物品保管率和作业效率来决定柱间距。

影响仓储系统的建筑物柱间距的因素有:运输车辆种类、型号、规格、尺寸和入库台数;建筑物托盘的保管尺寸和通道尺寸;货架仓库与柱之间的关系。

(一) 按运输车辆种类和尺寸来决定柱间距

1. 按运输车辆驶入建筑物的场合

如图 5-14 所示,运输车辆可驶入建筑物内,其柱间距 W_i 的计算公式如下:

$$W_i = W_t N_t + C_t (N_t - 1) + 2C_0 \tag{5-14}$$

式中:W_i 为柱间内侧尺寸;W_t 为车辆宽度;N_t 为车辆台数;C_t 为车辆间距离;C_0 为侧面余隙。

计算示例如下:设车宽 $W_t = 2.49$ m,车辆台数 $N_t = 2$ 台,车辆间距离 $C_t = 1.0$ m,车辆与柱之间的侧面余隙 $C_0 = 0.75$ m,则

$$W_i = [2 \times 2.49 + 1.0 \times (2-1) + 2 \times 0.75] \text{ m} = 7.48 \text{ m}$$

取 $W_i = 7.5$ m。

2. 按停车台数决定柱间距

图 5-15 所示的为根据停车台数来决定柱间距 W_c,其计算公式如下:

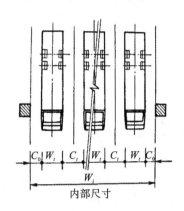 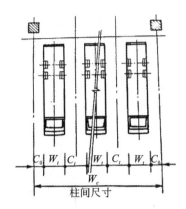

图 5-14 运输车辆驶入建筑物内时的柱间距的计算图　　图 5-15 根据停车台数来决定柱间距的计算图

$$W_c = W_t N_t + C_t(N_t - 1) + 2C_0 \tag{5-15}$$

式中:W_c 为柱间尺寸;W_t 为车辆宽度;N_t 为车辆台数;C_t 为车辆间距离;C_0 为侧面余隙,当车位并排相接时,$C_0 = C_t/2$。

(二)按托盘宽度决定柱间距

为了提高货物保管数量和效率,按照托盘宽度来决定柱间距。图 5-16 所示的为根据托盘宽度来决定柱间距 W_i,其计算公式如下:

$$W_i = W_p N_p + C_p(N_p - 1) + 2C_0 \tag{5-16}$$

式中:W_i 为柱间内侧尺寸;W_p 为托盘宽度;N_p 为托盘数;C_p 为托盘间隙;C_0 为侧面余隙。计算示例如下:设托盘宽度 $W_p = 1.0$ m,托盘数 $N_p = 7$,托盘间隔 $C_p = 0.05$ m,侧面余隙 $C_0 = 0.05$ m,则 $W_i = [1.0 \times 7 + 0.05 \times (7-1) + 2 \times 0.05]$ m $= 7.4$ m。

(三)根据托盘长度决定柱间距

图 5-17 所示的为根据托盘长度来决定柱间距,其计算公式如下:

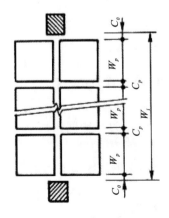 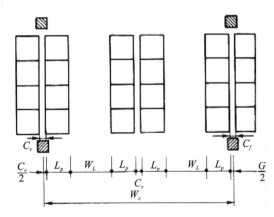

图 5-16 根据托盘宽度来决定柱间距的计算图　　图 5-17 根据托盘长度来决定柱间距的计算图

$$W_c = (W_L + 2L_p + C_r)N \tag{5-17}$$

式中：W_c 为柱间尺寸；L_p 为托盘长度；C_r 为托盘间隙；N 为托盘货架列数；W_L 为通道宽度。

以图 5-17 为例，计算示例如下：托盘长度 $L_p=1.0$ m，通道宽度 $W_L=2.5$ m，托盘间隙 $C_r=0.05$ m，托盘货架列数 $N=2$，则 $W_c=(2.5+2\times1.0+0.05)\times 2$ m$=9.1$ m。

（四）根据立柱与货架仓库的关系来决定柱间距

按照实际需要，当立柱建立在立体仓库的出/入库工作台的正面方向上时，为了使出/入库电动台车和传送带能正常工作，立柱必须设计在堆垛机运动方向的延长线上。在这种情况下，柱间距必须根据货架深度尺寸和堆垛机通道宽度尺寸计算。图 5-18 所示的为根据立柱与货架仓库关系来决定柱间距，其计算公式如下：

$$W_i = (W_L + 2L_p + C_r)N \tag{5-18}$$

式中：W_i 为柱心的柱间距；L_p 为托盘长度；C_r 为货架背靠间隙；N 为托盘货架列数；W_L 为通道宽度。

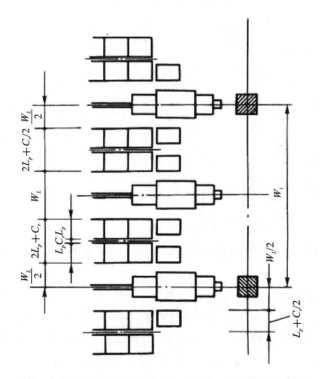

图 5-18　根据立柱与货架仓库关系来决定柱间距的计算图

计算示例如下：托盘长度 $L_p=1.2$ m，堆垛机通道宽度 $W_L=1.3$ m，货架背靠间隙 $C_r=0.1$ m，托盘货架列数 $N=2$，则

$$W_i = (1.3+2\times1.2+0.1)\times 2 \text{ m} = 7.6 \text{ m}$$

四、建筑物的梁下高度和屋檐高度

一般来说，仓储系统的梁下高度越高越好。但是由于高度越高，仓储系统的建设成本也

越高。货物堆积越高,要求堆垛机或叉车的性能就越好,举升高度也越高。这样,物流成本会大大提高。

此外,影响建筑物梁下高度的因素有保管物品的形态、保管形式、堆积高度、使用的搬运工具和装卸机器的种类,综合考虑之后才能决定货物最大堆积高度。货物最大堆积高度加一定的余量就是梁下的最大高度。

(一)"平托盘堆积+叉车"的场合

1. 货物最大堆积高度 H_L 的计算

图 5-19 所示的为货物最大堆积高度 H_L 的计算图,其计算公式如下:

$$H_L = H_a n + F_g \tag{5-19}$$

式中:H_a 为装载单元高度;n 为堆积层数;F_g 为货叉的提升高度。

图 5-19 中 F_H 为货叉的升程。

应该注意的是,当货叉最大升程 F_H 比货物的最大堆积高度 H_L 还高时,即 $F_H + H_a > H_a n + F_g$,此时货物的最大堆积高度 $H_L = F_H + F_g$。

2. 梁下有效高度 H_e 的计算

如图 5-20 所示,梁下有效高度 H_e 的计算公式如下:

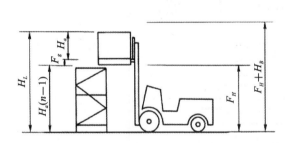

图 5-19 货物最大堆积高度 H_L 的计算图 1

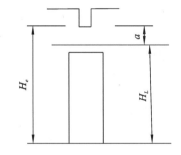

图 5-20 梁下有效高度 H_e 的计算图 1

$$H_e = H_L + a \tag{5-20}$$

式中:H_L 为货物最大堆积高度;a 为梁下余量。

梁下余量 a 的大小与叉车货叉的提升高度 F_g 有一定关系。此外,由于天花板或者梁下装有照明器材、配管配线、电线支架、空调导管、隔热保温材料和消防设备(自动喷淋器、自动火警报警器、诱导灯等),这些设备也自然影响了梁下高度的大小。

梁下有效高度计算示例:设装载单元高度 $H_a = 1.3$ m,堆积层数 $n = 3$,货叉的提升高度 $F_g = 0.3$ m,梁下余量 $a = 0.5$ m,则

货物最大堆积高度 $H_L = H_a n + F_g = (1.3 \times 3 + 0.3)$ m $= 4.2$ m,梁下有效高度 $H_e = H_L + a = (4.2 + 0.5)$ m $= 4.7$ m。

(二)"货架+叉车"的场合

1. 货物最大堆积高度 H_L 的计算

图 5-21 所示的为货物最大堆积高度 H_L 计算图。为把货物堆积在货架上,货物最大堆

积高度取决于货架高度。其计算公式如下:
$$H_L = F_H + H_a + F_g \tag{5-21}$$
式中:F_H 为货叉的升程;H_a 为装载单元高度;F_g 为货叉的提升高度;H_r 为货架高度。

应注意,在此情况下,货叉的最大升程 F_H 比货物最大堆积高度 H_L 要高,即
$$F_H + H_a > H_r + H_a + F_g$$

2. 梁下有效高度 H_e 的计算

梁下有效高度 H_e 的计算公式如下:
$$H_e = H_L + a \tag{5-22}$$
式中:H_L 为货物最大堆积高度;a 为梁下余量。

梁下高度计算示例如下:设货架高度 $H_r = 3.2$ m,装载单元高度 $H_a = 1.3$ m,货叉的提升高度 $F_g = 0.3$ m,梁下余量 $a = 0.5$ m,则

货架最大堆积高度 $H_L = H_r + H_a + F_g = (3.2 + 1.3 + 0.3)$ m $= 4.8$ m

梁下有效高度 $H_e = H_L + a = (4.8 + 0.5)$ m $= 5.3$ m

(三) 积层式货架的梁下高度计算

利用积层式货架存取货物时,主要依靠人力进行作业。为此,根据人机工程学,各层高度应便于用人力操作。如图 5-22 所示,梁下有效高度计算如下:

最上层货架高度 $H_L = 2H_r + H_f$

梁下有效高度 $\qquad H_e = H_L + a \tag{5-23}$

式中:H_e 为梁下有效高度;H_L 为最上层货架高度;H_r 为货架高度;H_f 为地板厚度;a 为梁下余量。

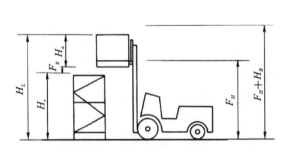

图 5-21 货物最大堆积高度 H_L 的计算图 2

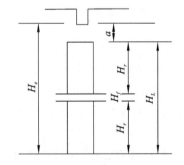

图 5-22 梁下有效高度 H_e 的计算图 2

计算示例:设货架高度 $H_r = 2.4$ m,地板厚度 $H_f = 0.4$ m,梁下余量 $a = 0.6$ m,则

最上层货架高度 $H_L = 2H_r + H_f = (2 \times 2.4 + 0.4)$ m $= 5.2$ m

梁下有效高度 $H_e = H_L + a = (5.2 + 0.6)$ m $= 5.8$ m

(四) 运输车进入建筑物内的场合

1. 一般的运输车

当一般的运输车进入建筑物内时,梁下高度取决于这种运输车的高度。同理,屋檐下有效高度也取决于运输车的高度。如图 5-23 所示,梁下有效高度 H_e 等于车辆高度 H_t 加梁下

余量 a，即

$$H_e = H_t + a \tag{5-24}$$

计算示例：设梁下余量 $a=0.6$ m，车辆高度 $H_t=3.8$ m，则 $H_e=H_t+a=(3.8+0.6)$ m$=4.4$ m。

2. 带翼车

如图 5-24 所示，在使用这种带翼车时，梁下有效高度的计算公式如下：

$$H_e = H_w + a \tag{5-25}$$

式中：H_e 为梁下有效高度；H_w 为车辆翼的最大高度；a 为梁下余量。

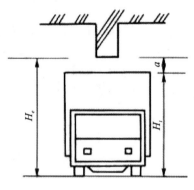
图 5-23　梁下有效高度 H_e

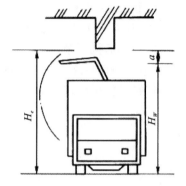
图 5-24　使用带翼车时梁下有效高度计算图

计算示例：设运输车的左翼在最高位置时的高度 $H_w=4.9$ m，梁下余量 $a=0.6$ m，则梁下有效高度 $H_e=H_w+a=(4.9+0.6)$ m$=5.5$ m。

五、月台高度

仓储系统的月台有高月台和低月台两种，其高度与进/发货运输车的装卸作业有关。它们各有优缺点，按照实际情况来选择它们。

高月台的优点是利于手工装卸作业和用轻型工具装卸作业，此外由于高出地面，泥土、雨水等不易进入；其缺点是高月台造价较高，而且叉车操作者不太容易从地面把货物放入月台。

低月台的优点是货物处理室与月台之间没有遮拦，便于装卸作业，装卸作业效率较高，对于大质量货物的装卸作业较为方便；其缺点是作业动线交错，人力装卸作业比较困难，雨水和泥等易于侵入。

究竟选择什么样的月台，主要取决于仓储系统的环境、进/发货的空间、运输车辆种类和装卸作业的方法。

（一）高月台高度

高月台高度取决于运输车辆的车厢高度。

1. 运输车种受限的情况

根据实际需要，仓储系统只选定某些车种或使用频率较高的车种时，则根据这些车种中最高车厢尺寸来决定月台高度。表 5-4 所示的为日本各汽车公司生产的运输车辆的车厢高度比较。表中的值是空载时的车厢高度。满载时车厢高度将降低一定数量。大型车辆满载时下降 100～200 mm。在设计月台高度时，可以考虑车厢下降值。图 5-25 所示的为车厢高度一定时的月台高度。

表 5-4 日本汽车公司运输车的车厢高度比较

载质量/t	各公司的车厢高度/mm						
	A公司	B公司	C公司	D公司	E公司	F公司	G公司
1	—	—	720	690～795	780～830	660～880	—
2	795～1035	800～1020	755～1125	735～1010	800～1005	700～1045	790～1060
3	1085	965～1035	895～1215	965～1025	965～1035	855～1045	860～1005
4	960～1095	925～1095	985～1200	915～1105	—	880～1030	915～1045
5	1095～1125	1165	1130～1175	915～1125	—	—	—
6	1130～1135	1165	750～1175	—	—	—	—
7	—	1165	1010～1150	1365	—	—	—
8	1390～1405	1300～1360	1365	1365～1375	—	—	—
9	—	1215	1305～1360	—	—	—	—
10	1440	1215～1220	1305～1440	—	—	—	—
11	1440～1485	1180～1470	1380～1440	1175～1460	—	—	—
12	1355～1485	1180～1465	1380～1415	1255～1470	—	—	—

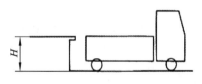

图 5-25 车厢高度一定时的月台高度

2. 不限运输车种的情况

由于运输车种不受限制，车厢高度变化范围较大，为适应各种车厢高度需要，采用调整器来调整月台高度。图 5-26 所示的为使用调整器的情况。

由此可知，按照实际经验，月台高度 H 值为：最大车厢高度减去最小车厢高度的平均值。调整器的倾斜角根据叉车性能会略有差异。一般情况下，按倾斜角 15°来设计调整器长度。图 5-27 所示的为调整器长度计算方法。表 5-5 所示的为调整器的斜率与斜角的换算。

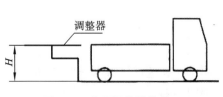

图 5-26 使用调整器的情况

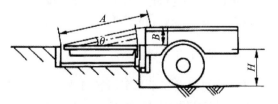

图 5-27 调整器长度计算法

表 5-5　调整器斜率与斜角的换算

斜率 $A:B$	斜角 θ	斜率 $A:B$	斜角 θ	斜率 $A:B$	斜角 θ
100∶1	0°35′	100∶10	5°23′	100∶19	10°47′
100∶2	1°10′	100∶11	6°16′	100∶20	11°19′
100∶3	1°43′	100∶12	6°50′	100∶21	11°52′
100∶4	2°18′	100∶13	7°24′	100∶22	12°25′
100∶5	2°52′	100∶14	7°58′	100∶23	12°57′
100∶6	3°26′	100∶15	8°32′	100∶24	13°30′
100∶7	4°00′	100∶16	9°06′	100∶25	14°02′
100∶8	4°32′	100∶17	9°39′	100∶26	14°35′
100∶9	5°10′	100∶18	10°12′	100∶27	15°06′

月台高度计算示例:设车为 C 公司的 11 t 运输车,由表 5-4 中可查出车厢高度为 1.38~1.44 m,满载时车厢下降 100~200 mm。为安全起见,取下降值为 100 mm,则

月台高度 $H=(1.44-0.1)\text{ m}=1.34\text{ m}$

取 $H=1.35\text{ m}$。

由于各种车辆的车厢高度不同,要求调整器踏板按不同的角度来满足各种车厢的装卸作业的要求,即踏板角度发生变化,踏板长度也发生变化。

月台高度:

$$H = H_1 + (H_2 - H_1)/2 \tag{5-26}$$

踏板长度:

$$A = [(H_2 - H_1)/2]/(B/100) \tag{5-27}$$

式中:H_1 为车厢最低高度;H_2 为车厢最高高度;$B/100$ 为踏板的斜度,可根据表 5-5 查得。

月台高度 H 和踏板长度 A 的计算示例如下:设所用车辆是 6 t 以下全部车型,由表 5-4 查得:车厢最低高度 $H_1=660\text{ mm}$(空载时);

车厢最高高度 $H_2=1215\text{ mm}$(空载时)。

在满载条件下,车厢将下降 100 mm 左右,此时

车厢最低高度 $H_1=(660-100)\text{ mm}=560\text{ mm}$

月台高度 $H=H_1+(H_2-H_1)/2=[560+(1215-560)/2]\text{ mm}=887.5\text{ mm}$

取整后 $H=900\text{ mm}$。

设踏板斜角在 13°以下,由表 5-5 选斜角比率 $B/100=23/100$,则

踏板长度 $A=[(H_2-H_1)/2]/(B/100)=[(1215-560)/2]/(23/100)\text{ mm}=1423.9\text{ mm}$

取整后 $A=1500\text{ mm}$。

(二) 低月台高度

低月台的优点在于叉车运转自由。但是月台高度较低,雨水容易侵入。低月台的高度不仅取决于叉车出/入口,而且还受建筑物周围环境结构的影响。

就叉车作业而言,月台高度越低越好。但过低时,在外墙和月台相连接处容易受到雨水

侵入,如图 5-28 所示。一般情况下,月台高度 H 应高于地平面 200 mm 以上。

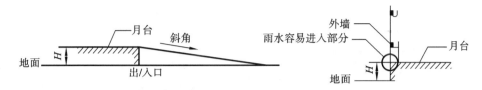

图 5-28 低月台高度

六、建筑物的进/出货开口尺寸

运输车辆进/出口一般都设计有闸门,大闸门采用电动式,小闸门既可采用电动式,也可采用手动式。高月台和低月台的闸门大小是不一样的。当运输车辆进入建筑物内时,其闸门大小也不一样。

(一) 高月台用的闸口开口尺寸

当运输车辆不进入建筑物内时,装卸货物采用手工作业。在这种情况下,闸门大小等于车厢大小加一定余量即可,如图 5-29 所示。闸门尺寸计算如下:

$$\begin{cases} W = W_t + 2C_0 \\ H = H_t + a \end{cases} \tag{5-28}$$

式中:W 为闸门开口宽度;H 为闸门开口高度;W_t 为车辆最大宽度;H_t 为车辆最大高度;C_0 为侧面余量;a 为上面余量。

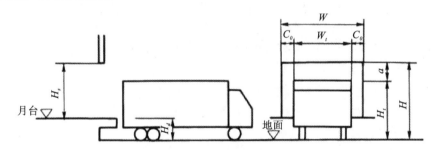

图 5-29 高月台用的闸门开口尺寸

一般情况,取 $C_0 = a > 300$ mm。当为敞篷车时,装载高度较高,则取 $a > 600$ mm。由图 5-29 可知,闸门高度 H_s 等于闸门开口高度 H 减月台高度 H_d。

计算示例如下:设 11 t 大型车辆,车宽 $W_t = 2500$ mm,车高 $H_t = 3800$ mm,侧面余量 $C_0 = 400$ mm,上面余量 $a = 400$ mm,月台高度 $H_d = 1200$ mm,则

闸门开口宽度 $W = W_t + 2C_0 = (2500 + 2 \times 400)$ mm $= 3300$ mm

闸门开口高度 $H = H_t + a = (3800 + 400)$ mm $= 4200$ mm

闸门高度 $H_s = H - H_d = (4200 - 1200)$ mm $= 3000$ mm

(二) 低月台用的闸门开口尺寸

采用低月台时,运输车辆不进入建筑物内,如图 5-30 所示。建筑物闸门开口尺寸计算

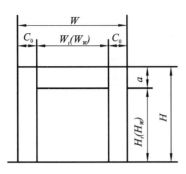

图 5-30 低月台的闸门开口尺寸

如下：

$$W = W_t(或 W_w) + 2C_0 \quad (5-29)$$
$$H = H_t(或 H_w) + a \quad (5-30)$$

式中：W 为闸门开口宽度；H 为闸门开口高度；W_t 为车辆最大宽度；H_t 为车辆最大高度；C_0 为侧面余量；a 为上面余量；W_w 为车翼最大宽度；H_w 为车翼最大高度。

1. 运输车辆进入建筑物内的情况

当运输车辆驶入建筑物内时，在宽度方向必须留出一定余量。图 5-31 为一般车辆和带翼车辆进入建筑物内的开口尺寸计算图。

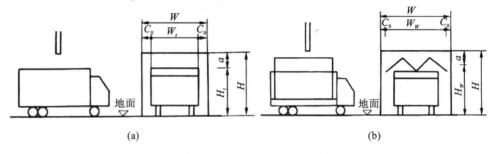

图 5-31 一般车辆和带翼车辆进入建筑物内的开口尺寸计算图

由图 5-31(a) 可知，设 $W_t = 2500$ mm，$C_0 \geqslant 500$ mm，$H_t = 3800$ mm，$a \geqslant 500$ mm 时，则

$$W = W_t + 2C_0 = (2500 + 2 \times 500) \text{ mm} = 3500 \text{ mm}$$
$$H = H_t + a = (3800 + 500) \text{ mm} = 4300 \text{ mm}$$

由图 5-31(b) 可知，当运输车辆为带翼车时，设开翼时的 $W_w = 4200$ mm，$H_w = 4900$ mm，$C_0 \geqslant 500$ mm，$a \geqslant 200$ mm 时，则

$$W = W_w + 2C_0 = (4200 + 2 \times 500) \text{ mm} = 5200 \text{ mm}$$
$$H = H_w + a = (4900 + 200) \text{ mm} = 5100 \text{ mm}$$

2. 运输车辆不进入建筑物内的情况

图 5-32 为运输车辆不进入建筑物内的开口尺寸计算图。

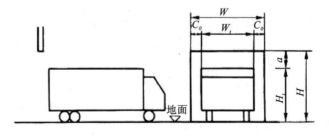

图 5-32 运输车辆不进入建筑物内的开口尺寸计算图

计算示例如下：设 $W_t = 2500$ mm，$C_0 \geqslant 300$ mm，$H_t = 3800$ mm，$a \geqslant 300$ mm（或 600 mm），则

$$W = W_t + 2C_0 = (2500 + 2 \times 300) \text{ mm} = 3100 \text{ mm}$$
$$H = H_t + a = [3800 + 300(或 600)] \text{ mm} = 4100 \text{ mm}(或 4400 \text{ mm})$$

七、地面载荷

作用在仓储系统建筑物内地面上的垂直载荷有固定载荷和装载载荷两种。固定载荷有建筑物载荷和设备载荷。装载载荷是可以移动的载荷,如各种货物等。

在地面承载能力计算,大梁、柱、基础计算和地震载荷计算等都要用到装载载荷。在地面承载能力计算时,把作用在一块地板范围内的载荷视为集中载荷。在大梁、柱和基础计算时,把作用在大梁的支撑范围内的载荷视为平均载荷。因为受力范围较大,在计算地震载荷时,必须求出各层的质量,按平均载荷进行计算。

一般说的地面载荷是指地面构造设计用的装载载荷。进行地板强度设计的载荷是指地板单位面积承受的载荷。

法定装载载荷是《建筑法》规定的建筑物各部分承受的设定载荷。营业性仓库的物品是变化的,装载载荷情况也在变化。根据经验,法定装载载荷为 4 kPa 以上。为此,在设计仓库时,要求地面强度能承载 4 kPa 以上的载荷。

影响地面装载载荷的因素很多,主要是托盘载重、货态、堆积层数、有无叉车行走和运输车辆是否驶入建筑物内等。

(一)已知载荷条件下的地面载荷

1. 已知托盘平置、载荷和堆积层数

地面装载载荷计算图如图 5-33 所示。平置托盘的地面装载载荷计算如下:

$$L_L = \frac{pN}{W_p L_p} \tag{5-31}$$

式中:p 为托盘总质量,t;N 为托盘堆积层数;W_p 为托盘宽度,m;L_p 为托盘长度,m。

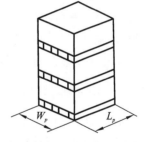

图 5-33 地面装载载荷计算图

2. 叉车通道的地面载荷

当已知叉车型号、规格和尺寸之后,叉车通道的地面装载载荷计算如下:

$$装载载荷(总质量) = 叉车自重 + 货物重量 \tag{5-32}$$

计算示例:设叉车自重 1.8~2.5 t,货物质量为 1.0 t,则总质量=2.8~3.5 t。

3. 运输车辆驶入建筑物内的情况

这种情况下的地面装载载荷取决于车辆的总质量,即

$$车辆总质量 = 车辆质量 + 车辆最大装载量 \tag{5-33}$$

普通运畜车辆总质量最大为 25 t。

(二)载荷不定的装载载荷

在进行规划设计阶段,因载荷不定,对保管空间、作业空间和通道区等不能明确分开时,采用平均载荷来设计地面承载能力。根据经验,对于叉车通道取 $L_L = 1.0 \sim 1.5 \text{ t/m}^2$,对于

非叉车通道 $L_L = 0.5 \sim 1.0 \text{ t/m}^2$。

第四节　自动化立体仓库系统

一、自动化立体仓库系统及其构成

自动化立体仓库系统，又称自动存取系统，是指不直接进行人工处理而使用自动化搬运和输送设备储存、取出货物的仓库系统。

它通常由货物储存系统、货物存取和传送系统、计算机控制和管理系统以及土建及公用配套设施系统等部分组成，并可以直接与其他生产系统相连接。

（一）货物储存系统

货物储存系统由立体货架的货格（托盘或货箱）组成，按高度分为高层货架（12 m 以上）、中层货架（5～12 m）、低层货架（5 m 以下）。货架按照排、列、层组合而成立体仓库储存系统。

（二）货物存取和传送系统

货物存取和传送系统承担货物存取、出入仓库的功能，它由有轨和无轨堆垛机、出入库输送机、装卸机械等组成，其中出入库输送机可根据货物的特点采用传送带输送机、机动辊道、链传动输送机等，将货物输送到堆垛机上下料位置和货物出入库位置。装卸机械承担货物出入库装车或卸车的工作，一般由行车、吊车、叉车等装卸机械组成。

（三）计算机控制和管理系统

根据自动化立体仓库的不同情况，采取不同的控制方式。有的仓库只采取对存取堆垛机、出入库输送机的单台 PLC 控制，机与机无联系；有的仓库对各单台机械进行联网控制。更高级的自动化立体仓库的控制系统采用集中控制、分离式控制和分布式控制，由管理计算机、中央控制计算机和对堆垛机、出入库输送机等进行直接控制的可编程控制器组成控制系统。

管理计算机是自动化立体仓库的管理中心，承担入库管理、出库管理、盘库管理、查询、打印及显示、仓库经济技术指标计算分析管理功能，它包括在线管理和离线管理。中央控制计算机是自动化立体仓库的控制中心，它沟通并协调管理计算机、堆垛机、出入库输送机等的联系；控制和监视整个自动化立体仓库的运行，并根据管理计算机或键盘的命令组织流程，以及监视现场设备运行情况和现场设备状态，监视货物流及收发货显示，与管理计算机、堆垛机和现场设备通信联系，还具有对设备进行故障检测及查询显示功能。直接控制是PLC 操作的单机自动控制器，它直接应用于堆垛机和出入库输送的控制系统，实现堆垛机从入库取货送到指定的货位，或从指定的货位取出货物到出库取货的功能。

（四）土建及公用配套设施系统

土建及公用配套设施系统包括储存货物的厂房及其他配套设施。

1. 厂房

一般来说,仓库的货物和自动化仓库中的所有设备都安放在厂房内,厂房的大小取决于仓库库存容量和货架规格。厂房内通常还有中央控制室(机房)、办公室、更衣室、工具间等辅助区域。厂房的选址,厂房基础的形式,墙体、屋面、地面、内墙、辅房、门窗、沟道等的形式,所用材料、施工方法等,都应符合国家和专业的标准、规定,以达到实用、安全方便和美观的效果。

2. 消防系统

由于仓库库房一般比较大,货物和设备比较多且密度大,仓库的管理和操作人员又较少,所以自动化仓库大都采用自动消防系统。它由传感器(温度、流量、烟雾传感器等)不断检测现场温度、湿度等信息,当超过危险值时,比如发生火灾,自动消防系统发出报警信号,并控制现场的消防机构喷出水或二氧化碳粉末等,达到灭火的目的。消防系统也可以由人工强制喷淋,即手动控制。在消防控制室内设置有火警控制器,能接收多种报警信号,它的副显示器一般设在工厂的消防站内,同时向消防站报警。

3. 照明系统

自动化仓库的照明系统包括日常照明、维修照明和应急照明,以保证仓库内的管理和维护人员能正常地进行生产活动。考虑到人的工作和活动情况,库房内各区域应有适当的照明及相应的控制开关。仓库中运行的各种设备可以不需要照明。储存感光材料的黑暗库不允许储存物品见光,照明系统应特殊考虑。

4. 通风及采暖系统

通风和采暖的要求是根据所存物品的条件提出的。对设备而言,自动化仓库内部的环境温度一般在 $-5 \sim 45\ ℃$ 即可。系统设施通常有厂房屋顶及侧面的风机、顶部和侧面的通风窗、中央空调、暖气等。对散发有害气体的仓库可设离心通风,将有害气体排到室外。

5. 动力系统

自动化仓库一般不需要气源,只需动力电源即可。配电系统采用三相四线制供电,可直接接地,动力电压为交流 380 V/220 V,50 Hz,根据所有设备用电量的总和确定用电容量。配电系统中的主要设备有动力配电箱、电力电线、控制电缆和电缆桥架等。在为具体设备供电时,可能还需增加稳压或隔离设备。

6. 其他设施

其他设施包括给排水设施、避雷接地设施和环境保护设施等。给水主要指消防水、工作用水。排水是指工作废水、清洁废水及雨水。雨水系统可采用暗管排放,经系统管线排入附近的河中。立体仓库属于高层建筑,应设置避雷网防雷直击,其引下线不应少于两根,间距不应大于 30 m。电气设备不带电的金属外壳及穿线用的钢管、电缆桥架等均应可靠接零;工作零线、保护零线均与变压器各性能点有可靠的连接;为了防止静电积聚,所有金属管道应可靠接地。根据《中华人民共和国环境保护法》等有关规定,必须对生产过程中产生的污物及噪声采取必要的措施。

二、自动化仓库的特点

与传统的普通仓库相比,自动化仓库系统具有以下几个特点。

1. 采用多层货架储存货物

自动化仓库系统的货架通常是几层或十几层,有的甚至达几十层。储存区向高空间大幅度发展,使仓库的空间得到充分利用,节省了库存占地面积,提高了空间利用率。立体仓库的单位储存量可达 7.5 t/m^2,是普通仓库的 5~10 倍。同时,多层货架储存还可以避免或减少货物的丢失和损坏,有利于防火防盗。

2. 使用自动设备存取货物

自动化仓库系统使用机械和自动化设备,不仅运行和处理速度快,而且降低了操作人员的劳动强度,提高了劳动生产率。这种非人工直接处理的存取方式,能较好地适应黑暗、低温、易爆及有污染等特殊场所货物存取的需要。此外,该系统能够方便地纳入企业整体物流系统,有利于实现物流的合理化。

3. 运用计算机进行管理和控制

计算机能够准确无误地对各种信息进行储存和处理。使用计算机管理可减少货物和信息处理的差错,实时准确地反映库存情况。这样,不仅便于及时清点和盘存,有效利用仓库的储存能力,合理调整库存,防止货物出现自然老化、生锈、变质等损耗,而且能够为管理者决策提供可靠的依据,有利于加强库存管理。同时,通过自动化仓库信息系统与企业生产信息系统的集成,还可实现企业信息管理的自动化。

基于上述特点,使用自动化仓库能够给企业带来减少土地占用和土建投资费用、降低库存成本、加快储备资金周转、提高劳动生产率以及有效控制存货损失和缺货风险等诸多利益。实践证明,自动化仓库的使用能够产生巨大的经济利益和社会效益。

三、自动化仓库系统的分类

自动化仓库系统可以从不同的角度加以分类。

(一) 按建筑形式分类

按建筑形式分类,自动化仓库系统可分为整体式仓库和分离式仓库。

整体式仓库是指库房与货架合为一体的仓库,即货架不仅用于储存货物,而且作为库房建筑物的支撑结构,如图 5-34(a) 所示。

分离式仓库是指货架与库房相互独立,将货架建于库房内部的仓库。后者可由现有的建筑物改建而成,也可将其中的货架拆除,使建筑用于其他用途,如图 5-34(b) 所示。

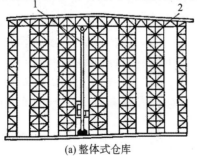

图 5-34 整体式与分离式仓库示意图

1—巷道堆垛起重机;2—立体仓库货架

（二）按货物存取形式分类

按货物存取形式分类，自动化仓库系统可分为单元货架式仓库和拣选货架式仓库。

单元货架式仓库是一种最常见的结构，货物先放在标准容器或托盘上，再用带伸缩货叉的巷道堆垛机、高架叉车等搬运设备装入仓库货架的单元货格中，出入库都以整个单元为单位进行操作。

拣选货架式仓库是根据出库提货单的要求从货物单元中拣选出一部分出库。拣选方式有自动拣选和人工拣选两种。人工拣选有两种：一种是巷道内分拣，即仓库工人乘坐拣选式堆垛起重机或叉车到需要取货的货格前，从货格中取出所需数量的货物出库，又称"人到货前拣选"；另一种是巷道外分拣，即用一般的巷道堆垛机或其他搬运设备将所需货物单元整个搬出巷道，送到分拣区，由人工拣选所需的数量货物，然后再将货物单元运回原处，又称"货到人处拣选"。

（三）按货架构造形式分类

按货架构造形式分类，自动化仓库系统可分为单元货格式仓库、贯通式仓库、移动式货架仓库和旋转式货架仓库。

1. 单元货格式仓库

单元货格式仓库（见图 5-35）由于适应性较强而被广泛使用。其结构是，货架沿仓库宽度方向分成若干排，每两排为一组，各组间有巷道供堆垛起重机或其他起重机作业，同时，每排货架沿仓库长度方向分为数列，沿垂直方向分为若干层，从而分成大量货格用以储存货物。在大多数情况下，每个货格存放一个货物单元（一个托盘或一个货箱）。在某些情况下，如货物单元比较小，或货架为钢筋混凝土材料时，为充分利用货格空间，减少投资，一个货格内也可存放两三个货物单元。

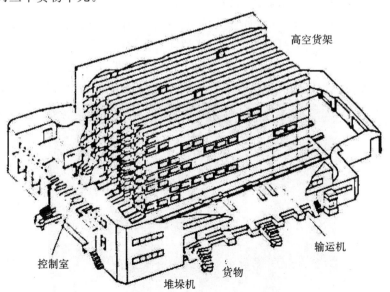

图 5-35 单元货格式仓库

2. 贯通式仓库

在单元货格式仓库中,巷道占据了大约 1/3 的面积。为提高仓库空间利用率,在某些情况下可以取消货架之间的通道,将货架并在一起,使同一层、同一列的货物相互贯通,形成能依次存放多货物单元的通道。在通道一端,由一台入库起重机将货物单元装入通道,而在另一端由出库起重机取货,这种仓库称为贯通式仓库。根据货物单元在通道内移动方式的不同,贯通式仓库又可进一步划分为重力式货架仓库、输送机式货架仓库和梭式小车式货架仓库。

在重力式货架仓库中,存货通道被设计成坡道。入库起重机装入通道的货物单元能够在自重作用下,自动地从入库端向出库端移动,直到通道的出库端或者碰上已有的货物单元停住为止。位于通道出库端的第一个货物单元被出库起重机取走之后,位于它后面的各个货物单元便在重力作用下一次向出库端移动一个货位。由于在重力式货架中,每个存货通道只能存放同一种货物,所以它适用于货物品种不太多而数量又相对较大的情况。

输送机式货架仓库存货通道是水平的。货物单元从入库端到出库端的移动依靠通道内设的输送机实现。这种货架结构比较复杂,维护也不太方便,采用较少。

梭式小车式货架仓库的工作方式,是由梭式小车在存货通道内往返穿梭地搬运货物。要入库的货物由起重机送到存货通道的入库端,然后由位于这个通道内的梭式小车将货物送到出库端或者依次排在已有货物单元的后面。出库时,由出库起重机从存货通道的出库端又取货物。通道内的梭式小车则不断地将通道内的货物单元依顺序一一搬到通道口的出库端上,给起重机"喂料"。这种货架结构比重力式货架要简单得多。梭式小车可以由起重机从一个存货通道搬运到另一通道。必要时,这种小车可以自备电源。

3. 移动式货架仓库

移动式货架易控制,安全可靠。每排货架由一个电动机驱动,由装置于货架下的滚轮沿铺设于地面上的轨道移动。其突出的优点是提高了空间利用率,一组移动式货架只需一条通道,而固定型托盘货架的一条通道,只服务于通道内两侧的两排货架。所以在相同的空间内,移动式货架的储存能力比一般固定式货架的高得多,并且移动式货架易控制,安全可靠。根据货架是否封闭,移动货架可分为敞开式移动货架和封闭式移动货架。

敞开式移动货架如图 5-36 所示。其传动机构设于货架底座内,操作盘设于货架端部,外形简洁,操作方便。货架的前后设有安全分线开关,一遇障碍物整个货架立即停止。

图 5-36 敞开式移动货架

封闭式移动货架如图 5-37 所示。当不需要存取货物时,货架移动到一起后,全部封闭,并可全部锁住。在各货架接口处装有橡皮封口。它的最大优点是在封闭时确保货物安全,同时又可防尘、防光。一般情况下,把一端货架固定,其他货架都可移动。它的移动方式有电动的,也有手动的,或者电动和手动两用。

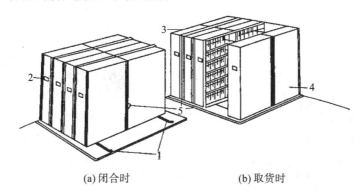

(a) 闭合时　　　　　(b) 取货时

图 5-37　封闭式移动货架

1—轨道;2—标牌夹;3—固定货架;4—移动货架;5—锁紧螺栓

移动式货架在存取货物时需移动货架,所以存取货物时间要比一般货架的长,还需要有移动和驱动装置。移动式货架仓库虽然储存密度大,但工作周期长,主要适用于出入库不频繁的场合。电动的移动式货架单元可以长达 30 m,高 10 m,但要注意货架单元的长度或高度不宜超过轮距的 6 倍,可用于储存制成品、原材料等。手动的移动式货架尺寸和载重量均受到限制,常用于储存小件物品或图书资料等。

4. 旋转式货架仓库

旋转式货架设有电力驱动装置(驱动部分可设于货架上部,也可设于货架底座内)。货架沿着由两个直线段和两个曲线段组成的环形轨道运行,由开关或用单片机控制。存取货物时,把货物所在货格编号由控制盘按钮输入,该货格则以最近的距离自动旋转至拣货点停止。拣货路线短,拣货效率高。图 5-38 所示的为旋转式货架的一种。旋转式货架的货格样式很多,

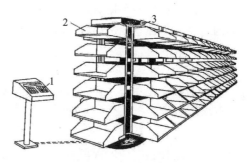

图 5-38　旋转式货架

1—操作盘;2—货架;3—货位编号

一般有提篮状、盆状、盘状等,可根据所存货物的种类、形状、大小、规格等不同要求选择。货格可以用硬纸板、塑料板制成,也可以是金属架子。透明塑料密封盒则适合于储存电子组件等有防尘要求的货物。

旋转式货架适用于小物品的存取,尤其对于多品种的货物更为方便,它储存密度大,货架间不设通道,易管理,投资少。由于操作人员位置固定,故可采用局部通风和照明来改善工作条件,可节约大量能源。如果仓库的空间利用不是主要问题,而以便于拣货和管理库存为目的,宜采用该种货架形式。

水平循环货架仓库的货架本身可以在水平面内沿环形路线来回运行。每组货架由数十个独立的货柜构成,用一台链式输送机将这些货柜串联起来,每个货柜下方有支撑滚轮,上

部有导向滚轮,输送机运转时,货柜便相应地运动。需要提取某种货物时,操作人员只需在操作台上给出指令,相应的一组货架便开始运转。当装有该货物的货柜来到拣选口时,货架便停止运转,操作人员可从中拣选货物。货柜的结构形式根据所存货物的不同而变更。水平循环货架仓库对于小件物品的拣选作业十分合适。这种仓库简便实用,能够充分利用建筑空间,对土建没有特殊要求,在作业频率要求不高的场合是很适用的。

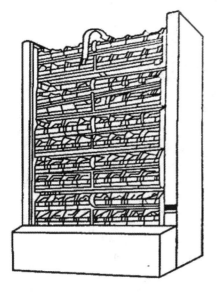

图 5-39 垂直循环式货架

垂直循环式货架仓库(见图 5-39)与水平循环货架仓库相似,只是把水平面内的环形旋转改为垂直面内的旋转。这种仓库的货架本身是一台垂直提升机,提升机的两个分支上都悬挂有货格,提升机根据操作命令可以正转或反转,使需要提取的货物降落到最下面的取货位置上。这种垂直循环式货架特别适用于存放长的卷状货物,像地毯、地板革、胶卷片、电缆卷等。这种货架也可用于储存小件物品。

(四)按在生产和流通中的作用分类

按在生产和流通中的作用分类,自动化仓库可分为生产性仓库和流通性仓库。

生产性仓库是指工厂内部为了协调工序和工序、车间和车间、外购件和自制件间物流的不平衡而建立的仓库,它能保证各生产工序间进行有节奏的生产。

流通性仓库是一种服务性仓库,它是企业为了调节生产企业和用户之间的供需平衡而建立的仓库。这种仓库进出货物比较频繁,吞吐量较大,一般都和销售部门有直接联系。

(五)按自动化仓库与生产连接的紧密程度分类

按自动化仓库与生产连接的紧密程度分类,自动化仓库可分为独立型仓库、半紧密型仓库和紧密型仓库。

独立型仓库也称为"离线"仓库,是指从操作流程及经济性等方面来说都相对独立的自动化仓库。这种仓库一般规模都比较大,储存量较大,仓库系统具有自己的计算机管理、监控、调度和控制系统,又可以分为储存型和中转型仓库。配送中心也属于这一类仓库。

半紧密型仓库是指它的操作流程、仓库的管理、货物的出入和经济性与其他企业(或部门,或上级单位)有一定关系,而又未与其他生产系统直接相连。

紧密型仓库也称为"在线"仓库,是那些与企业内其他部门或生产系统直接相连的立体仓库,两者间的关系比较紧密。有些立体仓库可自动接收来自包装线的物品及信息,有些可在柔性生产线计算机的统一指挥下直接接送板材、半成品物料及其信息。

四、自动化立体仓库的设计

(一)自动化立体仓库设计原则

自动化立体仓库系统的设计原则是根据实际经验和一般设计要求给出的。遵循这些原则能够提高效率,并获得相应的效益。然而这些原则并非一成不变,在某些特定场合下,有些原则可能会相互冲突。为了做出最好的设计,设计者必须具有优秀的判别能力,对这些原则进行选择和修改。

(1) 牢记设计目标。在设计过程中,必须始终牢记设计目标,从而避免其他次要因素的干扰。

(2) 保持物料向前移动。保持物料始终向最终目的地移动,尽量避免返回、侧绕和转向。直接从起点到终点的路线是最经济、最快捷和最有效的。

(3) 物料处理次数最少。不管是采取人工方式还是自动方式,每一次物料处理都需要花费一定的时间和费用。应通过复合操作,或减少不必要的移动,或引入能同时完成多个操作的设备,来减少物料处理次数。

(4) 使用合适的设备。应选择能完成特定任务廉价而有效的设备。

(5) 最少的人工处理。人工处理是昂贵的,并且容易产生错误,因此应尽量采用机械设备来减少对人工处理的需要。

(6) 安全性原则。设计的物流系统应能保护人、产品和设备不受损伤。在系统设计中必须考虑防撞、防掉落和防火等措施。

(7) 简化原则。尽量使用以低成本能完成工作的最简单的系统。一般来说,系统越简单,操作和维护成本越低,可靠性越高,系统响应速度越快。

(8) 高利用率原则。尽量减少设备的空闲时间,实现故障时间最小化和运行时间最大化。

(9) 灵活性原则。系统应能满足未来的需求和变化。由于系统的经济性通常会限制其灵活性,因此需要在现在和未来需要之间做出平衡。

(10) 容量富余原则。设计者和管理者应能根据发展规划预测出未来要增加的容量,并使系统能够满足现在和不久的将来的需要。

(11) 自动化原则。最大限度地应用自动化控制进行操作。恰当的自动控制能减少差错,降低使用成本,提高仓库利用率和产量。

(12) 降低使用成本原则。要预测系统的使用费用,并尽可能使其处于较低的水平。

(13) 利用有效空间原则。建设自动化仓库需要大量土地、基础和各种设施,要投入大量经费,因此要充分利用库房内外的空间储存物料,避免空间的浪费。

(14) 有效维护原则。系统要能有效维护,且维护费用低廉。有效维护指日常保养和快速修理。

(15) 复合操作原则。尽量把几种操作合并在一起进行,以减少操作数量。

(16) 简化流程原则。因为每种操作都需要一定的费用,因此要尽量减少操作。

(17) 人机工程学原则。应符合人机工程学原理,使系统中的人(管理、操作和维护人员)安全、舒适、方便和不易犯错误。

(18) 最短移动距离原则。以物料和设备最短的移动距离达到最终的目的地。

(19) 易于管理和操作原则。操作方便、灵活,易于管理。

(20) 充分利用能量原则。应充分利用系统中的能量,尤其是重力产生的能量。

(21) 标准化原则。标准化的设计、产品、设备和货物单元能为制造者和使用者带来极大的方便。

(22) 超前规划原则。规划要有预见性,以减少不必要的浪费,并使系统具有很强的适应性。

(23) 低投资原则。以最少的资本投入,获得最大的经济效益。

(24) 低操作费用原则。保持日常的低成本操作,以降低操作费用。

上述每一条原则看起来都很简单,也比较容易实现,但要兼顾每一条原则,并将其加以综合运用,却要困难得多。只有具备较高的理论水平和丰富的实践经验,并对使用者的要求具有深入的了解,才能使系统达到最佳状态,发挥最大作用。

(二) 自动化仓库系统设计程序

自动化仓库系统是一个复杂的综合系统,其设计应遵循一定的程序。该程序通常包括以下几个主要阶段,各个阶段都有其要达到的目标。

1. 需求分析(准备阶段)

在这一阶段里要提出问题,确定设计目标,并确定设计标准。通过调研搜集设计依据和资料,找出各种限制条件,并进行分析。另外,设计者还应认真研究工作的可行性、时间进度、组织措施以及影响设计过程的其他因素。

调研的原始资料主要包括:库存货物的名称、特征(易碎性、污染性、避眩光性等)、外形尺寸、平均库存量、最大库存量、每日出入库数量、出入库频率等;建库现场的地形、地质条件、地耐力、风雪载荷、地震情况以及其他环境条件;入库货物的来源、包装形式、搬运方式、出入库货物的去向及运输工具、整个企业的管理水平、企业的发展规划对仓库的要求及影响等。

2. 确定货物单元形式及规格

根据调查和统计结果列出所有可能的货物单元形式和规格,运用 ABC 分析等方法,比较选择经济合理的方案。在确定货物单元时,应尽量采用标准推荐的尺寸,以便与其他物料搬运和运输机具相匹配。

3. 确定自动化仓库的形式和作业方式

在上述工作的基础上确定仓库形式,一般多采用单元货格式仓库。对于品种不多而批量较大的仓库,也可以采用重力式货架仓库或者其他形式的贯通式仓库。根据出入库的工艺要求(整单元或零散货出入库)决定是否需要拣选作业。如果需要拣选作业,则需确定拣选作业方式。

4. 选择机械设备并确定其参数

立体仓库的起重输送设备有很多种,它们各有特点。在设计时,要根据仓库的规模、货物形式、单元载荷和吞吐量等选择合适的设备,并确定它们的参数。对于起重设备,根据货物单元的重量选定起重量,根据出入库频率确定各机构的工作速度。对于输送设备,则根据货物单元的尺寸选择输送机的宽度,并合理地确定输送速度。

5. 建立模型

建立模型主要是指根据单元货物规格确定货位尺寸、仓库总体尺寸和仓库的整体布置;还要确定高层货架区和作业区的衔接方式,可以选择采用叉车、运输小车或者输送机等运输设备;按照仓库作业的特点选择出入口的位置。

6. 确定存取模式

在立体仓库中存取货物有两种基本模式:单作业模式和复合作业模式。单作业就是堆垛机从巷道口取一个货物单元送到选定的货位,然后返回巷道口(单入库);或者从巷道口出发到某一个给定的货位取出一个货物单元送到巷道口(单出库)。复合作业就是堆垛机从巷道口取一个货物单元送到选定的货位 A,然后直接转移到另一个给定货位 B,取出其中的货物单元,送到巷道口出库。应尽量采用复合作业模式,以提高存取效率。

7. 核算仓库工作能力(出、入库作业周期)

仓库总体尺寸确定之后便可核算货物出、入库平均作业周期,以检验是否满足系统要求。为了提高出入库效率,可以使用双工位堆垛机采用一次搬运两个货物单元的作业方式。堆垛机的载货台上有两组货叉,它们可以分别单独伸缩,以存取两个货物单元,提高作业效率。或者将货架设计成两个货物单元深度(双深位),堆垛机的货叉也相应增长一倍。货叉伸出一半时可叉取一个货物单元,全部伸出后可叉取多处的货物单元。采用这种方式还可使货物堆存密度提高 10%~20%。

8. 提出对土建及公用工程的设计要求

要根据工艺流程的需要提出对仓库的土建和公用工程的设计要求。其内容主要包括:确定货架的工艺载荷,提出对货架的精度要求;提出对基础的均匀沉降要求;确定对采暖、通风、照明、防火等方面的要求。

9. 选定堆垛机的控制方式

根据作业形式和作业量的要求确定堆垛机的控制方式,包括手动控制、半自动控制、遥控和全自动控制。手动控制是指货物的搬运和储存作业由人工完成或人工操作简单机械完成。这种方式多数在调试或事故处理状态下使用。半自动控制是指货物的搬运和储存作业有一部分由人工完成。整个仓库作业活动可以通过可编程控制器(PLC)或微型计算机控制。遥控是将仓库内的全部作业机械(如堆垛机和运输设备等)的控制全部集中到一个控制室内,控制室的操作人员通过电子计算机进行仓库作业活动的远距离控制。全自动控制是指装运机械和存放作业都通过各种控制装置自动进行操作,电子计算机对整个仓库的作业活动进行控制。出入库频率比较高,规模比较大,特别是比较高的仓库,使用全自动控制方式可以提高堆垛机的作业速度,提高生产率和运行准确性。高度在 10 m 以上的仓库大都采用全自动控制。

10. 选择管理方式

随着计算机功能不断强大,价格不断下降,对于大中型仓库越来越普遍地采用计算机进行管理,并在线调度堆垛机和各种运输设备的作业。计算机管理是效率比较高、效果比较好的管理方式。

运用计算机管理主要有两种控制系统形式:集中控制方式和分层分布控制方式。对于比较小的系统,由于其资料量少,功能要求低,实时控制易于实现,因此可采用集中控制方式。从所使用的硬件数量来看,它设备较少,物理上容易实现,但对设备的可靠性要求高,因为一旦设备发生故障,将影响整个系统的运行。分层分布控制系统的一大优点就是全部系统功能不集中在一台或几台设备上。因此,即使某台或几台设备发生故障,对其他设备也不会产生影响或影响很小。而且控制方式也是分层次的,系统既可在高层次上运行,也可在低层次下运行。正因为如此,这种控制系统的结构目前在国内外使用较多,它适合应用于大规模控制的场合。另外,对系统中的主要设备可采取多种备份措施,如加热备份、及时备份和冷备份等。

11. 提出自动化设备的技术参数和配置

根据设计确定自动化设备的配置和参数,例如,确定选择什么样的计算机(主频速度、内存容量、硬盘容量、系统软件和接口能力等),堆垛机的速度、高度,电动机功率和调速方式等。

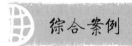

亚洲最大规模的酒类、饮料物流配送中心

(一) 概述

日本朝日啤酒集团茨城工厂始建于1991年,是日本啤酒生产和物流的主要基地。2007年通过物流中心发运出的啤酒达4700万箱。自2007年以来,增加了饮料、鸡尾酒等产品的生产,从而使该公司成为酒类、饮料的生产物流、销售物流相结合的亚洲最大的综合性物流中心。此物流公司每天输出1600辆货车的啤酒和饮料。为了满足市场需要,必须进一步改造企业,使之成为规模更大的集生产、销售、物流于一身的大企业。

(二) 应对市场结构变化的基地整合

1. 茨城工厂的改建

啤酒是在众多商品领域中数量最大、周转最快的代表商品。这几年,啤酒类产品在日本国内市场有日渐衰缩的倾向。面对这种市场结构变化,朝日啤酒集团通过扩大其他酒类、饮料、食品、药品等的销量来弥补啤酒类的销量下降问题。

根据市场需要,利用企业的有形和无形资产,整合物流资源。利用生产啤酒设备的富裕能力、生产技术和经验,生产饮料、其他酒类、酒类碳酸饮料。这样投资少、见效快。为此,茨城工厂改建成了啤酒、饮料的生产与物流相结合的现代企业。其结果是,啤酒的产销量大幅度增加。

2. 三个饮料基地的整合

以前,朝日饮料的主要生产基地在东日本物流辖区的北海道地区,其销售额占全日本的60%以上。在销售大区的东京都圈内拥有5个物流基地。饮料种类多于啤酒(一般为280~300种),按批次和日期管理比较复杂。不但库存管理烦琐,而且库存量增加。单就饮料销量在2007年就创下了1.3亿箱的纪录。为此,急需庞大的保管空间。为了解决此问题,把生产和物流整合成为拥有大、中型车辆的大规模物流基地,便于一元化管理。这样,可将产品直销到用户手中,大大减少了物资的装卸次数和时间。

从2009年处理箱数可知,新组建的物流中心的处理量占全国总销量的比例如下。

茨城中心:360万箱(2.5%)。

风早中心:650万箱(4.6%)。

柏西中心:2470万箱(17.3%)。

共计3480万箱(24.4%)。

由此可见,新饮料物流中心将处理大约全国1/4的货物,这是日本关东板块的核心。朝日啤酒集团茨城物流中心概况如表5-6所示。

表5-6 朝日啤酒茨城物流中心的概况

占地面积/m²		388000
仓库面积/m²	酒类	占地面积:19687 实用面积:62609
	饮料类	占地面积:10721 实用面积:29300
	公用仓库	占地面积:5198 实用面积:5198
	合计	占地面积:35606 实用面积:97107
	其他存瓶空间	17000(可保管100万箱)
吞吐能力/(辆/h)	酒类	大型车28
	饮料	48,按10个托盘折算为一辆车
最大吞吐车辆数/(辆/日)	酒类	515(发货464,入库51)
	饮料	717(发货504,入库213)
	空容器	125
	资料等	243
	总计	1600
最大收容能力/万箱	酒类	约200
	饮料	188

由朝日啤酒和朝日饮料公司组建的啤酒与饮料物流中心的吞吐量是1600辆货车/日。

3. 高效的场内布局与货车动线

表5-6所示的为1600辆/日货车的吞吐量,如按一天24 h计算,则平均67辆/h,即1 min有1辆以上的大型货车进出物流中心,高峰时更为集中。如何顺利调度这么多车辆?这是极为重要的问题。

为了提高土地利用率,必须设计出没有交叉布局的物流动线。图5-40是啤酒饮料物流中心的整体配置图。

各项措施列明如下:

(1)扩大货车进场大门(图5-40中右下方),消除入场时的拥挤现象。

(2)宽敞的大型停车场可容纳60辆货车等候。

(3)与引导系统联动,对货车进行一元化管理。在办公室可观察大型停车场的货车状况,并进行引导,以防止拥堵发生。

(4) 确保物流动线畅通。图 5-40 中箭头所示的为物流方向,物品按此方向有序流动,不会发生物品回流交叉和混乱现象。

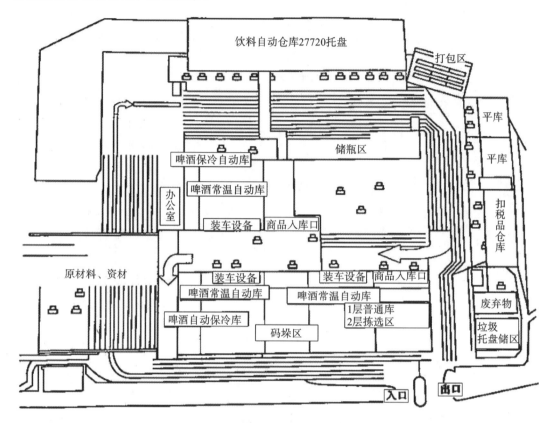

图 5-40 啤酒饮料物流中心的整体配置图

表 5-7 所示的为饮料物流中心的设备概况。

表 5-7 饮料物流中心的设备概况

托盘自动化仓库容量	36 排×26 连×15 层－144 货格＝13896
货格	保管 27720 个托盘
堆垛机(双叉)	18 台
搬运车	24 台(1 楼)＋27 台(2 楼)＝51 台
卡车位	出库兼用:6 大小型兼用:6(小型专用:12)
升降垂直搬运机	26 台
WMS	1 套
手持终端系统	1 套
车辆诱导系统	1 套
码垛机器人	传送带	2 台
	机械手	1 台

实现高效的物流生产的要点如下:

(1) 与啤酒相同,饮料也采用托盘式自动化仓库,确保高效储存和出入库能力。

(2) 自动化仓库和平库结合,保证出入库装卸量、频率和空间的平衡。

(3) 考虑拣货场的出货率,灵活调整布局,提高空间的生产能力。

(4) 车辆引导系统和自动化仓库联动,使送货车不必在车位长时间等待装货。

(5) 灵活应用车位,保证进出货顺利。

(三) 物流中心设备和管理的改进

(1) 改进物流中心的管理机制。统一管理酒类物流中心和饮料物流中心,实现两个中心的可视化作业,人员调动灵活。酒类和饮料的新产品发售高峰有一定的时间差。这样,减少了人力资源的浪费,降低了成本。物流中心的共同运管能提高25%以上的效率。

(2) 关爱环境,为使物流中心附近的居民不受影响,决定把自动化仓库和平库作为遮阳物,防止噪声和光线漏出干扰居民。

另外,除了饮料物流基地整合之外,还进行了啤酒物流的改革,提高了配送圈内货车的装载效率。这不但降低了物流成本,而且降低了二氧化碳的排放量,改善了环境。

(3) 投资回收期,此次新建的饮料工厂和物流中心可以 6 年收回成本和利息。

改善物流管理具有重要意义:每年可大大降低物流保管费、库房租赁费、转运装卸费。通过物流整合,减少了分散式的库存量,提高了库存管理效率和精度。

(四) 大型停车场和进出货的受理

(1) 图 5-41 所示的为设置在办公室对面的大型停车场,在物流高峰时段停满大、中型运输车辆。物流动线把啤酒区和饮料区分开,物流动线和行车线互不交叉,物流活动十分流畅。车场上部设计有人行天桥,确保行人安全穿过停车场。

(2) 车辆入场登记如图 5-42 所示。货车驾驶员到达物流中心后首先在受理终端登记车牌,领取场内 IC 卡。

图 5-41 大型停车场

图 5-42 车辆入场登记

(3) 办公室受理进出货指标。图 5-43 所示的为办公室受理进出货指示,根据 ID 卡确认驾驶员身份。

(4) 如图 5-44 所示,在屏幕上显示车牌号后去受理窗口办理手续,并通过车辆引导系统进行业务受理,与此同时发出自动出库指示。

驾驶员领取出货传票后,在大门处刷 ID 卡,系统自动指示驾驶员到入线车位等待发货的托盘装载单元。

图 5-43　受理进出货业务,确认驾驶员身份　　　图 5-44　屏幕显示车牌号

（五）自动化仓库入库程序

自动化仓库入库程序步骤如下。

（1）相邻的饮料厂生产的茶饮料、汽水等通过 700 m 长的输送带运到物流中心。图 5-45 所示的为桥式输送带,右侧是瓶装饮料输送线,左侧是罐装饮料输送线。

（2）饮料输送线把成箱的饮料送到码垛机前堆垛在托盘上,然后通过垂直输送机运到 2 楼。图 5-46 所示的为饮料码垛。

图 5-45　桥式输送带　　　　　　　　图 5-46　饮料码垛

图 5-47 所示的为托盘搬运出库作业。51 辆电动托盘搬运在 1 楼用于出库作业。

图 5-48 所示的为在 2 楼的托盘搬运入库作业。通过加减速度和高速运行来提高出/入库能力。

图 5-47　托盘搬运出库作业　　　　　　图 5-48　托盘搬运入库作业

图 5-49 所示的为托盘自动化仓库。此库有 28000 个货格,18 台堆垛机,可以同时出入

包括混装的许多托盘装载单元。

(3) 按生产日期进行饮料管理,经过质检部门检查之后方可发货。图5-50所示的为待出库的饮料托盘装载单元。

图 5-49　托盘自动化仓库

图 5-50　待出库的饮料托盘装载单元

(六)拣选作业

拣货作业步骤如下。

(1) 用托盘装载单元发货的饮料占80%,自动化仓管不断向拣货场提供丰富的资源。图5-51所示的为拣货区,库存约有3万箱。

(2) 确定订货信息,如订货数据、作业批次、车辆安排等,如图5-52所示。

图 5-51　拣货区

图 5-52　确定订货信息

图5-53所示的为用无线终端读取出库传票条码数据。在画面上显示应拣货的品种、数量、存放位置。

(3) 拣货作业,如图5-54所示。非熟练工人拣货效率也较高。

(4) 拣货结束之后,垂直输送机把货运到2楼,再由托盘搬运车运输到自动化仓库的货台,暂入自动化仓库。图5-55所示的为垂直输送机运货到自动化仓库货台。

(5) 在自动化仓库和拣选区之间拣货线上设置有机器人码垛机,用来在托盘上装卸货物。通过声波来判断罐装量。图5-56所示的为机器人码垛机。

图 5-53　用无线终端读取出库传票条码信息

图 5-54　拣货作业

图 5-55　垂直输送机运货到自动化仓库货台

图 5-56　机器人码垛机

（6）进货泊位作业，如图 5-57 所示。发货泊位可容纳 122 辆大型货车，进/出货各占一半。特别繁忙时全部用于发货作业，最大可达到 24 辆/h。

（7）发货作业，如图 5-58 所示。出库时用叉车把货物运到指定泊位，每次叉取 2 个托盘装载单元放到车上。

图 5-57　进货泊位作业

图 5-58　发货作业

（七）运往共用仓库、RFID 分类作业

以下各图是 RFID 分类作业步骤。图 5-59 所示的为遮光隔声墙。自动化仓库的右侧是居民区，为不扰民生活，自动化仓库的高墙具有遮光隔声功能。

（1）打包作业。打包大棚如图 5-60 所示，在自动化仓库和共用仓库之间。

图 5-61 所示的为共用仓库。在 4 个共用仓库中有 2 个是饮料、啤酒共用，另外 2 个用于保管酒类物品。

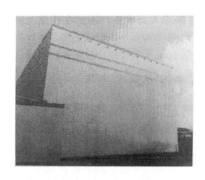
图 5-59　遮光隔声壁

图 5-60　打包大棚

（2）贴 RFID 标签。把 RFID 标签贴在多次使用的防松环保带上，如图 5-62 所示。

图 5-61　共用仓库

图 5-62　贴 RFID 标签

（3）读取托盘上的标签，如图 5-63 所示。全部信息可以显示在画面上。
（4）分类作业，如图 5-64 所示。

图 5-63　读取托盘上的标签

图 5-64　分类作业

（八）啤酒中心

图 5-65 所示的为啤酒物流中心的 3 座常温自动化仓库。

图 5-66 所示的为啤酒物流中心的 2 座冷藏自动化仓库。

图 5-67 所示的为托盘装车机。这是具有 2 台装车机的高效托盘处理系统，能够把托盘输送线上的 20 个托盘卸下来，一次装入运输车中。

图 5-68 所示的为托盘装车机装车作业。

图 5-69 所示的为货车起运。

图 5-65　啤酒物流中心的 3 座常温自动化仓库

图 5-66　啤酒物流中心的 2 座冷藏自动化仓库

图 5-67　托盘装车机

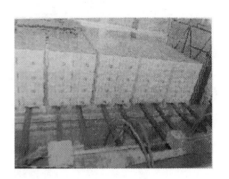
图 5-68　托盘装车机装车作业

图 5-69　货车起运

练习与思考

练习与思考题答案

一、填空题

1. 自动化仓库的能力可视为构成系统的各要素的综合能力,其中包括_____、_____、_____、_____。

2. 为使用户能顺利进行仓储系统设施的规划,有必要对_____、_____、_____、_____、_____以及_____等进行设计计算。

3. 仓储系统中的通道主要用于_____。因此,通道宽度主要取决于_____。

4. 影响仓储系统的建筑物柱间距的因素有：_____；_____；_____。

5. 自动化立体仓库系统，又称为自动存取系统，是指_____。通常由_____、_____、_____以及_____等部分组成，并可以直接与其他生产系统相连接。

6. 自动化仓库系统是一个复杂的综合系统，其设计应遵循一定的程序，主要包括_____、_____、_____、_____、_____、_____、_____、_____、_____、_____这几个重要阶段。

二、名词解释

1. 储存定位
2. 自动化立体仓库系统
3. 拣选货架式仓库

三、简答题

1. 简述自动化仓库的最佳参数选择。
2. 简述仓储系统中高月台和低月台的优缺点。

四、论述题

论述自动化立体仓库的设计原则。

第六章
物流自动化分拣作业系统

学习目标及要点

1. 了解配送分拣作业系统的概念、作用、价值;
2. 学习配送分拣作业分析,学习分拣业务构成、特性、提高分拣效率的思路;
3. 学习并掌握配送分拣作业系统设计与配置,包括单机能力、系统能力的计算。

第一节 概 述

一、物流配送中心概述

1. 物流配送中心

长期以来,由于受计划经济的影响,我国物流社会化程度低,物流管理体制混乱,机构多元化,导致社会化大生产、专业化流通的集约化经营优势难以发挥,规模经营、规模效益难以实现,设施利用率低,布局不合理,重复建设,资金浪费严重。由于利益冲突及信息不通畅等原因,造成余缺物资不能及时调配,大量物资滞留在流通领域,造成资金沉淀,发生大量库存费用。

另外,我国物流企业与物流组织的总体水平低,设备陈旧,损失率大,效率低,运输能力严重不足,形成了"瓶颈",制约了物流的发展,物流配送明显滞后。商流与物流分割,严重影响了商品经营和规模效益。物流配送业务流程由网络系统连接,当系统的任何一个神经末端收到一个需求信息的时候,该系统都可以在极短的时间内作出反应,并可以拟定详细的配送计划,通知各环节开始工作。也就是说,新型的物流配送业务可以实现整个过程的实时监控和实时决策,并且这一切工作都是由计算机根据人们事先设计好的程序自动完成的。

实践证明,市场经济需要更高程度的组织化、规模化和系统化,迫切需要尽快建设具有

第六章
物流自动化分拣作业系统

信息功能的物流配送中心。发展信息化、现代化、社会化的新型物流配送中心是建立和健全社会主义市场经济条件下新型流通体系的重要内容。我国是发展中国家,要借鉴发达国家的经验和利用现代化的设施,目前还没有达到发达国家物流配送中心的现代化程度,只能从国情、地区情况、企业情况出发,建立现代商品流通体系,发展有中国特色的新型物流配送中心。

新型物流配送中心是一种全新的流通模式和运作结构,其管理水平要求达到科学化和现代化。通过合理的科学管理制度、现代化的管理方法和手段,物流配送中心可以充分发挥其基本功能,从而保障相关企业和用户整体效益的实现。管理科学的发展为流通管理的现代化、科学化提供了条件,促进流通产业的有序发展。此外,也要加强对市场的监管和调控力度,使之有序化和规范化。

物流配送中心是按订单从事订单商品配备(集货、流通加工、拣选、配货)并组织对用户的送货,以高水平实现销售和供应服务的现代流通设施,是现代物流的标志,解决了用户多样化、个性化需求和厂商大批量、专业化生产的矛盾。配送的意义:在经济合理区域范围内,根据用户要求,对商品进行分拣、加工、包装、组配等作业,并按时送达指定地点。配货和送货的有机结合,是物流功能要素的一种形式,即商流与物流的合一。

图 6-1 是物流配送中心的功能分区图,图中箭头指示可能的物流流向。物流配送中心功能主要包括进货(采购、集货、收货验货、入库)、仓储(普通货物仓储、特殊商品仓储)、装卸搬运、流通加工、分拣、配送、信息服务等功能模块,这些功能模块由统一的管理信息中心集中管理和调度。还需要考虑与社会供应链对接,以及物流主干道的通畅。

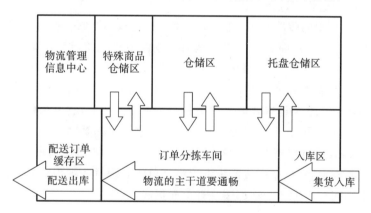

图 6-1 物流配送中心功能分区图

配送中心是指从事配送业务的场所或组织,应基本符合下列要求:
(1) 主要为特定的用户服务;
(2) 配送功能健全;
(3) 完善的信息网络;
(4) 辐射范围小;
(5) 多品种、小批量;
(6) 以配送业务为主,储存为辅。

2. 订单

订单是用户或者消费者的具体需求。

用户或者消费者向供应商发出的订货凭据(包含成品、原材料、燃料、零部件、办公用品、服务等全部采购过程)称为订单。

由于订单类型可以指定处理规则和订单分录默认值,因此系统在输入订单和退货单时,需要知道这些订单类型。将订单周期分配至每个订单类型,以控制订单处理并提供此订单类型的默认值。为订单类型定义的值可默认为分配订单类型时的订单,这取决于定义标准值规则集的方式,也可以将标准值规则集附加至订单类型。

订单的流程主要体现在以下五个环节。

(1)用户下单:用户下单的环节,是指顾客或会员浏览商城售卖的产品,或者浏览商城网站进行商品的挑选并提交订单。系统提供在一定的时间范围内即在顾客或会员订单提交至后台管理员还未对订单进行确认操作这段时间内,允许会员自行修改、取消自己的订单等订单管理相关操作。

(2)确认订单:会员订单提交到商城系统后,商城系统管理员对订单的数据信息进行确认,确认的方式是通过电话联系会员进行的。确认的内容主要包括会员填写的收货地址是否真实有效、商品配送相关情况。系统提供管理员对订单进行确认有效与无效的操作处理,管理员可以直接取消无效的订单。如果会员订单已经进行确认,则不能再进行修改。

(3)分配订单:订单进行确认有效后,商城管理员将订单分配到物流配送部门或人员进行备货、出货的处理。订单的配送是通过线下进行的。商城管理员根据线下的配送情况修改商城网上订单的配送状态进行标识。

(4)订单收款:订单的收款环节,主要是根据货到付款、款到发货两种类型进行处理。

收款的情况一般是通过财务人员对确认有效的订单进行货款情况确认,如果是货到付款的订单,财务人员将根据配送人员的反馈来修改订单的收款状态,如果是款到发货的订单,财务人员可以通过邮局的汇款情况、银行账号到账情况进行确认订单的收款状态。

订单收款的环节在整个订单处理流程中是一个独立的环节,它不依赖于其他任何环节,只要是确认有效的订单,财务人员即可对其收款情况进行跟踪处理。

(5)发送订单:发送订单就是真正的配送订单过程。系统提供商城管理员进行网上会员订单出货情况的标识修改,在商城系统可以将订单的处理过程视为完成阶段。

物流配送中心的一切生产活动都围绕订单而形成。

3. 配送

配送是物流的一个缩影或在某小范围中物流全部活动的体现。一般的物流是运输及保管,而配送则是分拣配货及运输,其更关注于按待运输货物的目的地来将其区分,以便于物流操作。物流配送的主要工作有:备货、储存、加工、分拣及配货、配装、配送运输、送达服务。

配送是在经济合理区域范围内,根据用户要求,对货品进行拣选、加工、包装、分割、组配等作业,并按时送达指定地点的物流活动。

总的来说,配送是物流活动中一种非单一的业务形式,它与商流、物流、资金流紧密结合,并且主要包括了商流活动、物流活动和资金流活动,可以说它是包括了物流活动中大多数必要因素的一种业务形式。从物流角度来讲,配送几乎包括了所有的物流功能要素,是物流的一个缩影或在某小范围中物流全部活动的体现。一般的配送集装卸、包装、保管、运输于一身,通过这一系列活动完成。

特殊的配送则还要以加工活动为支撑,所以包括的方面更广。但是,配送的主体活动与一般物流却有不同,一般物流是运输及保管,而配送则是运输及分拣配货,分拣配货是配送的独特要求,也是配送中有特点的活动,以送货为目的的运输则是最后实现配送的主要手段,从这一主要手段出发,常常将配送简化地看成运输中的一种。

从商流角度来讲,配送和物流不同之处在于,物流是商物分离的产物,而配送则是商物合一的产物,配送本身就是一种商业形式。虽然配送具体实施时,也有以商物分离形式实现的,但从配送的发展趋势看,商流与物流越来越紧密的结合,是配送成功的重要保障。

配送的内涵:

其一,配送提供的是物流服务,因此满足顾客对物流服务的需求是配送的前提。

(1) 由于在买方市场条件下,顾客的需求是灵活多变的,消费特点是多品种、小批量的,因此从这个意义上说,配送活动绝不是简单的送货活动,而应该是建立在市场营销策划基础上的企业经营活动。

(2) 单一的送货功能,无法较好地满足广大顾客对物流服务的需求,因此配送活动是多项物流活动的统一体(如我国《物流术语》所述)。更有些学者认为:配送就是"小物流",只是比大物流系统在程度上有些降低和范围上有些缩小罢了,从这个意义上说,配送活动所包含的物流功能,应比我国《物流术语》提出的功能还要多而全面。

其二,配送是"配"与"送"的有机结合。

所谓"合理的配"是指在送货活动之前必须依据顾客需求对其进行合理的组织与计划,只有"有组织、有计划"的"配"才能实现现代物流管理中所谓的"低成本、快速度"的"送",进而有效满足顾客的需求。

其三,配送是在经济合理区域范围内的送货。

配送不宜在大范围内实施,通常仅局限在一个城市或地区范围内进行。

配送的要素包括集货、仓储、分拣、加工、配货、补货、包装、订单缓存、配装、送货、送达服务等。

配送按节点分类,包括配送中心配送、仓库配送、商店配送;按商品分类,包括单(少)品种大批量配送、多品种少批量配送、配套成套配送;按时间分类,包括定时配送、定量配送、定时定量配送、定时定路线配送、即时配送;按经营形式分类,包括销售配送、供应配送、销售-供应一体化配送、代存代供配送等。

二、分拣

分拣、配货及送货是配送中心的主要职能,而送货是在配送中心之外进行的,所以分拣配货就成了配送中心的核心工序,也是配送中心最耗费人力和时间的作业,它的效率直接影响着配送中心的作业效率和经济效益,也是配送中心服务水平高低的重要因素。图6-2是配送中心的成本分布图,其中配送占39%、拣货占40%、装车占7%、入库占7%、信息处理占2%、退货处理占1%、其他占4%。

分拣是将物品按品种、出入库先后顺序进行分门别类地堆放的作业。分拣是完善送货、

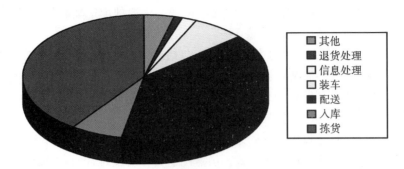

图 6-2　配送中心成本分布图

支持送货准备性工作,是不同配送企业在送货时进行竞争和提高自身经济效益的必然延伸。所以,也可以说分拣是送货向高级形式发展的必然要求。

分拣是配送不同于其他物流形式的功能要素,也是配送成败的一项重要支持性工作。它是完善送货、支持送货准备性工作,是不同配送企业在送货时进行竞争和提高自身经济效益的必然延伸。所以,分拣是送货向高级形式发展的必然要求。有了分拣,就会大大提高送货服务水平。

分拣指物流配送中心依据顾客的订单要求或配送计划,迅速、准确地将商品从其储位或其他区位拣取出来,并按一定的方式进行分类、集中的作业过程。物流配送中心为了提高生产效率,通常采用自动化分拣作业,即利用现代技术手段,高效自动化地完成传统的各项分拣作业。

分拣作业单位一般是订单单元物料或者订单单元物料组合而成,包括:
(1) 单品:是分拣的最小单位,可由箱中取出,人或机器可以拣取。
(2) 箱:由单品组成,可由托盘上取出,人必须用双手拣取,专用机器自动分拣。
(3) 托盘:由箱叠放而成,必须利用堆高机、叉车或拖板车等机械设备。
(4) 特殊品:指体积大、形状特殊,无法按托盘、箱归类,或必须在特殊条件下作业的货物。

三、配货

配货是指将拣取分类完成的货品经过配货检查,装入容器和做好标识,再运到发货准备区,待装车后发送。

配货作业,是按照客户订单的要求或配送中心的作业计划,尽可能迅速、准确地将分拣出来的商品,按一定方式进行分类、集中、包装、码垛、缓存,等待装车送货的作业过程。

配货作业的方式包括三种:人工配货、机械配货、自动化配货。
(1) 人工配货:用简单的设备,如手推车等把所需的货物分门别类地送到指定地点的方法。
(2) 机械配货:以设置在地面上的机械为主要的输送工具传输货物,作业人员根据货物的标签、编号等标志,把分拣出来的货物搬运到发货缓存的输送带或场地上。
(3) 自动化配货:从货物进入分拣系统到被送到指定的订单缓存位置,都根据计算机系统、控制系统的指令靠自动输送、合单、分流、合流、包装等设备来完成,最终送到订单缓存位置。

配货作业的方法,一般可分为摘果式配货、播种式配货和两者的复合配货方式。此外尚需搭配订单的分割、订单的批次汇整及订单的合流等拣货策略的运用。

1. 摘果式配货方式

摘果式配货,即搬运车往返于保管场所,从某个货位上取下某种商品巡回完毕后就完成了配货,接着再对下一个配货,适合于品种多的物流配货。

这种作业方式是拣货人员按照每一张订单的品种和数量的要求,依次将每一客户所需求的货物由存放位置挑选出来的方式,是较传统的拣货方式,一般一次巡回只为一个客户完成配货作业。摘果式配货流程如图6-3所示。

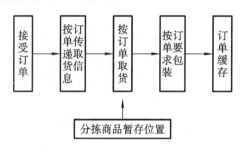

图6-3 摘果式配货流程图

摘果式配货的优点:①作业方法简单;②实施容易且弹性大;③拣完货后不用再进行分类作业,适用于大量订单的处理;④工作人员责任明确;⑤相关文件准备时间较短。

摘果式配货的缺点:①拣货区域大时,补货及搬运的系统设计困难;②商品品种多时,拣货行走路径加长,拣货效率降低。

摘果式配货的适用条件:适合订单大小差异较大,订单数量变化频繁,季节性强的商品配送。商品外形体积变化较大,商品差异较大的情况下也适宜采用摘果式配货方式,如化妆品、家具、电器、百货等。

2. 播种式配货方式

把多张订单汇集成一批,按商品类别及品种将数量相加后先进行初次拣货,然后再将货物分配至每张订单或每个客户。这样每巡回一次,就将某一种货物分到若干个需要该类货物的客户发货位上,如此反复,直到将每个客户需要的各种货物都配齐。播种式配货流程如图6-4所示。

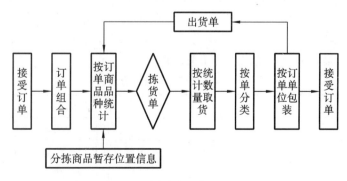

图6-4 播种式配货流程图

播种式配货的优点:①可以缩短拣货时行走搬运的距离,增加单位时间的拣货量;②适用于订单数量庞大的系统。

播种式配货的缺点:对订单的到来无法做出立刻反应,必须订单累积到一定数量时才做一次处理,因此会有停滞的时间。批量拣货后还要进行再分配,增加人工搬运次数。

播种式配货的适用条件:适合订单变化较小,订单数量稳定的配送中心和外形较规则、固定的商品出货,如箱装、袋装商品。需要进行流通加工的商品也适合播种式配货方式。

将需要配送数量较多的同种商品集中搬运到发货场所,然后将每一货物按所需的数量取出,分放到各货位处,直至配货完毕,然后再将下一种商品按上述方法进行配货。

3. 复合配货方式

复合配货方式,采取将订单拣取和批量拣取组合起来的复合拣取方式,即根据订单的品种、数量及出库频率,确定哪些订单或哪些种类的货物适合订单拣取,哪些适合批量拣取,分别采取不同的配货方式。复合配货方式通常要与分区、订单分割等拣货策略相结合使用。

第二节 物料分拣作业分析

一、分拣作业方式

目前,物流配送中心的分拣作业方式有三种。

(一)人工分拣

人工分拣是物流配送中心采用的最初级的拣选配货形式,基于用户订单需求,用人工的方式拣选配货。人工分拣可综合为拣选式(摘果式)分拣和分货式(播种式)分拣两种。

拣选式(摘果式)分拣:作业人员(如改为自动作业工具)巡回于各商品储存点,将订单上所需商品按所需数量取出,并完成配货工作。适用场合:用户不稳定,订货波动较大;用户间需求差异大;用户需求种类太多;用户要求配送时间不一。

分货式(播种式)分拣:为每个订单准备一个或多个分拣箱,作业人员或作业工具从各商品储存点取出用户共同需要的物品,再将物品按照订单播种式投放到分拣箱内,完毕后分拣箱流动到下个装箱点,如此反复直到配货工作完成。适用场合:用户稳定且订货量大;用户需求共同性强,差异较小;用户需求种类较少;专业性强的配送业务。

在实际生产过程中,还可以将以上两种手工分拣方式综合应用,目的是为了提高分拣效率。表 6-1 所示的是人工分拣模式及其相关设备。

表 6-1 人工分拣作业及设备分析表

保管→单元出货	设备模式
1. P→P	托盘式货架+叉车
2. P→C	托盘式货架+叉车(托盘车)
3. P→C	托盘式货架+笼车
4. P→C	托盘式货架+手推车

续表

保管→单元出货	设 备 模 式
5. P→C	托盘式货架＋输送机
6. C→B	流动式货架＋手推车
7. C→B	流动式货架＋笼车
8. C→B	流动式货架＋输送机
9. C→B	箱式货架＋手推车
10. B→B	箱式货架＋输送机
11. B→B	箱式货架＋笼车

表 6-1 中，P——pallet，指托盘；C——cell，指组合的物料单元；B——box，指件箱。所有的分拣作业都用人工完成。

1. P→P：托盘式货架＋叉车作业模式

托盘出库，即最小的配送单元为托盘。这种分拣方式的主要设备由托盘式货架和叉车所组成，借助叉车拣货，可减小人的劳动强度。根据订单信息（可以是纸质人工信息单，也可以是计算机信息单），拣货人员开着叉车，从托盘货架上叉取托盘，然后送到指定的地点或出货暂存区。

2. P→C：托盘式货架＋叉车（托盘车）作业模式

这种分拣方式意味着商品用比托盘更小的单元物料出库，这种分拣方式的主要设备由托盘式货架和叉车所组成，实托盘或者零散商品码实托盘入库，出库根据订单信息（可以是纸质人工信息单，也可以是计算机信息单），拣货人员开着叉车，从托盘货架上拣取订单所需单元物料，然后送到指定的地点或出货暂存区，显然这种方式可以拣取单件单品种单元物料，也可以拣取一定量的多品种单元物料。

3. P→C：托盘式货架＋笼车（手推车）作业模式

这种分拣模式与第 2 种方式极为相似，商品用比托盘更小的单元物料出库，这种分拣方式的主要设备由托盘式货架、叉车和拣货笼车（手推车）所组成，实托盘或者零散商品码实托盘入库，出库根据订单信息（可以是纸质人工信息单，也可以是计算机信息单），拣货人员再使用笼车（手推车），从托盘货架上拣取订单所需单元物料，然后送到指定的地点或出货暂存区。

4. P→C：托盘式货架＋输送机作业模式

这种分拣模式也与第 2 种方式相似，商品用比托盘更小的单元物料出库，这种分拣方式的主要设备由托盘式货架、叉车和输送机系统所组成。实托盘或者零散商品码实托盘入库，出库根据订单信息（可以是纸质人工信息单，也可以是计算机信息单），拣货人员从托盘货架上拣取订单所需单元物料，再利用输送机系统将其输送到指定的地点或出货暂存区。

5. C→B：流动式货架＋手推车（笼车）作业模式

对于一些规模较小的配送中心，比如日用消费品卖场，采用这种方式经济性较好。这种拣货方式的主要设备由箱式流动式货架和手推车（笼车）组成，主要拣取单元物料。其工作原理是根据订单信息（可以是纸质人工信息单，也可以是计算机信息单），拣货人员从箱式流动式货架上拣取订单所需单元物料,再利用手推车(笼车)将其送到指定的地点或出货暂存区。

6. C→B:流动式货架＋输送机作业模式

这种分拣模式与第 5 种方式类似,其主要设备由箱式流动式货架和输送机组成,主要拣取单元物料。其工作原理是根据订单信息(可以是纸质人工信息单,也可以是计算机信息单),拣货人员从箱式流动式货架上拣取订单所需单元物料,放置在输送机上,再利用输送机系统将其输送到指定的地点或出货暂存区。

7. B→B:箱式货架＋输送机作业模式

这种模式适用以商品件箱或者比件箱更小的商品单元物料为存储单元,以件箱或者比件箱更小的商品单元物料为分拣货物单元的分拣模式,以商品件箱存储,立体货架、流动式货架的存储模式都可以使用,所不同的是件箱出库时,可能需要将其拆箱,形成比件箱更小的商品单元物料,分拣出的商品单元物料直接放置到输送机上,输送到指定的地点或出货暂存区。

8. B→B:箱式货架＋笼车作业模式

这种模式的存储方式与第 7 种方式相同,不同的是分拣出的商品单元物料直接放置到笼车中,送到指定的地点或出货暂存区。

以上 8 种人工分拣作业方式,在实际应用中可能单独存在,也可能综合各种需求,各种优势组合使用。

(二)电子标签辅助半自动分拣

电子标签辅助半自动分拣事实上是一种较为现代化的电子标签信息辅助拣选方式,习惯上又有人将其称为电子货架分拣,它的进步意义是传统人工分拣方式的拣货信息载体出现了革命性的变化,能够实现"无纸"分拣。

图 6-5 所示的是电子货架分拣线的典型结构,是一种计算机辅助的无纸化拣货系统,其原理是在每一个被拣货位上安装数字显示器,利用计算机的控制将订单信息传输到显示器上,拣货人员根据数字显示器所显示的数字拣货,拣完货后按确认按钮即完成拣货工作。

图 6-5　电子货架分拣线

第六章

物流自动化分拣作业系统

一般地,电子标签辅助分拣系统包括电子标签显示货架、控制系统、订单信息处理计算机系统、订单输送系统、装箱平台等,有的还配置了订单商品单元物料自动计数系统、自动喷码系统等。

每个物流配送中心需要配送的商品品种很多,为了缩短距离,将电子货架分为两排,如图 6-5 所示,中间是分拣商品单元物料输送系统,是一种常用的皮带或圆带输送设备,连接在其后端的则是装箱平台。

对于订单的区分是电子标签辅助半自动分拣系统的关键技术问题,它直接影响订单的准确性。很多厂商采用的处理办法是在中间输送带上使用周转箱,输送机输送周转箱,根据订单拣选的商品单元物料直接拣来装入周转箱中。这种方法有两大优点:一是订单的准确性较高,商品单元物料不拣错,装在容器里的订单就不会出错;另一个优点是,直接使用周转容器作配送载体,在后端无装箱工艺。但也存在两大缺点:一是订单不规范,周转箱不容易满载;二是周转箱需要回收,管理难度加大,并且配送成本较高。

有的厂商采用一种新的技术方式:在这种订单分拣输送方式中,分拣单元物料直接拣来摆放在输送带上,为了增加订单的正确性,使用了一种叫"订单盒"的机械装置,这个"订单盒"能够将一个一个的用户订单分隔开,而且是一种输送配送订单的载体。在具体的使用过程中,为了增加分拣效率,往往将整条分拣线,根据分拣的劳动强度,合理地分成若干个分拣区域,由电控系统控制其信息,这样就构成一条可供多人同时进行分拣作业的分拣线。

(三) 自动化分拣

配送中心的作业流程包括"入库—保管—拣货—分拣—暂存—出库"等作业,其中分拣作业是一项非常繁重的工作。尤其是面对零售业多品种、少批量的订货,配送中心的劳动量大大增加,若无新技术的支撑将会导致作业效率下降。与此同时,对物流服务和质量的要求也越来越高,致使一些大型连锁商业公司把拣货和分拣视为两大难题。

随着科学技术的日新月异,特别是感测技术(激光扫描)、条码及计算机控制技术等的应用,自动分拣机已被广泛用于配送中心。如我国企业开发了立式、卧式、塔式、通道式等多种适用于单元物料的分拣专用设备,组成不同形式的自动分拣线,可高效率地完成订单分拣任务。目前,分拣专用设备已经推广应用到医药、图书、电子产品等流通领域。

自动化拣选是指计算机技术系统与自动化设备配合,完全不需要作业人员,而将订单需求的商品分拣出来的方式。对于自动拣选设备,目前有以下几种,如表 6-2 所示。

表 6-2 自动分拣作业及设施分析表

保管→单元出货	设备组成模式
1. P→P	托盘自动仓储系统+出入库输送机系统(穿梭车)
2. P→C	托盘自动仓储系统+拆盘机+输送机
3. P→C	托盘自动仓储系统+穿梭车+拣选机器人+输送机
4. C→C	流动式货架+拣选机+输送机
5. C→C	件箱自动仓储系统+输送机
6. C→B	C→C 模式+分拣机+输送机

续表

保管→单元出货	设备组成模式
7. C→B	分拣机＋输送机
8. B→B	分拣机＋输送机

1. P→P：托盘自动仓储系统＋出入库输送机系统(穿梭车)作业模式

这种分拣模式意味着托盘出库，最小的配送单元为托盘，适用于物流中心及超市、大型商场之间的调拨等大批量的销售客户的拣选配送。这种分拣方式的主要设备由托盘自动仓储系统以及出入库输送机系统(穿梭车)组成。其工作原理是订单信息由计算机主机直接传输到仓储计算机上，自动仓储计算机指示巷道堆垛机将商品实托盘从货架上自动地成托盘地拣出来，然后再利用出入库输送机系统(穿梭车)将整盘的商品实托盘输送到指定的地点或出货暂存区。

2. P→C：托盘自动仓储系统＋拆盘机＋输送机作业模式

这种分拣模式意味着件箱出库，最小的配送单元为商品件箱。这种分拣方式的主要设备由托盘自动仓储系统、拆盘机以及输送机系统组成。其工作原理是订单信息由计算机主机直接传输到仓储计算机上，自动仓储计算机指示巷道堆垛机将托盘商品从货架上自动地、成托盘地拣出来，再用拆盘机将整托盘的商品拆成件箱，输送机系统完成不同品牌的商品件箱的合单，以及将其输送到出货暂存区。

3. P→C：托盘自动仓储系统＋穿梭车＋拣选机器人＋输送机作业模式

这种分拣模式与第 2 种方式极为相似，最小的配送单元为商品件箱。这种分拣方式的主要设备由自动仓储系统、穿梭车、拣选机器人以及输送机系统组成。其工作原理是订单信息由计算机主机直接传输到仓储计算机上，自动仓储计算机指示巷道堆垛机将商品实托盘从货架上自动地、成托盘地拣出来，再用穿梭车分配到不同的机器人拆垛站台，用机器人拆垛，并且用机器人再配盘，再利用输送机系统将其输送到出货暂存区。

4. C→C：流动式货架＋拣选机＋输送机作业模式

对于一些规模较小的配送中心，建大型的托盘立库没有必要，采用这种分拣模式经济性较好。这种拣货方式的主要设备由箱式流动式货架、自动拣选机以及输送机系统组成，主要分拣商品件箱。其工作原理是订单信息由计算机主机直接传输到自动拣选的控制计算机上，然后由自动拣选机的控制计算机指示自动拣选机将订单件箱分拣出来，再利用输送机系统将其输送到出货暂存区。

5. C→C：件箱自动仓储系统＋输送机作业模式

这种分拣模式意味着建设以商品件箱为分拣货物单元的自动化仓储系统，最小的配送单元也为商品件箱。这种分拣方式的主要设备由商品件箱自动仓储系统以及出入库输送机系统(小型穿梭车)组成。其工作原理是订单信息由计算机主机直接传输到商品件箱计算机仓储系统上，商品件箱计算机仓储系统指示巷道堆垛机将商品件箱从货架上自动地、成件地拣出来，然后再利用出入库输送机系统(穿梭车)将商品件箱输送到指定的地点或出货暂存区。

6. C→B：C→C 模式＋分拣机＋输送机作业模式

这种模式适用以商品件箱为存储单元，以比件箱更小的单元物料为分拣货物单元的分拣模式,以商品件箱存储。第 4、第 5 种存储模式都可以使用,所不同的是商品件箱出库后,需要将其拆箱,形成比件箱更小的单元物料,再使用不同品牌、不同数量、比件箱更小的单元物料组合成满足用户需求的订单,完成自动拣货、配货功能。

7. C→B:分拣机＋输送机作业模式

这种模式是以开箱后的商品件箱作为仓储单元,直接仓储在专门的分拣机上,订单信息由计算机主机直接传输到分拣机控制计算机上,分拣机控制计算机指示分拣机将比件箱更小的单元物料分拣出来,然后再利用出入库输送机系统合单,并输送组成满足订单要求的分拣订单。

8. B→B:分拣机＋输送机作业模式

这种模式是以比件箱更小的单元物料作为仓储单元,直接仓储在专门的分拣机上,订单信息由计算机主机直接传输到分拣机控制计算机上,分拣机控制计算机指示分拣机将比件箱更小的单元物料拣出来,然后再利用出入库输送机系统合单,并输送组成满足订单要求的分拣订单。

以上 8 种自动分拣方式,在实际应用中,通常都很难独立存在,往往需要综合各种需求,各种优势组合使用。

二、自动化分拣设备

近年来,随着我国现代流通体制的建立、科学技术的发展、人工成本的快速上升,自动分拣系统是以满足客户的配送需求,以最低的成本,达到自动分拣的高速度、高质量、自动化、运送的准确性为目的。单元物料自动化分拣设备发展至今,可分为三大类:专用型自动分拣设备、机器人分拣设备和自动输送分拣系统。

(一)专用型自动分拣设备

专用型自动分拣设备是针对各种单元物料的具体形状而系统研究、开发的自动化专门设备,能连续、大批量地分拣货物,分拣误差率极低,分拣作业无人化。

专用型自动分拣机一般由机械部分、电器自动控制部分和计算机信息系统联网组合而成。

首先,专用型自动分拣机的机械部分包括机架、单元物料储存仓、自动拨取单元物料机构等,有的还需配置自动补货系统。它可以根据用户的要求、场地情况,多台专用型自动分拣机组合,配套订单单元物料主输送机、输送机、分合流输送机、订单缓存器、自动订单包装机组等,按用户、地名、品名、订货时间等进行自动分拣、装箱、封箱的连续作业。

其次,电器自动控制部分包括分拣机和分拣线的电气控制系统。专用型自动分拣机的电气控制系统主要功能包括单元物料储存仓状态、自动拨取单元物料机构检测和计数、补货预警等信息的自动采集和自动控制,以及组线电气接口,电气控制系统使自动分拣机具有一定的智能;自动分拣线的电气控制系统则是将若干专用型自动分拣机、订单单元物料主输送机、输送机、分合流输送机、订单缓存器、自动订单包装机组等组成自动分拣线后设置的电控系统,将分拣线所有的硬件设备的各种信息和计算机系统的信息集中在一起,是自动分拣线的集中控制系统。

最后,计算机信息系统主要用来集中处理所拾取的订单,向分拣线控制系统下达各种作业指令,并接受分拣线的执行反馈信息,分拣线的计算机系统是物流配送中心 MES （manufacturing execution system，生产过程执行系统）的主要组成部分，是分拣线的信息中枢系统。

专用型自动分拣机是商品单元物料自动化分拣作业中常用的自动化分拣设备，在我国物品、医药、图书等行业得到广泛应用，至今已发展了塔式分拣机、立式分拣机、卧式分拣机、通道式自动分拣机、桥式分拣机等多个系列。

塔式分拣机、立式分拣机的典型特征是其被分拣物料仓向垂直方向缓存。图 6-6 所示的是 N+1 单元物料自动分拣机，是塔式分拣机、立式分拣机的一个变形产品，被分拣物料仓向垂直方向倾斜缓存，"倾斜"的作用是防止在分拣过程中被分拣物料向后倾倒。根据订单的具体数据由计算机系统进行 ABC 分类，将分拣量大的设置为 A 类，分拣量稀少的设置为 C 类，其他为 B 类，然后配置不同的分拣机进行处理。如分拣量大的 A 类设计为 5+1 缓存仓，分拣时根据订单的分拣量先按 5 的倍数分拣，然后用 1 单元物料分拣补零；B 类商品分拣设计为 2+1 缓存仓，分拣时根据订单的分拣量先按 2 的倍数分拣，然后用 1 单元物料

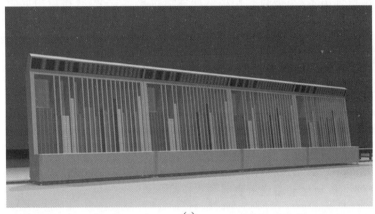

(a)

(b)

图 6-6　N+1 单元物料自动分拣机

分拣补零；C类商品分拣则采用每次分拣1单元物料的形式处理，这种分拣机结构紧凑，占地面积小，兼顾了A、B、C类商品的分拣，分拣的效率高，目前能够实现18000个单元物料/小时的分拣能力，缺点是由于分拣的效率高，其补货的人工强度大。

卧式分拣机、通道式分拣机的典型特征是其被分拣物料仓向水平方向缓存。卧式分拣机通常被设计为每次分拣1单元物料，分拣量大则被分拣物料的缓存仓比较大，分拣量小则被分拣物料的缓存仓比较小。通道式分拣机的分拣量比较大，一般每次分拣5单元物料，最多的设计为每次分拣10单元物料，其物料的缓存仓比较大，而且容易实现自动补货。

影响塔式分拣机、立式分拣机、卧式分拣机、通道式自动分拣机分拣效率的关键机构是分拣拨头。图6-7所示的为单元物料自动分拣机分拣拨头，图6-7(a)所示的为单拨的分拣拨头，每次分拣1单元物料；图6-7(b)所示的为双拨的分拣拨头，每次分拣2单元物料；图6-7(c)所示的为五拨的分拣拨头，每次分拣5单元物料。单拨和双拨的分拣拨头每0.28秒动作一次，五拨的分拣拨头每0.36秒动作一次，这几种单元物料自动分拣机分拣拨头都是电机驱动、齿形带和链条传动，也有的采用皮带传动。

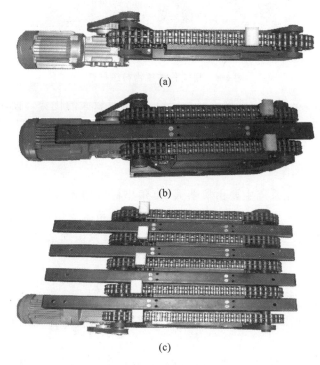

图6-7　单元物料自动分拣机分拣拨头

桥式分拣机则是由单元物料垂直缓存器和计数分发器组成的新型自动分拣设备，具有缓存量大，分拣效率高，分拣后单元物料的姿态好，容易实现自动补货等特点，但系统复杂，占地面积大，投资成本高。桥式分拣机物料缓存仓如图6-8所示。

（二）机器人分拣设备

与商品专用型自动化分拣机相比，机器人分拣设备具有更高的柔性。传统的人工分拣方式，因人工疲劳的问题和长时间作业，显然无法满足要求；采用具有视觉系统的机器人分

图 6-8 桥式分拣机物料缓存仓

拣设备从事分拣作业,不但高效准确而且稳定持久,具有较大的优势。使用机器人从事分拣活动在我国已经形成两大体系:一是直接应用机器人进行分拣作业;二是应用 AGV/RGV 等进行长距离的物料分拣。

1. 机器人自动分拣作业系统

机器人自动分拣作业系统主要由机器人(直角坐标机器人、圆坐标机器人、极坐标机器人、关节坐标机器人、蜘蛛机器人等)、物料输送带、视觉系统等组成。机器人由专业厂商生产,物料传送带自行设计生产,视觉系统是专门的数字摄像识别系统,根据不同的物料配备不同的物料抓取机构。

工业机器人:串联、并联机器人都可以,由机器人本体、控制柜和编程控制器等组成,工业机器人具有多个自由度,驱动装置可置于定平台上或接近定平台的位置,通过编程或视觉系统捕捉目标物体,由伺服轴确定抓具中心的空间位置,具有工作空间较小,但能够高速拾取物体的特点。

物料传送带:物料输送带是通过变频器控制,采用单进三出的电源接线方式;适用于小型减速电机速度控制,性能稳定、恒扭力、体积小、操作方便,控制输送带速度配合机器人抓取物料。

视觉检测系统:摄像机采用 CCD 感光芯片,通过数据接口进行图像数据的传输,是高可靠性、高性价比的工业数字摄像机产品,具有高分辨率、高清晰度、高精度、低噪声等特点。视觉系统是对二维视觉成像进行分析处理的软件。可根据产品固有的稳定形状、轮廓、标识等特征进行匹配识别和角度校正,并通过与机器人建立共同点的坐标方向实现位置偏移,计算视野范围内的机器人坐标。

以上这些系统,再配上专门的机器人自动拣货收爪,即构成了机器人自动分拣作业系统,其自动化程度高,可实现无人化作业。但分拣效率略低,造价较贵。如果机器人分拣时所需拣选货物的储位和数量等信息是通过配送中心的计算机信息系统提供的,则货物的存放地点不能随意变动;为了保证机器人的作业效率,包装的样式要统一,尺寸误差不能过大,但如果采用CCD(电子耦合器件),则机器人在一定范围内通过传感系统可自动识别货物储位和包装的变化,并向机器人控制系统发出指令,机器人就可自行变革预定的运动路线,系统可获得更大的灵活性。

2. AGV/RGV等组成的自动分拣系统

以AGV或者RGV作为分拣搬运工具,构建自动分拣系统,这是近几年发展起来的一种新的技术应用。

图6-9所示的为一种机场行包自动分拣系统,主要设备为RGV。RGV在每个服务柜台行包输送带站台,接到行包后,沿轨道自动送到相应的航班行包缓存区。行包自动分拣系统的RGV能够高速运行,运行速度达10 m/s,行包装载框为一台可以侧向正反转的皮带输送机,侧向的护板能够自动下降,从而满足水平自动装卸货的功能,系统具有速度快、效率高的优点,而且能够很好地保护行包,避免了传统翻板式行包自动分拣系统翻倒行包而摔坏的缺点。

图6-9 机场行包自动分拣系统

RGV自动分拣系统在一些大规模的自动化立体仓库中,广泛用于构建简捷、高效的出入库输送系统,通常所说的穿梭车就是RGV。

AGV自动分拣系统普及应用的一大案例是亚马逊的KIVA机器人拣货系统,如图6-10所示。

AGV作为一种自动搬运工具,货架被设计成单元化,应用AGV将货架搬运到指定的位置,构成"货到人"的拣货环境。这种方式在中等规模的小商品分拣中,构建一种高度自动化、动态化存储拣货系统,是一种理想选择之一。但AGV的速度有限,其运作效率并不高,单元货架的尺寸有限,不能充分利用空间,其造价较高,不适应大规模的物流配送中心的应用。

近年来,国内有的厂商将AGV用来构建一种自动搬运小件商品的分拣系统,如图6-11所示,AGV自动从分拣站台接收小件商品后,自动运输到相应的位置,翻板卸货。这种分拣系统的效率一般。

物流自动化系统

图 6-10　KIVA 机器人拣货系统

图 6-11　应用 AGV 自动分拣小件商品

（三）自动输送分拣系统

自动输送分拣系统是第二次世界大战后在美国、日本和欧洲的物流配送中心广泛采用的一种分拣系统，特别在邮政系统得到了广泛的应用。其作业流程是，当配送中心需要按订单发货时，自动输送分拣系统能在最短时间内在庞大的存储系统中准确找到要出库的商品所在位置，并按所需数量、品种、规格出货。这种分拣系统一般由识别装置、控制装置、分类装置、输送装置等组成。

这种分拣系统有翻盘式、横向分类式、直落式、滑块式、皮带浮出式、棍子浮出分类式、摇臂式、推出式等多种形式，其建设规模庞大，投资较高。自动输送分拣系统性能比较如表 6-3 所示。

表 6-3　自动输送分拣系统性能比较表

类　型	适用性	最大货物重量/kg	最大速度/(m/s)	最大分拣能力/(单元/h)	费用	空间要求
横向货物分类	适用	20	2.5	15000	高	合适

续表

类　　型	适用性	最大货物重量/kg	最大速度/(m/s)	最大分拣能力/(单元/h)	费用	空间要求
活动货盘分类	适用	5	2.5	15000	高	高
翻盘式分类	适用	50	2.5	12000	高	合适
直落式分类	适用	5	1.5	12000	高	高
棍子浮出式	适用	50	2.5	7000	高	合适
滑块式分类	适用	90	2.5	12000	高	合适
推出式分类	适用	50	1.5	1500	较高	合适
旋转挡臂分类	适用	50	1.8	2500	较高	合适
摇臂分类	适用	20	1.0	2000	高	合适
皮带浮出式	适用	50	1.5	3000	高	合适

从表 6-3 可以看出，自动输送分拣系统用于件箱包装的商品分类分拣，属于物料分拣的通用型设备。

三、自动化分合流设备

在自动化物流配送中心中，分拣系统由一系列各种类型的输送机、附加设施和控制系统组成，大致可分为分流、分拣信号输入、合流和输送四个阶段。

分流：物料信息被读入计算机系统后，在主输送线上继续移动，当物料到达相应的分拣道口时，控制系统向分类机构发出分拣的指令，分类机构立刻产生相应的动作，使物料进入相应的分拣道口，这一过程称为分流。

分拣信号输入：信号输入到达主输送线上的物料，通过自动识别装置（如条码扫描器等）读入物料的基本信息，由计算机对读入的物料信息进行相应的处理，这一过程称为分拣信号输入。

合流：按拣选指令从不同货位拣选出来的物料，通过一定的方式送入前处理设备，并由前处理设备汇集到主输送线上，这一过程称为合流。

输送：进入分拣道口的物料最终到达分拣系统的终端，由人工或机械搬运工具输送到相应的区域。

图 6-12 所示的是一种最简单的分合流设备，也称为摆动式分合流设备，由一台皮带输送机和一个上下旋转的装置组成。图 6-12(a) 所示的为分流输送机，图 6-12(b) 所示的为合流输送机，输送的速度为 8 m/min，分流摆动的时间为 2.5 s，通常用于自动分拣线的自动分单和合单。

图 6-13 所示的为一种自动扭转浮动轮摆动分合流输送机。将自动扭转浮动轮分合流设备嵌插在链式输送机，或齿形带输送机或辊道输送机之中，扭转浮动轮浮出时能够实现扭转一定的角度、在相应的方向上实现分合流运输。

自动化分合流设备通常应用在分拣生产线中，其效率直接影响分拣效率。在技术设计中，许多人都只关注自动分拣系统的效率而忽视分合流设备的效率，这是不对的。自动化分

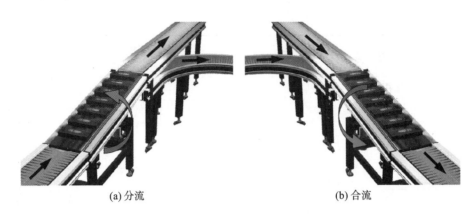

(a) 分流　　　　　　　　　　　　　　(b) 合流

图 6-12　单元物料自动输送分合流设备

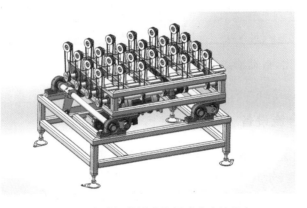

图 6-13　自动扭转浮动轮摆动分合流设备

拣系统是系统工程,每一个环节的效率匹配,才是实现高效率的关键。

四、订单自动化装箱设备

在物流配送中心内,影响效率的另一个环节是配送订单的包装问题。常见的配送订单装箱方式如图 6-14 所示。

(a) 人工装箱方式　　　　(b) 自动装箱的拆箱设备　　　　(c) 自动装箱

图 6-14　配送订单装箱方式

如果使用周转配送箱,则直接将配送商品分拣进周转配送箱,也可以将每个订单的配送商品通过输送机输送进周转配送箱,还可以用人工的方式将配送商品放置进周转配送箱。

如果不使用周转配送箱,则需要寻找新的订单分隔包装方式。

现阶段使用周转配送箱的方式比较普遍,有的物流配送中心专门为此投资进行设计和制造,多次循环使用,但由于订单的多样化、无序化,造成配送空箱率增大,周转配送箱的回收也不方便。为此,也有的物流配送中心选择用旧的商品包装箱制作一次性的临时周转配送箱,这个临时周转配送箱不需要回收,降低了成本,但是这种订单包装形式只适合于人工装箱的作业环节。由于物流配送是一种大流通、大配送的经营机制,人工装箱的劳动强度太大,效率低,装箱的效率与分拣的速度不匹配,影响了整个配送中心的效率。要实现自动化,对于不规范的临时周转配送箱,其技术难度加大。

另外,还有一种常用的订单包装方式,即使用热缩膜及其设备进行订单包装,如图 6-15 所示。不同的订单分隔码置输送过来,热缩 PE 膜将其自动覆盖,并输送进 150 ℃～200 ℃ 的高温点加热,热缩膜收缩,形成订单包件。这种包装速度比较快,平均每分钟能够完成 15～20 个包件,对于大配送的工艺作业非常适用,成本也比较低,而且点加热与传统的隧道式加热相比,能大幅度地降低能耗。这种包装作业由订单垛形码置设备和全自动节能型热缩膜包装机完成。

 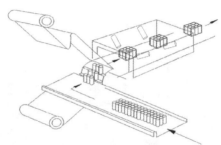

(a) 节能型热缩膜包装及外观图　　(b) 点加热节能包装工艺流程图

图 6-15　配送订单的热缩膜包装方式

订单垛形码置设备需要将平面输送过来的订单商品,按一定的规律码置成型,以方便后面全自动节能型热缩膜包装机的包装。对于订单商品垛形的码置必须仔细研究,根据需求设置成各种垛形,如根据配送的方便性以及平常订单结构,可以将其简化为五种垛形,即 1—5 单元、6—10 单元、11—15 单元、16—20 单元、21—25 单元,每 5 单元平铺,而逐层向上递加。在配送车辆上,再针对这些垛形作技术处理,将会提高配送车辆的装载率。

五、订单缓存设备

物流配送中心的分拣线将订单自动生产出来后,在配车送货之前,订单需要缓存一定的时间,这个过程称为订单缓存。

订单缓存指的是订单分拣出来后,暂时在分拣车间缓存区缓存一段时间,以待配车送货。

物流配送中心订单的数量非常多,目前有以下几种形式进行缓存。

1. 缓存区码托盘缓存

每个订单形成包件以后,按照配送路线,以及配送顾客顺序,码盘缓存。订单码盘的规则是在规定的空间范围内,能够码放订单包件的最大量化。一般地,在同一台配送车上的装车顺序是"先配后装",所以在缓存区也就需要"先配后缓"。

2. 缓存区码笼车缓存

笼车,又叫物流台车或载货台车,是一种安装有四只脚轮的运送与储存物料的单元移动集装设备,常用于物流配送或工厂工序间的物流周转。物流台车是物流企业的搬运利器,可使生产线空间尽其运作。笼车存放的产品陈列醒目,在运输中,一方面对物料的安全起到保护作用;另一方面不会使已分拣配备好的产品杂乱,装卸十分省力。笼车轮子通常设计为两只定向轮、两只万向轮以方便人工推行。

同样,每个订单形成包件以后,按照配送路线以及配送顾客顺序,装入笼车缓存。笼车装车的规则是在笼车的空间范围内,能够码放最多的订单包件。

3. 设置专门的缓存立体库缓存

常用的有两种立库:一种是采用流利条构建的自动重力式订单包件或者周转箱缓存立体库缓存,这种立体库有多个通道、多层,按照装车容量、配送顺序等,集中一个或者多个巷道缓存;另一种是设计专门的件箱式或者周转箱的缓存立体库,因为这种缓存立体库的出入库流量大,所以采用多层穿梭车、高速提升机作为自动仓储出入库装备,如图 6-16 所示。

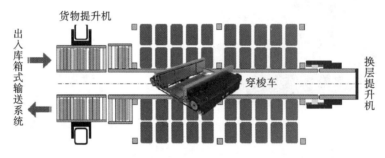

图 6-16 基于穿梭车构建的订单缓存自动化立体库

4. 码托盘进入自动化立体仓库缓存

有的物流配送中心将订单包件码放在托盘上,直接输送进入立体仓库缓存。一个订单缓存进入自动化立体库的案例,如图 6-17 所示。

图 6-17 订单缓存进入自动化立体库的案例

第三节　配送分拣作业系统能力分析

一、自动分拣机能力计算

自动分拣机的种类很多,常见的有浮动式分拣机(带式浮动分拣机、辊筒式浮动分拣机)、推杆分拣机、摆杆式分拣机、导向块式分拣机、带台式分拣机、转盘式分拣机、底开式分拣机(下落式分拣机)、倾斜带式分拣机、连续分拣机等,要进行分拣能力的计算,必须明确以下条件。

（1）分拣物料的确认。

①物料尺寸:最大、最小和平均尺寸。

②物料质量:最大、最小和平均质量。

③物性、形状及其他:是否包装、包装材料的材质和捆包状态;物品底部是否平整、地面凹凸程度等。

（2）分拣能力要求:分拣物品需按 A、B、C 分类进行分拣。

（3）决定标准尺寸:必须明确 A、B、C 物品的尺寸和最大尺寸。

（4）选择合适的分拣方式和分拣设备:根据物品的货态、重量、数量、物性等信息,确定合适的分拣方式和分拣设备。

（一）计算基础参数

分拣机计算参数模型如图 6-18 所示,设定分拣机能力计算的基本符号如表6-4所示。

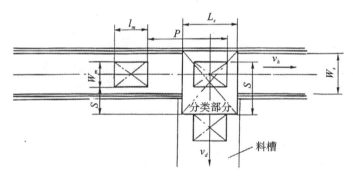

图 6-18　分拣机计算参数模型

表 6-4　分拣能力计算基本符号表

符号	意义描述	符号	意义描述
θ	分拣机的分拣能力(单元/h)	l_m	分拣物品的最大长度(m)
L_s	分拣设备的最大长度(m)	W_m	分拣物品的最大宽度(m)
W_s	分拣设备的最大宽度(m)	S	分拣物品的输出距离(m)
S_i	滑槽外侧与分拣物品外侧的距离(m)	v_h	物品主输送带的速度(m/s)
v_d	分拣设备的物品推出速度(m/s)	t_1	物品进入分拣装置所需的时间(s)

续表

符号	意义描述	符号	意义描述
t_m	分拣机构动作时间(s)	t_d	推出分拣物品所需时间(s)
t_r	分拣机构的复位时间(s)	T_s	分拣的总时间(s)
P	相邻两分拣物品之间的距离(m)	P_s	装载物品器具之间的节距(m)
l_c	容器长度(m)	L_{ss}	推块长度(m)
N_{ss}	每个容器平均的推块数(枚)	g	物品后端距下一个物品前端间的距离(m)
β_1	物品前面余量(m)	β_2	物品后面余量(m)

(二)分拣机能力计算

1. 浮动式分拣机

浮动式分拣机模型如图 6-19 所示。

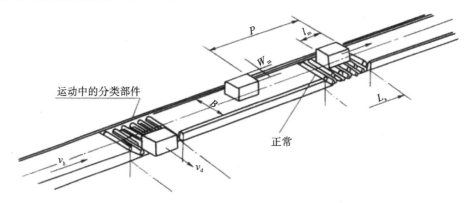

图 6-19 浮动式分拣机模型

(1) 分拣能力：

$$\theta = v_h / P \tag{6-1}$$

(2) 物品进入分拣装置所需的时间：

$$t_1 = \frac{1}{2v_h}(l_m + L_s) \tag{6-2}$$

(3) 推出分拣物品所需的时间：

$$t_d = \frac{1}{v_d}(W_m + S_i) \tag{6-3}$$

(4) 分拣的总时间：

$$T_s = t_1 + t_d + a = \frac{1}{2v_h}(l_m + L_s) + \frac{1}{v_d}(W_m + S_i) + \alpha \tag{6-4}$$

式中：a 为在 t_m 和 t_r 动作过程中浪费的时间。

(5) 两物品之间的距离：

$$P > T_s v_h \tag{6-5}$$

2. 辊筒式浮动分拣机

辊筒式浮动分拣机模型如图 6-20 所示。

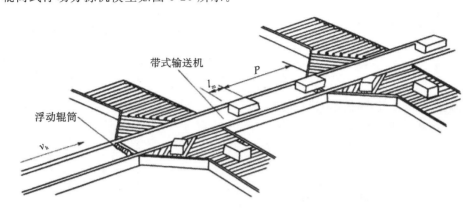

图 6-20　辊筒式浮动分拣机模型

（1）分拣能力：
$$\theta = v_h / P \tag{6-6}$$

（2）推出分拣物品所需的时间：
$$t_d = l_m / v_d \tag{6-7}$$

（3）分拣的总时间：
$$\begin{aligned} T_s &= t_d + a \\ &= l_m / v_d + a \end{aligned} \tag{6-8}$$

式中：a 为在 t_m 和 t_r 动作过程中浪费的时间。

（4）两物品之间的距离：
$$P > T_s v_h \tag{6-9}$$

3. 推杆式分拣机

推杆式分拣机模型如图 6-21 所示。

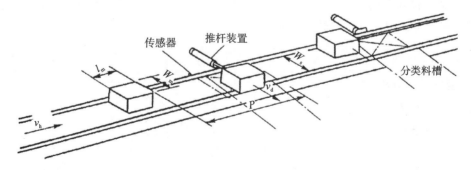

图 6-21　推杆式分拣机模型

（1）分拣能力：
$$\theta = v_h / P \tag{6-10}$$

（2）物品进入分拣装置所需的时间：
$$t_1 = \frac{1}{2v_h}(l_m + L_s) \tag{6-11}$$

(3) 推出分拣物品所需的时间：

$$t_d = \frac{W_s}{v_d} \tag{6-12}$$

(4) 分拣的总时间：

$$\begin{aligned} T_s &= t_1 + t_d + a \\ &= \frac{1}{2v_h}(l_m + L_s) + \frac{W_s}{v_d} + a \end{aligned} \tag{6-13}$$

式中：a 为在 t_m 和 t_r 动作过程中浪费的时间。

(5) 两物品之间的距离：

$$P > T_s v_h \tag{6-14}$$

4. 摆杆式分拣机

摆杆式分拣机模型如图 6-22 所示。

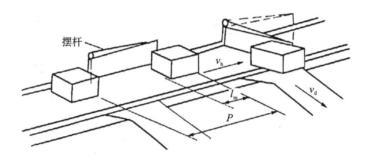

图 6-22　摆杆式分拣机模型

(1) 分拣能力：

$$\theta = v_h / P \tag{6-15}$$

(2) 容器长度：

$$l_c = l_m + \Delta l_c \tag{6-16}$$

式中：Δl_c 为物品长度的变化量。

(3) 改变摆杆动作时间的能力计算：

$$\theta_1 = \frac{v_h}{l_m + \Delta l_c} \tag{6-17}$$

5. 导向块式分拣机

导向块式分拣机模型如图 6-23 所示。

(1) 分拣能力：

$$\theta = v_h / P \tag{6-18}$$

(2) 每个容器平均的导向块数量：

$$N_{ss} = (\beta_1 + l_m + \beta_2) / L_{ss} \tag{6-19}$$

(3) 容器长度：

$$l_c = N_{ss} L_{ss} \tag{6-20}$$

6. 带台式分拣机

带台式分拣机模型如图 6-24 所示。

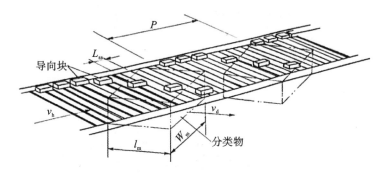

图 6-23 导向块式分拣机模型

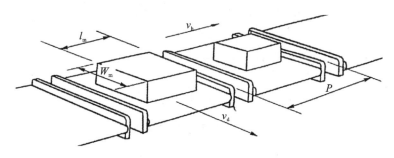

图 6-24 带台式分拣机模型

（1）分拣能力：

$$\theta = v_h / P \tag{6-21}$$

（2）货盘节距：

$$P_c = \beta_1 + l_m + \beta_2 \tag{6-22}$$

7. 翻板式分拣机

翻板式分拣机模型如图 6-25 所示。

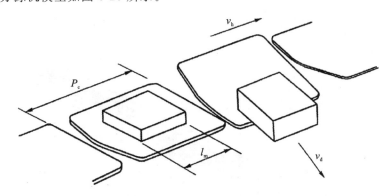

图 6-25 翻板式分拣机模型

（1）分拣能力：

$$\theta = v_h / P_c \tag{6-23}$$

（2）货盘节距：

$$P_c = (1.2 \sim 1.4) l_m \tag{6-24}$$

一般情况下,根据物品的最大长度来决定 P_c 值,可以参照式(6-21)、式(6-22)来计算。

8. 底开式分拣机

底开式分拣机的计算模型如图6-26所示。

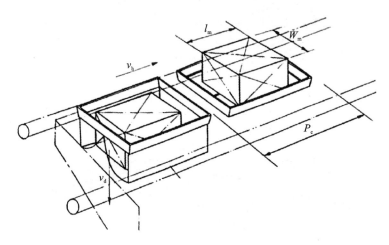

图 6-26　底开式分拣机模型

(1) 分拣能力:

$$\theta = v_h/P \tag{6-25}$$

(2) 分拣机构动作时间:

分拣机构动作时间 t_m 的计算,按实际经验一般取 $t_m = 0.2$ s 左右。

(3) 推出分拣物品所需时间

推出分拣物品所需时间 t_d 的计算,按实际经验一般取 $t_d = 0.2$ s 左右。

(4) 料箱节距:

$$P_c = (1.2 \sim 1.4) l_m \tag{6-26}$$

9. 倾斜带式分拣机

倾斜带式分拣机模型如图6-27所示。

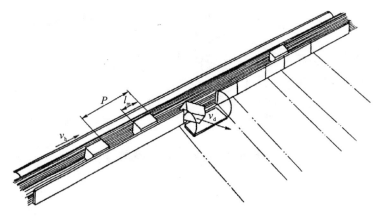

图 6-27　倾斜带式分拣机模型

第六章
物流自动化分拣作业系统

(1) 分拣能力:
$$\theta = v_h/P \tag{6-27}$$

(2) 物品进入分拣装置中所需的时间:

物品进入分拣装置中所需时间 t_1 的计算,按实际经验一般取 $t_1=0.2\text{ s}$ 左右。

(3) 推出分拣物品所需时间:
$$t_d = l_m/v_d \tag{6-28}$$

(4) 分拣总时间:
$$T_s = t_1 + t_d + a \tag{6-29}$$

(5) 两分拣物品之间的距离:
$$P > T_s v_h \tag{6-30}$$

10. 连续分拣机

连续分拣机模型如图 6-28 所示。

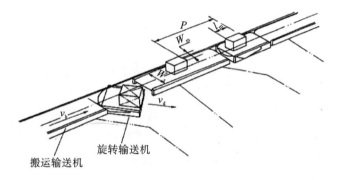

图 6-28 连续分拣机模型

(1) 分拣能力:
$$\theta = v_h/P \tag{6-31}$$

(2) 推出分拣物品所需时间:
$$t_d = (l_m + l_s)/v_d \tag{6-32}$$

(3) 分拣的总时间:
$$T_s = t_d + a \tag{6-33}$$

(4) 两物品之间的距离:
$$P > T_s v_h \tag{6-34}$$

二、自动分拣线能力计算

经过十多年的开发、研究和实践,我国单元物料自动化分拣设备从无到有、从手工到半自动到全自动、从单一设备走向系统成套设施,逐步走向成熟,单元物料的分拣效率高于国际领先水平,如同类型的 KNAP 公司的单元物料分拣成套设备的效率达 11000 单元/小时,而我国云南财经大学物流工程团队研究开发的单元物料分拣成套设备的效率大于 18000 单元/小时。

就单机水平而言,其质量、可靠性、稳定性都有大幅度的提升,已经形成卧式、立式等不同的产品类型。但是,单元物料自动化分拣设备的单机效率不等于整个分拣系统的效率,特别是应用不同形式的分拣设备组成自动化生产线,就造成了在分拣过程中的分单、合单问题。如何合单已成为决定分拣线生产效率至关重要的技术难题。

就单元物料自动化分拣设备的订单合单问题,从串型、并型、复合三种生产线的形式去分析研究,另外再考虑订单单元物料的输送系统的速度匹配问题。

(一) 串型单元物料自动化分拣线

串型单元物料自动化分拣线顾名思义就是将若干种分拣机,沿单一条订单商品输送带,如 $N+1$ 的五单元、二单元、一单元分拣机串型组成的分拣机组,构成自动分拣线,也可以是多种卧式分拣机串型组成的分拣线,如图 6-29 所示。

图 6-29　串型单元物料分拣线的组合模型

图 6-30 为典型的 $N+1$ 串型单元物料自动分拣的构成图,其中包括五单元、二单元、一单元等多种分拣机。五单元分拣机可实现 0.3 秒分拣 5 单元商品,即五单元单机的速度达 59400 单元/小时;二单元分拣机可实现 0.3 秒分拣 2 单元商品,即二单元单机的速度达 23760 单元/小时;而一单元分拣机可实现 0.3 秒分拣 1 单元商品,即一单元单机的速度达 11880 单元/小时。这种分拣线的分拣能力究竟是多少? 一些设备生产商标称其生产能力指标为 15000 单元/小时,或者超过 20000 单元/小时等,这种生产能力指标毫无依据。

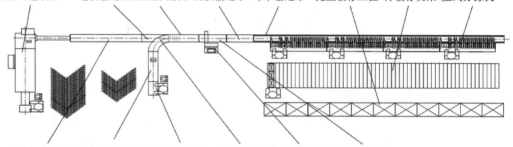

图 6-30　典型的串型单元物料自动化分拣线

如图 6-30 所示,典型的串型单元物料自动化分拣线中除了分拣机,还有订单输送带、各种输送机、在线打码设备、装箱及包装机等,这些设备的生产能力指标,都直接影响分拣线的效率。假设这些设施的能力都足够大,订单商品在各种输送机上的输送姿态都很理想,每个订单都按顺序要用所有的分拣设备分拣一遍,即分拣线上不能出现多个订单同时分拣的情况,而且分拣线由单一类型的分拣机构成。设分拣线的分拣能力指标为 I,各分拣机的分拣能力为 I_i,理论上,分拣线能力指标为

$$I = I_1 = \cdots = I_i = \cdots = I_n \tag{6-34}$$

而如果分拣线由多种分拣机构成,如五单元、二单元、一单元分拣机组成分拣线,分拣线的能力应该为多少? 理论研究与实际研究的表明,式(6-34)不能描述分拣线的能力指标,分

拣线的能力指标不仅与分拣线的构成有关，而且与订单的结构有关。订单的结构决定了在订单 i 的分拣作业中，用了五单元、二单元、一单元分拣机的概率分别为 p_{5i}、p_{2i}、p_{1i}，显然有

$$p_{5i} + p_{2i} + p_{1i} = 1 \tag{6-35}$$

设五单元、二单元、一单元分拣机的分拣能力为 λ_5、λ_2、λ_1，分拣线的能力应该为

$$I_i = (p_{5i}\lambda_5 + p_{2i}\lambda_2 + p_{1i}\lambda_1)/3 \tag{6-36}$$

（二）并型单元物料自动化分拣线

并型单元物料自动化分拣线就是将若干种分拣机，并联组合成分拣线，如图 6-31 所示。这些分拣机类型可以有多种，如 $N+1$ 的五单元、二单元、一单元分拣机等，可以是多种卧式分拣机并型组成的分拣线，也可以是立式分拣机、卧式分拣机混合组成并型分拣线。

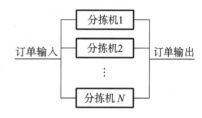

图 6-31 并型单元物料分拣线的组合模型

假设并型单元物料自动化分拣线上除分拣机外，其他设施的能力都足够大，订单商品在各种输送机上的输送姿态都很理想。设分拣线的分拣能力指标为 I，各分拣机的分拣能力为 I_i，理论上，分拣线能力指标为

$$I = I_1 + I_2 + \cdots + I_i + \cdots + I_n \tag{6-37}$$

由式(6-37)可知，并型单元物料自动化分拣线的能力确实是各种分拣机能力的总和。

（三）复合型单元物料自动化分拣线

复合型单元物料自动化分拣线就是分拣线中既有串型分拣线还有并型分拣线，是串型分拣线和并型分拣线的有机结合。

图 6-32 所示的是一种实用的复合型单元物料自动化分拣线，其组成包括用 $N+1$ 自动分拣机构成两组自动分拣线，这两组分拣线各自独立并行工作，分拣后进行并行一级合单；另外一条分拣线用一组 $N+1$ 自动分拣机和多组通道式自动分拣机串联组成，分拣后与并行一级合单的订单单元物料，进行并行二级合单，合单后再输送到包装设备进行订单包装。

根据前述研究成果，图 6-32 所示的自动分拣线中，串型组合部分都可以用式(6-36)进行能力估算，而并行组合部分用式(6-37)进行能力估算。假定订单的输送速度以及其他环境变量都匹配，那么一级合单后，其能力的估算为

$$I_{一级合} = I_{1分} + I_{2分} \tag{6-38}$$

式中：$I_{1分} = (p_{51}\lambda_5 + p_{21}\lambda_2 + p_{11}\lambda_1)/3$；$I_{2分} = (p_{52}\lambda_5 + p_{22}\lambda_2 + p_{12}\lambda_1)/3$。

而由 $N+1$ 自动分拣机和多组通道式自动分拣机串联组成的分拣线的能力估算为

$$I_{3分} = p_{通道1}I_{通道分} + (p_{53}I_{53} + p_{23}I_{23} + p_{13}I_{13}) \tag{6-39}$$

这条复合分拣线在进行二级并行合单后，其分拣能力为

$$I_{总} = I_{一级合} + I_{3分} \tag{6-40}$$

如前所述，除了分拣机，影响分拣线能力指标的还有订单输送带、各种输送机、在线打码设备、装箱及包装机等，这些设备的生产能力指标都直接影响分拣线的效率。任何一个物流配送中心，其生产工艺不同，分拣线的组成设备、组成形式不同，其分拣能力也不同。而单台分拣机的额定分拣能力仅仅是分拣线能力计算的基础，而不是分拣线的能力。

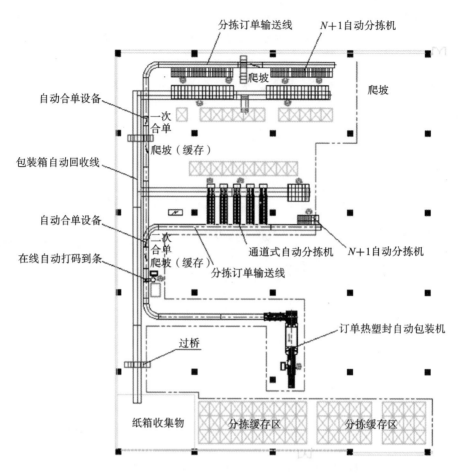

图 6-32 复合型单元物料自动化分拣线平面图

(四）单元物料自动分拣线能力的其他影响因素

单元物料订单输送系统的速度也是影响分拣线能力的主要因素之一。目前，国内分拣线的单元物料订单输送系统一般定义为 48~60 m/min，即 0.8~1 m/s。设单元物料的宽度为 100 mm，即 0.1 m，这样，0.8~1 m/s 的速度能够输送单元物料的最大量为 8~10 单元，也就是说，每小时单元物料的输送量为 28800~36000 单元/h；如果订单的平均量为 50 单元/单，通过换算则是 576~720 单/h。这仅是个理想值，因为订单与订单之间还有间距，通常定义订单与订单之间的间距为 300 mm，每小时的分拣过程中将有 172800~216000 mm 的空运转距离，合计可输送订单商品 1728~2160 单元，这时单元物料的输送量就将下降到 27072~33840 单元/h。

注意，上述是假设单元物料与单元物料之间的距离为零，单元物流的输送姿态非常理想。如果每两个单元物料之间增加 50 mm 的间距，单元物料订单输送系统的输送量就将下降到 13536.5~16920 单元/h。目前国内分拣线的每两个单元物料之间的间距没有 50 mm，估计平均在 30 mm 左右，所以，多数单元物料订单输送系统的有效能力为 16000~20000 单元/h。

另外，还有单元物料的输送姿态不好，输送能力将受到更大的影响，这个因素因为随机性很强，没法计算，但可以定性说明，只要输送姿态不好，将大幅度降低单元物料订单输送系统的有效能力。

单元物料订单输送系统的速度的提高不一定能提高分拣线的能力，因为输送速度越高，单元物料的输送姿态就越差，反过来分拣能力还有可能不如低速的单元物料订单输送系统的能力。就实际应用而言，单元物料订单输送系统的最高速度可以达到 90~120 m/min。

在线打码设备、装箱及包装机等的能力也是影响单元物料自动化分拣线能力的因素。就在线打码设备而言，由于打码信息需要长途在线通信，还有信息传输的滞后性，目前在线打码能力最大也就标称 15000 单元/小时。分拣能力大，输送能力大，而打码能力不足，同样会影响输送单元物料的速度。解决问题的有效办法就是分流打码，即使用多台在线打码设备，但会使打码成本成倍上升。

还有，订单包装也是影响物流配送中心效率的因素之一。物流配送中心使用的订单包装设备为热缩膜包装设备，单台热缩膜包装设备稳定运行的最高效率仅为 15000 单元/小时左右，所以，采用更高效率的订单包装设备，可以提高分拣线的效率。

三、物流配送中心自动分拣线配置案例

（一）概况

某物流配送中心是某地市专门从事单元物料末端配送的企业，现给出上一年度具体的配送数据，试设计一个年配送能力超过 75 万件单元物料的配送中心。

1. 工作制度

工作时长：251 天/年；7 小时/天（单班制）。
每日有效工作时数：入库一班 7 小时，全线分拣作业时间一班 7 小时。
配送周期：当天访，当天配，次日送。

2. 主要任务

通过物流配送中心的建设，实现覆盖范围内一库制仓储、分拣、送货，距离较远和交通不便的地区实行二级配送，为二级配送服务的中转站只负责货物移交，不设库存和分拣，并实现干线运输和支线运输的对接。

（二）设计过程

1. 数据分析

数据分析是通过对用户的销售数据进行 EIQ（E 是指 Order Entry，I 是指 Item，Q 是指 Quantity）分析，即从用户订单、品种、数量数据出发，进行分拣配送特性的分析。从 EIQ 分析的结果分析配送中心的物流状态，得出诸如配送中心物品品种的销售情况、ABC 分类、出入库频次、时间特征、订单分布情况等内容。依此进行系统平面布局、分拣设备配置、出入库设备能力计算、自动化程度等要素的设计，同时根据实际销售数据进行仿真验证，以保证整个配送中心规划设计合理和未来的可靠运行。

数据分析的主要分析指标如下。

品种数量分析（IQ）：分析每一品种规格出货总数量的情况，用于 ABC 分类，确定不同品

种物品的分拣处理方法。

品种受订频次分析(IK):分析每一规格出货次数,确定是否是常用品种,考虑如何配置订单的存货区及具体库存的位置。

订单量分析(EQ):分析单张订单出货数量的情况,了解零售户每次订货的数量分布,以决定送货包装的单位。

出货量分析(TIQ):一定时间内的出货总量的分析,如每日、每月、高峰日、高峰月等,分析系统能力需求,用于确定分拣系统能力、搬运设备能力、各暂存区能力等。

出货品种数分析(TIK):一定时间内的出货总品项数的分析,如每日、每月、高峰日、高峰月等,用于确定分拣系统的峰值分拣能力。

配送客户数分析(TEN):一定时间内的配送客户数的分析。

数据分析,必须重视以下问题:

(1)因为配送分拣业务每天进行,数据分析必须精确到每天,所分析结果基本能够反映配送订单的构成,不能用每月或者每年统计数据进行笼统的数据分析。

(2)所采集的数据,必须是配送订单的真实数据。中国公民全年有许多个小长假,如"十一"国庆节小长假、春节小长假等,这些小长假都会引起一定程度的销售高峰;另外,有一些商家营造的购物节,如"双十一""818"等,也会引起一定程度的销售高潮。因此,数据需要考虑峰值与常态的情况,这样数据分析结果才有科学性。

2. 数据分析结果

某市提供了全年的销售数据,根据这些数据进行 EIQ 分析,从而找出配送订单的构成规律。

从图 6-33 可以看出,出货量大的品种受订频次也高,每个品种出货量、受订频次及 ABC 分析结论相同。

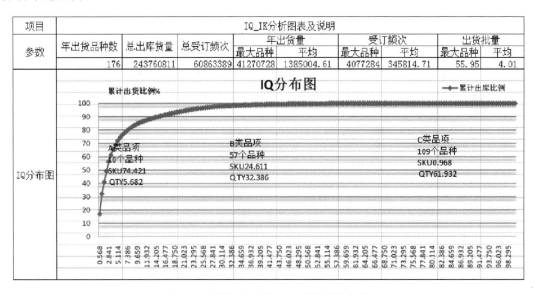

图 6-33 某物流配送中心 IQ 数据分析图

从图 6-34 可以看出,品项出货量分布非常分散,趋于两极分化。总出货品种数为 176

个,销售前十的品种的销量占总销量的 74.421%,占总品种数的 5.682%,定义为 A 类品牌;11~68 个品种的销量占总销量的 24.611%,占总品种数的 32.386%,定义为 B 类品牌;69~176 个品种的销量占总销量的 0.968%,占总品种数的 61.932%,定义为 C 类品牌。

总品种数	A类			B类			C类		
	品种数	销售比例	品种比例	品种数	销售比例	品种比例	品种数	销售比例	品种比例
176	10	74.421	5.682	57	24.611	32.386	109.00	0.968	61.932

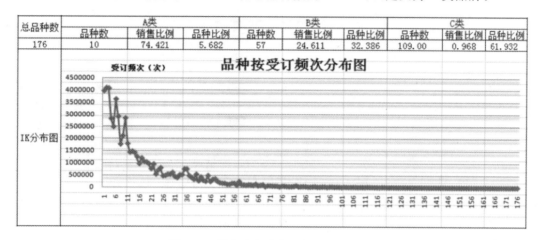

图 6-34 某物流配送中心 IK 数据分析图

从图 6-35、图 6-36 可以得到 TIK、TIQ、TEN 和 TCN 分析结论:

项目	TIK-TIQ 分析图表及说明								
参数	年出库天数	日出货量(条)		日出货品种数(个)		日配送客户数		日处理订单数	
		最大	平均	最大	平均	最大	平均	最大	平均
	336	1447737	725478.60	123	92.88	16741	12266.75	16741	12266.75

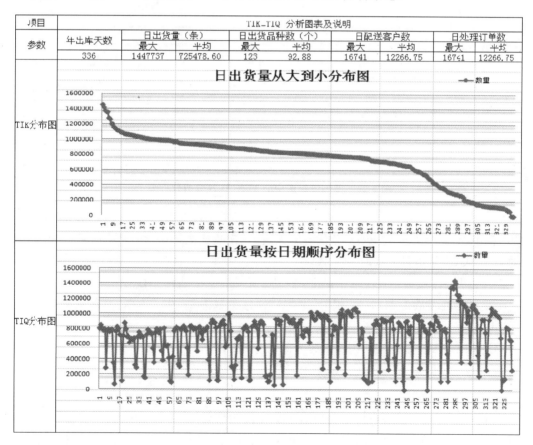

图 6-35 某物流配送中心 TIK、TIQ 数据分析图

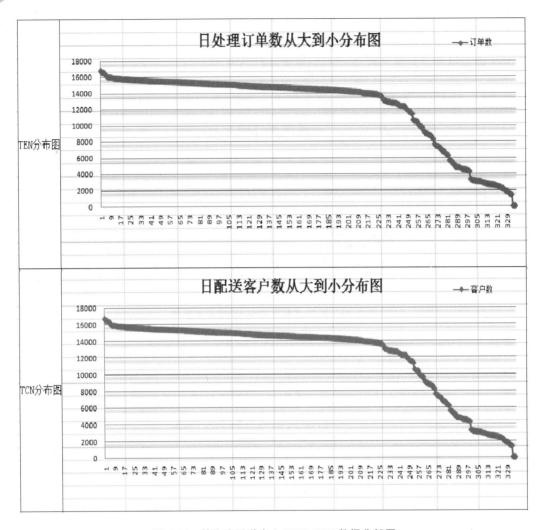

图 6-36 某物流配送中心 TEN、TCN 数据分析图

(1) 全年出库 336 天,总体看来除个别日外出货量比较平稳,大部分出货都在 600000~1200000 条内,其中大于 1200000 条的有 8 天,占总出货天数的 2.38%,出库量低于 600000 条的有 82 天,占总出货天数的 24.4%。

(2) 全年商品最大出货 123 个品牌,平均出货 92.88 个品牌。

全年订单处理量为 4121627 张,日平均处理订单数为 12266.75 张,日最大处理订单数为 16741 张。

(3) 日配送客户数的变动出现两头分散、中间集中的态势。

3. 仓储、备货、分拣、合箱、合单策略

1) 仓储策略

对于 A 类规格和部分分拣量大的 B 类规格的物品来说,其总分拣量大,订货频次高,在分拣过程中消耗较快,因此在仓储方面应尽可能靠近出库端,同时位于货架的中低层。在出库策略上也应具有较高的优先级,以保证 A 类物品的及时出库。

对于大多数的B类和C类规格的物品,其总分拣量不大,受订频次低,在分拣过程中消耗不快,因此在仓储方面没有过多要求,一般位于货架的中高层。

对于某些特低频次出库物品,因其存储总量不大,为防止堆垛机故障导致单元物料无法出库,因此放置在便于人工处理的位置。

由于分拣能力较大,物品的出库流量较大,出库物品需要设置与流量匹配的特殊出库输送系统。

2) 待分拣物品备货策略

为提高对分拣线补货的响应速度,减少分拣区的占地面积,需要在仓储与分拣之间设置分拣前的待分拣物品备货缓存区。

对于销量巨大的A类商品,可以根据数据分析的结果直接反映出来,如销量占总销量的74.421%,占总品种数的5.682%,这类物品考虑到立体仓库出库的响应时间及分拣线单位时间内的耗量比较大,采用在备货缓存区设置较大量的缓存区,预先出库缓存,保证补货的及时性。

B、C类规格的商品,数据分析的结果也能直接反映出来,如分拣量只占总分拣量的25.579%,其中B类商品的销量占总销量的24.611%,占总品种数的32.386%,C类商品的销量占总销量的0.968%,占总品种数的61.932%,因此为B类、C类商品均设置相应的缓存区,缓存相应的量,为某些需要量大的B类商品可多预留一点缓存空间,以便于柔性调节。在需求波动较大的情况下,也可根据需要通过调度和电控控制的配合,为C类商品设置成混合缓存通道,以增加系统的柔性。

3) 分拣补货策略

对于A类规格的商品,由于其分拣量占总分拣量的比重较大,为降低操作人员的劳动强度,在补货方面可采用自动补货方式。为提高自动补货的效率,也可以采用自动化程度较高的自动开箱机。自动开箱机将件箱的两端划开后由输送设备输送到对应的自动开箱机前,由自动开箱机自动将物品两端的箱皮打开,送入自动开箱机内,由自动开箱机完成后续动作,提高补货效率。

对于属于大分拣量规格的B类商品,也可采用自动划箱和自动开箱,补货策略同A类规格物品的处理办法。对于A类规格商品的零头、B类规格商品分拣量排在A类商品以后的物品以及C类规格物品,因其分拣量占总分拣的比重不大,分拣量较小,因此补货采用人工开箱的方式进行,即物品件箱首先送到分拣设备旁的重力式件箱缓存货架处,由人工将件箱拾取放到重力式货架的尾端,件箱在重力的作用下下滑,依次进行补货,此种方式可保持较高的补货能力。

4) 分拣策略

系统收集订单后先对订单进行分析和处理。对于A类规格的商品,总分拣量大,订货频次高,在订单中所占比例大,可采用超大量的分拣设备方案。例如,系统先根据各品牌的订货数量将其分割为"5X+Y",对于5的整数倍的部分采用可进行五单元同时分拣的设备进行处理,剩余部分采用单分设备补零。

对于B类订货量排序在前十的商品,其总分拣量相对较大,订货频次相对较高,在订单中占有一定的比例,采用中速的分拣设备方案。例如,系统先根据各品牌的订货数量将其分割为"2X+Y",对于2的整数倍的部分采用可进行二单元同时分拣的设备进行处理,剩余部分采用单分设备补零。

剩余的 B 类商品、C 类商品,采用单分设备补零。分拣量极少的若干商品,可以根据需要设置混合仓进行分拣。

对于异形商品,由于其订货量极小,品种数少,采用电子标签人工拣选的方式进行分拣。

5) 合箱策略

由系统判断其不满的订单周转箱的剩余空间容量,若两不满周转箱的货物可以合装于一个周转箱内,则系统调集不满物品周转箱到人工合箱工位,由人工将两不满箱的物料合二为一,以提高配送车辆的空间占用。

6) 合单策略

对于分拣、合箱完成的订单,其周转箱输送到 OSR 柔性合单区缓存,合单区分笼车发货区和周转箱发货区。对于距离较远和交通不便需要进行二级配送的地区,因干线运输和支线运输对接的需要,采用笼车装周转箱后再装车,据数据分析,占总配送量的 40%。对于距离较近、交通方便,当天就可返回的地区,采用周转箱直接装车。

综合案例

POLA 西日本物流中心分拣作业系统

POLA 公司成立于 1929 年,以制造并销售女性用品为主,1991 年销售额约 2400 亿日元,70% 为化妆品。POLA 西日本物流中心于 1990 年 3 月在 POLA 袋井工厂厂区内建设完成,占地面积 17100 m²,建筑面积 8646 m²。负责静冈以西的本州境内 2600 个点(支店、营业所)的配送工作,满足从订货到交货于 3 日内完成的目标。

一、POLA 西日本物流中心分拣作业系统

在库配送商品约有 1200 个品种,尖峰出货量达每天 185000 个包装单位的化妆品。为配合如此庞大的作业量,以及提供高效率、优质的物流服务,作业系统采取自动信息控制与人工控制的弹性组合。以下是各拣货区域作业方式的概况。

1. 托盘储存货架拣货区——以箱为包装单位的拣货出库

将由工厂进货的整托盘商品用升降叉车放于托盘货架上保管,少量成箱进货的商品保管于重力式货架上。大批订购的商品不经过储存保管,而是直接以箱为单位利用输送机送往出货区,同时也可以直接补货至数位显示货架拣货区内。这一区域的拣货,采取事先将拣货商品及数量打在标签上,并将标签加贴在商品上指示拣货的方式指示拣货。

2. 数位显示货架拣货区——以单件为包装单位的拣货出库

商品置于重力式货架上,各类商品储位上装设有指示拣取数量的数字显示装置,作业人员在所负责的区域内依显示器上所指示的数量拣取商品放入输送机上的篮子里,之后按下确认键,表示该商品已被拣取。当该区内所有需拣取商品完成,篮子就往下一个作业员负责区域移动。最后拣完的篮子就送往少批量商品拣货区,空纸箱由上层的输送机回收,送往捆包区。这一区域主要完成多品种、中小批量的拣货工作,采取按单份订单拣货和通过数位显示辅助拣货。

3. 少批量商品拣货区——以单件为包装单位的拣货出库

商品保管于轻型货架及重力式货架上,应用计算机辅助拣货台车拣货,拣货信息通过软盘输入拣货台车上的计算机,屏幕上显示货架布置及拣取位置的分布情形,拣货人员依屏幕指示至拣取位置拣取商品,扫读条码,并依照各订单需求数量分别投入 8 个订单格位塑胶袋内。完成拣货的袋子,暂存于集货用的轻型储架上,等待上一区域内相对应订单拣货篮由输送机送达时,加以集合送到检查捆包区。这一区域负责拣取小批量、小体积商品,所以采用计算机辅助台车拣货。

二、拣货策略分析

POLA 西日本物流中心拣货策略分析如表 6-5 所示。

表 6-5　POLA 西日本物流中心拣货策略分析

项　目	拣货方式与策略		
储存包装单位	托盘	箱	件
拣货包装单位	箱	单箱	单件
商品物流特点	体积大、批量大、作业频率较低	体积小、批量中等、作业频率高	体积小、批量小、作业频率低
拣货信息传递	贴标签	电子信息传递	电子信息传递
拣货设施	托盘储架	数位显示储架	计算机拣货台车
拣货方式	先将订单合并汇总,制作成拣货单,拣货后按订单分类	按订单拣货	一次处理固定数量的订单,且在拣取各商品的同时,将商品按客户订单分类

问:

1. 案例中拣选作业中的拣选单位基本上可以分为哪三种?

2. 列出案例中主要的物流设备(至少 4 个)。

3. 何谓分拣?本案例中采用的两种拣货方式,即单订单拣取(拣货方式 2)和批量订单拣取(拣货方式 1、3),各自的优缺点有哪些?

练习与思考

练习与思考题答案

一、填空题

1. 配送是在经济合理区域范围内,根据用户要求,对货品进行_____、_____、_____、_____、_____等作业,并按时送达指定地点的物流活动。

2. 配送的要素包括_____、_____、_____、_____、_____、_____、_____、_____、_____等。

3. 配货作业的方式包括三种方式:_____、_____、_____。

4. 单元物料自动化分拣设备至今已经发展了三大类：_____、_____、_____。

二、名词解释

1. 自动配货方式
2. 分货式（播种式）分拣

三、简答题

1. 简述播种式配货的优缺点及其适用条件。
2. 简述自动分拣机进行分拣能力计算所需要的条件。
3. 简述单元物料自动化分拣设备的订单合单问题。

第七章 物流自动化控制系统

学习目标及要点

1. 学习并掌握自动控制技术基础,包括自动控制及自动控制系统的概念、自动控制系统的分类及特点;
2. 学习电气控制线路概述、简单设计法及其设计案例;
3. 学习并掌握 PLC 的产生、发展、用途,PLC 的组成、工作原理、特点及分类,PLC 基本指令及程序设计;
4. 学习并掌握典型自动化物流工程控制系统设计。

第一节　自动控制技术基础

一、自动控制技术

自动控制技术,是 20 世纪发展最快、影响最大的技术之一,也是 21 世纪最重要的高科技之一,在生产、军事、管理、生活等各个领域都离不开自动控制技术。就定义而言,自动控制技术是控制论的技术实现应用,是通过具有一定控制功能的自动控制系统来完成控制任务,保证过程按照预想进行,或者实现某个预设的目标。

电气控制技术是随着科学技术的不断发展、生产工艺不断提出新的要求而得到迅速发展,是推动新的技术革命和新的产业革命的核心技术。从最早的手动控制发展到自动控制,从简单的控制设备发展到复杂的控制系统,从有接触的硬接线继电器控制系统发展到以计算机为中心的软件控制系统。现代电气控制技术综合应用了计算机、自动控制、电子技术、精密测量等许多先进的科学技术成果。可编程序控制器(PLC)将计算机的功能完善、通用性、灵活性好的优点与继电接触器控制系统的结构简单、价格便宜、便于掌握等特点有机结合,在现代工业控制中得到广泛应用。通俗地说,自动化就是用机器设备或系统代替人完成某种生产任务,或者代替人实现某种过程,或代替人进行事务管理工作。严格地说,自动化就是指在没有人的直接参与下,机器设备或生产管理过程通过自动检测、信息处理、分析判断自动地实现预期的操作或某种过程。

自动控制,是指在没有人直接参与的情况下,利用外加的设备或装置(称控制装置或控制器),使机器、设备或生产过程(统称控制对象)的某个工作状态或参数(即被控量)自动地按照预定的规律运行。

自动控制理论是研究自动控制共同规律的科学。它的发展初期,是以反馈理论为基础的自动调节原理,主要用于工业控制。第二次世界大战期间,为了设计和制造飞机及船用自动驾驶仪、火炮定位系统、雷达跟踪系统以及其他基于反馈原理的军用设备,进一步促进并完善了自动控制理论的发展。第二次世界大战后,已形成完整的自动控制理论体系,这就是以传递函数为基础的经典控制理论,它主要研究单输入单输出的线性订场系统的分析和设计问题。

20世纪60年代初期,随着现代应用数学新成果的推出和电子计算机的应用,为适应宇航技术的发展,自动控制理论跨入了一个新的阶段——现代控制理论。它主要研究具有高性能、高精度的多变量、变参数的最优控制问题,主要采用的方法是以状态为基础的状态空间法。目前,自动控制理论还在继续发展,正向以控制论、信息论、仿生学、人工智能为基础的智能控制理论深入。

二、自动控制系统

为了实现各种复杂的控制任务,首先要将被控制对象和控制装置按照一定的方式连接起来,组成一个有机的整体,这就是自动控制系统。在自动控制系统中,被控对象的输出量即被控量是要求严格加以控制的物理量,它可以要求保持为某一恒定值,如温度、压力或飞行轨迹等;而控制装置则是对被控对象施加控制作用的相关机构的总体,它可以采用不同的原理和方式对被控对象进行控制,但最基本的一种是基于反馈控制原理的反馈控制系统。

在反馈控制系统中,控制装置对被控对象施加的控制作用,是取自被控量的反馈信息,用来不断修正被控量和控制量之间的偏差,从而实现对被控量进行控制的任务,这就是反馈控制的原理。

例如,A 开方的反馈模型:

$$X_{(n+1)} = X_n + \frac{1}{3}(A/X_n^2 - X_n) \tag{7-1}$$

设 $A=5$,5 介于 1^3 至 2^3 之间,$1^3=1$,$2^3=8$。

X_0 可以取 1.1、1.2、1.3、1.4、1.5、1.6、1.7、1.8、1.9、2.0。取 $X_0=2.0$,根据公式有

第一步:$X_1 = 2.0 + \frac{1}{3}(5/2.0^2 - 2.0) = 1.7$。即 $5/(2\times2)=1.25$,$1.25-2=-0.75$,$-0.75\times1/3=-0.25$,输入值大于输出值,负反馈。$2.0-0.25=1.75$,取 2 位数字,即 1.7。

第二步:$X_2 = 1.7 + \frac{1}{3}(5/1.7^2 - 1.7) = 1.71$。即 $5/(1.7\times1.7)=1.73010$,$1.73-1.7=0.03$,$0.03\times1/3=0.01$,输入值小于输出值,正反馈。$1.7+0.01=1.71$,取 3 位数字,

比前面多取 1 位数字。

第三步：$X_3 = 1.71 + \frac{1}{3}(5/1.71^2 - 1.71) = 1.709$，输入值大于输出值，负反馈。

第四步：$X_4 = 1.709 + \frac{1}{3}(5/1.709^2 - 1.709) = 1.7099$，输入值小于输出值，正反馈。

这种方法可以自动调节，第一步、第三步取值偏大，但是计算出来以后输出值会自动减小；第二步、第四步输入值偏小，输出值自动增大。

当然也可以取 1.1,1.2,1.3,…,1.8,1.9 中的任何一个，都可以验证这种反馈控制关系，即将检测出来的输出量送回到系统的输入端，并与输入信号比较的过程。反馈分为负反馈(反馈信号与输入信号相减)和正反馈(反馈信号与输入信号相加)。

三、自动控制系统的种类

从控制的方式看，自动控制系统有开环控制、闭环控制和复合控制三种。

（一）开环控制

开环控制也叫程序控制，这是按照事先确定好的程序，依次发出信号去控制对象。按信号产生的条件，开环控制分为时限控制、秩序控制、条件控制。20 世纪 80 年代以来，用微电子技术生产的可编程序控制器在工业控制(电梯、多工步机床、自来水厂)中得到广泛应用。当然，一些复杂系统或过程常常综合运用多种控制类型和多类控制程序。

随着电子计算机技术和其他高技术的发展，自动控制技术的水平越来越高，应用越来越广泛，作用越来越重要。尤其是在生产过程的自动化、工厂自动化、机器人技术、综合管理工程、航天工程、军事技术等领域，自动控制技术起到了关键作用。

开环控制系统是指一个输出只受系统输入控制的没有反馈回路的系统。

如图 7-1 所示，在开环控制系统中，不把被控量的值的信息用来在控制过程中构成控制作用，其特点是施控装置指挥执行机构动作，改变被控对象的工作状态，被控量相应地发生变化，而这种变化并不再次构成施控装置动作的原因，即控

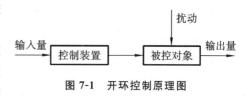

图 7-1　开环控制原理图

制信号和被控量之间没有反馈回路。为了选择一个控制力，重要的是，要用到关于扰动对被控量影响的信息，而不是关于扰动本身的信息，不用直接测量扰动就组织起一个控制，只要监视由扰动对被控系统造成的偏差就行了。因此，控制信号也可以由被控量离它预定值的偏差的信息产生。所有的手动控制、大多数的程控与数控机床、时间程序控制都属于开环控制。这种系统的输入直接控制着它的输出，它的装置简单，成本较低，但抗干扰能力差，使它的控制作用受到很大的限制，精度较闭环控制系统的要低。

简单地讲，开环控制是指无反馈信息的系统控制方式。当操作者启动系统，使之进入运行状态后，系统将操作者的指令一次性输向受控对象。此后，操作者对受控对象的变化便不能作进一步控制。采用开环控制设计的人机系统，操作指令的设计十分重要，一旦出错，将产生无法挽回的损失。

开环控制系统的特点：①结构简单，造价低；②系统的控制精度取决于给定信号的标定

精度、控制器及被控对象参数的稳定性;③开环系统没有抗干扰的能力,因此精度较低。

开环控制系统主要应用于:控制量的变化规律可以预知;可能出现的干扰可以抑制;被控量很难测量的环节,如家电、加热炉、车床等领域。

(二)闭环控制

闭环控制系统是控制系统的一种类型。具体内容是指:把控制系统输出量的一部分或全部,通过一定方法和装置反送回系统的输入端,然后将反馈信息与原输入信息进行比较,再将比较的结果施加于系统进行控制,避免系统偏离预定目标。闭环控制系统利用的是负反馈,即由信号正向通路和反馈通路构成闭合回路的自动控制系统,又称反馈控制系统,图7-2是一个典型的闭环控制系统原理图。

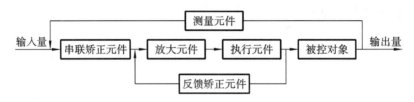

图 7-2 典型的闭环控制系统原理图

闭环控制系统是基于反馈原理建立的自动控制系统。

所谓反馈原理,就是根据系统输出变化的信息来进行控制,即通过比较系统行为(输出)与期望行为之间的偏差,并消除偏差以获得预期的系统性能。

在反馈控制系统中,既存在由输入到输出的信号前向通路,也包含从输出端到输入端的信号反馈通路,两者组成一个闭合的回路。因此,反馈控制系统又称为闭环控制系统。反馈控制是自动控制的主要形式。自动控制系统多数是反馈控制系统。在工程上常把在运行中使输出量和期望值保持一致的反馈控制系统称为自动调节系统,而把用来精确跟随或实现某种过程的反馈控制系统称为伺服系统或随动系统。

反馈控制系统由控制器、受控对象和反馈通路组成。比较环节是用来将输入与输出相减,给出偏差信号。这一环节在具体系统中可能与控制器一起统称为调节器。以炉温控制为例,受控对象为炉子,输出变量为实际的炉子温度,输入变量为给定常值温度,一般用电压表示。炉温用热电偶测量,代表炉温的热电动势与给定电压相比较,两者的差值电压经过功率放大后用来驱动相应的执行机构进行控制。

闭环控制也就是(负)反馈控制,原理与人和动物的目的性行为相似,系统组成包括传感器(相当于感官)、控制装置(相当于脑和神经)、执行机构(相当于手腿和肌肉)。传感器检测被控对象的状态信息(输出量),并将其转变成物理(电)信号传给控制装置。控制装置比较被控对象当前状态(输出量)对希望状态(给定量)的偏差,产生一个控制信号,通过执行机构驱动被控对象运动,使其运动状态接近希望状态。

在实际中,闭环(反馈)控制的方法多种多样,应用于不同领域。当前广泛应用并快速发展的有最优控制、自适应控制、专家控制(即以专家知识库为基础建立控制规则和程序)、模糊控制、容错控制、智能控制等。

闭环控制系统的特点包括以下几个方面:

(1)系统对外部或内部干扰(如内部件参数变动)的影响不甚敏感。

(2) 由于采用了反馈装置,导致设备增多,线路复杂。

(3) 闭环系统存在稳定性问题。由于反馈通道的存在,对于那些惯性较大的系统,若参数配合不当,控制性能可能变得很差,甚至出现发散或等幅振荡等不稳定的情况。

必须注意,在闭环系统中,对于主反馈必须采用负反馈。若采用正反馈,则将使偏差越来越大。

(三)复合控制

复合控制系统是同时包含按偏差的闭环控制和按扰动或输入的开环控制的控制系统。按偏差控制即反馈控制(见反馈控制系统),是按偏差确定控制作用以使输出量保持在期望值上。

按偏差控制和按扰动控制相结合的控制方式称为复合控制。

对于滞后较大的控制对象,反馈控制作用不能及时影响系统的输出,常引起输出量的过大波动。如果引起输出量变化的外扰是可量测的(如在汽轮机调速系统中,汽轮机的负荷就是可以量测的),则用外扰信号直接控制输出就能更迅速和有效地补偿外扰对输出的影响。理论上甚至可做到使这种影响完全消除(见不变性原理)。这种控制方式称为按扰动控制。影响输出量变化的扰动因素很多,但可量测并用来进行控制的只能是主扰动。一般不能单独采用按扰动控制,常需与按偏差控制结合使用,构成复合控制。复合控制能显著减小扰动对系统的影响,有利于提高控制精度。

例如,热交换器的温度系统就是一个复合控制系统,被控制量是出口处的热水温度,控制量是加热用的蒸汽量。根据热水温度的偏离值,通过相应机构来改变蒸汽量,以调节水温保持在期望值,这一部分属于按偏差控制。热水的流量是热交换的负载,它是这个系统的主要扰动。热交换过程包含时间延迟,使得扰动(流量)的变化不能立刻在输出端上感受到,需要经过一定的延迟时间才出现温度偏差信号并产生控制作用,因此仅采用偏差控制常会导致过大的温度瞬态误差。采用流量计测出热水流量,同时按扰动控制方式来改变蒸汽量,实现复合控制,就能大大减小温度的瞬态误差。

按偏差控制是闭环控制,按扰动控制是开环控制,所以复合控制又称开环-闭环控制。复合控制系统的稳定性只由偏差控制回路所决定,其分析方法与反馈控制系统的相同。

复合控制的另一形式是在反馈控制系统中增加输入信号的直接控制通道。例如,一个有4组加热电阻丝的加热炉,可以安排其中3组电阻丝由输入信号直接控制,第四组电阻丝用作反馈控制,将粗调和细调分开。这样做的好处是系统的反馈控制线路容易设计,也便于实现。输入信号可人为给定或按扰动信号确定。输入信号的直接控制作用也称前馈控制,故这类复合控制系统又称反馈-前馈控制系统。

复合控制具有以下两种基本形式。

1. 按输入前馈补偿的复合控制

按输入补偿的复合控制,即应用前馈消除系统响应控制信号误差的复合控制,同上所述,应用前馈减小系统响应控制信号误差的复合控制就是在反馈控制的基础上,引入控制信号的微分作为系统的附加输入来实现的,如图7-3所示。同样,补偿方式可分为按扰动的完全补偿和按扰动的稳态补偿/部分补偿。

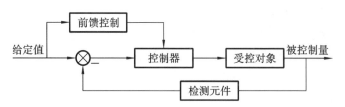

图 7-3 前馈补偿的复合控制原理图

2. 按扰动前馈补偿的复合控制

如果系统的误差主要由某一处加干扰信号引起的,并且该干扰已知,或是可直接或间接测量的,则可用不变性原理来消除干扰信号,即

$$E_n(s) = 0 \tag{7-2}$$

或

$$\Phi_{en}(s) = \frac{E(s)}{N(s)} = 0 \tag{7-3}$$

图 7-4 为对扰动进行补偿的系统方块图。系统除了原有的反馈通道外,还增加了一个由扰动通过前馈补偿装置产生的控制作用,旨在补偿由扰动对系统产生的影响。图中 $G_n(s)$ 为待求的前馈控制装置的传递函数;$N(s)$ 为扰动作用,且可进行测量或者已知。

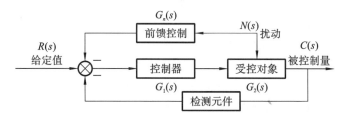

图 7-4 按扰动前馈补偿的复合控制原理图

(1) 按扰动的完全补偿:为了实现按扰动的完全补偿,必须使 $E_n(s) = 0$,$G_n(s) = \frac{1}{G_1(s)}$,此时,系统的稳态误差 $e_{ss} = \lim_{t \to \infty} L^{-1}[E(s)] = 0$,即通过一个顺馈补偿了扰动的影响。

(2) 按扰动的稳态补偿/部分补偿:对于完全补偿,如果设 $G_1(s)$ 很复杂,则 $G_n(s) = s(f_1 + f_2 s + f_3 s^2 + \cdots)$ 也很复杂,即要完全补偿的话 $G_n(s)$ 很复杂。实际上,不需要实现完全补偿,只需要部分补偿以减小或者消除系统响应控制信号 $r(t)$ 的误差即可。

如果系统的误差传递函数 $E(s)/N(s)$ 的零点包含误差输入信号的全部极点,则系统无稳态误差。因此,只要设计合适的 $G_n(s)$,使得系统的误差传递函数满足零点包含输入信号的全部极点即可,此时 $e_{ss} = \lim_{t \to \infty} s E_n(s) = 0$。

这种扰动补偿复合控制系统的缺点很明显,扰动信号必须是已知或者是可测的;对顺馈控制的精度要求也比较高,由于是开环,元器件要求精度高,所以产生的误差不可调。

复合控制系统的主要特点是:①具有很高的控制精度;②可以抑制几乎所有的可量测扰动,其中包括低频强扰动;③补偿器的参数要有较高的稳定性。

复合控制系统的优点是:①从前馈控制角度看,由于增加了反馈控制,降低了对前馈控制模型精度的要求,并能对没有测量的干扰信号的扰动进行校正;②从反馈控制角度看,前馈控制作用对主要干扰及时进行粗调,大大减少反馈控制的负担;③由于被控对象的惯性,反馈控制作用有延迟,而顺馈没有延迟,能够及时地在被控对象到达反馈控制之前就能抵消掉,因此顺馈来得比反馈更加及时;④开环系统没有稳定性的问题,补偿前后稳定性不变(特征方程不变)。

第二节　电气控制线路基础

一、概述

电气控制线路是由许多电器元件按一定的控制要求连接起来的,电气系统图一般有三种类型:电气原理图、电气安装接线图和电气元件布置图。

(一) 电气原理图

1. 电气原理图及其绘制原则

电气原理图的目的是便于阅读和分析控制线路,应根据结构简单、层次分明清晰的原则采用电器元件展开形式绘制。它包括所有电器元件的导电部件和接线端子,但并不按照电器元件的实际布置位置来绘制,也不反映电器元件的实际大小。电气原理图是电气控制系统设计的核心。

电气原理图、电气安装接线图和电气元件布置图的绘制应遵循的相关国家标准是《电气技术用文件的编制》(GB/T 6988—2008)。其具体内容包括:①一般要求;②功能性简图;③线图和接线表;④位置文件与安装文件;⑤索引;⑥控制系统功能表图的绘制。

这些是最新的修订后的有关电气制图的国家标准。在 GB/T 6988—2008 的各个分标准中,详细规定了各种电气图的绘制原则。

绘制电气原理图时应遵循的主要原则如下:

(1) 电气原理图一般分主电路和辅助电路两部分。主电路是电气控制线路中大电流通过的部分,包括从电源到电动机之间相连的电器元件,一般由组合开关、主熔断器、接触器主触点、热继电器的热元件和电动机等组成。辅助电路是控制线路中除主电路以外的电路,其流过的电流比较小。辅助电路包括控制电路、照明电路、信号电路和保护电路,其中控制电路是由按钮、接触器和继电器的线圈及辅助触点、热继电器触点、保护电器触点等组成。

(2) 电气原理图中所有电器元件都应采用国家标准中统一规定的图形符号和文字符号表示。

(3) 电气原理图中电器元件的布局,应根据便于阅读的原则安排。主电路安排在图面左侧或上方,辅助电路安排在图面右侧或下方。无论主电路还是辅助电路,均按功能布置,尽可能按动作顺序从上到下、从左到右排列。

(4) 电气原理图中,当同一电器元件的不同部件(如线圈、触点)分散在不同位置时,为了表示是同一元件,要在电器元件的不同部件处标注统一的文字符号。对于同类器件,要在其文字符号后加数字序号来区别。如两个接触器,可用 QA1、QA2 文字符号区别。

(5) 电气原理图中,所有电器的可动部分均按没有通电或没有外力作用时的状态画出;对于继电器、接触器的触点,按其线圈不通电时的状态画出;控制器按手柄处于零位时的状态画出;对于按钮、行程开关等触点,按未受外力作用时的状态画出。

(6) 电气原理图中,应尽量减少线条和避免线条交叉。各导线之间有电联系时,对"T"形连接点,在导线交点处可以画实心圆点,也可以不画;对"十"形连接点,必须画实心圆点。根据图面布置需要,可以将图形符号旋转绘制,一般逆时针方向旋转 90°,但文字符号不可倒置。

2. 画面图域的划分

图纸上方的 1、2、3 等数字是图区的编号,它是为了便于检索电气线路,方便阅读分析及避免遗漏而设置的,图区编号也可设置在图的下方。

图区编号下方的文字表明它对应的下方元件或电路的功能,使读者能清楚地知道某个元件或某部分电路的功能,以利于理解全部电路的工作原理。

3. 符号位置的索引

符号位置的索引采用图号、页号和图区号的组合索引法,索引代号的组成如图 7-5 所示。

图 7-5 组合索引的组成

图号是指当某设备的电气原理图按功能多册装订时每册的编号,一般用数字表示。

当某一元件相关的各符号元素出现在不同图号的图纸上,而当每个图号仅有一页图纸时,索引代号中可省略"页号"及分隔符"·";当某一元件相关的各符号元素出现在同一图号的图纸上,而该图号有几张图纸时,可省略"图号"和分隔符"/";当某一元件相关的各符号元素出现在只有一张图纸的不同图区时,索引代号只用"图区"表示。

对接触器,上述表示法中各栏的含义如表 7-1 所示。

表 7-1 接触器各栏意义

左 栏	中 栏	右 栏
主接触点所在的图区号	辅助动合触点所在的图区号	辅助动断触点所在的图区号

对继电器,上述表示法中各栏的含义如表 7-2 所示。

表 7-2 继电器各栏意义

左 栏	右 栏
辅助动合触点所在的图区号	辅助动断触点所在的图区号

(二) 电气安装接线图

电气安装接线图用于电气设备和电器元件的安装、配线、维护和检修电器故障。图中标示出各元器件之间的关系、接线情况以及安装和敷设的位置等。对某些较为复杂的电气控制系统或设备,当电气控制柜中或电气安装板上的元器件较多时,还应该画出各端子排的接线图。一般情况下,电气安装图和原理图需配合起来使用。

绘制电气安装图应遵循的主要原则如下:

(1) 必须遵循相关国家标准绘制电气安装接线图。

(2) 各电器元器件的位置、文字符号必须和电气原理图中的标注一致,同一个电器元件的各部件(如同一个接触器的触点、线圈等)必须画在一起,各电器元件的位置应与实际安装位置一致。

(3) 不在同一安装板或电气柜上的电器元件或信号的电气连接一般应通过端子排连接,并按照电气原理图中的接线编号连接。

(4) 走向相同、功能相同的多根导线可用单线或线束表示。画连接线时,应标明导线的规格、型号、颜色、根数和穿线管的尺寸。

(三) 电器元件布置图

电器元件布置图主要用来表明电气设备或系统中所有电器元件的实际位置,为制造、安装、维护提供必要的资料。电器元件布置图可按电气设备或系统的复杂程度集中绘制或单独绘制。元器件轮廓线用细实线或点画线表示,如有需要,也可以用粗实线绘制简单的外形轮廓。

电器元件布置图的设计应遵循以下原则:

(1) 必须遵循相关国家标准设计和绘制电器元件布置图。

(2) 相同类型的电器元件布置时,应把体积较大和较重的安装在控制柜或面板的下方。

(3) 发热的元器件应该安装在控制柜或面板的上方或后方,但热继电器一般安装在接触器的下面,以方便与电动机和接触器连接。

(4) 需要经常维护、整定和检修的电器元件、操作开关、监视仪器仪表,其安装位置应高低适宜,以便工作人员操作。

(5) 强电、弱电应该分开走线,注意屏蔽层的连接,防止干扰的窜入。

(6) 电器元件的布置应考虑安装间隙,并尽可能做到整齐、美观。

有关电气安装接线图和元件布置图更丰富的知识需要大家在以后的实践中继续学习,使理论(规则、原理等)和实际相结合,不断提高电气控制系统的设计水平。

二、电气控制线路简单设计法

电气控制线路的设计通常有两种方法,即一般设计法和逻辑设计法。

一般设计法又称为经验设计法。它主要是根据生产工艺要求,利用各种典型的线路环节,直接设计控制电路。这种方法比较简单,但要求设计人员必须熟悉大量的控制线路,掌握多种典型线路的设计资料;同时具有丰富的经验,在设计过程中往往还要经过多次反复的修改、试验,才能使线路符合设计的要求。即使这样,设计出来的线路可能还不是最简单的,所用的电气触点不一定最少,所得出的方案也不一定是最佳方案。

逻辑设计法是根据生产工艺的要求,利用逻辑代数来分析、设计控制线路。用这种方法设计出来的线路比较合理,特别适合完成较复杂的生产工艺所要求的控制线路设计。但是相对而言,逻辑设计法难度较大,不易掌握,所设计出来的电路不太直观。

随着PLC的出现和PLC技术的飞速发展,其功能越来越强大,价格也越来越低。在电气控制技术领域,PLC基本上全面取代了继电接触式控制系统,所以对传统的电气控制线路的设计方法也要适当地改进。这主要依据下面两点:其一,对于简单的电气控制线路,考虑到成本问题,还要使用继电器组成控制系统,所以还是要进行电气控制线路设计的;其二,对于稍微复杂的电气控制线路,就要用 PLC 而不会用继电器控制系统了,所以逻辑设计法使用得越来越少了。

基于上面的考虑,本书将一般设计法的简单和逻辑设计法的严谨结合起来,归纳出一种简单设计法,可以完成大多数电气控制电路的设计。

(一) 一般设计法的几个原则

利用逻辑设计法中继电器开关逻辑函数,把控制对象的起动信号、关断信号及约束条件找出,即可设计出控制电路。

一般设计法的几个主要原则如下:

(1) 最大限度地实现生产机械和工艺对电气控制线路的要求。

(2) 在满足生产要求的前提下,控制线路力求简单、经济、安全可靠。

①尽量减少电器的数量。尽量选用相同型号的电器和标准件,以减少备品量;尽量选用标准的、常用的或经过实际考验过的线路和环节。

②尽量减少控制线路中电源的种类。尽可能直接采用电网电压,以省去控制变压器。

③尽量缩短连接导线的长度和数量。设计控制线路时,应考虑各个元件之间的实际接线,如图 7-6 所示。图 7-6(a)所示的接线是不合理的,因为按钮在操作台或面板上,而接触器在电气柜内,这样接线就需要由电气柜二次引出,接到操作台的按钮上。改为图 7-6(b)后,可减少一些引出线。

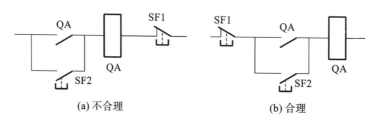

图 7-6 电器连接图

④正确连接触点。在控制电路中,应尽量将所有触点接在线圈的左端或上端,线圈的右端或下端直接接到电源的另一根母线上(左右端和上下端是针对控制电路水平绘制或垂直绘制而言)。这样可以减少线路内产生虚假回路的可能性,可以简化电气柜的出线。

⑤正确连接电器的线圈。在交流控制电路中不能串联两个电器的线圈,如图 7-7(a)所示。因为每一个线圈上所分到的电压与线圈阻抗成正比,线圈电流有先有后,不可能同时吸合,如交流接触器 QA2 吸合,由于 QA2 的磁路闭合,线圈的电感显著增加,因而在该线圈上的电压降也显著增大,从而使另一接触器 QA1 的线圈电压达不到动作电压。因此,两个电器需要同时动作时,其线圈应该并联起来,如图 7-7(b)所示。

⑥元器件的连接,应尽量减少多个元件依次通电后才接通另一个电器元件的情况。在图 7-8(a)中,线圈 KF3 的接通要经过 KF、KF1、KF2 三个常开触点。改接成图 7-8(b)后,则每一对线圈通电只需要经过一对常开触点,工作较可靠。

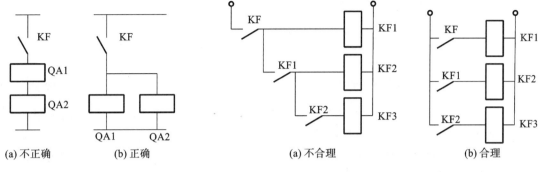

(a) 不正确　　　(b) 正确

图 7-7　线圈的连接

(a) 不合理　　　(b) 合理

图 7-8　元器件的连接

⑦要注意电器之间的联锁和其他安全保护环节,在实际工作中一般设计法还有许多要注意的地方。

(二) 逻辑设计法中的继电器开关逻辑函数

逻辑设计法主要依据逻辑代数运算法则的化简办法求出控制对象的逻辑方程,然后由逻辑方程画出电气控制原理图。其中电器开关的逻辑函数以执行元件作为逻辑函数的输出变量,而以检测信号中间单元及输出逻辑变量的反馈触点作为逻辑变量,按一定规律列出其逻辑函数表达式。继电器开关逻辑函数是电气控制对象的典型代表。图 7-9 所示的为它的开关逻辑函数(启—保—停电路)。

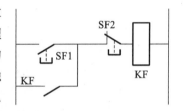

图 7-9　继电器开关逻辑函数

线路中 SF1 为起动信号按钮,SF2 为关断信号按钮,KF 的常开触点为自保持信号。它的逻辑函数为

$$F_{KF} = (SF1 + KF) \cdot \overline{SF2} \tag{7-1}$$

若把 KF 替换成一般控制对象 K,起动/关断信号换成一般形式 X,则式(7-1)的开关逻辑函数的一般形式为

$$F_K = (X_开 + K) \cdot \overline{X_关} \tag{7-2}$$

扩展到一般控制对象:

$X_开$ 为控制对象的开启信号,应选取在开启边界线上发生状态改变的逻辑变量;$X_关$ 为控制对象的关断信号,应选取在控制对象关闭边界线上发生状态改变的逻辑变量。在线路图中使用的触点 K 为输出对象本身的常开触点,属于控制对象的内部反馈逻辑变量,起自锁作用,以维持控制对象得电后的吸合状态。

$X_开$ 和 $X_关$ 一般要选短信号,这样可以有效防止启/停信号波动的影响,保证了系统的可靠性,波形如图 7-10 所示。

在实际应用中,为进一步增加系统的可靠性和安全性,$X_开$ 和 $X_关$ 往往带有约束条件,如图 7-11 所示。

其逻辑函数为

$$F_K = (X_开 \cdot X_{开约} + K) \cdot (\overline{X_关} + \overline{X_{关约}}) \tag{7-3}$$

式(7-3)基本上全面代表了控制对象的输出逻辑函数。由式(7-3)可以看出,对开启信号

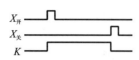

图 7-10　典型开关逻辑函数波形图

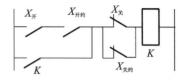

图 7-11　带约束条件的控制对象开关逻辑电路图

来说,开启的主令信号不止一个,还需要具备其他条件才能开启;对关断信号来说,关断的主令信号也不止一个,还需要具备其他关断条件才能关断。这样就增加了系统的可靠性和安全性。当然 $X_{开约}$ 和 $X_{关约}$ 也不一定同时存在,有时也可能 $X_{开约}$ 或 $X_{关约}$ 会不止一个,关键是要具体问题具体分析。

(三) 简单设计法的重点

一般设计法中的重要设计原则和逻辑设计法中的控制对象的开关逻辑函数就组成了简单设计法。简单设计法要求在设计控制线路时做到以下几点:

(1) 找出控制对象的开启信号、关断信号;

(2) 如果有约束条件,则找出相应的开启约束条件和关断约束条件;

(3) 把各种已知信号代入式(7-3)中,写出控制对象的逻辑函数(熟练后可省去该步);

(4) 结合一般设计法的设计原则和逻辑函数,画出该控制对象的电气线路图;

(5) 最后根据工艺要求做进一步的检查工作。

由此可以看出,简单设计法的核心内容是找出控制对象的开启条件(短信号)和关断条件(短信号),然后所有的设计问题就很简单了。当然,一些控制对象的开启条件和关断条件的短信号不容易找出来,这时就要采取一些其他技巧和措施配合使用才能解决问题。

需要指出的是,简单设计法设计出来的电路不一定是最合理的。稍复杂的电路已经被 PLC 取代了,所以现在对简单的电路进行最优化设计已是最主要的问题,重要的是要理解电气控制线路设计的实质,力求用简单的方法对简单电控系统设计出较好的控制电路。

三、电气控制电路的基本环节

大部分的复杂电气控制电路都是由一些基本电路组合而成的。

(一) 点动和长动控制电路

在生产实际中,根据生产工艺要求的不同,电动机需要工作在点动和长动两种状态下。点动是操作者按下起动按钮时电动机起动运转,松开起动按钮时电动机就停止转动;长动是操作者按下起动按钮后电动机起动运转,即使松开起动按钮电动机还能一直运转,即连续运转,直到按下停车按钮为止。图 7-12 所示的为几种常见的电动机点动和长动工作的控制电路。

图 7-12(a)所示的是最基本的点动控制电路。合上电源开关 QS,按下起动按钮 SB,接触器 KM 线圈通电吸合,主电路中接触器 KM 的主触点闭合,电动机起动运转;松开起动按钮 SB,接触器 KM 线圈断电释放,主触点断开,电动机失电,停止转动。该电路中,电动机只能实现点动控制,不能实现长动。

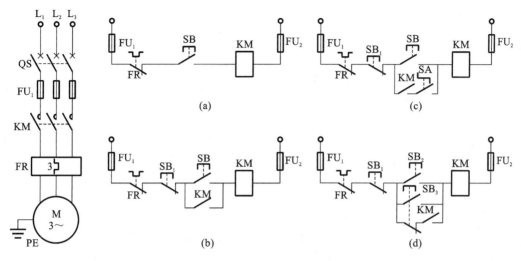

图 7-12 电动机点动和长动控制电路

图 7-12(b)所示的是最基本的长动控制电路。合上电源开关 QS,按下起动按钮 SB,接触器 KM 线圈通电吸合,与 SB 并联的接触器 KM 的辅助常开触点立即闭合。这时,即使松开起动按钮 SB,接触器 KM 依然能通过自身常开触点的闭合而保持通电状态,所以主电路中接触器 KM 主触点一直处于闭合状态,电动机实现连续运转。按下停止按钮 SB_1,接触器 KM 线圈断电释放,主触点断开,电动机停止转动。该电路只能实现电动机长动控制而不能实现点动。

这种依靠接触器自身的辅助触点使其线圈保持通电的现象称为自锁,该电路也可以称为自锁电路,起自锁作用的触点称为自锁触点。

图 7-12(c)、(d)所示的为既可实现点动又可实现长动的控制电路。图 7-12(c)使用一个手动开关 SA 来实现:当需要点动时,将 SA 打开,原理则同图 7-12(a);当需要长动时合上 SA,将自锁触点接入,原理则同图 7-12(b)。图 7-12(d)中使用了复合按钮 SB_3 来实现点动控制,按钮 SB_2 实现长动控制。点动控制时,按下 SB_3,其常闭触点先断开接触器 KM 的自锁电路,常开触点后闭合接通接触器 KM 线圈的通电回路,接触器主触点闭合,电动机起动运转;当松开 SB_3 时,KM 线圈失电,电动机停止转动。需要长动时,按下 SB_2 即可,原理同图 7-12(b)。

(二) 多点控制电路

在生产实际中,有些生产机械和生产设备,由于生产工艺的要求,往往需要在两地或多地进行操作。例如,电梯即为多地控制,任意层的楼道上都能够进行控制,在梯厢里也能够控制。要实现多点控制,就应该有多组按钮,根据电路中所学知识,多组按钮的连接规则为:接通电路使用的常开按钮,须"并联";断开电路使用的常闭按钮,须"串联"。

图 7-13 所示的为两地和三地的控制电路,主电路同图 7-12 所示的主电路。图 7-13(a)中,任意按下 SB_2 或 SB_4 都可以实现电动机起动且连续运转,停止时只要按下 SB_1 或 SB_3 即可使电动机停止转动。图 7-13(b)中电动机的起停可以在三个地方控制。

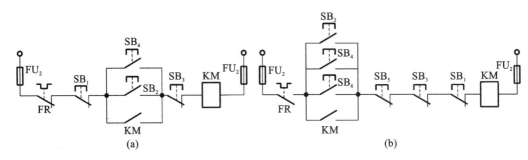

图 7-13 两地和三地控制电路

(三) 顺序控制电路

在生产实际中,常常要求各运动部件之间能够按顺序工作。例如,机床的主轴电动机必须在液压泵电动机起动之后才能起动。图 7-14 所示的为两台电动机顺序起动的控制电路。图中,M_1 为液压泵电动机,M_2 为主拖动电动机,也就是说 M_1 起动之后 M_2 才能起动。

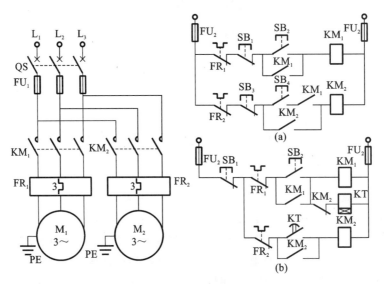

图 7-14 两台电动机顺序启动的控制电路

图 7-14(a)所示的为手动控制实现的两台电动机顺序起动控制电路,通过将控制电动机 M_1 的接触器 KM_1 的辅助常开触点串入控制电动机 M_2 的接触器 KM_2 的线圈所在电路中,利用起动按钮 SB_2、SB_4 来实现按顺序起动工作的要求。电路分析:合上电源开关 QS,按下起动按钮 SB_2,接触器 KM_1 线圈通电吸合,通过自锁触点形成自锁电路,主电路中接触器 KM_1 主触点闭合,电动机 M_1 起动,同时串入接触器 KM_2 线圈电路中的 KM_1 辅助常开触点闭合,为 M_2 起动做好准备。之后,按下起动按钮 SB_4,接触器 KM_2 的线圈通电吸合,通过自身的自锁触点形成自锁电路,主电路中接触器 KM_2 主触点闭合,电动机 M_2 起动,实现了 M_1 起动之后 M_2 才能起动的顺序起动控制功能。

图 7-14(b)采用通电延时型时间继电器 KT 来实现顺序工作的要求,为两台电动机顺序起动的自动控制电路。电路分析:合上电源开关 QS,按下起动按钮 SB_2,接触器 KM_1 和通

电延时型时间继电器 KT 的线圈同时得电吸合,并通过 KM_1 的自锁触点形成自锁电路。主电路中接触器 KM_1 的主触点闭合,电动机 M_1 起动。同时,通电延时型时间继电器 KT 开始计时,当到达设定的定时时间后,串接在接触器 KM_2 线圈电路中的延时闭合常开触点 KT 合上,使得接触器 KM_2 线圈通电吸合,并通过自锁触点形成自锁电路,主电路中接触器 KM_2 的主触点闭合,电动机 M_2 起动。同时,串接在时间继电器 KT 线圈电路中的接触器 KM_2 的辅助常闭触点断开其通电电路,时间继电器 KT 线圈失电,使得延时闭合常开触点 KT 复位断开,整个时间继电器停止工作。这种设计方法达到了节电的效果,在设计过程中应尽量采用这种方法。

要使 M_1 和 M_2 停止转动,按下停止按钮 SB_1 即可实现。这样,就实现了两台电动机按时间顺序起动的控制电路。

第三节 PLC 基础

一、PLC 概述

(一) PLC 的产生

PLC(programmable logic controller),可编程逻辑控制器,是计算机家族中的一员,为工业控制应用而设计制造,1980 年,美国电器制造协会将其正式命名为"可编程序控制器(programmable controller)",简称"PC",为了与个人计算机相区别,一般仍用"PLC"作为"可编程序控制器"的简称。

在 PLC 出现以前,工业控制领域中继电器控制占主导地位,应用广泛。但是,由继电器构成的控制系统有着明显的缺点:体积大、耗电多、可靠性差、寿命短、运行速度不高;另外,接线复杂,不易更新,对生产工艺变化适应性差,一旦生产任务和工艺发生变化,就必须重新设计,并改变硬件结构,工作量大,工期长,费用高。

1968 年,美国最大的汽车制造商——通用汽车公司(GM)为了适应汽车工业激烈的竞争以及生产工艺不断更新的需要,设想将计算机功能强大、灵活、通用性好的优点与电气控制系统简单易懂、价格便宜等优点结合起来,制成一种新型工业控制装置,且这种装置采用面向控制过程、面向问题的"自然语言"进行编程,使不熟悉计算机的人也能很快掌握使用,从用户角度提出了研制新型控制装置的 10 项指标("GM 十条"),其主要内容如下:

(1) 编程简单,可在现场修改和调试程序。
(2) 成本可与继电器控制系统相竞争。
(3) 可靠性高于继电器控制系统。
(4) 体积小于继电器控制柜。
(5) 能与管理中心的计算机系统进行通信。
(6) 输入量是 115 V 交流电压。
(7) 输出量是 115 V 交流电压,输出电流在 2 A 以上,能直接驱动电磁阀等。
(8) 系统扩展时不需对原系统做大的改动。

(9) 硬件维护方便,采用插入式模块结构。

(10) 用户存储器容量大于 4 KB。

从上述 10 项指标可以看出,这其实就是当今 PLC 最基本的功能,具备 PLC 的特点。

1969 年,美国数字设备公司(DEC)根据上述要求,研制成功了世界上第一台 PLC,型号为 PDP-14,取代传统的继电器控制系统并在 GM 公司的汽车自动装配线上试用成功,取得很好的效果,PLC 自此诞生。

20 世纪 80 年代以后,随着大规模、超大规模集成电路等微电子技术的迅速发展,16 位和 32 位微处理器应用于 PLC 中,使 PLC 得到迅速发展。PLC 不仅控制功能增强,同时可靠性提高、功耗、体积减小、成本降低,编程和故障检测更加灵活方便,而且具有通信和联网、数据处理和图像显示等功能,使 PLC 真正成为具有逻辑控制、过程控制、运动控制、数据处理、联网通信等功能的名副其实的多功能控制器。

自从第一台 PLC 出现以后,日本、德国、法国等也相继开始研制 PLC,并得到了迅速发展。目前,世界上有 200 多家 PLC 厂商,400 多种 PLC 产品,按地域可分成美国、欧洲国家和日本三个流派。各流派各具特色,如日本主要发展中小型 PLC,其小型 PLC 性能先进、结构紧凑、价格便宜,在世界市场上占有重要地位。

我国从 1974 年开始研制 PLC,在 20 世纪 70 年代末和 80 年代初,我国随进口的成套设备、专用设备引进了不少国外的 PLC。此后,在传统设备改造和新设备设计中,PLC 的应用逐年增多,并取得显著的经济效益。PLC 在我国的应用越来越广泛,对提高我国工业自动化水平起到了巨大的作用。目前,我国有不少科研单位和工厂在研制和生产 PLC,如无锡华光电子公司生产的 SU、SG 系列 PLC。

从近年的统计数据看,在世界范围内 PLC 产品的产量、销量、用量高居工业控制装置榜首,而且市场需求量一直以每年 15% 的增长率上升,PLC 已成为工业自动控制领域中占主导地位的通用工业控制装置。

(二) PLC 的主要功能、特点与分类

1. PLC 的主要功能

随着 PLC 性价比的不断提高,其应用领域不断扩大,已广泛应用于所有与自动检测、自动控制等有关的工业及民用领域,如各种生产机械、电力设施、环境保护设备等。从应用类型来看,PLC 的功能可以归纳为以下几个方面。

1) 顺序控制

顺序控制即逻辑控制,是 PLC 应用最基本、最广泛的功能。利用 PLC 最基本的逻辑运算等功能,可以取代传统的继电器控制,用于单机控制、多机群控或生产线自动控制等,如注塑机、印刷机械、包装生产线、装配生产线、电镀流水线及电梯的控制等。

2) 模拟控制(A/D 和 D/A 控制)

在工业生产过程中,许多连续变化的物理量需要进行控制,如温度、压力、流量、液位等,这些都属于模拟量。过去,PLC 对于模拟量的控制主要靠仪表或分布式控制系统;目前,大部分 PLC 产品都具备处理这类模拟量的功能,而且编程和使用都很方便。

3) 定时/计数控制

PLC 具有很强的定时、计数功能,可以为用户提供数十甚至上百个定时器与计数器。定时器的定时间隔可以由用户加以设定;对于计数器,如果需要对频率较高的信号进行计数,则可以选择高速计数器。

4) 运动控制

运动控制指通过控制电动机的转速或转角实现对运动速度和位置的控制。在机械加工行业,最常见的运动控制当属数控机床,PLC 与计算机数控(computerized numerical control,CNC)集成在一起,完成对机床的运动控制。另外,也可利用脉冲串输出指令 PTO 和专门位置控制模块实现定位及调速功能。

5) 数据处理

大部分 PLC 都具有不同程度的数据处理能力,不仅能进行算术运算、数据传送,而且还能进行数据比较、数据转换、数据显示打印等操作,有些还可以进行浮点运算和函数运算,通常用于柔性制造系统和机器人等大、中型控制系统中。

6) 通信联网

PLC 具有通信联网功能,可使 PLC 与 PLC 之间、PLC 与远程 I/O 之间以及其他智能控制设备(计算机、变频器、数控装置、智能仪表等)之间交换信息,形成统一的整体,实现"集中管理,分散控制"的分布式控制系统。

2. PLC 的特点

PLC 之所以能够迅速发展,除工业自动化的客观需要外,还因为它具有以下许多独特的优点。

1) 可靠性高、抗干扰能力强

PLC 控制系统中,接线仅为继电器控制系统的 1/100~1/10,大量的开关动作由无触点的半导体电路来完成,因触点接触不良等造成的故障大为减少。硬件方面,采用了较先进的电源,对 I/O 接口电路一律采用光电隔离,并设置多种滤波电路,各模块采用电磁屏蔽防止辐射干扰等。软件方面,具有自诊断功能,设置了监视定时器(watch dog)。在硬件和软件方面采取了一系列抗干扰措施,具有极高的可靠性,可以直接用于有强烈干扰的工业生产现场,其平均无故障时间(mean time between failure,MTBF)可达几十万小时,被公认为最可靠的工业控制设备之一。

2) 编程方便,易于实用

梯形图是 PLC 使用最多的编程语言,是面向生产、面向用户的编程语言,与电气控制原理图相似;梯形图形象、直观、简单、易学,广大工程技术人员很容易上手。当生产流程需要改变时,可现场改变程序,使用方便、灵活。同时,各生产厂家都加强了 PLC 编程器及编程软件的制作,以使程序的组织和下载更加方便,这也是 PLC 获得普及和推广的原因之一。

3) 功能完善、通用性强

今天的 PLC 不仅具有逻辑运算、定时、计数、顺序控制等功能,而且还具有 AD 和 DA 转换、数据处理、过程控制、通信联网等许多功能。同时,由于 PLC 产品的系列化、模块化,以及品种齐全的硬件装置,用户可根据需要灵活配置,组成满足各种要求的控制系统。

4) 设计安装简单、维护方便

由于 PLC 用软件代替了传统电气控制系统的硬件,使控制柜的设计、安装、接线工作量大为减少,缩短了施工周期。PLC 的用户程序要在实验室模拟调试(输入信息用开关来模拟,输出信号可观察 PLC 的发光二极管),模拟调试好后再将 PLC 控制系统在生产现场进行安装、接线、调试,发现问题可通过修改程序加以解决。PLC 的故障率极低,维修工作量很小。而且,PLC 具有很强的自诊断及监视功能,若出现故障,可根据 PLC 上指示或编程器上提供的故障信息,迅速查明原因。由于采用模块化结构,一旦某一模块发生故障,用户可以通过更换模块的方法,使系统迅速恢复运行。

5) 体积小、重量轻、能耗低

由于 PLC 采用了集成电路,其结构紧凑、体积小、重量轻、能耗低,开关柜体积缩至原来的 1/10～1/2,因而是实现机电一体化的理想控制设备。目前,以 PLC 作为控制器的 CNC 设备和机器人装置已成为典型产品。

3. PLC 的分类

PLC 产品种类繁多,型号、规格和性能也各不相同。对 PLC 的分类,通常根据其 I/O 点数的多少、控制性能、结构形式等进行。

1) 按 PLC 的 I/O 点数容量分类

(1) 小型机。

小型机的控制点一般在 256 点之内,一般以开关量控制为主。这类 PLC 由于控制点数不多,控制功能有一定局限性,但是,它小巧、灵活,可以直接安装在电气控制柜内,很适合单机控制或小型系统的控制,德国 SIEMENS 公司的 S7-200 系列、日本三菱 FX 系列等均属于小型机。

(2) 中型机。

中型机的控制点在 256～2048 点,具有开关量和模拟量的控制功能,还具有更强的数字计算能力。这类 PLC 由于控制点数较多,控制功能很强。对设备进行直接控制,还可以对多个下一级的 PLC 进行监视,它适合中型或大型控制系统的控制。德国 SIEMENS 公司的 S7-300 系列、日本 OMRON 公司的 C200H 系列均属于中型机。

(3) 大型机。

大型机的控制点一般多于 2048 点,这类 PLC 控制点数多,控制功能很强,有很强的计算能力。同时,这类 PLC 运行速度很高,不仅能完成较复杂的算术运算,还能进行复杂的矩阵运算。它不仅可用于对设备进行直接控制,还可以对多个下一级的 PLC 进行监控,组成一个集中分散的生产过程控制系统。大型机适用于设备自动化控制、过程自动化控制和过程监控系统,如 SIEMENS 公司的 S7-400 系列、OMRON 公司的 CVM1 和 CS1 系列均属于大型机。

2) 按 PLC 的控制性能分类

PLC 可以分为低档机、中档机和高档机。

(1) 低档机。

这类 PLC 具有基本的控制功能和一般的运算能力,工作速度比较低,能带的输入和输出模块的数量比较少,输入和输出模块的种类也比较少。这类 PLC 只适合于小规模的简单控制,在联网中一般适合作为从站使用。德国 SIEMENS 公司的 S7-200 系列就属于这一类。

(2) 中档机。

中档 PLC 具有较强的控制功能和较强的运算能力。它不仅能完成一般的逻辑运算,也能完成比较复杂的三角函数、指数和 PID 运算,工作速度比较快,能带的输入和输出模块的数量也比较多,输入和输出模块的种类也比较多。这类 PLC 不仅能完成小型控制系统的控制任务,也可以完成较大规模控制系统的控制任务。在联网中可以作为从站,也可以作为主站。德国 SIEMENS 公司生产的 S7-300 就属于这一类。

(3) 高档机。

这类 PLC 具有强大的控制功能和强大的运算能力。它不仅能完成逻辑运算、三角函数运算、指数运算和 PID 运算,还能进行复杂的矩阵运算,工作速度很快,能带的输入和输出模块的数量很多,输入和输出模块的种类也很全面。这类 PLC 不仅能完成中等规模的控制工程,也可以完成规模很大的控制任务,在联网中一般作为主站使用。德国 SIEMENS 公司生产的 S7-400 就属于这一类。

3) 按 PLC 的结构分类

PLC 根据结构可分为整体式、组合式两类。

(1) 整体式。

整体式结构的 PLC 把电源、CPU、存储器、I/O 系统紧凑地安装在一个标准机壳内,构成一个整体,组成 PLC 的基本单元。一个基本单元就是一台完整的 PLC,可以实现各种控制。控制点数不符合需要时,可再接扩展单元,扩展单元不带 CPU,由基本单元和若干扩展单元组成较大的系统。

整体式结构的特点是非常紧凑、体积小,成本低,安装方便,其缺点是输入与输出点数有限定的比例,小型机多为整体式结构。例如,德国 SIEMENS 公司的 S7-200 系列为整体式结构,整体式 PLC 组成如图 7-15 所示。

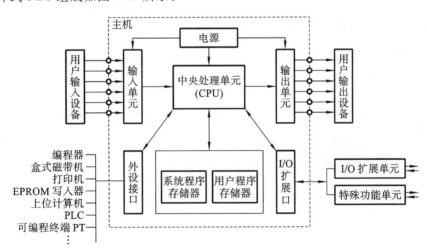

图 7-15 整体式 PLC 组成示意图

(2) 组合式。

组合式结构的 PLC 是把 PLC 系统的各个组成部分按功能分成若干个模块,如 CPU 模块、输入模块、输出模块、电源模块等,将这些模块插在框架或基板上即可。其中各模块功能比较单一,模块的种类却日趋丰富。例如,一些 PLC 除了基本的 I/O 模块外,还有一些特殊功能模块,像温度检测模块、位置检测模块、PID 控制模块、通信模块等。

组合式结构的 PLC 采用搭积木的方式,在一块基板上插上所需模块组成控制系统。组合式结构的 PLC 特点是 CPU、输入和输出均为独立的模块,模块尺寸统一,安装整齐,I/O 点选型自由,安装调试、扩展、维修方便。中型机和大型机多为组合式结构。例如,SIEMENS 公司 S7-300 和 S7-400 系列就属于组合式结构。组合式 PLC 组成如图 7-16 所示,模块之间通过底板上的总线相互联系,CPU 与各扩展模块之间若通过电缆连接,距离一般不超过 10 m。

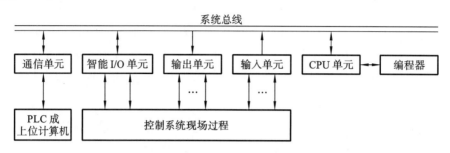

图 7-16 组合式 PLC 组成示意图

二、PLC 硬件结构与工作原理

广义上讲,PLC 也是一种计算机系统,它比普通计算机具有更强的与工业过程相连接的 I/O 接口,具有更适用于控制要求的编程语言,具有更适用于工业环境的抗干扰性能。直观地,PLC 是一种工业控制用的专用计算机,其实际组成与普通计算机基本相同,也是以微处理器为核心,各种功能的实现由硬件系统和软件系统两大部分共同来完成。

（一）PLC 的硬件结构

PLC 的类型种类繁多,功能和指令系统也不尽相同,但其结构和工作方式大同小异。硬件系统由主机、I/O 接口、扩展接口、编程器和外部设备接口等主要部分构成,如图 7-17 所示。

如果将 PLC 看作一个系统,外部的各种开关信号或模拟信号均为输入变量,它们经输入接口寄存到 PLC 内部的数据寄存器中,而后按用户程序要求进行逻辑运算或数据处理,最后以输出变量形式送到输出接口,从而控制输出设备。

1. 中央处理器

中央处理器(CPU)是 PLC 的核心,按照机内系统程序赋予的功能指挥 PLC 有条不紊地工作,起着总指挥的作用,其作用类似于人体神经中枢。它主要接收并存储从编程设备输入的用户程序、数据以及通过 I/O 部件送来的现场数据,并做出逻辑判断和进行数据处理。

CPU 读入输入变量,完成用户指令规定的各种操作,将结果送到输出端,并响应外部设备(如打印机、条码扫描仪等)的请求。另外,CPU 可以进行自诊断,即自行检查电源、存储器、I/O 和用户程序中存在的语法错误等。

2. 存储器

存储器为存放数据及程序的地方。PLC 的内部存储器有两类:一类是系统程序存储器,主要存放系统管理、监控程序和对用户程序作编译处理的程序,系统程序已由厂家固化在

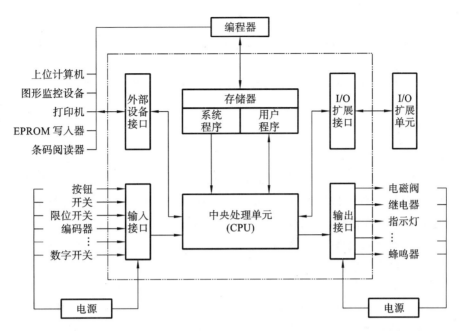

图 7-17 PLC 系统的基本结构

ROM 内,用户不能更改;另一类是用户程序及数据存储器,由用户设计,主要存放用户编制的应用程序及各种暂存数据和中间结果。

3. I/O 接口

I/O 接口是 PLC 与输入/输出设备连接的部件,相当于系统的眼、耳、手、脚。由于从外部引入的尖峰电压和干扰噪声可能损坏主机中的元器件,或使 PLC 不能正常工作,因此,在 I/O 接口模块中,用光耦合器、光敏晶闸管、小型继电器等器件来隔离 PLC 内部电路和外部的 I/O 电路。所以,I/O 接口除了传递信号外,还有电平转换与隔离的作用。

输入接口用来接收和采集输入信号,开关量输入模块用来接收从按钮、选择开关、数字拨码开关、限位开天、接近开关、光电开关等传来的开关量输入信号;模拟量输入模块用来接收电位器、测速发电机、各种变送器提供的连续变化的模拟量电流、电压信号。开关量输出模块用来控制接触器、电磁阀、电磁铁、指示灯、数字显示装置和报警装置等输出设备;模拟量输出模块用来控制调节阀、变频器等执行装置。通常有晶体管输出、晶闸管输出和继电器输出三种输出电路。

外设 I/O 接口是 PLC 主机实现人机对话、机机对话的通道,通过它,PLC 可以和编程器彩色图形显示器、打印机等外部设备相连,也可以与其他 PLC 或上位机连接。外设 I/O 接口一般是 RS-232C、RS-422A、USB 等串行通信接口,该接口能够进行串行/并行数据转换、通信格式识别、数据传输出错检验、信号电平转换等。对于一些小型 PLC,外设 I/O 接口中还有与专用编程器连接的并行数据接口。

I/O 扩展接口是 PLC 主机为了扩展输入/输出点数和类型的部件,输入/输出扩展单元、远程输入/输出扩展单元、智能输入/输出单元等都通过它与主机相连。I/O 扩展接口有并行接口、串行接口等多种形式。

4. 电源

PLC 的电源是指为 CPU、存储器、I/O 接口等内部电路工作所配备的直流开关稳压电源,PLC 通常使用交流 220 V 或直流 24 V 电源工作,它的电源模块为其他各功能模块提供 DC 5 V、DC 12 V、DC 24 V 等各种内部直流工作电源。一般情况下,许多 PLC 可以为输入电路和外部的传感器提供 DC 24 V 的工作电源,但是驱动 PLC 负载的直流电源或交流电源一般由用户提供。

5. 编程器

编程器是编制、调试 PLC 用户程序的外部设备,是人机交互的窗口。通过编程器可以把用户程序输入 RAM 中,或者对 RAM 中已有的程序进行编辑;通过编程器还可以对 PLC 的工作状态进行监视和跟踪,对调试和试运行用户程序非常有用。

除手持编程器外,目前使用较多的是利用通信电缆将 PLC 和计算机连接,利用专用的工具软件进行编程或监控。

PLC 除硬件系统外,还需要软件系统的支持,二者共同构成 PLC,相辅相成,缺一不可。PLC 的软件系统指 PLC 所使用的各种程序的集合,通常由系统程序(系统软件)和用户程序(应用软件)两大部分组成。

(二) PLC 的工作原理

1. PLC 的工作方式

最初研制生产的 PLC 主要用于代替传统的由继电器、接触器构成的控制装置,但这二者的运行方式是不同的。

(1) 继电器控制装置采用硬逻辑并行运行的方式,即如果某继电器线圈通电或断电,该接继电器所有的触点(包括其常开或常闭触点),在继电器控制电路的所有位置上都会立即同时动作。

(2) PLC 的 CPU 采用顺序逻辑扫描用户程序的运行方式,即如果一个输出线圈或逻辑线圈被接通或断开,该线圈的所有触点(包括其常开或常闭触点)不会立即动作,必须等扫描到该触点时才会动作。

为了消除二者之间由于运行方式不同而造成的差异,考虑到继电器控制装置各类触点的动作时间一般在 100 ms 以上,而 PLC 扫描用户程序的时间一般均小于 100 ms,因此,PLC 采用了一种不同于一般微型计算机的运行方式——扫描技术。这样,在对于 I/O 响应要求不高的场合,PLC 与继电器控制装置的处理结果就没有什么区别了。

PLC 控制任务的完成建立在硬件支持下,通过执行反映控制要求的用户程序来实现,其工作原理与计算机控制系统的基本相同。

PLC 采用"顺序扫描,不断循环"的工作方式。运行时,CPU 根据用户按控制要求编制好并存储于用户存储器中的程序,按指令步序号(或地址号)做周期性循环扫描。如无跳转指令,则从第一条指令开始逐条顺序执行用户程序,直至程序结束,然后重新返回第一条指令,开始新一轮扫描。在每次扫描过程中,还要完成对输入信号的采样和对输出状态的刷新等工作。

2. PLC 的扫描工作过程

当 PLC 投入运行后,其工作过程一般分为三个阶段,即输入采样阶段、程序执行阶段和输出刷新阶段,完成上述三个阶段称为一个扫描周期。在整个运行期间,PLC 的 CPU 以一定的扫描速度重复执行上述三个阶段,如图 7-18 所示。

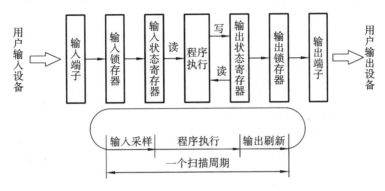

图 7-18　PLC 的扫描工作过程

1）输入采样阶段

首先以扫描方式按顺序将所有暂存在输入锁存器中的输入端子的通断状态或输入数据读入,并将其存入(写入)各对应的输入状态寄存器中,即刷新输入。

随即关闭输入端口,进入程序执行阶段。在程序执行阶段,即使输入状态有变化,输入状态寄存器也不会改变,只能等下一个扫描周期的输入采样阶段被读入。

2）程序执行阶段

按用户程序指令存放的先后顺序扫描执行每条指令,所需的执行条件可从输入状态寄存器和当前输出状态寄存器中读入,经相应的运算和处理后,其结果再写入输出状态寄存器中,输出状态寄存器中所有的内容随着程序的执行而改变。在程序执行阶段,除输入映像寄存器外,各个元件映像寄存器的内容是随着程序的执行而不断发生变化的。

3）输出刷新阶段

当所有指令执行完毕,输出状态寄存器的通断状态在输出刷新阶段送至输出锁存器中,并通过一定的方式(继电器、晶体管或晶闸管)输出,驱动相应输出设备工作。

在输出刷新阶段结束后,CPU 进入下一个扫描周期,循环执行,周而复始。

3. PLC 的基本性能指标

性能指标是评价和选购机型的依据,PLC 的基本性能指标有以下几个。

1）存储容量

PLC 的存储器由系统程序存储器、用户程序存储器和数据存储器三部分组成。PLC 存储容量通常是指用户程序存储器和数据存储器容量之和,表示系统提供给用户的可用资源,是系统性能的重要技术指标。一般以字为单位来计算,有时也用存放用户程序指令的条数来表示。

2）I/O 点数

I/O 点数是 PLC 可以接收的输入、输出信号的总和,是衡量 PLC 性能的重要指标。I/O 点数越多,外部可接的输入设备和输出设备就越多,控制规模就越大。

3) 扫描速度

扫描速度是指 PLC 执行用户程序的速度,一般以扫描 1 KB 用户程序所需时间来表示,通常以 ms/KB 为单位。PLC 用户手册一般给出执行各条指令所用的时间,可以通过比较各种 PLC 执行相同的操作所用的时间来衡量扫描速度的快慢。影响扫描速度的主要因素有用户程序的长度和 PLC 产品的类型,CPU 的类型、机器字长等直接影响 PLC 的运算精度和运行速度。

4) 指令系统

指令系统指 PLC 所有指令的总和,PLC 具有基本指令和功能指令。指令的种类、数量也是衡量 PLC 性能的重要指标。PLC 的编程指令越多,软件功能越强,PLC 的处理能力和控制能力也越强,用户编程越简单、方便,越容易完成复杂的控制任务。

5) 内部元件的种类与数量

在编制 PLC 程序时,需要用到大量的内部元件来存放变量、中间结果、保持数据、定时计数、模块设置和各种标志位等信息,这些元件的种类与数量越多,表示 PLC 的存储和处理各种信息的能力越强。

6) 智能单元的数量

为完成特殊的控制任务,PLC 生产厂家都为自己的产品设计了专用的智能单元。这些特殊功能单元种类的多少与功能的强弱是衡量 PLC 产品的一个重要指标。特殊功能单元种类日益增多,功能日益增强,控制功能日益扩大。

7) 可扩展能力

PLC 的可扩展能力包括 I/O 点数的扩展、存储容量的扩展、联网功能的扩展、各种功能模块的扩展等,在选择 PLC 时,需要考虑 PLC 的扩展能力。

8) 通信功能

通信分 PLC 之间的通信和 PLC 与其他设备之间的通信,主要涉及通信模块、通信接口、通信协议和通信指令等内容,PLC 的组网和通信能力也是 PLC 产品水平的重要的衡量指标之一。

三、PLC 编程语言

编程语言是 PLC 的重要组成部分,PLC 为用户提供了完整的编程语言,以适应编制用户程序的需要。PLC 提供的编程语言通常有梯形图和语句表等。

IEC61131 是国际电工委员会(IEC)制定的一个关于 PLC 的国际标准,其中的第三部分,即 IEC61131-3 是 PLC 编程语言的标准。IEC61131-3 提供了五种 PLC 的标准编程语言,其中有三种图形语言,即梯形图(ladder diagram,LD)、功能块图(function block diagram,FBD)和顺序功能图(sequential function chart,SFC);两种文本语言,即结构化文本(structured text,ST)和指令表(instruction list,IL)。

1. 梯形图(LD)

梯形图是最早使用的一种 PLC 的编程语言,也是现在最常用的编程语言。它是从继电器控制系统原理图的基础上演变而来的,继承了继电器控制系统中的基本工作原理和电气逻辑关系的表示方法。梯形图与继电器控制系统梯形图的基本思想是一致的,只是在使用符号和表达方式上有一定区别,所以在逻辑顺序控制系统中得到了广泛的使用。它的最大特点就是直观、清晰。在 IEC61131-3 中,LD 的功能比传统的 LD 编程语言更加强大,它甚至可以和 FBD 一起使用。

图 7-19 是典型的梯形示意图。左右两条垂直的线称为母线。母线之间是触点的逻辑连接和线圈的输出。梯形图的一个关键概念是"能流"(power flow),这只是概念上的"能流"。图中,把左边的母线假想为电源"火线",而把右边的母线(虚线所示)假想为电源"零线"。如果有"能流"从左至右流向线圈,则线圈被激励;如果没有"能流",则线圈未被激励。

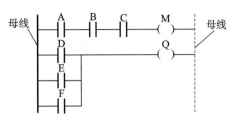

图 7-19 梯形图

"能流"可以通过被激励(ON)的常开接点和未被激励(OFF)的常闭接点自左向右流,"能流"在任何时候都不会通过接点自右向左流。图 7-19 中,当 A、B、C 节点都接通后,线圈 M 才能接通(被激励),只要其中一个节点不接通,线圈就不会接通;而 D、E、F 节点中任何一个接通,线圈 Q 就被激励。

要强调指出的是,引入"能流"的概念,仅仅是为了和继电器控制系统相比较,来对梯形图有一个深入的认识,其实"能流"在梯形图中是不存在的。

有的 PLC 的梯形图有两根母线,但大部分 PLC 现在只保留了左边的母线。在梯形图中,触点代表逻辑"输入"条件,如开关、按钮和内部条件等;线圈通常代表逻辑"输出"结果,如灯、电动机接触器、中间继电器等。

梯形图语言简单明了,易于理解,是所有编程语言的首选。

2. 功能块图(FBD)

功能块图是另外一种图形式的 PLC 编程语言。它使用像电子电路中的各种门电路,加上输入、输出,通过一定的逻辑连接方式来完成控制逻辑,它也可以把函数(FUN)和功能块(FB)连接到电路中,完成各种复杂的功能和计算。使用 FBD,用户可以编制出自己的 FUN 或 FB。

3. 顺序功能图(SFC)

顺序功能图也称为功能图。SFC 编程方法是法国人开发的,它是一种真正的图形化的编程方法。使用它可以对具有并发、选择等复杂结构的系统进行编程,特别适合在复杂的顺序控制系统中使用。在 SFC 中,最重要的三个元素是状态(步)、与状态相关的动作、转移。过去一般的 PLC 都提供了用于 SFC 编程的指令,但在 IEC61131-3 中,SFC 的使用更加灵活。它的转移条件可以使用多种语言实现,另外还提供了和步有关的多种元素供用户使用。

4. 结构化文本(ST)

对目前使用 PLC 的用户来说,结构化文本是一种较新的编程语言;但原来学习过 PASCAL 或 C 语言的人都知道结构化编程的好处,ST 就是一种用于 PLC 的结构化方式编程的语言。使用 ST 可以编制出非常复杂的数据处理或逻辑控制程序。随着 IEC61131-3 的推广和发展,使用 ST 的人越来越多。

过去的 PLC 一般都没有 ST 编程语言。

5. 指令表(IL)

指令表也是一种比较早的 PLC 的编程语言,它使用一些逻辑和功能指令的缩略语来表示相应的指令功能,类似于计算机中的助记符语言,是用一个或几个容易记忆的字符来代表 PLC 的某种操作功能,按照一定的语法和句法编写出一行一行的程序,来实现所要求的控制任务的逻辑关系或运算。过去没有基于 PC 的编程软件时,编制好的梯形图程序必须转换成指令表程序才能通过手持式编程器输入 PLC 中。

IL 就像我们学习的汇编语言一样,机器的编码效率较高,但理解起来不方便。IL 在使用时会出现一些麻烦,如缩写符号不容易记忆,字面上不容易理解,所以使用 IL 的人不是很多。现在有了 ST,以后使用 IL 的人会越来越少。

第四节　自动化物流工程电气控制系统实例

物流工程自动化控制系统就是自动化控制技术在物流工程系统中的具体实现。

一、物流输送设备的电气原理图及梯形图程序设计

图 7-20 是托盘输送系统的一个典型环节,三台链式输送机(设备编号 101、102、103)分别由三相异步电机驱动,每台输送机上均安装有托盘检测的光电传感器(编号 BQ101、BQ102、BQ103)。控制流程:101 空闲时(BQ101 处无托盘且非托盘输送过程),允许叉车将托盘卸载到 BQ101 处,叉车离开并按下确认按钮后叉车卸货完成;叉车卸货完成后,若 102 空闲,启动 101、102 将托盘从 101 输送到 102,否则等待 102 空闲;托盘从 101 输送到 102 过程中,当托盘到达 BQ102 后 101 停止运行,同时若 103 空闲则启动 103 将托盘继续输送到 BQ103,否则 102 停止运行托盘在 BQ102 位置等待 103 空闲后再启动 102、103 将托盘输送到 BQ103;当停在 BQ103 处托盘被取走后,等待 10 秒释放设备 103(103 空闲)。

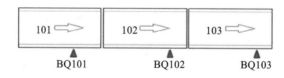

图 7-20　托盘输送典型环节

上述托盘输送系统典型环节,三台链式输送机需要配置三个接触器分别控制三台电机的运转,并配置三个热继电器实现电机的过载保护,选用熔断器实现短路保护。

采用经验设计,满足控制流程的继电逻辑控制原理图如图 7-21 所示。

图 7-21 所示的控制电路的设计要点:用中间继电器 KA 保持叉车卸货完成状态;用通电延时时间继电器 KT 实现 BQ103 处托盘被取走后 103 设备的释放(BQ103 未检测到托盘启动定时器并延时 10 s);利用接触器线圈串联接触器 KM103 的常闭辅助触点来区分 101 到 102 和 102 到 103 的输送过程。

思考:在托盘输送过程中发生电机过载故障,故障恢复后系统能否自动恢复托盘输送过程?另外,控制电路接线还需要增加中间继电器扩展光电传感器的触点。

采用 PLC 实现控制要求,电气原理图如图 7-22 所示。

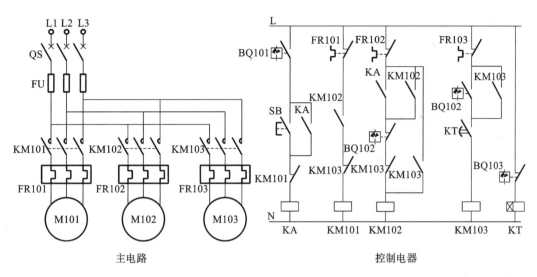

图 7-21　托盘输送典型环节的继电逻辑控制原理图

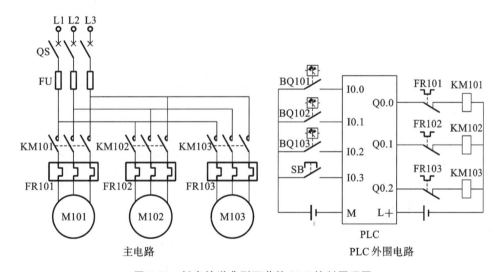

图 7-22　托盘输送典型环节的 PLC 控制原理图

与继电逻辑控制原理图相比,PLC 外围电路接线简单,仅需将光电传感器、确认按钮信号分别接入 PLC 输入点,接触器线圈串联热继电器触点后分别接入 PLC 的输出点。具体的控制逻辑则需要编写 PLC 程序实现,图 7-23 为满足控制流程要求的梯形图。

设计要点:用 PLC 的 M 存储位来标识设备空闲/占用状态,M 存储位值为 0 表示设备空闲,M 存储位值为 1 表示设备占用;在托盘输送的过程中,当托盘输送到光电传感器位置的瞬间 M 存储位置 1,对应设备占用(如梯形图 Network2,设备 101 占用、102 空闲,设备 101、102 运行,托盘在从 101 到 102 的输送过程中,当 BQ102 检测到托盘输送到达位置瞬间 M0.1 置位设备 102 占用,同时 M0.0 复位设备 101 空闲);当满足当前设备占用且下游设备空闲、光电传感器无遮挡条件时,设备运行。

优点:系统发生故障设备停止运行,故障排除后自动恢复托盘输送过程;若 PLC 的 M 存储位被设置为停电保持当前值,则即便发生停电现象,恢复供电后系统依然能自动恢复继续

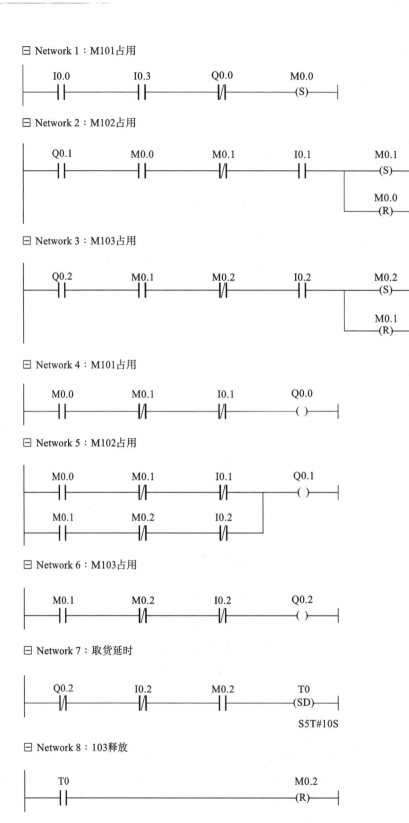

图 7-23 托盘输送典型环节的梯形图

完成托盘输送过程;设备在停止、空闲状态时,不会因误遮挡光电传感器而启动运行。

思考:若将梯形图 Network1、2、3 放到 Network4、5、6 之后,能否正常完成托盘的输送过程?如果将热继电器的触点也接入 PLC 的输入点,能否进一步完善设计?

二、某配送中心卷烟自动分拣物流系统的电控系统设计

某配送中心卷烟细标合一自动分拣系统工艺方案主要由立式分拣机 6 台、细支分拣机 3 台、通道分拣机 6 台、订单输送中心皮带机、转弯输送机、平皮带输送机、合流输送机、打码输送机、分流输送机、皮带输送机、订单缓存器、订单包装机、订单包件工作台、空纸箱收集输送带等设备组成,其工艺方案平面图如图 7-24 所示。

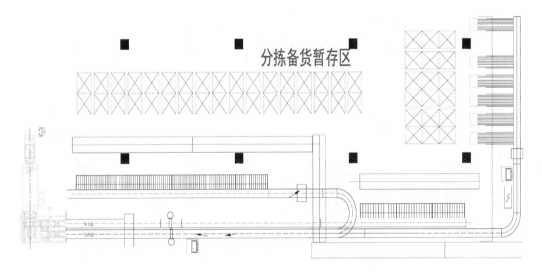

图 7-24 细标合一自动分拣系统工艺方案平面图

卷烟自动分拣物流系统的电控系统设计主要完成系统工艺方案涉及的立式分拣机、通道分拣机及皮带输送机等分拣工艺设备的驱动、检测与控制,实现订单自动分拣的要求。要求设计的电控系统能实时接收计算机信息系统的订单分拣任务信息,控制工艺设备按序自动执行订单的分拣、合单、输送,并能跟踪、报告订单分拣过程及执行状况信息。

(一)控制系统总体设计

电控系统设计首先要确定控制系统的总体结构。考虑技术成熟性及便于自动化分拣系统的扩展(主要是分拣机或分拣仓的增加),系统采用分布式控制模式,如图 7-25 所示。控制网络采用西门子公司 PROFINET 工业现场总线,PLC 是控制主站;输送系统、分拣机设计成 PROFINET 从站,配置分布式 I/O、电机保护空开及接触器,实现传感器信号采集和电机的运行控制;包装机通过 PROFIBUS-DP 总线接入 PLC 控制主站,进行信息交换;分拣调度计算机、现场操作终端采用工业以太网协议与分拣控制系统 PLC 通信。

(二)主要功能设计

控制功能设计需要考虑系统的特点、用户要求、系统可靠性及操作维护方便等方面。自

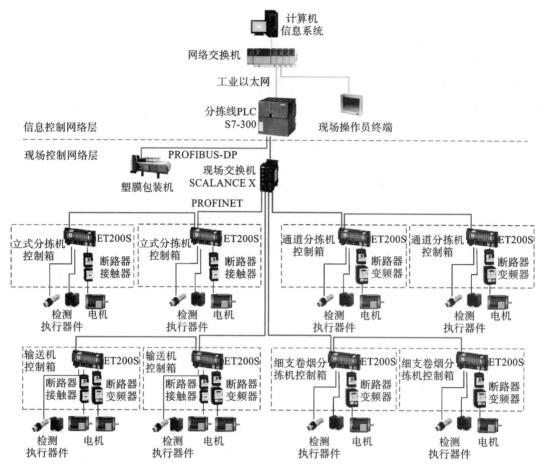

图 7-25 控制系统总体结构图

动化分拣控制系统主要控制功能设计如下：

（1）每台电机设计有独立的控制器件及过载、短路、缺相等安全保护器件来保证设备安全；

（2）PLC 供电电源设置控制隔离变压器能有效隔离电网干扰，保证 PLC 工作可靠；

（3）通道分拣机及主要皮带输送机用变频器驱动，灵活调整皮带机输送速度，使其与分拣机分拣效率匹配，保证分拣到皮带机上的烟条有较好姿态，提高系统的稳定性；

（4）系统设计人机界面终端（HMI），操作人员可在终端上查询每台工艺设备状态信息（如运行、故障等）、手动起动设备、故障复位等操作，以及订单分拣任务信息查询（如需分拣量、已分拣完成量等）；

（5）实现与自动包装机、打码系统间的联锁控制要求；

（6）控制现场关键位置设有急停按钮，需要时紧急停止设备运行以确保设备及人员安全；

（7）系统设备出现故障时，能产生相应的声光报警信号提示操作人员及时处理，故障排除确认后，系统继续自动完成当前分拣任务；

（8）突发停电时，系统保持停电前状态及分拣数据，恢复通电后能正常继续完成执行分拣任务。

（三）控制电源及配电设计

控制系统设计时，需要根据系统使用地的供电标准设计动力配电、选择电机及低压器件。

(1) 动力电源采用三相五线制（TN-S），AC 380 V±10%，50 HZ，地线和零线严格分开。

(2) 控制电压等级 DC 24 V，根据系统输入/输出耗电容量设计配置开关电源。

(3) 动力配电采用三级配电，即车间配电房至分拣电控系统主控制柜，主控制柜至现场控制箱，现场控制箱至设备电机供电。每级配电均采用保护开关保护下级用电设备。

（四）主要电气元器件选型

电气元器件选型需要满足系统可靠性、功能和控制要求。案例的主要电气元器件选型如下。

(1) PLC：西门子公司 S7-300 系列产品，CPU 选用 319-3PN/DP。
(2) 分布式 I/O 站：西门子公司 ET200S 系列，PROFINET 网络接口。
(3) 直流 24 V 稳压电源：明纬稳压源产品。
(4) 变频器：施耐德（Schneider）公司 ATV 系列。
(5) 交流接触器：施耐德公司 LC1-D09 系列，直流控制线圈。

（五）控制器件统计

在确定控制系统电气元器件的选型后，需要依据设备控制的具体要求配置、统计实现控制所需的低压器件及 PLC 输入、输出点数。系统控制器件统计表如表 7-3 所示。

表 7-3 系统控制器件统计表

序号	名称	功率	光电	磁开关	电磁阀	接触器	变频器	断路器	输入点	输出点
1	卧式主皮带机	1.5	1			1	1	1	4	2
2	平皮带机									
3	弯道皮带	0.75				1	1	1	3	2
4	立式主皮带机	1.1	1			1	1	1	4	2
5	爬坡皮带									
6	立式主皮带机	1.1	1			1	1	1	4	2
7	平皮带	1.1	1			1	1	1	4	2
8	计数合流						1	1	3	2
9	弯道皮带（下）	0.55				1	1	1	3	2
10	弯道皮带（上）	0.55				1	1	1	3	2
11	皮带机下	0.55	2	2	1	1	1	1	8	5
12	皮带机上	0.55	2	2	1	1	1	1	8	5
13	合流小皮带	0.09				1		1	2	1

续表

序号	名称	功率	光电	磁开关	电磁阀	接触器	变频器	断路器	输入点	输出点
14	S缓存	0.55	3			3		3	9	3
15	合流主皮带机	0.75				1	1	1	3	2
16	计数皮带	0.37	1			1	1	1	5	3
17	爬坡皮带	0.75	1			1	1	1	4	2
18	平皮带									
19	计数合流		3						3	
20	气缸挡板(上)		2	2	1				5	3
21	气缸挡板(下)									
22	合流小皮带	0.09				1		1	2	1
23	打码皮带机								2	
24	爬坡皮带	0.55	1			1		1	3	1
25	平皮带									
26	S缓存	0.55	2			2		2	6	2
27	辊道机	0.37				1		1	2	1
28	平皮带	0.75	2				1	1	5	2
29	平皮带	0.55					1	1	3	2
30	合流主皮带机	0.55					1	1	3	2
31	打码前平皮带									
32	打码皮带机	0.37					1	1	3	2

(六)主控制柜设计

主控制柜主要用于安装控制系统的低压配电电器、控制隔离变压器、开关电源及PLC等。主控制柜的设计要符合国家标准,并需要留有一定的扩充空间,便于系统升级和改造。具体需要根据系统的控制功能、器件的安装要求(主要是器件的发热、散热和抗干扰要求)及外形尺寸设计,包括柜体选择与器件安装图设计。

案例设计一:双门控制柜,具体说明如下。

(1)第一门电源配电,为控制系统提供 AC 380 V 动力电源, AC 220 V 控制电源, DC 24 V 检测器件、执行器件的控制电源,并具备欠压、过流、缺相、漏电保护功能。安装器件包括主进线开关、设备动力配电开关、隔离变压器及开关电源等。

(2)第二门主要设计安装PLC(包含电源模块、CPU模块、以太网模块及数字量输入/输出模块)、网络交换机及用于现场控制箱的 AC 380 V 和 DC 24 V 配电的保护开关。

(3)主控制柜的柜门上设置急停、电源指示、故障指示、故障确认按钮及故障消音按钮。

(七)现场控制箱设计

现场控制箱用于安装ET200S分布式I/O模块、电机启动器和防护等级IP20的变频器、断路器。设计工作包括控制箱选择与器件安装图设计,需要根据控制器件数量、器件的安装要求(主要是器件的发热、散热和抗干扰要求)及外形尺寸设计。另外,设计时还需要依据系统设备工艺布局、控制功能对控制设备进行片区划分,每个片区设计一个控制箱。通常一个控制系统需要设计多个控制箱。

(八)电气原理图设计

电气原理图是用国标图形、文字符号描述分拣控制系统电器元件接线及工作原理的技术文档。电气原理图设计工作量与系统规模有关,通常控制系统的原理图至少有几十张图纸,包括供配电原理图、PLC输入模块信号图、电机主电路图等。

(九)PLC程序设计

1. 硬件配置

硬件配置如图7-26所示,包括PLC的CPU、输入模块、输出模块及网络、分布式I/O站配置。

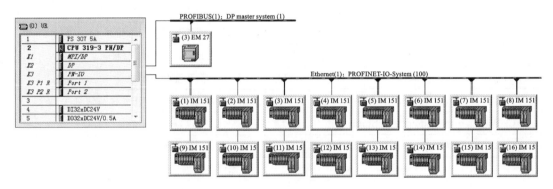

图 7-26 硬件配置

2. 符号表

用符号表代替PLC的内存地址,方便查找与程序的编写、理解。例如,表7-4所示的是输入点的符号表。

表7-4 输入点的符号表

Fault_ACK	I 0.1	BOOL	故障确认
Power_Ctr_M	I 0.2	BOOL	主控柜控制电源
Power_SS	I 0.3	BOOL	分拣输送电源
Power_BS	I 0.4	BOOL	补货输送电源
Power_LS	I 0.5	BOOL	立式分拣机电源
Power_WS	I 0.6	BOOL	卧式分拣机电源
QF102	I 1.0	BOOL	

3. 程序结构及模块化设计

自动分拣的PLC控制程序采用分块式结构设计,将整个自动分拣控制过程按功能划分成若干相对独立的功能模块，编写功能模块程序，然后在主程序中组织这些功能模块程序实现自动分拣控制的工艺要求。采用分块式结构设计 PLC 控制程序，程序结构简洁、清晰，程序编写工作量少，且便于控制程序的调试、移植、维护与功能扩展。自动分拣控制过程可划分为分拣订单的接收与任务生成、分拣机执行机构运行控制、输送设备运行控制、分拣任务跟踪控制、设备及分拣任务信息等主要功能模块。在 STEP 7 编程软件中采用结构化编程，把这些功能模块编写成独立的 FC 程序块，而自动分拣控制所需的分拣参数及任务信息则按设计的格式存储在数据块（DB）中，组织块 OB1（主程序）按功能及逻辑顺序组织调用 FC 程序块，FC 程序块的执行参数及任务信息数据则从定义的 DB 数据块中获取。在 STEP 7 编程软件中，自动分拣 PLC 控制程序的 FC 程序块的定义如表 7-5 所示，主程序的控制流程如图 7-27 所示。

表 7-5 自动分拣控制程序的 FC 程序块

模块名	符号名	功能
FC171	Task_Check	新任务合法性检测
FC180	New_Task_Creat	订单接收及任务生成，计算订单视窗、开始时刻
FC185	Control_Push	实时计算分拣仓分拣执行时刻
FC186	Task_Stadu	分拣任务执行状态维护
FC188	Control_Point_Ctrl	分拣任务跟踪、控制
FC190	Main Status	系统状态信息
FC192	LianSuo_ShangWei	上报计算机系统分拣任务执行信息
FC201	Equipment Status	设备状态信息
FC202	Equipment Run	设备运行控制
FC203	Control_Point_Exe	分拣任务控制执行，子订单压缩控制
FC230	Encoder_Control	编码器高速计数模块控制
FC240	Clear_All_Task	分拣任务清除，初始化
FC300	Push_Control_All	分拣机执行机构运行控制

4. 程序代码编写

根据自动分拣控制过程划分功能块，完成各功能块控制程序编写。S7-300 系列 PLC 的编程软件 STEP7 常用编程语言有梯形图、指令表和功能图。下面是采用指令表编写的组织块 OB1 的程序代码。

```
CALL  "Main Status"           //调用 FC190
A     T     0                 //等待 PLC 硬件配置,延迟时间
JC    wait
CALL  "Encoder_Control"       //调用 FC230
CALL  "Equipment Status"      //调用 FC201
CALL  "Equipment Run"         //调用 FC202
A     "Counter1_RDY"
A     "Counter2_RDY"
```

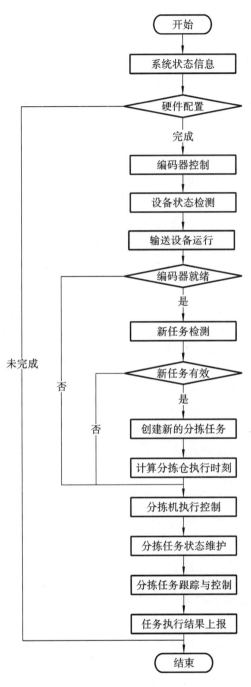

图 7-27 控制流程

```
A      "Counter3_RDY"
JCN    ps1                         //等待所有编码器就绪
CALL   "Task_Check"                //调用 FC171,新分拣任务检测
DB_order       :=DB1
DB_Parameter   :="Par_DB"          //参数数据块 DB11
```

```
        DB_Task          :=DB15
        Byte_Task_list:=328
        EXIT_START       :=1
        EXIT_END         :=20
        Task_right       :="Task_check_ok"
        A    "Task_check_ok"                    //新分拣任务检测有效
        JCN  ps1
        CALL "New_task_creat"                   //调用FC180,创建新分拣任务
        DB_Order         :=DB1
        DB_LAST_INFO     :=DB2
        DB_Parameter     :="Par_DB"
        DB_Push          :=DB12
        DB_Task          :=DB15
        Byte_Push_list :=454
        Byte_Task_list :=328
        No_Task          :="All_task_finish"    //所有任务结束标识
        First_task_sign:=MB14
        L    0
        T    DB1.DBW   0                        //清除新任务标识
ps1:    CALL "Control_Push"                     //调用FC185
        DB_Parameter     :="Par_DB"
        DB_Push          :=DB12
        DB_Exit_C        :=DB7
        DB_Num_C         :=DB6
        DB_Sign          :=DB8
        DB_Num_Re        :=DB9
        DB_Task          :=DB15
        Byte_Push_list:=454
        Byte_Task_list:=328
        Max_Num          :=5
        CALL "Push_Control_all"                 //调用FC300,分拣机执行控制
        CALL "Task_Stadu"                       //调用FC186,任务状态更新
        DB_Parameter         :="Par_DB"
        DB_Stadu             :="EQ_Stadu"       //设备状态信息DB4
        DB_Exit_C            :=DB7
        DB_Num_C             :=DB6
        DB_Task              :=DB15
        Byte_Task_list       :=328
        Equipment_No_Start:=1
```

```
            Exit_Offset        :=1
        CALL  "Control_Point_Ctrl"            //调用 FC188
        DB_Task           :=DB15
        DB_Control        :="Ctr_DB"          //分拣任务跟踪控制参数 DB13
        DB_Parameter      :="Par_DB"
        Byte_Task_list:=328
        Safety            :=L#50
        CALL  "Control_Point_Exe"             //调用 FC203
        DB_Parameter      :="Par_DB"
        DB_Control        :="Ctr_DB"
        DB_Task           :=DB15
        Dummy_Ports       :=10
        Byte_Task_list:=328
        CALL  "LianSuo_ShangWei"              //调用 FC192,与计算机系统交换
                                                信息
        Port1_dummy_num:=10
        Port2_dummy_num:=10
        Task_table_len :=328
        CALL  "Clear_All_Task"                //调用 FC240
    wait: NOP   0
```

练习与思考

练习与思考题答案

一、填空题

1. 自动控制技术是_____的技术实现应用,是通过具有一定控制功能的_____来完成_____,保证过程按照预想进行,或者实现某个预设的目标。自动控制理论是研究_____的科学。它的发展初期,是以_____为基础的自动调节原理,主要用于工业控制。

2. 在自动控制系统中,被控对象的_____即被控量是要求严格加以控制的物理量,它可以要求保持为某一恒定值,如温度、压力或飞行轨迹等;而_____则是对被控对象施加控制作用的相关机构的总体,它可以采用不同的原理和方式对被控对象进行控制,但最基本的一种是_____的反馈控制系统。

3. 从控制的方式看,自动控制系统有_____、_____、_____三种。开环控制是指_____的系统控制方式。闭环控制系统是基于_____建立的自动控制系统。复合控制系统的稳定性只由_____所决定。

4. 广义上讲,PLC 也是一种_____,它比普通计算机具有更强的与工业过程相连接的_____,具有更适用于控制要求的_____,具有更适用于工业环境的_____。直观地,PLC 是一种_____用的专用计算机,其实际组成与普通计算机基

本相同,也是以_____为核心,各种功能的实现由硬件系统和软件系统两大部分共同来完成。

二、名词解释

1. 反馈原理
2. 编程器

三、简答题

1. 简述一般设计法的几个原则。
2. 简述简单设计法的重点。
3. 简述 PLC 的工作原理。

四、论述题

论述 PLC 的主要功能、特点与分类。

第八章
物流自动消防预警系统

> **学习目标及要点**
> 1. 理解并掌握自动消防预警系统的含义与技术内容；
> 2. 掌握自动消防预警系统在物流领域的设计及运用；
> 3. 学习并掌握自动消防预警系统在物流领域的实现。

第一节 自动消防预警系统

一、概述

企业为了降低流通成本,提高国际市场竞争力,实现"全球采购、统一分拨、本地配送"全球供应链管理战略,相继提出了"生产零库存""物料 VMI 管理"(供应商管理库存)和"JIT(即时)配送"等现代物流管理需求。建设保税物流园,将有助于打破物流瓶颈,保障外向型企业物流通畅,降低物流园所在地区的加工贸易企业由传统制造业向现代化制造业的转型成本,从而降低企业在实际运营中的各项成本;有助于加工贸易企业在有限的条件下延长加工贸易产业链条,增加企业在链条中的盈利能力;有助于加工贸易企业向生产要素更经济的区域专业发展,促进加工贸易向纵深发展,有效地加速物流园所在地区经济提档升级,加快区域融合发展。

仓库建筑是物流园最为重要的组成部分,仓库的主要功能是实现货物的吞吐、贮存、集散。货物在物流园仓库建筑中的吞吐、贮存、集散功能体现在以下几个方面。①仓库的基本功能:各类货物(含火灾危险性)的储存、管理、二次包装,整箱、二次拆装、甲类货物与乙类货物的拼装,货物搬运、转移、分发,航空水运陆运等多式联运。②辅助功能:货架预订、运输车辆预订、货物报验、商业保险,以及空闲集装箱存放等。

仓库的上述功能主要的服务对象:①需经过仓库出口的本地区产品、初加工农副产品(生鲜)、机电一体化产品、商业服务产品,以及由外贸口岸中转的产品,需要在物流园二次加工的产品；②境外和境内大型物流企业，为完成货物运输环节中的全过程流通，互为物流供应链和仓库中转运输链的某一个节点，而需由物流园仓库中转或分拆、衔接的货物；③按照商家需求，对客户订购产品的品种档次数量，以及对商品订购信息进行分析处理加工、信息反馈等。

综上所述，物流园仓库存储的货物各种各样，很多都具有火灾危险性，且仓库处于整个供应链中的关键节点，其安全性尤为重要，这就对仓库的火灾自动报警系统设计提出了更高要求。

近年来，自动化立体仓库需求旺盛，发展迅速。自动化立体仓库货架高度一般超过12 m，具有高度高、空间大、面积大、存储密集、存储量大等特点，对消防系统具有较高要求。一旦发生火灾，火势容易迅速沿货架层层蔓延、扩散，扑救难度大，若不配套高效可靠的消防系统，极易造成严重的经济损失。

随着自动化立体仓库在各行业应用日益广泛，消防法规已对自动化立体仓库配套的消防系统提出较高的要求和相关规定，立体仓库消防系统设计和实施正在逐渐完善。

我国消防规范要求消防自动系统应为一个独立的系统，目前，许多设计允许消防自动系统向建筑物自动化系统发送信号。随着智能建筑技术的发展，将物流中心自动化系统和自动消防系统的一些功能混合起来，将消防联动系统设备纳入物流中心自动化系统中去控制，物流中心自动化系统中的各项子系统实现智能化集成，是今后的规范和技术值得进一步研究探讨的问题。

二、物流自动消防预警系统的组成

物流自动消防预警系统是由触发器件、消防预警装置以及具有其他辅助功能的装置组成的消防警报系统。它能够在火灾初期，将燃烧产生的烟雾、热量和光辐射等物理量，通过感温、感烟和感光等火灾探测器变成电信号，传输到消防预警控制器，并同时显示出火灾发生的部位，记录火灾发生的时间。

物流自动消防预警系统一般包括自动消防预警感知系统和自动灭火系统、室内消火栓系统、防排烟系统、通风系统、空调系统、防火门、防火卷帘、挡烟垂壁等，相关设备联动，可以自动或手动发出指令，自动启动相应的装置。

自动消防预警系统的组成如下。

（一）触发器件

在自动消防系统中，自动或手动产生火灾报警信号的器件称为触发件，主要包括火灾探测器和手动火灾报警按钮。

火灾探测器是能对火灾参数（如烟、温度、火焰辐射、气体浓度等）响应，并自动产生火灾报警信号的器件。按响应火灾参数的不同，火灾探测器分为感温火灾探测器、感烟火灾探测器、感光火灾探测器、可燃气体探测器和复合火灾探测器等五种基本类型。不同类型的火灾探测器适用于不同类型的火灾和不同的场所。

手动火灾报警按钮是手动方式产生火灾报警信号、启动自动消防预警系统的器件，也是自动消防预警系统中不可缺少的组成部分之一。

1. 感温式火灾探测器

火灾时物质的燃烧产生大量的热量,使周围温度发生变化。感温式火灾探测器是在警戒范围中某一点或某一线路周围温度变化时响应的火灾探测器。它是将温度的变化转换为电信号以达到报警目的。

根据监测温度参数的不同,一般用于工业和民用建筑中的感温式火灾探测器有定温式、差温式、差定温式等几种。

定温式:温度上升到预定值时响应的火灾探测器。

差温式:环境温度的温升速度超过一定值时响应的火灾探测器。

差定温式:兼有定温、差温两种功能的火灾探测器。

感温式火灾探测器对火灾发生时温度参数的敏感度,是由组成探测器核心部件——热敏元件决定的。热敏元件是利用某些物体的物理性质随温度变化而发生变化的敏感材料制成,如易熔合金或热敏绝缘材料、双金属片、热电偶、热敏电阻、半导体材料等。感温式火灾探测器适宜安装于起火后产生烟雾较小的场所。平时温度较高的场所不宜安装感温式火灾探测器。

2. 感烟式火灾探测器

火灾的起火过程一般都伴有烟、热、光三种燃烧产物。在火灾初期,由于温度较低,物质多处于阴燃阶段,所以产生大量烟雾。

烟雾是早期火灾的重要特征之一,感烟式火灾探测器是能对可见的或不可见的烟雾粒子响应的火灾探测器。它是一种将探测部位烟雾浓度的变化转换为电信号实现报警目的的器件。

感烟式火灾探测器有离子感烟式、光电感烟式、激光感烟式等几种形式。

感烟式火灾探测器适宜安装在发生火灾后产生烟雾较大或容易产生阴燃的场所,不宜安装在平时烟雾较大或通风速度较快的场所。

3. 火焰探测器

利用火焰发出的红外、紫外光探测火灾的传感器称为火焰探测器。火焰探测器分为红外火焰探测器和紫外火焰探测器。

红外火焰探测器一般用硫化铝、硫化镉等制成的光导电池感应火灾放出的红外线,从而发出电信号报警。

紫外火焰探测器是用紫外光敏电子管接收火焰放出的紫外线,发出火灾报警信号。这种探测器受环境影响较小,对火焰反应快,主要用于燃烧速度较快的油类和化学危险物品的场所,不适用于阴燃火灾的探测。

4. 可燃气体探测器

可燃气体探测器是探测保护对象空间可燃气体浓度大小的一种传感器。这种探测器使用气敏元件制作,本身具有防爆性能,主要用于液化石油气、油库等爆炸危险场所。

可燃气体探测器能在空间可燃气体含量在爆炸下限以下就发出信号报警,以便事先采取有效的防火防爆措施,避免发生事故。

5. 手动报警按钮

手动报警按钮是火灾报警系统中的一个设备类型,是当人员发现火灾而火灾探测器没有探测到火灾的时候,人员手动按下手动报警按钮报警,几乎没有误报的可能。

手动报警按钮的报警是必须人工按下按钮启动。按下手动报警按钮后3~5 s,手动报警按钮上的火警确认灯会点亮,这个状态灯表示火灾报警控制器已经收到火警信号,并且确认了现场位置。

(二) 火灾报警装置

在自动消防预警系统中,用以接收、显示和传递火灾报警信号,并能发出控制信号和具有其他辅助功能的控制指示设备称为火灾报警装置。

火灾报警控制器就是其中最基本的一种。火灾报警控制器担负着为火灾探测器提供稳定的工作电源,监视探测器及系统自身的工作状态,接收、转换、处理火灾探测器输出的报警信号,进行声光报警,指示报警的具体部位及时间,同时执行相应辅助控制等诸多任务,是火灾报警系统中的核心组成部分。

火灾报警控制器按照不同的安装方式可以分为壁挂式、立柜式和琴台式三种。在火灾报警装置中,还有一些如中断器、区域显示器、火灾显示盘等功能不完整的报警装置,它们可视为火灾报警控制器的演变或补充,一般在特定条件下应用,与火灾报警控制器同属火灾报警装置。

火灾报警控制器的基本功能主要有:主电、备电自动转换,备用电源充电功能,电源故障监测功能,电源工作状态指示功能,为探测器回路供电功能,探测器或系统故障声光报警,火灾声、光报警、火灾报警记忆功能,时钟单元功能,火灾报警优先功能,声报警声响消音及再次声响报警功能。

(三) 火灾警报装置

在自动消防预警系统中,用以发出区别于环境声、光的火灾警报信号的装置称为火灾警报装置。声光报警器就是一种最基本的火灾警报装置,它以声、光方式向报警区域发出火灾警报信号,以警示人们采取安全疏散、灭火救灾措施。

火灾警报装置有声光报警器、警铃等。

(四) 消防控制设备

在自动消防预警系统中,当接收到火灾报警后,能自动或手动启动相关消防设备并显示其状态的设备,称为消防控制设备。

消防控制设备主要包括火灾报警控制器,自动灭火系统的控制装置,室内消火栓系统的控制装置,防烟排烟系统及空调通风系统的控制装置,常开防火门,防火卷帘的控制装置,电梯回降控制装置,以及火灾应急广播、火灾警报装置、消防通信设备、火灾应急照明与疏散指示标志的控制装置等控制装置中的部分或全部。消防控制设备一般设置在消防控制中心,以便于实行集中统一控制。

有的消防控制设备设置在被控消防设备所在现场,但其动作信号则必须返回消防控制室,实行集中与分散相结合的控制方式。

（五）电源

自动消防预警系统属于消防用电设备,其主电源应当采用消防电源,备用电源采用蓄电池。系统电源除为火灾报警控制器供电外,还为与系统相关的消防控制设备等供电。

三、自动消防预警系统的基本形式

根据现行国家标准《自动消防预警系统设计规范》规定,火灾自动报警系统的基本形式有三种,即区域报警系统、集中报警系统和控制中心报警系统。

一个自动消防预警系统,一般由火灾探测器、区域报警器、集中报警器等三部分组成。火灾探测器安装于火灾可能发生的场所,它为区域报警提供火警信号,监视火情,起着火情传感器的作用。

（一）区域报警系统

区域报警系统由区域火灾报警控制器和火灾探测器等组成,或由火灾的控制器和火灾探测器等组成。功能简单的自动消防预警系统称为区域报警系统,适用于较小范围的保护。

区域火灾报警控制器的主要特点是控制器直接连接火灾探测器,处理各种报警信号,是组成自动报警系统最常用的设备之一。

区域报警控制器是负责对一个报警区域进行火灾监测的自动工作装置。

一个报警区域包括很多个探测区域（或称探测部位）。一个探测区域可有一个或几个探测器进行火灾监测,同一个探测区域的若干个探测器是互相并联的,共同占用一个部位编号。同一个探测区域允许并联的探测器数量视产品型号不同而有所不同,少则五六个,多则二三十个。

区域报警控制器平时巡回检测该报警区内各个部位探测器的工作状态,发现火灾信号或故障信号时及时发出声光警报信号。如果是火灾信号,在声光报警的同时,有些区域报警控制器还有联动继电器触点动作,启动某些消防设备的功能。这些消防设备有排烟机、防火门、防火卷帘等。如果是故障信号,则只是声光报警,不联动消防设备。

区域报警控制器接收来自探测器的报警信号后,在本机发出声光报警的同时,将报警信号传送给位于消防控制室内的集中报警控制器。自检按钮用于检查各路报警线路故障（短路或开路）,发出模拟火灾信号检查探测器功能及线路情况是否完好。当有故障时便发出故障报警信号(只进行声光报警,而记忆单元和联动单元不动作)。

区域控制器的作用是将区域内探测器送来的火警信号转换成声光报警信号,同时输出信号给集中报警控制器。它还将 24 V 直流电提供给探头,并备有联动其他外部设备动作的触点。

（二）集中报警系统

集中报警系统由集中火灾报警控制器、区域火灾报警控制器和火灾探测器等组成,或由火灾报警控制器、区域显示器和火灾探测器等组成,功能较复杂的自动消防预警系统统称为集中报警系统,适用于较大范围内多个区域的保护。

集中火灾报警控制器的作用是将若干个区域报警控制器连接起来,组成一个系统,接收各区域报警控制器发来的火警信号、故障信号,及时显示火警区域或故障区域的部位,并发出声光报警信号。它不能直接连接探头,也不给探头供电源,而只和区域报警控制器连接。

（三）控制中心报警系统

控制中心报警系统由消防控制室的消防控制设备、集中火灾报警控制器、区域火灾报警控制器和火灾探测器等组成,或由消防控制室的消防控制设备、火灾报警控制器、区域显示器和火灾探测器等组成,功能复杂的自动消防预警系统称为控制中心报警系统。系统的容量较大,消防设施控制功能较全,适用于大型建筑的保护。

四、自动消防预警系统及消防设备的联动控制

根据被保护建筑物的层数和建筑结构的不同,自动消防预警系统与消防设备的联动控制方式有纵向联动控制、横向联动控制和纵、横向混合联动控制等。

对于智能建筑火灾自动报警及消防联动控制系统,消防联动设备主要由控制模块和监视模块进行控制和回馈信号的传送显示。模块一般安装在楼层的端子模块箱内,也可安装于联动设备附近。控制模块的动作方式可通过报警控制器软件编程完成逻辑控制,因此调试简便,集中对警铃、消防泵、喷淋泵、防排烟系统、消防广播、防火门、防火卷帘等消防设备进行联动控制。

一个功能完全的火灾自动报警消防系统,都是由两个分支系统组成的：一个是自动报警系统;另一个是自动消防系统。前者是后者启动工作的信号源,后者是前者的执行单元,是前者功能的延续和完善。前者是对火灾初起的探知和警报,后者是对火灾的及时扑灭和有效的防护。二者紧密配合,互为因果,组成一个功能完善的自动报警消防系统。

自动消防系统由消防控制室、消防控制设备、自动消防设备等部分组成。消防控制设备安装于消防控制室内,接收来自火灾报警系统的火警信号,发出联动控制指令,启动安装在火灾现场的自动消防设备进行灭火和防护,所以消防控制设备是自动消防系统的核心部分。

第二节 自动消防预警系统的特点及分类

针对自动化立体仓库的自动消防预警系统设计,国家有关消防技术规范、监督管理法规规章,以及自动化物流系统工艺平面布置图等可作为设计依据。

一、预警特点

大部分企业中,自动化立体仓库包括出入库整理区、物料输送区和高架仓库区等几部分,各部分相互交叉,并且有以下火灾特点。

1. 火灾隐患多

在自动化立体仓库内储存的物品存有含水率低的可燃物。库区作业自动化程度高,电

气设备产生的接触电弧、电气短路火花,机械设备因故障产生的火花,以及人为因素带入库区的火灾隐患都有可能引发火灾。

2. 燃烧猛烈,火灾扩散蔓延迅速

自动化立体仓库内的储存物品堆放规范有序,层与层、行与行物品间的空隙较小;单位面积内储存的物品量是普通仓库的5~10倍。一旦发生火灾,将引起猛烈燃烧,烟火扩散迅速,很快形成重大火灾。

3. 火灾破坏力度大

自动化立体仓库一旦发生火灾,由于可燃物堆放有序,火灾蔓延迅速,猛烈的燃烧会造成钢制货架变形倒塌,更为严重的是使自动化控制系统损坏,高精密的设备损坏报废,使仓库遭受严重的破坏,从而造成巨大经济损失。

4. 人工扑救火灾的难度极大

自动化立体仓库是高度自动化的无人作业仓库,设计上没有考虑人员进出的通道。仓库内货架间巷道的宽度、货架与墙壁间的距离设计小,正常人难以通过;整理区与高架库区被各种输送设备挡住进出通道,消防人员难以进入高架库区进行灭火。

基于以上几大火灾特点,自动化立体仓库必须设置自动消防系统,以保证库区消防安全。

二、常用自动灭火系统的种类

目前仓库使用的自动灭火消防系统主要有气体灭火系统、泡沫灭火系统和水喷淋(湿式、干式)灭火系统三大类型。

气体灭火系统和泡沫灭火系统构成复杂、投资大,适用于小空间场所的灭火。如果用于大空间立体仓库,一次性投资过高。因此,在大型立体仓库中,一般均采用自动水喷淋灭火系统,自动水喷淋灭火系统主要分为湿式、干式两种类别。

湿式自动水喷淋灭火系统的工作原理是消防管道中充满消防用水,一旦发生火灾,喷头破裂(一般是温度升高到68 ℃)后,消防用水迅速喷出实现灭火。但是湿式自动水喷淋灭火系统一旦出现误喷(如喷头意外损坏),会造成较大的经济损失,尤其对于烟草、高端成品白酒之类的库存仓库。

干式自动水喷淋灭火系统的工作原理是增加了充气装置,使报警阀后端管道为气体状态,报警阀前端管道为充水状态。火灾发生后,火灾区域喷头受热破裂,报警阀后气体开始排气,气体压力快速下降后报警阀开启,消防用水开始注入报警阀后管网,从破裂喷头喷出实现灭火。虽然设防状态下,报警阀后管道为气体状态,但仍未解决如喷头或管网损坏将会造成误喷的问题,且喷水延迟时间较长,故干式自动水喷淋灭火系统多用于冬季管道易结冰的地区。

三、常用自动灭火系统的应用

1. 自动灭火系统的工作原理

自动灭火系统在结合湿式和干式系统特点的基础上,增加了火灾自动探测系统(一般为火焰探测器)、预作用阀(关闭状态时,消防用水无法通过)、电磁阀(关闭状态时,气体无法通过)等。

其工作原理为:设防状态时预作用阀前端管网内为充水状态,后端管网内为气体。真实发生火灾时,火灾探测器发现火警信号后,电磁阀立即启动排空管网内气体,同步打开预作用阀向预作用阀后管网注水,一般 2 min 内注满管网(此时火灾区域喷头可能并未因此区域温度上升而破裂),转为湿式灭火系统状态,当火灾区域温度上升到特定温度使喷头破裂后,立即开始喷水灭火。

2. 采用相对湿式系统的优势

从上面描述可以看出,自动灭火系统喷头如因为故障或意外损坏,由于有火灾探测器的保护,在没有检测到火灾信号(检测到火苗)的情况下,电磁阀和预作用阀无法打开,即无法向预作用阀后管网充水,故不会有水从故障或损坏的喷头中喷出。

另外,如果因火灾探测器故障造成电磁阀和预作用阀被打开,管网中被注满了消防用水,但是由于没有真实火灾发生,喷头不会由于温度升高而破裂,同样不会有水从喷头中喷出,即实现了防误喷的功能。

3. 采用相对干式系统的优势

自动灭火系统采用相对干式系统,除了同样具有防误喷的优势外,还具备响应速度快的优点。这体现在发生真实火灾时,区域温度升高导致该区域喷头破裂后,系统才开始排气,然后注水,再开始喷水灭火。

而自动灭火系统是先检测到火焰(此时火灾区域温度可能还未升高到喷头破裂温度),即开始排气并注水,当火灾区域温度升高导致喷头破裂后,此时管道内已经注满了水,故喷头一破裂即有水喷出进行灭火。由此可见,干式系统同时具备防误喷和响应速度快的优点。

第三节 自动消防预警系统的实现

一、系统集成方案设计

(一)消防区域基本情况

假设消防区域主要是成品库自动化物流系统的所属区域。其中,成品库货架高度约 23 m,整个库区为开放式,每个货位或多个货位之间无法进行封闭隔离。库区为无人操作的自动化立体仓库,正常状态时,禁止人员进出。

(二)总体方案确定

针对库房内物品运输和储存可能发生火灾的特点,总体方案设计应体现"预防为主,防消结合"的方针,立足于自防自救,使库内发生的隐燃火患和明火能及时发现和报警,对局部火灾能自动扑灭,重点在于火灾隐患的早期报警,确实发生火灾时及时扑灭,以最小损失获得最大的综合效益。

根据现有消防设计规范和国内外有关资料,结合立体仓库实际情况,自动化立体仓库的消防系统应是基于库区智能火灾探测报警及预作用喷水灭火系统并采用网络技术集中控制的消防系统。

(三) 自动报警系统

1. 方案概述

自动消防预警系统是自动消防系统的"前哨和眼睛",是整套系统能否实现早期报警,及时清除火灾隐患的关键。所以自动消防预警系统在设计上要体现先进性、实用性、高品质、低误报的特点。

长期以来,自动消防预警系统在防灾和救灾方面起着重要的作用,随着消防技术不断更新和发展,自动报警探测技术也日新月异,推陈出新,逐渐在各个领域成为技术较成熟、性能更可靠的报警系统。但在一些特殊领域如大空间建筑,尤其是存在遮挡和环境干扰时,一般的火灾探测技术难以正常发挥作用。常规的点型感烟、感温探测器由于火灾燃烧产物在空间传播受空间高度和面积的影响,常常当火灾发展到相当的程度,探测器才能感应到,现行的火灾探测方法难以正常发挥效用。在大空间,若提高常规火灾探测器的灵敏度,则常发生误报现象;若降低常规火灾探测器的灵敏度,又易发生漏报和报警延误现象,难以解决灵敏度与可靠性之间的矛盾。由于自动化立体仓库属于大空间建筑,所以必须采用适合其特点的自动消防预警系统。以空气采样探测器为探测核心,具有网络联动功能的自动消防预警系统可以有效地解决这一矛盾,是大空间探测的最适合的形式。

2. 工作原理

防火区域的空气在气泵作用下通过采样孔及过滤器进入测量室,测量室的测量光源发出的光束照射到空气上,若防火区域内发生火灾时空气中存在烟粒子,光束将产生散射,光接收器接收散射的光信号,信号被传输给微处理器,微处理器根据信号的强弱发出相应的报警信号,如图 8-1 所示。

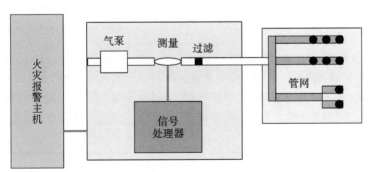

图 8-1 自动报警系统工作原理

空气采样探测器具有以下特点:

(1) 空气采样探测器是早期烟雾多级报警探测器,它的报警灵敏度比传统光电探测器的高,可以克服目前企业大空间立库探测器报警灵敏度低的缺点。根据多级报警的特点来分级启动联动灭火设备,能及时对局部扑灭火灾。

(2) 空气采样探测器采用多种技术降低误报率:过滤器过滤掉大于 20 μm 的尘埃;设置参照点;设置时间延时,检验火警的真实性;可自动设置适合特定环境的报警阈值,这些措施使探测技术可靠性大大提高。

(3) 抗腐蚀性强,维护简便。例如,在企业的有些库房内,烟尘和杀虫剂大量存在,它们对铝等许多金属有很强的腐蚀性,离子探测器的电离室和探头在这样的情况下受到很强腐蚀,误报率高,寿命缩短。而空气采样探测器的探测腔主体由石墨制成,具有很强的抗腐蚀能力,再经过两级过滤,因而探测腔和探头所受到的腐蚀性很小。由于这种探测器具有自清洗功能,所以其设备的维护就比较简便。这些特性改善了烟雾探测设备的性能,简化了操作并增加了系统的可靠性,使空气采样探测器的使用寿命比传统的点型探测器更长。

3. 传统点型感烟探测器和空气采样探测器的比较

传统点型感烟探测器和空气采样探测器的比较如表 8-1 所示。

表 8-1 传统点型感烟探测器和空气采样探测器的比较

	传统点型感烟探测器	空气采样探测器
探测原理	防火区域烟雾扩散至传感室并达到一定浓度才能探测并报警,属于被动式探测。采用光电管和放射源、单向模拟或开关量技术	主动抽取防火区域的空气,只要空气中有烟尘,就能及时报警,属于主动式探测。采用激光前向散射技术和前馈神经网络技术
烟雾扩散	只有当烟雾聚集量超过探测器的安装高度时才能进入传感室	主动抽气式探测系统能够将最初产生的一点点烟雾吸取到传感室内,大空间都能探测到烟雾
灵敏度	20%obs/m,是空气采样探测器的几百分之一到几千分之一。当传感探测器报警的时候,给值班人员扑灭火灾的时间只有几分钟	0.005%obs/m～20%obs/m,可设置三个可调的灵敏度等级。空气采样探测器报警的时间给值班人员扑灭火灾的时间有 100～200 min
光学器件的清洗	时间一长,传统感烟探测器的光学器件上会布满灰尘,使传感器的灵敏度下降,甚至失效,产生在火灾探测中绝对不允许的漏报现象。必须由人工逐个检测并拆下清洗,工作量很大且易损坏器件	由于是主动抽气式的,所以机器会主动利用抽进的空气对光学器件进行不断的清洗,使光学器件始终保持最佳工作状态,不会产生漏报现象。不用人工清洗

4. 系统设计

自动报警系统配置图如图 8-2 所示。

5. 系统配置

系统配置包括报警主机、空气采样探测器、手报按钮、智能烟感探测器、警铃、输入和控制模块、联动控制柜、水泵控制等。

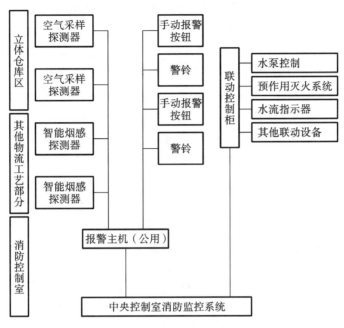

图 8-2 自动报警系统配置图

(四) 预作用灭火系统

1. 系统概述

自动灭火系统仍然采用预作用灭火系统形式。2001 年版的《自动灭火系统设计规范》规定,货品堆积高度等于或大于 4.5 m 的仓库和危险级 Ⅰ 级、Ⅱ 级的仓库应采用快速响应早期抑制喷头的自动灭火系统;货架储物仓库最大净空高度超过 12 m 或货品最大堆积高度超过 10.5 m 时,应设货架内喷头。根据新规范的要求,预作用喷水系统应分为顶层管网及货架管网布置形式,顶层采用快速响应早期抑制喷头,货架内喷头采用普通喷头。

2. 系统组成

该系统由预作用阀组、喷水管网、喷头、压缩空气装备、消防喷淋泵、水泵结合器及消防水池组成。

3. 系统设计说明

预作用灭火系统将电子技术、自动化技术结合起来,集湿式系统和干式系统于一体,克服了传统湿式系统由于误动作而造成水渍的缺点。系统中火灾探测器的早期报警和自动监测功能,能随时发现系统中的渗漏和损坏情况,从而提高了系统的安全可靠度,非常适用于自动化立体仓库这类对消防系统安全程度要求高的场所。

1) 设计参数

根据规范高架仓库应为仓库危险级 Ⅰ 级,按《自动灭火系统设计规范》(GBJ 50084—2001)规定,仓库自动灭火系统分为顶层管网及货架管网。顶层布置快速响应早期抑制喷头,最不利点压力为 0.5 MPa;货架内喷头采用普通闭式喷头,最不利点压力为 0.1 MPa。

与原规范相比,新规范对高架仓库所需的用水量及水压的要求要大许多。

2）给水要求

消防给水是自动灭火系统设置是否合理的关键之一,消防给水需要满足灭火所需的压力和用水量。根据水力计算的结果,成品库按新规范要求的设置计算,其用水量最大为 105 L/s,按照规范,自动喷水系统的火灾延续时间为 1 h,因此消防水池的容量应为 380 m^3,比原消防水池大。所需的水泵扬程约为 105 m,而原消防水泵的扬程只有 60 m,因此,以前的消防水泵房需要改造,要重新更换消防水泵并增大水泵房。

3）系统配置

系统配置如下:

(1) 预作用阀组(英国喷宝);

(2) 快速响应早期抑制喷头(ESFR)(英国喷宝);

(3) 普通玻璃泡喷头;

(4) 水流指示器(DN100 及 DN150)(英国喷宝);

(5) 信号蝶阀(DN100 及 DN200)(英国喷宝);

(6) 末端试水装置;

(7) 排气装置。

4）管网布置

根据新规范规定,系统管道的连接应采用沟槽式连接件(卡箍),或丝扣及法兰连接。在国外,沟槽式连接件在管道连接中已经普遍使用,在中国近几年才采用。2000 年版的新规范以新增条文将沟槽式连接件作为管道连接的一种形式明文规定下来。经比较,沟槽式连接件不破坏管道镀锌层,连接可靠,性价比高。

5）喷头选择

喷头是自动喷水灭火系统的关键部件,为避免在非火灾情况下,环境温度波动而导致误喷,又要确保发生火灾时能及时响应喷水灭火,根据消防规范要求,喷头动作温度比预测温度高 30 ℃左右。

预作用喷水灭火系统主要功能流程图如图 8-3 所示。

（五）消防网络

火灾监控网络系统是自动化立体仓库消防系统实现各功能的总体需要,也是自动化立体仓库消防系统的重要组成部分。新建成的成品库及其他物流工艺部分的消防状态通过消防网络接入消防监视中心。

二、多级报警机制及功能

1. 多级报警机制

在平时监控状态下,预作用喷水灭火系统的管路中均为干式,并充有一定的压缩空气以供监测,其工作状态由报警控制主机集中控制。

当仓库内任何部位发生火灾或存在火灾隐患时,布设在仓库内的空气采样探测器通过

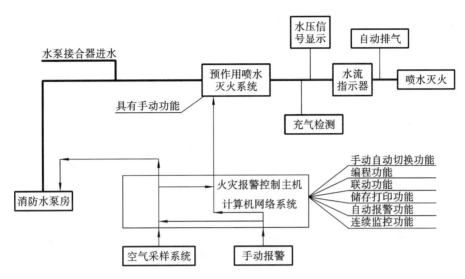

图 8-3　预作用喷水灭火系统主要功能流程图

多级报警方式确认火灾的发生。在 1 级报警（即预警期）时，报警系统提示报警区域有异常情况发生，此时火灾尚处于早期无可见烟雾阶段，系统通过主机和消防网络及时将报警状态和报警区域通知消防管理人员，消防管理人员根据报警区域所处位置到现场查明情况及时处理火灾隐患。

如火情继续发展，火灾空气采样探测器进入 2 级报警（即告警期）时，报警系统向控制中心发出报警信号并通过联动控制设备启动消防泵，使预作用阀装置之前的管路注水备用。只有当火灾空气采样探测器进入 3 级报警（即火警期）时，才经联动控制主机开启预作用阀，使喷水管网充水，其压力达到预定值时，通过压力开关和中继器可将其信号反馈给联动报警控制主机。

如果某部位发生明火燃烧，其温度上升达到设定值时，喷头玻璃球就会自动爆破，水就从相应的喷头喷出灭火。当喷水灭火时，通过水流指示器及中继器可将信息反馈给联动报警控制主机，并通过联动中继器反馈给报警控制主机。

预作用喷水灭火系统多级报警机制流程图如图 8-4 所示。

由于报警系统采用了多级报警技术，在火灾初期（不可见烟阶段）就能及时报警，达到了早期报警的目的。火灾发展到一定阶段，报警系统又能联动预作用喷水灭火系统分区域扑灭火灾。这种设计方案既贯彻"预防为主，防消结合"的方针，又将损失减到最小，使用户获得更大的综合效益。

2. 主要功能

该系统具有以下主要功能：

（1）连续监视测试功能、自动报警功能、工作状态显示功能、联动功能、信息存储功能、打印查证功能；

（2）进行计算机联网显示消防区火情；

（3）自动喷水灭火系统采用预作用式，平时管网内充有压缩空气，只有在仓库内确实发生火灾时，才向管网供水；

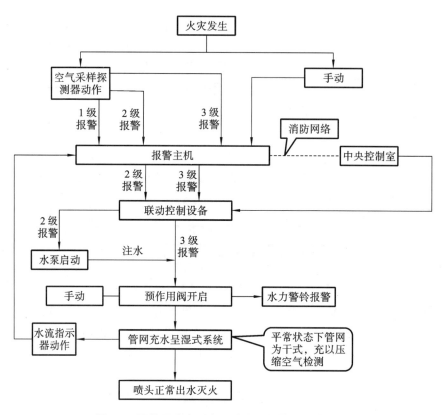

图 8-4 预作用喷水灭火系统多级报警机制流程图

(4) 对任一部位的火灾进行自动扑救;
(5) 消防网络对各个子系统集中控制。

三、超细干粉灭火

超细干粉灭火剂是近年来随微粉碎技术发展而产生的灭火剂,标准《超细干粉灭火剂》(GA 578—2005)中规定:90%粒径在 20 μm 或 20 μm 以下,且粒径越小,比表面积越大。

超细干粉灭火技术体现了"快速响应、早期抑制、高效灭火"这一先进的消防技术理念,是当今世界各国争相研究的前沿技术,自面世以来发展迅速。

超细干粉灭火方式在立体仓库中的应用逐渐增多,从总体投资和灭火效率来看是一种较好的选择,但由于立体仓库货架的特殊功能,并不是所有的超细干粉都适合在高架库中使用。

目前,国内生产的超细干粉装置的驱动模式主要有两种。

1. 采用燃气驱动

灭火装置内充装 ABC 干粉,其灭火主要成分为磷酸铵盐,其粉粒 90%粒径在 20 μm 以上。

就化学灭火剂而言,其粒径与灭火效率成反比关系,即粒径越小,灭火效率越高。因此,其灭火效率仅为真正超细干粉灭火剂的 1/6~1/4。

由于此类灭火装置喷射时间很短(小于 1 s),对于有焰燃烧有较好的灭火效果;而对于固体表面燃烧,如纸张、木材、电缆的阴燃,灭火效果较差,灭火释放后,有焰燃烧虽被扑灭,但这种阴燃往往很快又发展为有焰燃烧。该驱动构件装于货架上,发生火灾启动时对货架的冲击力较大,货架设计时应考虑足够的强度。

2. 采用氮气驱动

利用氮气瓶组内的高压氮气,进入超细干粉灭火剂储罐,推动灭火剂通过输运管道由设置在保护区的喷头喷出,迅速灭火。

此类灭火装置内充装以无机聚合物为基材的复合型材料作为灭火组分,该灭火剂可全淹没灭火,也可局部淹没灭火。该驱动构件装于货架上,发生火灾启动时对货架的冲击力较小,货架设计时可适当考虑强度。

(一) 超细干粉灭火系统的启动方式

超细干粉自动灭火装置主要由装有超细干粉和驱动气体的灭火剂储罐、吊环或固定盘座、喷头、压力指示器、感温元件、热引发器、电引发器等组成。根据使用场合的需要,可加装信号反馈器和集热罩。

自动启动超细干粉自动灭火装置具备三种启动方式:电控自动启动、电控手动启动和定温启动。可与任何一种火灾报警系统联动,组成超细干粉无管网自动灭火系统。

1. 电控自动启动

将与灭火装置相连接的灭火控制器设置于"自动"位置时,灭火装置处于自动控制状态。当防护区发生火灾时,火灾报警控制系统接收到探测器的火灾信号后发出声光报警信号,延时至设定的时间后启动灭火装置释放超细干粉灭火剂灭火。信号反馈器向火灾报警控制器反馈灭火剂释放信号。

2. 电控手动启动

当防护区发生火灾时,按下火灾报警控制器或防护区旁气体灭火控制盘的启动按钮,即可按规定程序启动灭火装置灭火。

3. 定温启动

防护区发生火灾,使环境温度上升至灭火装置设定的公称动作温度(设定为 68 ℃)时,无论火灾报警控制器是否动作,灭火装置都自动启动释放超细干粉灭火剂灭火。

(二) 超细干粉灭火系统的特点

超细干粉灭火作用机理是以化学灭火为主,物理灭火为辅,具有以下特点:

(1) 针对所有灭火剂,它具有优良的性能,对有焰燃烧有强抑制作用。超细干粉与火焰混合时,灭火组分迅速捕获燃烧自由基,使自由基被消耗的速度大于生产的速度,燃烧自由基很快耗尽,链式反应历程即被终止,火焰迅速熄灭。

(2) 超细干粉对扑灭有焰燃烧有很高的效率,而且对一般固体物质的表面燃烧(阴燃)有很好的熄灭作用。当超细干粉晶体粉体与灼烧的燃烧物表面相接时,发生一系列化学反应,在固体表面的高温作用下被熔化,并形成一个玻璃状覆盖层,将固体表面与周围空气隔开,使燃烧窒息。

(3) 使用超细干粉灭火时,浓云般的粉末与火焰相混合,分解吸热反应,可吸收火焰的部分热量,这些分解反应产生的一些不活性气体如二氧化碳、水蒸气等,对燃烧区的氧浓度具有稀释作用,使火的燃烧反应减弱。

(4) 权威部门检测结果显示:超细干粉灭火剂的灭火浓度为 64.4 g/m^3,是目前国内外已查明的灭火剂中,灭火浓度最低、灭火效能最高、灭火速度最快的一种。

(5) 超细干粉具有环保性,对大气臭氧层耗减潜能值(ODP)为零,温室效应潜能值(GWP)为零,对人体皮肤无刺激,对保护物无腐蚀,无毒无害。

(6) 超细干粉高效灭火剂因为粒径小、质量轻、流动性好,能在空气中悬浮一定时间,还具有趋热性,因此能实现全淹没灭火,是目前唯一能实现气体全淹没灭火方式的干粉灭火剂。

(7) 灭火后的残留物易清理。

(三) 实施案例

超细干粉灭火系统由报警系统和储压式自动灭火装置两部分组成,在设计过程中,相关的元器件数量、规格及干粉剂量等应按相关规范要求进行设计。报警系统部分与预作用喷水灭火系统相同,一般采用极早期空气采样烟雾探测报警系统。

超细干粉灭火系统的报警元器件、灭火装置及其支架等是由货架来支撑的,在设计时要与高架库货架设计同步进行。货架总体高度和宽度要预留安装空间,并且要满足相关消防规范要求的空间要求。此类消防装置在高度上只有顶层占用高度,宽度与喷水系统所要的空间大小相同即可。灭火装置的宽度尺寸可以根据总体设计而改变,只要保证其所装剂量不少即可。

自动化物流系统中立体仓库的消防工作重大而紧迫,在实际的防、灭火工作中,用户需结合实际使用需求有针对性地选择灭火剂和灭火器材,同时,设计和实施单位要保证消防系统稳定可靠,消防部门还要严格审核、把关。

练习与思考

练习与思考题答案

一、填空题

1. 自动消防预警系统是由 ＿＿＿＿＿＿＿＿＿＿、＿＿＿＿＿＿＿＿＿＿ 以及 ＿＿＿＿＿＿＿＿＿＿ 组成的消防警报系统。它能够在火灾初期,将燃烧产生的烟雾、热量和光辐射等 ＿＿＿＿＿＿ ,通过 ＿＿＿＿＿＿、＿＿＿＿＿＿ 和 ＿＿＿＿＿＿ 等火灾探测器变成 ＿＿＿＿＿＿ ,传输到消防预警控制器,并同时显示出火灾发生的部位,记录火灾发生的时间。

2. 在自动消防预警系统中,用以接收、显示和传递火灾报警信号,并能发出控制信号和具有其他辅助功能的控制指示设备称为 ＿＿＿＿＿＿ 。在自动消防预警系统中,用以发出区别于环境声、光的火灾警报信号的装置称为 ＿＿＿＿＿＿ 。它以声、光方式向 ＿＿＿＿＿＿ 发出 ＿＿＿＿＿＿ ,以警示人们采取安全疏散、灭火救灾措施。

3. 一个自动消防预警系统,一般由_____、_____、_____等三部分组成。

二、名词解释

1. 触发器件

2. 消防控制设备

3. 火灾报警装置

三、简答题

1. 简述自动灭火系统采用相对湿式系统的优势。

2. 简述自动灭火系统采用相对干式系统的优势。

第九章 物流监控追溯系统

> **学习目标及要点**
> 1. 了解视频监控技术的发展过程、关键技术及在物流领域的应用;
> 2. 了解地理信息系统的基本概念、关键技术及在物流领域的应用;
> 3. 了解全球定位系统的基本概念、关键技术及在物流领域的应用;
> 4. 了解手机定位技术的方式、原理及在物流领域的应用;
> 5. 了解车联网技术的方式、原理及在物流领域的应用。

第一节 视频监控技术

视频监控作为安防行业的一项重要技术应用,在国内外发展迅速。国外视频监控系统主要为个人用户服务,保障个人住宅方面的安全。而在国内,视频监控系统已经广泛应用于楼宇监控、公安、交通等领域。物流监控是物流信息化建设的重要部分。如何利用现代先进信息技术,合理、安全、高效地进行监控、管理物流运输,关系到企业整体物流能否有效运行,因此对物流的定位、跟踪、监控能否有效地实施就显得更为重要。本节将对视频监控产品的发展历史以及应用于物流的视频监控技术进行简要介绍。

一、视频监控技术的发展

视频监控(cameras and surveillance)是安全防范系统的重要组成部分。传统的监控系统包括前端摄像机、传输线缆、视频监控平台。摄像机可分为网络数字摄像机和模拟摄像机,可作为前端视频图像信号的采集,是一种防范能力较强的综合系统。视频监控以其直观、准确、及时和信息内容丰富而广泛应用于许多场合。近年来,随着计算机、网络以及图像处理、传输技术的飞速发展,视频监控技术也有了长足的发展。

视频监控是根据某种特定用途,通过摄像头获取视频图像信息,对监控场景中的人和设施、设备以及所发生的行为和事件进行实时监测,并加以相应的描述、处理、传输、管理及系统控制的相关电子设备和传输介质组成的一个有机整体。

视频监控技术已经历了模拟视频监控技术、数字视频监控技术、智能视频监控技术三个阶段。

1. 模拟视频监控技术

模拟监控技术发展较早,在20世纪90年代以前,主要使用模拟技术。模拟技术中监控图像信息主要是以模拟信号的形式采集、传输、记录和显示的。

在模拟视频监控系统中,图像的传输、交换及存储均基于模拟信号处理技术。传输的介质主要基于同轴电缆和光纤两种,短距离时采用同轴电缆,长距离时采用光纤+视频光端机。

图像交换由视频矩阵或视频分配器完成,图像存储采用磁带机,图像显示基于监视器。

前端摄像机的PTZ(pan/tilt/zoom,云台)控制通过操作键盘实现。

模拟视频监控在图像还原效果方面具有一定优势,但是传输距离有限、工程布线复杂、信号易受干扰、应用不灵活、无法集中管理等缺陷限制其只适合于提供末端接入。

模拟监控系统主要由视频采集设备、信号传输设备、切换控制设备、显示与记录设备等组成。

视频采集设备主要有摄像机(camera)、镜头(lens)、防护罩(housing)、支架(bracket)、解码器(decoder)、视频分配器(video distributor)等。

信号传输设备主要有各类线缆(一般使用同轴电缆)及连接器、信号收发器(sender/receiver)、信号放大器(amplifier)等。

切换控制设备主要有视频矩阵(matrix)、控制码发生器、键盘(keyboard)、人机界面等。

显示与记录设备主要有多画面处理器、多画面分割器、监视器(monitor)、磁带录像机(VCR)等。

典型的模拟视频监控系统如图9-1所示。

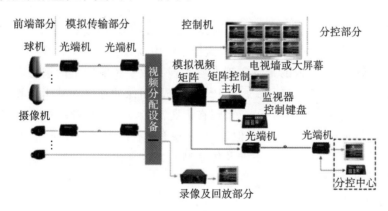

图9-1 模拟视频监控系统

2. 数字视频监控技术

20世纪90年代以后,随着计算机技术和数字视频技术的快速发展,监控系统开始向数字化方向发展。在这类系统中,视频采集和传输仍然使用模拟信息,模拟图像信息到达多媒体终端后通过视频压缩卡将模拟信息转换为数字信息并存储于硬盘录像机中,同时也可将多组视频信息同时显示在主机的显示器上。与模拟时代不同的是,信息是以数字形式存储,并以数字形式分割显示在显示器上,图像信息清晰度高,易于剪辑。典型的数字视频监控系统如图 9-2 所示。

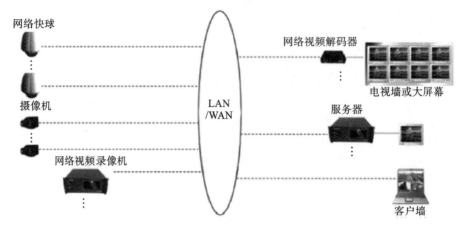

图 9-2　数字视频监控系统

数字视频监控时代的标志性产品是硬盘录像机,简称 DVR(digital video recorder),产生于 20 世纪 90 年代。硬盘录像机是一套进行图像存储处理的计算机系统,具有对图像/语音进行长时间录像、录音、远程监视和控制的功能。DVR 集合了录像机、画面分割器、云台镜头控制、报警控制、网络传输等五种功能于一身,用一台设备就能取代模拟监控系统一大堆设备的功能。

硬盘录像机的主要特点是:录像时间长;支持的音视频通道数量多;录像质量不会随时间的推移而变差;功能更为丰富,有强大的应用软件支持;联网能力强,多台录像机联网可构成大规模系统。

数字视频监控引入了先进的数字信号处理技术,在信号的传输、控制和存储方面都与模拟视频监控有着本质的区别。在数字视频监控系统中,利用 MPEG-4、H.264 等高效视频编码技术,监控图像能够以较低的带宽实现在各类现有数字传输网上的远距离传输。前端摄像机的 PTZ 控制和图像显示都可以通过 PC 来完成,图像的存储则基于计算机硬盘来实现的。数字视频监控是安防领域的一次革新,在远距离传输、工程布线、操作维护及应用灵活性等方面都远远超越模拟视频监控。但是,数字视频监控本身是一个非常宽泛的概念,体现的主要是信号处理技术上的变革,不涉及体系结构。这导致目前的数字视频监控系统在组网方式上千差万别,且无法互通。

3. 智能视频监控技术

智能视频监控技术(intelligent video surveillance)是人工智能中的模式识别。通过将智能算法嵌入 DSP(digital signal processing,数字信号处理)中,分析和提炼人员和车辆两类目标的各种行为模式,形成核心算法;在应用中,通过比较和比对,辨识采集到的视频图像属于何种物体、何种行为,对目标的框架周长和行动轨迹打上标记,做出预警和实时报警,触发录像,并通过网络上传。

第九章

物流监控追溯系统

智能视频监控以数字信号处理为基础,采用网络化的方式实现信号的传输、交换、控制、录像存储及点播回放,并通过设立强大的中心业务平台,实现对系统内所有编解码设备及录像存储设备的统一管理与集中控制。对用户而言,仅需登录中心业务平台,即可实现全网监控资源的统一调用和浏览。

智能视频监控体现的不仅仅是技术的革新,更重要的是架构的革新。通过参考并借鉴先进、成熟的通信网体系架构,网络视频监控至少将对两个方面产生促进作用:一是数字视频监控标准化的建立与完善;二是传统安防业与通信业的融合。这两个促进作用将带动整个安防产业向规范化、规模化方向发展,并给视频监控带来更为广阔的市场空间。

智能视频监控系统总体上分为前端接入、媒体交换以及用户访问三个层次,具体由中心业务平台、前端编码单元、网络录像单元、客户端单元以及解码单元组成。

中心业务平台位于媒体交换层,是整个网络视频监控系统的核心,逻辑上需要实现用户接入认证、系统设备管理、业务功能控制以及媒体分发转发等功能。在分级应用环境下,中心业务平台需要支持多级级联功能。中心业务平台在实现上可以基于"服务器+平台软件"方式,也可以基于嵌入式硬件方式。

前端编码单元位于前端接入层,它通过数据通信网络接入中心业务平台,用于实现监控点视音频信息和报警信息的采集、编码、传输以及外围设备(如摄像机、云台、矩阵等)的控制。前端编码单元具体设备包括视频服务器、网络摄像机、DVR等。

网络录像单元位于媒体交换层,用于实现网络媒体数据的数字化录像、存储、检索、回放及管理功能。网络录像单元可以通过中心业务平台外接存储设备的方式来实现,也可以通过"服务器+录像软件+存储设备"的方式来实现。网络录像单元需支持分布式部署。

客户端单元是远程图像集中监控和维护管理的应用平台,是基于PC的监控客户端业务软件,可采用B/S或C/S架构,主要实现用户登录、图像浏览、录像回放、辅助设备控制、码流控制等业务功能。

解码单元即视频解码器,主要负责在客户端单元的控制与管理下,实现前端监控信号解码输出,输出后的模拟视频信号可直接送至监视器、电视机等图像显示设备。

智能视频监控的主要优势集中体现在以下几个方面:

(1)层次化的体系架构。网络视频监控借鉴了传统通信网成熟的设计理念,采用了清晰的、层次化的体系架构。这种架构将有利于数字视频监控标准化的制定与完善,从而实现与传统通信网的融合。这无论是对最终用户还是整个安防产业,都是非常有益的。

(2)集中管理与控制。网络视频监控强化了中心业务平台的功能,可实现系统内编码、解码、录像存储以及用户等所有资源的统一管理与集中控制,有效解决了以往视频监控系统各类资源过于分散的问题,这一方面有助于简化前端设备的设计,降低用户的投资成本,另一方面便于集中维护,减少系统运行维护成本,同时还可以增强系统稳定性和安全性。

(3)统一的业务接口。在网络视频监控系统中,只要有网络到达的地方,用户都可以通过客户端软件登录中心业务平台,并实现系统内所有监控点图像的实时监控、所有存储资料的点播回放、前端摄像机PTZ控制等业务应用与管理功能。对所有用户而言,系统提供的都是一个统一的接口、统一的界面,唯一的差异就在于不同的用户会有不同的操作权限。因此,网络视频监控系统可以大大增强用户操作的便捷性和灵活性。

(4) 分布式系统部署。网络视频监控可以实现中心业务平台的分布式部署,平台的所有功能模块均可配置、可裁减,可集中运行在同一套操作系统和硬件之上,也可任意分布在不同的操作系统和不同硬件之上。通过分布式部署,可实现系统的大容量平滑扩展和多级联大型组网应用。

(5) 网络化的存储回放。网络化的录像存储和检索回放是网络视频监控系统的重要特性。在网络视频监控系统中,录像单元和存储空间是可以进行分布式部署的,包括中心录像(通过中心网络录像单元)、分中心录像(通过分中心网络录像单元)以及前端录像(在编码设备中进行本地录像存储)。为了方便用户对这些分布式录像资料的调用和浏览,网络视频监控可以通过中心业务平台实现所有录像资源的统一管理,用户在任何地方登录系统均可以对这些录像资源进行集中检索和按需回放,用户不需要知道录像及存储单元本身的部署情况。

二、现代视频监控的关键技术

1. 编码解码技术

目前,随着视频图像处理技术的发展,数字监控系统的视频图像编解码技术正朝着两个方向发展。一方面,对录像的清晰度要求不断提高,数字硬盘录像机上的录像文件向着高清晰度方向发展,由原来的 Mpeg1 正朝着高清晰的录像模式发展。另一方面,由于网络传输受到带宽的限制,网络传输的视频文件又在向低码流的方向发展,使网络监控图像尽可能流畅。如何协调监控图像及录像清晰度方面的不同要求,成为目前视频监控系统发展的技术关键。

2. 无线传输技术

对于无线传输技术的要求,主要有通过笔记本电脑无线上网和手机接收报警信息两个发展方向。其中,通过笔记本电脑无线上网浏览视频主要依赖网络技术的发展,与数字监控技术的发展没有直接联系。而手机接收报警信息功能则需要监控系统的开发商与电信公司共同开发一套系统,使监控点发生报警时,监控主机能及时将报警信息及报警前后的录像自动发送到监控者的手机上,以便监控者可以随时随地对受监控对象情况有全面了解。

3. 网络摄像机技术

传统数字监控系统由摄像机向主机传输的信息通常是模拟信息,再由主机进行视频信号处理将其转化为数字信息,并进行显示、存储和加工。这种模式下,主机的工作量大,在同时处理多路视频文件时对主机性能要求较高。而网络摄像机可直接将图像信息编码成数字信息再传输给主机,这样就可对关键的视频压缩工作进行分布式操作,以减轻主机的工作负荷,也使整个系统更为灵活。

4. 网络信息安全技术

网络安全问题是实现全面网络监控的技术关键,如何保证只有得到授权的用户才能观看监控视频信息,如何控制不同用户的不同使用权限,如何防止黑客的侵入及如何有效防治网络病毒。监控系统的安全关系到整个社会的安全,一套安全有效的监控系统,可以造福一方,而如果这套系统被有不良目的的人非法使用,甚至利用这套系统犯罪,则可能给社会造成混乱。所以监控系统的网络安全,是监控系统发展的技术关键。

三、视频监控技术在物流领域的应用

1. 仓库视频监控

视频监控技术是物流监控技术不可或缺的重要技术,尤其是在仓储管理中。视频监控是确保仓储物资安全的一种经济有效的方法,而且随着自动化仓库的发展,监控系统尤显重要。监控系统是自动化仓库的信息枢纽,是实现自动化仓库实时控制的重要组成部分。仓库视频监控系统是通过高分辨率、低照度变焦摄像装置对仓库中的物资、人员及设备安全进行观察,对主要操作点进行集中监视的现代化装置,是提高企业管理水平,创造无人化作业环境的重要手段。在中心控制室,管理人员可以通过屏幕的显示观察现场情况。

2. 物体追踪

侦测到移动物体之后,根据物体的运动情况自动发送 PTZ 控制指令,使摄像机能够自动跟踪物体,在物体超出该摄像机监控范围之后,自动通知物体所在区域的摄像机继续进行追踪。

3. 车辆识别

识别车辆的形状、颜色、车牌号码等特征,并反馈给监控者。此类应用可以用在被盗车辆追踪等场景中。

4. 交通流量控制

用于在高速公路或环线公路上监视交通情况,如统计通过的车数、平均车速、是否有非法停靠、是否有故障车辆等。

第二节 地理信息系统

一、地理信息系统的概念

地理信息系统(geographic information system,GIS)作为获取、处理、管理和分析地理空间数据的重要工具、技术和学科,近年来得到了广泛关注和迅猛发展。

GIS 是以地理空间数据库为基础,在计算机软硬件的支持下,对空间相关数据进行采集、管理、操作、分析、模拟和显示,并采用地理模型分析方法,适时提供多种空间和动态的地理信息,从而为涉及地理空间信息的领域的研究和决策提供支持的计算机系统。

简而言之,GIS 是一个基于 DBMS,处理地理数据的输入、输出、管理、查询、分析和辅助决策的信息系统,以地理空间数据为操作对象是 GIS 与其他信息系统的根本区别。

二、GIS 的发展历史及现状

GIS 是为解决资源与环境等全球性问题而发展起来的技术与产业。20 世纪 60 年代中期,加拿大开始研究并建立世界上第一个地理信息系统(CGIS),随后又出现了美国哈佛大

学的 SYMAP 和 GRID 等系统。自那时起,GIS 开始服务于经济建设和社会生活。在北美、西欧和日本等发达国家(地区),已建立了国家级、洲际以及各种专题性的 GIS。我国 GIS 的研究与应用始于 20 世纪 80 年代,近 30 年来发展也十分迅速,在计算机辅助绘制地图等方面开展了大量基础性的试验与研究工作,在理论、技术方法和实践经验等方面都有了长足的进步。

(一) 国外 GIS 发展的四个阶段

1. 模拟 GIS 阶段

自 19 世纪以来就得到广泛应用的地图——模拟的图形数据库与描述地理的文献著作——模拟的属性数据库相结合,构成了 GIS 的基本概念模型。但是,这种模拟式的、基于纸张的信息系统和信息过程,使空间相关数据的存储、管理、量算与分析以及应用极不规范、不方便和效率低下。随着计算机科学的兴起,数字地理信息的管理与使用成为必然。

2. 学术探索阶段

20 世纪 50 年代,由于电子技术的发展及其在测量与制图学中的应用,人们开始有可能用电子计算机来收集、存储和处理各种与空间和地理分布有关的图形和属性数据。1956 年,奥地利测绘部门首先利用电子计算机建立了地籍数据库,随后这一技术被各国广泛应用于土地测绘与地籍管理。1963 年,加拿大测量学家首先提出 GIS 这一术语,并建立了世界上第一个 GIS——加拿大地理信息系统(CGIS),用于资源与环境的管理和规划。稍后,北美和西欧成立了许多与 GIS 有关的组织与机构,如美国城市与区域信息系统协会(URISA)、国际地理联合会(IGU)、地理数据收集和处理委员会(CGDPS)等,极大地促进了地理信息系统知识与技术的传播和推广应用。

3. 飞速发展和推广应用阶段

20 世纪 70 年代以后,由于计算机技术的工业化、标准化与实用化,以及大型商用数据库系统的建立与使用,地理信息系统对地理空间数据的处理速度与能力取得突破性进展。其结果是:

(1) 一些发达国家先后建立了许多专业性的土地信息系统(LIS)和资源与环境信息系统(GIS)。

(2) 涉及 GIS 软件、硬件和项目开发的商业公司蓬勃发展。到 1989 年,国际市场上有报价的 GIS 软件达 70 多个,并出现一些有代表性的公司和产品。

(3) 数字地理信息的生产标准化、工业化和商品化。

(4) 各种通用和专用的地理空间分析模型得到深入研究和广泛使用,GIS 的空间分析能力显著增强。

(5) 有关 GIS 的具有技术权威和行政权威的行业机构和研究部门在 GIS 的应用发展中发挥引导和驱动作用。

4. 地理信息产业化阶段

地理信息产业的形成和社会化 GIS 的出现是 20 世纪 90 年代以来,随着互联网络的发展及国民经济信息化的推进,地理信息系统作为大的地理信息中心,进入日常办公室和千家万户之中,从面向专业领域的项目开发到综合性城市与区域的可持续发展研究,从政府行为、学术行为发展到公民行为和信息民主,成为信息社会的重要技术基础。

(二)国内 GIS 发展现状

我国对 GIS 的研究起步较晚,但是近 30 年来,在各级政府和有关人士的大力呼吁和促进下,我国的 GIS 事业突飞猛进,成绩斐然。我国 GIS 的发展可以划分为三个阶段。

1. 起步准备阶段(1978—1985 年)

在该阶段,主要立足于概念和理论体系的引入与建立,关于遥感分析、制图和数字地面模型的试验研究,以及软、硬件的引进,相应规范的研究,局部系统或试验系统的开发研究,为 GIS 的全面发展奠定了基础。

2. 加速发展阶段(1985—1995 年)

GIS 作为一个全国性的研究与应用领域,进行了有计划、有目标、有组织的科学试验与工程建设,取得一定的社会经济效益。主要表现在:

(1) GIS 教育与知识传播的热浪此起彼伏,GIS 成为空间相关领域的热门话题。

(2) GIS 建设引起各级政府高度重视,其发展机制由学术推动演变为政府推动。

(3) 部分城市和沿海地区 GIS 建设率先进入实施阶段,并取得阶段性成果。

(4) 出现商品化的国产 GIS 软件、硬件品牌;出现专门的 GIS 管理中心、研究机构与公司;出现专门的 GIS 协会,涌现一批 GIS 专门人才;出现专门的刊物与展示会;初步形成全国性的 GIS 市场。

(5) 在应用模式、行业模式和管理方面做了有益的探索。

3. 地理信息产业化阶段(1995—)

目前,我国 GIS 的发展正处于向产业化阶段过渡的转折点。能否借助国际大气候的东风,倚着国内经济高速发展的大好形势,搭乘全球信息高速公路的快车,实现地理信息产业化和国民经济信息化,这是国内地理信息界人士面临的重大挑战和千载难逢的机遇。而在这一过程中,一方面需要探索建立一套政府宏观调控与市场机制相结合的地理信息产业模式;另一方面,则要充分总结和借鉴国内外地理信息系统项目建设的经验和教训,掌握 GIS 的发展动向,建立起行之有效的 GIS 工程学的理论、方法与管理模式。

三、GIS 的基本构成

GIS 由硬件、软件、数据、分析方法和人员五部分组成。硬件和软件为 GIS 建设提供环境;数据是 GIS 的重要内容;分析方法为 GIS 建设提供解决方案;人员是系统建设中的关键和能动性因素,直接影响和协调其他几个组成部分。

1. 硬件

GIS 的硬件主要包括计算机和网络设备、存储设备、数据输入、显示和输出的外围设备等。

2. 软件

GIS 软件提供所需的存储、分析和显示地理信息的功能和工具。主要的软件有:输入和处理地理信息的工具;DBMS;支持地理查询、分析和视觉化的工具;容易使用以上工具的图形化界面。

功能较完善的国外 GIS 软件有 MAPINFO、MICROSTATION 等,国内的有 MAPGIS、GEOSTAR 等。

3. 数据

一个 GIS 中最重要的组成部分就是数据。地理数据和相关的表格数据可以自己采集或者从商业数据提供者处购买。GIS 将把空间数据和其他数据源的数据集成在一起,而且可以利用数据空间管理系统来管理空间数据;通过数据库管理系统,可以完成对地理数据的输入、处理、管理、分析和输出。

4. 分析方法

成功的 GIS 系统具有好的设计模型和分析方法,这些模型和方法有一定的规范,但对每一个公司来说具体的操作实践又是独特的。

5. 人员

如果没有人来管理系统和制订计划应用于实际问题,那么 GIS 技术将没有什么价值。GIS 的工作人员包括设计和维护系统的技术专家、使用该系统并完成他们每天工作的人员。

四、GIS 的基本功能

GIS 系统的基本功能包括数据输入、数据校验、数据管理、查询和分析、可视化输出。

1. 数据输入

在地理数据用于 GIS 之前,数据必须转换成适当的数字格式。从图纸数据转换成计算机文件的过程称为数字化。对于大型的项目,现代 GIS 技术可以通过扫描技术来使这个过程全部自动化,对于较小的项目,需要手工数字化(使用数字化桌)。目前,许多地理数据已经是 GIS 兼容的数据格式。这些数据可以从数据提供商那里获得并直接装入 GIS 中。

2. 数据校验

数据校验是指通过统计分析和逻辑分析等对输入数据的质量进行检查和纠正、空间拓扑结构的建立以及图形整饰等,为下一步的数据管理、查询和分析、输出等服务。数据校验包括图形数据校验和属性数据校验。图形数据校验包括多边形拓扑关系的建立与校正、图形编辑、图形整饰、图形拼接等。属性数据校验往往与数据管理结合在一起。

3. 数据管理

对于小的 GIS 项目,把地理信息存储成简单的文件就足够了。但是,当数据量很大而且数据用户很多时,最好使用一个 DBMS 来帮助存储、组织和管理数据。有许多不同的 DBMS 设计,但在 GIS 中,关系型 DBMS 的设计是最有用的。在关系型 DBMS 设计中,将相关数据组织为相关的行和列。这个设计由于其灵活性在 GIS 中被广泛地采用。

4. 查询和分析

查询和分析是 GIS 最重要的功能,它使地图图形信息以及各种专业信息的利用深度和广度大大增强,用户可以从中获取更多派生信息,可用来完成环境和资源调查中的综合评价、规划决策、预测等任务。

1）数据查询

GIS 既有属性查询功能，又有图形查询功能，还可以实现图形与属性之间的交叉查询。例如，用文字、数字和图形回答这个角落上的这块土地属于谁、两个地方之间的距离是多少、工业用地的边界在哪里等问题。

2）数据分析

实际上，GIS 的数据分析就是对数据根据不同的应用对象采用不同的运算。由于各种专业研究的对象、方法以及复杂程度有很大的差异，因而一般 GIS 提供最通用的分析模型，常见的有地形分析、叠置分析、缓冲分析、网络分析等。各个专业有特别要求的应用模型，可由专业人员进行二次开发。

5. 可视化输出

对于许多类型的地理操作，最终结果最好是以地图或图形来显示。图形对于存储和传递地理信息是非常有效的。人类制图已经有上千年的历史，GIS 为扩展这种制图艺术和科学提供了崭新的和激动人心的工具。地图显示可以集成在报告、三维观察、照片图像和多媒体的其他输出中。

五、GIS 在物流领域的应用

利用 GIS 对空间和属性数据采集、输入、编辑、存储、管理、空间分析、查询、输出和显示功能按照特征的关联，将多方面的数据以不同层次联系构成现实世界模型，在此模型上使用空间查询和空间分析进行管理，并通过空间信息模拟和分析软件进行空间信息的加工、再生，为空间辅助决策的分析打下基础。

由于物流对地理空间有较大的依赖性，建立企业的物流管理系统可以实现企业物流的可视化、实时动态管理，从而为系统用户进行预测、监测、规划管理和决策提供科学依据。物流系统的目的在于以快速、安全、可靠和低费的原则，即以最少的费用提供最好的物流服务。

总之，GIS 技术可以解决许多问题，如运输路线选择问题、物流中心选址问题、仓库的容量分析、装卸策略、运输车辆调度和配送路线的选择，等等。这方面国内外学者都给予了高度的重视，除了在理论上进行探讨外，还开发了许多相应软件，大大提高了管理决策的效率和科学程度，节省了时间，提高了资源利用率。实际上，随着电子商务、物流、GIS 技术的发展，GIS 技术将成为全程物流管理不可缺少的组成部分。

第三节　全球定位系统

一、全球定位系统的概念

全球定位系统（global positioning system，GPS）是一个由覆盖全球的 24 颗卫星组成的卫星系统。这个系统可以保证任意时刻，在地球上任意一点都可以同时观测到至少 4 颗卫星，以保证卫星可以采集到该观测点的经纬度和高度，以便实现导航、定位、授时等功能。

GPS 前身为美军研制的一种子午仪卫星定位系统（Transit）。该系统用 6 颗卫星组成的星网工作,每天最多绕过地球13次,并且无法给出高度信息,在定位精度方面也不尽如人意。然而,子午仪卫星定位系统使研发部门对卫星定位取得了初步的经验,并验证了由卫星系统进行定位的可行性,为GPS的研制做了铺垫。由于卫星定位显示出在导航方面的巨大优越性及子午仪卫星定位系统存在对潜艇和舰船导航方面的巨大缺陷,美国陆海空三军及民用部门都感到迫切需要一种新的卫星导航系统。

为此,美国海军研究实验室提出了名为Tinmation的用12～18颗卫星组成10000 km高度的全球定位网计划,并于1967年、1969年和1974年各发射了一颗试验卫星,在这些卫星上初步试验了原子钟计时系统,这是GPS精确定位的基础。而美国空军则提出了621-B的每星群4～5颗卫星组成3～4个星群的计划,这些卫星中除1颗采用同步轨道外,其余的都使用周期为24小时的倾斜轨道。该计划以伪随机码为基础传播卫星测距信号,其功能强大,当信号密度低于环境噪声的1‰时也能将其检测出来。伪随机码的成功运用是GPS得以取得成功的一个重要基础。海军的计划主要用于为舰船提供低动态的二维定位,空军的计划能够提供高动态服务,然而系统过于复杂。由于同时研制两个系统会产生巨大的费用,而且两个计划都是为了提供全球定位而设计的,所以1973年美国国防部将两者合二为一,并由国防部牵头的卫星导航定位联合计划局领导,还将办事机构设立在洛杉矶的空军航天处。

现在运行的GPS是20世纪70年代由美国陆海空三军联合研制的新一代空间卫星导航定位系统。其主要目的是为陆、海、空三大领域提供实时、全天候和全球性的导航服务,并用于情报收集、核爆监测和应急通信等军事目的,是美国独霸全球战略的重要组成部分。经过20余年的研究实验,耗资300亿美元,到1994年3月,全球覆盖率高达98%的24颗GPS卫星星座已布设完成。

对于测绘界的用户而言,GPS已在测绘领域引起了革命性的变化。目前,范围上从数千米至几千千米的控制网或定位监测网,精度上从百米至毫米级的定位,一般将GPS作为首选手段。随着实时动态(real-time kinematic, RTK)控制技术的日趋成熟,GPS已开始向分米乃至厘米级的放样、高精度动态定位等领域渗透。

国际全球定位系统服务(International GPS Service, IGS)自1992年起,已在全球建立了多个数据存储及处理中心和百余个常年观测的台站。我国也设立了上海佘山、武汉、西安、拉萨、台湾等多个常年观测台站,这些台站的观测数据每天通过互联网传向美国的数据存储中心,IGS还几乎实时地综合各数据处理中心的结果,并参与国际地球自转服务(International earth rotation service, IERS)的全球坐标参考系维护及地球自转参数的发布。使用者也可免费从网上取得观测数据及精密星历等产品。

GPS的实时导航定位精度很高,美国在1992年起实行了SA政策,即降低广播星历中卫星位置的精度,降低星钟改正数的精度,对卫星基准频率加上高频的抖动(使伪距和相位的量测精度降低),后又实行了A-S政策,即将P码改变为Y码,对精密伪距测量进一步限制,而美国军方和特许用户不受这些政策的影响。

二、GPS的基本组成

GPS由三大子系统构成:空间卫星系统、地面监控系统、用户接收系统。

1. 空间卫星系统

GPS 卫星星座共有 24 颗卫星,均匀分布在倾角为 55°的 6 个轨道上,每个轨道均匀分布 4 颗卫星,相邻轨道之间卫星还要彼此叉开 40°,以保证全球均匀覆盖的要求,使全球各处至少随时可以观测到 4 颗卫星,轨道高度约为 20000 km,1 天内绕地球 2 周。空间系统的每颗卫星每 12 小时(恒星时)沿近圆形轨道绕地球一周,由星载高精度原子钟(基频 $F=10.23$ MHz)控制无线电发射机在"低噪声窗口"(无线电窗口中,2~8 区间的频区天线噪声最低的一段是空间遥测及射电干涉测量优先选用频段)附近发射 L1、L2 两种载波,向全球的用户接收系统连续地播发 GPS 导航信号。GPS 工作卫星组网保障全球任一时刻、任一地点都可对 4 颗以上的卫星进行观测(最多可达 11 颗),实现连续、实时的导航和定位。

2. 地面监控系统

地面控制部分由主控站、监控站和注入站组成。监控站共 5 个,分布在世界各地,准备有 P 码接收机和精密铯钟,对卫星进行连续跟踪测量,将观察跟踪测量数据定时发给主控站。主控站收集各监控站送来的跟踪数据,计算出卫星轨道和时钟差参数,并发送至各注入站。注入站将主控站发送来的卫星星历和时钟差信息每天一次注入卫星上的存储器中。由 5 个监控站构成跟踪测量观测网,确定广播星历和时钟差模型,由卫星广播电文供全球用户使用。

3. 用户接收系统

用户设备部分即 GPS 信号接收机,其主要功能是能够捕获到按一定卫星截止角所选择的待测卫星,并跟踪这些卫星的运行。当接收机捕获到跟踪的卫星信号后,即可测量出接收天线至卫星的伪距离和距离的变化率,解调出卫星轨道参数等数据。根据这些数据,接收机中的微处理计算机就可按定位解算方法进行定位计算,计算出用户所在地理位置的经纬度、高度、速度、时间等信息。接收机硬件和机内软件以及 GPS 数据的后处理软件包构成完整的 GPS 用户设备。GPS 接收机的结构分为天线单元和接收单元两部分。接收机一般采用机内和机外两种直流电源。设置机内电源的目的在于更换外电源时不中断连续观测。在用机外电源时机内电池自动充电。关机后,机内电池为 RAM 存储器供电,以防止数据丢失。目前各种类型的接收机体积越来越小,重量越来越轻,便于野外观测使用。

三、全球定位系统的工作原理

1. GPS 的定位原理

GPS 的基本定位原理是:空间部分的卫星不断发送自身的时间信息和星历参数,用户通过 GPS 信号接收机接收卫星信号,经信号处理而获得用户位置、速度等信息,最终实现利用 GPS 进行导航和定位的目的。

GPS 信号接收机可接收到可用于授时的准确至纳秒级的时间信息;用于预报未来几个月内卫星所处概略位置的预报星历;用于计算定位时所需卫星坐标的广播星历,精度为几米至几十米(各个卫星不同,随时变化);GPS 系统构成的状态信息,如卫星状况等。

GPS 信号接收机对码的量测就可得到卫星到接收机的距离,由于含有接收机卫星钟的误差及大气传播误差,故称为伪距。对 UA 码测得的伪距称为 UA 码伪距,精度约为 20 m;

对 P 码测得的伪距称为 P 码伪距,精度约为 2 m。

GPS 信号接收机对收到的卫星信号进行解码或采用其他技术,将调制在载波上的信息去掉后,就可以恢复载波。严格来说,载波相位应称为载波拍频相位,它是指收到的受多普勒频移影响的卫星信号载波相位与接收机本机振荡产生信号相位之差。一般在接收机钟确定的历元时刻量测,保持对卫星信号的跟踪,就可记录下相位的变化值,但开始观测时的接收机和卫星振荡器的相位初值是不知道的,起始历元的相位整数也是不知道的,即整周模糊度,只能在数据处理中作为参数解算。相位观测值的精度高至毫米,但前提是解出整周模糊度,因此只有在相对定位并有一段连续观测值时才能使用相位观测值,而要达到优于米级的定位精度也只能采用相位观测值。

按定位方式,GPS 定位分为单点定位和相对定位(差分定位)。单点定位就是根据一台接收机的观测数据来确定接收机位置的方式,它只能采用伪距观测量,可用于车船等的概略导航定位。相对定位(差分定位)是根据两台以上接收机的观测数据来确定观测点之间的相对位置的方法,它既可采用伪距观测量也可采用相位观测量,大地测量或工程测量均应采用相位观测值进行相对定位。

2. GPS 技术的误差

在 GPS 定位过程中,存在三部分误差。第一部分是每一个用户接收机所共有的,如卫星时钟误差、星历误差、电离层误差、对流层误差等;第二部分为不能由用户测量或由校正模型来计算的传播延迟误差;第三部分为各用户接收机所固有的误差,如内部噪声、通道延迟、多径效应等。利用差分技术则可完全消除第一部分误差,且可以消除大部分第二部分误差,这和基准接收机至用户接收机的距离有关。第三部分误差则无法消除,只能靠提高 GPS 接收机本身的技术指标来实现。对美国 SA 政策带来的误差,实质上它是人为地增大前两部分误差,所以差分技术也相应克服了 SA 政策带来的影响。

3. 利用相对定位消除公共误差

假设在距离用户 500 km 之内设置一部基准接收机,它和用户接收机同时接收某一卫星的信号,那么可以认为信号传至两部接收机所途经电离层和对流层的情况基本是相同的,故所产生的延迟也相同。由于接收同一颗卫星,故星历误差、卫星时钟误差也相同。若我们通过其他方法确知所处的三维坐标(也可以用精度很高的 GPS 接收机来实现,其价格比一般 GPS 接收机高得多),那就可从测得伪距中推算其中的误差。将此误差数据传送给用户,用户可从测量所得的伪距中扣除误差,就能达到更精确的定位。

四、全球定位系统在物流领域的应用

1. 实时监控

在一般情况下,监控系统对车辆进行实时巡回监视。需要时,监控系统可对车辆进行点名监视。GPS 及短信遥传系统非常适合用于车辆监控,作为物流配送中心的经理,能随时掌握可以调配的车辆具体在哪里,可以通知最近的货车去客户那里提货。

2. 提供出行路线规划和导航调度

提供出行路线规划是汽车导航系统的一项重要辅助功能,它包括自动线路规划和人工线路设计。自动线路规划是由驾驶者确定起点和目的地,由计算机软件按要求自动设计最佳行驶路线,包括最快的路线、最简单的路线、通过高速公路路段次数最少的路线等。人工线路设计是由驾驶者根据自己的目的地设计起点、终点和途经点等,自动建立线路库。线路规划完毕后,显示器能够在电子地图上显示设计线路,并同时显示汽车运行路径和运行方法。GPS 的此项功能能够让司机轻松获得最佳运输路线,有效降低物流运输成本,同时也有助于提高调度中心的工作效率,监控系统可通过 GSM 电话实施车辆指挥调度。

3. 图文互查

为了方便用户操作,GPS 的监控系统具有图文调用和图文互查功能,即单击图标可显示相应的文字信息,输入车牌号或者订单号能够查询现在货物所在位置,使客户能实时查询其所关心的货物信息,同时也使物流企业能及时了解在途货物的情况。

第四节 手机定位技术

随着现代信息技术的迅速发展,现代物流向着信息化和透明化的方向发展,其中车辆定位技术的影响最为深远。近年来,GPS 定位技术已经得到比较广泛的应用,而基于手机信号无线定位技术(wireless location technology)的信息采集方式逐渐成为国际智能运输系统 ITS(intelligent transport system)的一个热点,并迅速渗透到现代物流中,国内不少机构已开始了有益的尝试。

手机定位技术最早源自 1996 年美国联邦电信委员会(FCC)强制要求电信运营商能够确定所有 911 紧急呼叫的位置,各大电信运营商根据其定位精度要求开发了手机定位技术。1999 年,FCC 再次提高了对定位精度的要求,具体数值如表 9-1 所示。

表 9-1 FCC 对手机定位的精度要求

解 决 方 案	67%	95%
基于单机	50 m	150 m
基于网络	100 m	300 m

一、手机定位方式及工作原理

1. 角度定位(angle of arrival,AOA)

AOA 系统通过测量手机信号到达至少两个基站的不同角度确定信号的发射位置,如图 9-3 所示。从基站出发沿信号方向的射线将交于唯一一点即为手机的位置,因此,该种定位也称为方向定位。这种方法要求至少两个基站接收到手机的信号,应用多个基站接收到的信号参与定位将有助于减少误差。为了确定信号方向,需要在基站天线上面加装定向天线,这将带来巨额的成本,因此在实践中很少被采用。

2. 时距定位(time of arrival,TOA)

TOA 系统则是基于手机到基站的距离定位。这个距离由手机信号在空中传输的时间唯一确定,其定位原理和 GPS 定位相似(见图 9-4),只不过后者是在三维空间定位。在平面上，两个基站可以确定两点，而三个基站则可以确定唯一一点。这种定位方式的误差主要来源于基站时钟和手机时钟的不同步，1 m 的误差可以导致约 300 m 的定位误差。

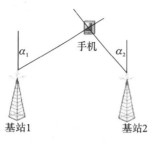

图 9-3　角度定位

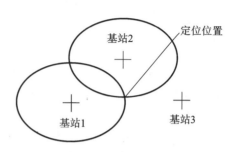

图 9-4　时距定位

3．时差定位(time difference of arrival, TDOA)

TDOA 系统利用了三边测量原理定位，如图 9-5 所示。与 TOA 直接利用绝对时间不同，TDOA 测量手机信号到达两个不同基站的时差，将手机定位在一条到两个基站距离差恒定的双曲线上。两组这样的基站就可以唯一确定手机的位置。这个系统克服了手机时钟和基站时钟不同步所带来的误差，其误差主要来自于对基站地理位置测量的误差。

4．GPS 辅助定位(assisted GPS, A-GPS)

随着 GPS 技术的发展，GPS 接收机的尺寸越来越小，精度逐渐提高，从而使在手机上集成 GPS 成为可能，目前集成了 GPS 模块的手机已经非常普遍。GPS 的定位精度令人满意。然而，为了搜索分布在较大频域内的卫星信号，接收机需要长达几分钟的预热时间。另外，由于城市高楼阻挡，卫星信号微弱，接收机有可能无法工作，它相对较高的功率将很快耗光手机的电能。这些因素都限制了普通 GPS 仪的使用。而新开发的 A-GPS 系统(见图 9-6)可以克服这些困难。系统在城市中建立一些基站，发现并测量 GPS 定位所需的可见卫星，进行时钟纠正、多普勒效应修正，剔除噪声伪码相位，帮助手机上的 GPS 仪快速捕捉卫星信号，并将定位信息发送到附近基站上。美国高通公司的 GPSONE 技术就是利用了这种原理。

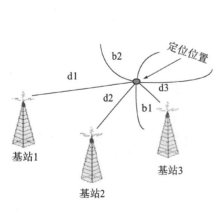

图 9-5　时差定位

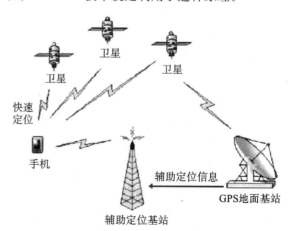

图 9-6　GPS 辅助定位

5. 小区和交接区定位

上面这些定位技术最初被应用到紧急呼救定位和交通监控系统中，到目前已经有多年的发展历史，因此技术都比较成熟，有的已经成为美国联邦电信委员会的行业标准。然而，这些定位都要求在基站加装附加设备，并且涉及占用无线通信带宽的问题，系统开发成本比较大，商业应用进展缓慢。以色列的一家企业开发的手机定位技术采用在手机基站和呼叫中心之间加装采集卡（probe card）的方法，提取手机的服务小区和交接区位置信息的做法进一步降低了定位成本。这种定位方法在城区的误差为 500 m 左右，需要配合地理信息和车辆历史轨迹分析等定位技术进一步确定位置，因此，被称为模糊定位。但是在较好的定位算法配合下，这种定位能够得到很好的车辆轨迹，并且这种方法不占用无线通信带宽，且可以根据需要确定采样频率，目前发展很快。

二、手机定位在物流中的应用

1. 个性化的监控和查询功能

手机能够通过网络定位或者 A-GPS 定位的方法，响应系统查询的指令，显示自身的实时位置信息。因此，通过车载移动通信设备或者驾驶员携带的手机能够实时监控车辆位置，实现对运输过程的全程控制。同时它也能向用户提供十分方便和个性化的查询服务。例如，它可以通过手机通信定时向客户发送车辆的位置信息，避免了客户的无谓等待。使用小区定位原理，当车载手机和客户手机在同一服务区的时候，向客户发送货品接近的短信，可以让客户有所准备。这些人性化的服务都能够以较低的成本，提高货物运输过程的透明度和用户的参与度，改善物流服务的质量。

2. 报警和求助功能

手机定位技术最早的应用就是美国的 911 求助定位。美国联邦电信委员会强制要求也是基于这个考虑。在车辆遇险和需要求助的时候，只需要拨通电话甚至只按一个键，就可以自动向系统报告自己的位置，实现快速报警，同时避免了司机由于对周围环境不熟悉带来的报警困难，进而提高商用车运行的可靠性。

3. 与 ITS 结合的调度和管理

手机定位技术为现代物流和 ITS 的结合提供了新的契机。手机不但能够提供位置服务，也是信息采集的手段和信息发布的重要平台。通过大量的手机定位点，结合地图匹配技术、交通信息提取技术和交通信息预测算法，可以得到路网实时和短期预测的交通状况，为科学调度和管理货物车辆提供了新的信息来源，使调度人员能够考虑道路状况对货物的延误，准确预测行程时间。基于交通信息的路径诱导，还可以为货物车辆提供最好的路径选择，缩短运输时间，同时，调度中心能够根据需求和车队位置情况合理调配车辆，减少空载率和行程时间。根据 GPS 定位需求而开发的地图匹配技术和交通信息提取技术，经过改进，能够兼容手机定位技术得到的位置信息，快速形成一个综合的信息平台，增强 ITS 信息平台的价值，并减少手机定位应用的技术难度。

第五节 物流车辆监控系统

一、系统概述

车辆运输过程中容易发生沿途货物丢失或损坏、司机违规操作等事件,虽然目前很多车辆安装了 GPS 定位系统,能够实现车辆导航和调度的功能,但由于无法对全过程进行录像,在货物丢失或损坏、发生安全事故等情况下不能查找真正原因。

另外,对于物流公司来说,非常关心货物的托运状态,比如货物处于什么位置、是否及时送达以及何时送达等,而要知道这些信息,通常只能通过电话查询或网络查询获取到大概信息,而物流公司也疲于应付客户关于发出货物走向和货品质量的追问。对于货物在运输途中发生的损坏、丢失等问题,由于无法举证区分事件责任,物流公司和客户以及保险公司经常发生货物赔偿的纠纷。

通过在货运车辆上安装车载监控系统,可以有效解决物流企业遇到的上述难题。与目前应用较广泛的 GPS 系统相比,车载监控系统不仅能跟踪记录车辆的地理位置,还能对货物运输和装卸的全过程进行监控和录像,防止货物丢失,还可以在发生货物损毁时作为区分责任的证据。借助 4G 无线监控系统,管理人员和客户能够通过计算机或手机实时了解货物的地理位置、运输状态。

车载监控系统主要应用对象如下:

烟草、石油、药品、食品、饮料等运输车辆,预防货物损毁、盗窃、抢劫、调包以及监守自盗等行为;

快递公司、邮政局的包裹运输车;

各种贵重货物的运输车辆及物流公司的其他各种货运车。

随着 4G、5G 无线网络技术和数字视频压缩技术的发展,在 4G、5G 无线网络上传输视频和音频成为一种趋势,该系统具有其他无线监控系统无法比拟的功能和特点,能够保证车辆移动过程的数据和音视频的正常通信,完全符合移动通信的严格要求,是全数字化、智能化、网络化、系统化无线监控系统的典型代表。

新一代移动视频监控系统是利用 4G、5G 技术进行视频数据的无线网络传输的新型系统。它采用了先进的视频压缩算法 H.264、流媒体视频数据压缩技术、无线传输网络解决方案,整合了 4G、5G 数据通信功能和数字视频编码功能为一体化的便捷式的产品。它把摄像机图像经过视频压缩编码模块压缩,通过智能无线通信终端发射到 4G、5G 网络,实现视频数据的交互、发送/接收、加解密、加解码、链路的控制维护等功能。根据应用,把实时动态图像及车载终端其他数据信息传输到距离用户最近的联通或移动通信网络。该系统可以通过 Internet 从系统终控端得到实时图像信息,整合了 4G、5G 网络和 Internet 网络的优势,在空间和距离上产生突破性拓展。

(一)车载无线视频监控系统特点

车载系统采用功能模块化设计,产品集视音频录像、4G、5G 无线数据传输、GPS 定位、自动报站为一体。系统内置车载逆变电源,产品体积很小,安装简便,方便不同车辆的灵活使用。室外摄像头可环视四周,同时车内可控制;如有需要,可直接由管理中心统一掌控。

(二)车载无线视频监控系统主要功能描述

(1)远程控制前端车载主机的录像计划,设置数据采集的标准等远程控制信息。

(2)司机可以通过双向语音对讲功能与监控中心或分控中心沟通,进行信息反馈。

(3)根据GPS定位信息获取车辆的速度、经度、纬度、日期与时间信息,发送到监控中心,再由监控中心转发到各分控中心。

(4)监控中心控制软件收到各车辆的位置、速度及司机的反馈信息等,值勤人员可以根据以上信息,做出最优的车辆调度方案。通过系统的语音对讲功能向车辆司机发送调度指令。

(5)刷新频率可调:定位数据按等时间间隔向监控中心发送,时间间隔可由监控中心设置。

(6)对车载终端的维护:可通过监控中心修改车载终端的站点信息、语音文件、中心的IP、服务用语等,同时可通过中心调整车载机的参数与重启车载机等管理、维护操作。

(三)设计原则

为了保证该系统在运行过程中能对前端现场各监控点进行实时采集、处理,建立一个实时处理、数字传输和综合远程网络管理的视频监控系统,在系统设计、建设上,应遵循下列原则进行。

1. 先进性

采用先进的视频压缩技术、计算机网络技术、通信技术、自动化控制技术及管理技术,并选择当前具有国际先进水平和成熟的商品化产品,满足该无线视频监控系统的数字化应用及远程网络管理需求。

2. 实用性

设计本着从该无线视频监控系统应用的实际需求出发,强调系统的实用性,所以从系统的硬件平台及应用软件选型上,保证系统有良好的综合性能,同时系统应具有较高的使用效率。

3. 可扩充性

该无线视频监控系统随着系统应用范围的扩大而不断扩大,建设范围将逐步扩展、逐步建设,因此系统结构、容量与处理能力必须具备较强的可扩性,选用的设备产品及应用软件的升级换代都应得到强有力的保障。

4. 可靠性

该系统建设并投入使用后,将成为相关管理部门日常工作不可缺少的辅助工具。系统瘫痪的后果将是难以想象的,因此系统必须稳定地连续运行。在单个设备稳定、可靠运行的前提下,着重考虑集成系统的容错设计,从而保证整个系统的稳定性。

5. 安全性

该系统按照用户需要,提供多种安全措施及手段,防止各种途径的非法侵入与机密信息的泄露（包括防雷电、防风沙雨水和潮湿、防盗窃等）。

6. 先进性

该无线视频监控系统应保证各工作单元之间协调一致、稳定运行、信息交互畅通，并有一定容错和抗毁能力；同时，采用国际流行的网络视频监控技术，产品符合国际、国内有关工业标准。

7. 易用性及可维护性

为使该系统建成后能方便地使用与管理，设计中优先考虑系统的易用性，即使用方便、简明易学、便于维护；对系统中关键设备应具有自检和自动恢复、断电保护、故障自动报警或隔离等功能。

二、车辆监控系统总体设计

（一）系统配置和技术要求

1. 系统软硬件结构

整个系统分为前端车载监控系统、通信线路、监控平台。前端车载监控系统又包括车载硬盘录像机、监控摄像机、监听头、液晶显示屏、GPS等；通信线路包含前端移动传输（4G无线）和后台指挥中心以太网网络；监控平台包含监控软件及GIS、流媒体、数据库、应用服务器等一系列服务群。

无线网络远程视频监控管理系统是一个网络化、分布式系统，由嵌入式车载DVR与集中管理软件，以系统化、灵活性、高效率、稳定性为宗旨而建立的。

2. 系统总体性能

系统采用国际标准的H.264编码方式进行图像的压缩和传输。

系统支持对云台、镜头、一体化球机等设备的远程控制；系统支持视频灵活调用，以协调不同用户的网络传输请求；系统采用自研文件加密传输协议进行监控信号的传输与存储，防止外来入侵对文件系统的破坏和由于录像文件过大而带来的不稳定性；完善的用户管理机制，可以对用户设定密码安全认证与操作权限，拥有相关权限的人员才可以进入系统执行监控操作。

拥有权限的用户可方便地对系统配置进行远程查询和修改，并进行系统维护工作。

监控系统的采用不影响被监控设备的正常运行。

监控系统应具有很高的稳定性和可靠性。

监控系统对自身的故障可以进行自诊断，对数据紊乱、通信故障等可以自动恢复；系统有很强的容错能力，操作错误时系统不会崩溃；系统采用一体化结构，局部错误不会影响到整体的运行。设备具有加电自启动和Watch Dog功能。

（二）系统组成

移动视频监控系统是基于移动4G、5G无线数据业务网，主要由以下三部分组成：

（1）车载机监控录像部分；

(2) 网络数据传输部分；
(3) 集中管理中心部分。

系统结构简洁明了、扩展性好，能适应多变的监控要求。

（三）系统网络图

系统网络图如图 9-7 所示。

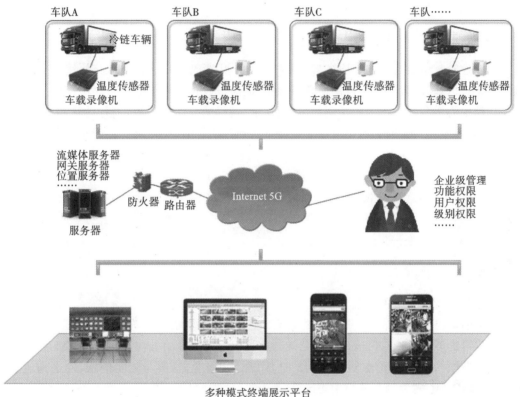

图 9-7　系统网络图

整个系统包含前端车载监控系统、通信线路、监控平台。

前端车载监控系统又包括车载硬盘录像机、车载摄像机、GPS 等。

（四）前端视频采集处理设计

前端视频采集部分根据现场环境选择相应的摄像机，前端视频处理设备采用嵌入式车载机，该设备专为无线网络视频监控设计，产品基于 Linux 的嵌入式系统设计，使用 4G/5G 无线网络，传输高质量的 H.264 视频流和数据（票款信息及报警信息等），并可对车辆进行实时 GPS 定位。对于实施有线监控方案有困难的应用区域（如野外），该产品无疑是最理想的产品。

设备集成有功能强大的网络协议，支持多种网络协议，其特有的可靠连接技术，克服了 4G、5G 无线网络带宽窄、信道不稳定等不足，保证了视频图像清晰流畅地传输。

使用集中管理软件，配合车载 DVR 能够组建大规模、分布式网络视频监控系统，适应各种复杂的网络架构,使视频监控真正数字化、网络化、规模化和集中化。

(五)网络传输设计

前端各监控点都在室外,环境比较恶劣,所以不能采用传统的有线方式进行传输,只能采取无线传输。无线网络传输技术采用了先进的视频压缩算法 H.264、流媒体视频数据压缩技术,整合了无线网络数据通信功能和数字视频编码功能为一体,可以传输流畅的视频数据及其他数据信息。

(六)监控管理中心设计

在监控管理中心设置监控服务器,用来远程监视、控制前端摄像机,其他用户安装客户端软件就可以在权限内浏览、控制前端摄像机,同时设置存储服务器进行集中存储。

监控中心服务器用于接收车辆的位置、速度、司机的反馈信息等,进行计算和分析,选择最优的车辆调度方案,向车辆司机发送的指令是通过语音对讲实现的,同时对车载终端进行设置和控制操作。

监控中心可按照公交运输的实际需求,设立多个分控中心。监控中心与各分控中心之间,可以通过 LAN、WAN 相连,也可通过 Internet 网络相连。在分控中心可以查看各车辆在道路上的行进位置(通过 GPS),也可以执行一些监控中心分配下来的任务,如本车队管辖线路下车辆的调度等。

(七)中心调度控制系统

中心调度控制系统的功能如下:

(1)远程控制前端车载主机的录像计划,设置数据采集的标准等远程控制信息。

(2)司机可以通过双向语音对讲功能与监控中心或分控中心沟通,进行信息反馈。

(3)根据 GPS 定位信息获取车辆的速度、经度、纬度、日期与时间信息,发送到监控中心,再由监控中心转发到各分控中心。

(4)监控中心控制软件收到各车辆的位置、速度、司机的反馈信息等,值勤人员可以根据以上的信息,做出最优的车辆调度方案,通过系统的语音对讲功能向车辆司机发送调度指令。

(5)刷新频率可调:定位数据按等时间间隔向监控中心发送,时间间隔可由监控中心设置,其范围为 5~255 s。

(6)对车载终端的维护:可通过监控中心修改车载终端的站点信息、语音文件、中心的 IP、服务用语等,同时可通过中心调整车载机的参数与重启车载机等管理、维护操作。

(八)司机监管系统

1. 报警系统

(1)超速报警:在不同路段可设定不同的限速标准,当超速时通过语音提示语或声光提醒司机并通知监控中心。

(2)操作异常报警:司机异常操作报警并通知监控中心,如忽然加速、刹车,异常开关门等(选配辅助设备)。

2. 规范司机操作系统

中心控制软件根据 GPS 定位信息,确认司机的行车路线、实时车速、加油点、维修点等是否正常。

(九) 车况上报系统

(1) 车载终端设备出现无法排除的故障需要及时上报监控中心时,可通过语音对讲上报监控中心或分控中心以获得帮助。

(2) 当出现路堵、事故、故障、纠纷、报警、开始营运、结束营运等各种特殊信息时,司机可以通过语音及时向监控中心或分控中心传递信息。

三、车辆监控系统的主要配置

(一) 车载录像机

1. 功能特点

(1) 迷你型机身设计,精巧玲珑,便于安装;
(2) 单路/四路车载硬盘录像机+高速 DSP 内核,提供强劲动力;
(3) 功能强大的 Linux2.6 系统,成就卓越网络特性;
(4) 支持 1 路或 4 路 H.264 高压缩率编码,双卡录像,有效节省存储空间,8G 单卡可以存储 1 路图像 1 周的录像;
(5) 承袭我国自主知识产权的专利隔振机制,提供优异隔振性能;
(6) 全金属外壳无风扇设计,铝型材自然散热;
(7) 支持宽带应用和无线窄带应用,可选配内置 4GS、5GS 模块。

2. 音频/视频

(1) 单路或 4 路 H.264 实时音视频监控录像,压缩率高;
(2) 支持 CIF、HD1 两种分辨率,自由可调。

3. 电源

(1) 支持宽电压输入,+8～+36 V 范围内可正常工作;
(2) 支持电压自检保护,电压异常可自动关机;
(3) 支持 12 V 电源输出,可为外设供电;
(4) 支持汽车点火信号控制开机和延时关机。

4. 隔振设计

自主研制的专利隔振垫,采用隔振胶为原材料,符合相关振动冲击标准,隔振吸收特性优良、耐高温、耐磨、阻燃、耐腐蚀。

5. 录像

(1) 支持 CIF/HD1 录像,支持 SD 卡存储;
(2) 行车记录仪(车辆黑匣子);

(3) 可同步显示及记录车牌号与行程车速；

(4) 4 路通用开关量传感器信号输入，可获得车门、车灯等车体状态；

(5) 1 路惯量传感器，可获得刹车、转向、速度等行车状态；

(6) 1 路模拟量，可获得车辆内的温度或油量的变化状态。

（二）集中管理系统软件（CMS）

各监控计算机只需要一台安装了客户端软件的 PC 就可以实现网络监控；监控中心必须增加一台服务器用于图像的转发和存储，在各相关人员的 PC 上安装客户端软件进行浏览和录像。

1. 产品简介

CMS 是无线网络视频监控管理系统的核心，它以高品质、高效率的集中化、分布式网络管理为架构，以视频、音频、数据等多媒体信息的网络传输为基础，为用户执行实时监视、GPS 定位、录像存储、票额统计、文字广告下发及应急预警的安全防范工作。

CMS 植根于企业网络平台，与车载 DVR 紧密配合，使用户实施大规模远程监控成为可能。彻底替代传统安防系统的 DVR 加网络视频服务器设计思路，以及可持续进行更新换代的解决方案，最大可能为用户提供长期的投资保障。

2. 客户端

客户端运行于 Windows 10 操作平台上。界面友好的人机对话式应用程序随时随地为用户提供实时监视、远程控制和系统管理功能。

3. 移动客户端

移动客户端运行于 Android/IOS 系统终端。

4. 功能描述

提供 4、9、16 等多画面、全屏幕组合式监视窗口模式选择；

设备端与本机端同步存储操作；

用户自定义录像计划的制订；

移动侦测与报警联动的设计编辑；

PTZ(Pan/Tilt/Zoom)云台、摄像机的远程控制操作；

设备码流、帧率、图像质量的按需调整；

按设备名称、日期、事件等快速检索、播放与输出录像文件；

远程进行单一与批量设备的参数配置、固件升级操作。

5. 功能特点

专业的车辆历史录像及行车数据的管理、回放软件，信息丰富、即时性强、操作方便、可管理性强、可扩展性强；

具有强大的数据表现和同步能力；

通过各种图表灵活地向用户呈现车辆历史数据；

通过日志列表方便地向用户呈现车辆历史事件；

通过地图直观地向用户呈现车辆历史 GPS 轨迹点；

第九章
物流监控追溯系统

视频回放窗口、图表、地图轨迹窗口始终保持同步播放；

具有强大的数据库组织和检索功能；

各种数据、时间、GPS轨迹点全部保存在数据库中；

可任意组合司机名、车牌号、时间段、事件等字段，生成视频资料文件的检索条件。

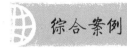

综合案例

一、背景介绍

在我们周围，每天都有液化气、汽油、剧毒化学品等危险品运输车辆在道路上行驶，如果剧毒化学品发生泄露等情况，远在千里之外的运输单位或监管部门怎样及时了解，以快速到达事故现场实施紧急救援？

目前，剧毒危险品运输管理主要还依靠人工进行业务受理，受警力限制，运输过程中只能对个别的运输车辆进行抽检，运输公司也只能通过移动电话等方式联系，一旦运输过程中发生意外事故，有关部门很难及时了解情况以采取正确的处理措施。因此，建立能够对处于移动状态的运输车辆进行实时监控调度、统一管理的系统显得尤为重要。

二、解决方案

5G移动通信技术以及GPS定位技术的发展使得建立这样的系统成为可能。

1. 设计思路

北京协进科技有限公司GPS监控系统设计思路从三个方面综合考虑：一是便于交通管理部门对运输单位进行管理，剧毒化学品运输管理涉及企业从基本信息登记备案、运输到处理交通事故等一系列环节的数据采集和动态管理；二是便于剧毒化学品道路运输车辆的指挥、疏导，纠正和处罚交通违法行为，对发生在道路上以及其他场所的剧毒化学品事故能有效、快速处理，减少事故带来的损失；三是从方便涉管单位、提高涉管单位运转效率的角度，通过本系统可实现网上购买凭证和公路运输通行证的审批、企业登记的基础信息变更及网上申请等一系列功能。

2. 实时监控

GPS监控系统可实现多信息的实时监控，车载终端按照预时间间隔，连续上报车辆的行驶状态和实时位置等信息，系统自动对信息进行处理和存储；本地精确电子地图系统支持，并逐步实现全国电子地图的无缝覆盖，提供跨省运输的实时监控；管理中心可对运输车辆单辆、组群或全部车辆进行监控、位置查询和显示，未按规定路线行驶监控以及非正常情况（如交通堵塞、车辆故障以及危险品泄漏等）监控和报警；车辆运输路线的轨道实时追踪，在电子地图上实现车辆当前行驶轨迹的连续显示，在以往时间段内行驶轨迹点在管理中心电子地图上可以进行回放以重现车辆的行驶路径；交警手持移动终端的信息查询，如托运单位名称、运输单位名称及运输路线，运输相关车辆和运输相关人员，运输剧毒化学品的名称、数量及相关公路运输通行证的有效期等。

3. 信息查询

可随时查询剧毒化学品生产及运输企业的信息，涉及剧毒化学品管理的法律法规的发布及剧毒化学品名录。

4. 应急联动

包括事故现场的交通管制、事故现场周边人员疏散、事故的紧急救援等。

危险品运输因其流动性大、不易管理，一旦发生事故具有较大危险性。各地安全生产主管部门及危险品运输企业应该高度重视并加强对危险品运输车辆进行动态管理。

思考

1. 简述对危险品运输车辆进行实时监控的意义。
2. 简述北京协进科技有限公司GPS监控系统。

练习与思考

练习与思考题答案

一、填空题

1. 现代视频监控的关键技术有四个：_____、_____、_____、_____。

2. GIS是一个基于_____，处理地理数据的_____、_____、_____、_____和_____的信息系统，以地理空间数据为操作对象是GIS与其他信息系统的根本区别。

3. GIS由_____、_____、_____、_____和_____等五部分组成。_____和_____为GIS建设提供环境；_____是GIS的重要内容；_____为GIS建设提供解决方案；_____是系统建设中的关键和能动性因素，直接影响和协调其他几个组成部分。

二、名词解释

1. 视频监控
2. 地理信息系统

三、简答题

1. 简述GIS在物流领域的应用。
2. 简述全球定位系统的基本定位原理。

四、论述题

1. 论述物流监控系统的总体设计要求。

第十章
物流自动化信息系统

学习目标及要点

1. 正确理解物流信息及物流信息管理的内容、特征及其功能；
2. 了解物联网技术和物流信息化技术及其在物流信息化中的应用方式和方法；
3. 学习物流信息系统的系统分析和系统设计的基本理论；
4. 学习物流信息管理的内容、特征及管理模式；
5. 了解物流管理信息系统的概念、特点、种类及功能。

第一节 物流信息管理概述

一、物流信息

（一）物流信息的概念

物流信息包含的内容和对应的功能可从狭义、广义两方面来考察。

从狭义范围来看，物流信息是指与物流活动（如运输、保管、包装、装卸、流通加工等）有关的信息。

在物流活动的管理与决策中，如运输工具的选择、运输路线的确定、每次运送批量的确定、在途货物的追踪、仓库的有效利用、最佳库存数量的确定、库存时间的确定、订单管理、顾客服务水平的提高等，都需要详细和准确的物流信息，因为物流信息对运输管理、库存管理、订单管理、仓库作业管理等物流活动具有支持保证功能。

从广义范围来看，物流信息不仅指与物流活动有关的信息，而且还包含与其他流通活动有关的信息，如商品交易信息和市场信息等。

商品交易信息是指与买卖双方的交易过程有关的信息，如销售和购买信息、订货和接受订货信息、发出货款和收到货款信息等。市场信息是指与市场活动有关的信息,如消费者的需求信息、竞争者或竞争性商品的信息、销售促进活动信息、交通通信等基础设施信息。

在现代经营管理活动中,物流信息与商品交易信息、市场信息相互交叉、融合,有着密切的联系。例如,零售商根据对消费者需求的预测以及库存状况制订订货计划,向批发商或直接向生产厂家发出订货信息。批发商在接到零售商的订货信息后,在确认现有库存水平能满足订单要求的基础上,向物流部门发出发货配送信息。如果发现现有的库存水平不能满足订单的要求,则马上向生产厂家发出订单。生产厂家在接到订单之后,如果发现现有库存不能满足订单要求,则要马上组织生产,再按订单上的数量和时间要求向物流部门发出发货配送信息。由于物流信息与商品交易信息和市场信息相互交融、密切联系,所以广义的物流信息还包含与其他流通活动有关的信息。

广义的物流信息不仅能起到链接从生产厂家经过批发商和零售商最后到消费者的整个供应链的作用,而且在应用现代信息技术(如 EDI、EOS、POS、互联网、电子商务等)的基础上,能实现整个供应链活动的效率化。具体来说,就是利用物流信息对供应链上各个企业的计划、协调、顾客服务和控制活动进行更有效的管理。总之,物流信息不仅对物流活动具有支持保证的功能,而且具有链接、整合整个供应链和使整个供应链活动效率化的功能。

正是由于物流信息具有这些功能,使得物流信息在现代企业经营战略中占有越来越重要的地位。建立物流信息系统,提供迅速、准确、及时、全面的物流信息是现代企业获得竞争优势的必要条件。

(二)物流信息的特点

1. 物流信息的数据量大,涉及面广

现代物流的多品种、小批量、多层次、个性化服务,使货物在运输、仓储、包装、装卸搬运、加工、配送等各个环节产生大量的物流信息,且分布在不同的厂商、仓库、货场、配送中心、运输线路、运输商、中间商、客户等处。

2. 物流信息的种类繁多,来源复杂

物流信息不仅包括企业内部产生的各种物流信息,而且还包括企业间的物流信息以及与物流活动有关的法律、法规、市场、消费者等诸多方面的信息。随着物流产业的发展,特别是自动化技术的推广应用,这种量大、面广的特征将更趋明显,会产生越来越多的物流信息,来源也更趋复杂多样,比如应用 RFID 技术对商品原材料产地、质量形成过程进行跟踪追溯等形成的信息。

3. 物流信息的动态性和适时性强

由于各种物流作业活动频繁发生,市场竞争状况和客户需求变化,使物流信息瞬息万变,呈现一种动态性。物流信息往往伴随物流产品——服务的形成过程,其价值也会随时间的变化而不断贬值,表现出非常强的适时性。物流信息的这种动态性和适时性,要求我们必须及时掌握变化多端的物流信息,为物流管理决策提供依据。

4. 物流信息要能够实现共享,遵循统一的标准

随着全球经济一体化进程的加快,物流信息不仅涉及国内国民经济各个部门,而且涉及

国际贸易活动的方方面面。在物流活动中需要在各部门之间进行大量的信息交流,为了实现不同系统间物流信息的共享,必须逐步推进使用 ISO 国际信息标准,为企业经营活动的良性发展扫清障碍。

(三) 物流信息的分类

在处理物流信息和建立物流管理信息系统时,对物流信息进行分类是一项基础工作。物流信息可以按不同的分类标准进行分类。

1. 按信息的作用不同分类

1) 计划信息

计划信息指的是尚未实现但已当作目标确认的一类信息,如物流量计划、仓库进出量计划、车皮计划、与物流活动有关的国民经济计划、工农业产品产量计划等。许多具体工作的预计、计划安排等,甚至是带有作业性质的,如协议、合同、投资等信息,只要尚未进入具体业务操作,都可以归入计划信息之中,这种信息往往具有相对稳定性,信息更新速度比较慢。

计划信息对物流活动具有非常重要的战略意义,因为有了这个信息,便可对物流活动本身进行战略思考。例如,如何在这种计划前提下规划自己战略的、长远的发展等。因此,计划信息往往是战略决策或大的业务决策不可缺少的依据。

2) 控制及作业信息

这是物流活动过程中产生的信息。它有很强的动态性,是掌握物流状况不可缺少的信息,如库存种类、库存量、在运量、运输工具状况、物价、运费、投资在建情况、港口船舶到港情况等。这类信息具有非常强的动态性,更新速度很快,时效性很强。

控制及作业信息的主要作用是控制和调整正在发生的物流活动,指导下一次即将发生的物流活动,以实现全过程的控制和对业务活动的微调。

3) 统计信息

统计信息是物流活动结束后,对整个物流活动的一种归纳性的信息。这种信息是一种恒定不变的信息,具有很强的资料性。虽然新的统计结果不断出现,使其在总体上看来具有动态性,但是已产生的统计信息都是一个历史的结论,是恒定不变的。诸如上一年度、月度发生的物流量、物流种类、运输方式、运输工具使用量、仓储量、装卸量以及与物流有关的工农业产品产量、内外贸数量等都属于这类信息。

统计信息有很强的战略价值,它的作用是正确掌握过去的物流活动及规律,以指导物流发展战略的制定。物流统计信息也是国民经济中非常重要的一类信息。

4) 支持信息

支持信息是指能对物流计划、业务、操作产生影响或与之有关的文化、科技、产品、法律、教育、风俗等方面的信息,如物流技术的革新、物流人才需求等信息。这些信息不仅对物流战略发展具有价值,也对控制、操作起到指导和启发的作用,是属于从整体上提高物流水平的一类信息。

2. 按物流活动分类

1) 运输信息

运输信息是产生于货物运输环节的物流信息,这是物流信息的主要信息之一。运输信息包括陆地货物运输信息、水上货物运输信息、航空货物运输信息、管道货物运输信息、邮政特快专递货物运输信息以及各种货物代理运输信息。

2) 仓储信息

仓储信息又叫库存信息，是产生于仓储环节的物流信息，也是重要的物流信息。仓储信息包括各种仓库、货场的货物储存信息和代储信息。

3) 装卸搬运信息

装卸搬运信息是产生于货场和装卸搬运环节的物流信息，包括各种港口、码头、机场、车站、仓库等场地的货物装上、卸下、移送、挑选、分类、堆垛、入库、出库等信息。

4) 配送信息

配送信息是产生于货物配送环节的物流信息，包括货物配送方式、配送线路、配送时间、配送货物的种类和数量等。

5) 包装信息

包装信息是产生于物品包装环节的物流信息，包括各种仓库货物的包装、改包装及包装物生产的信息。

6) 物流加工信息

物流加工信息是产生于流通加工环节的物流信息，包括为商业配送进行的计量、组装、分类、保鲜、贴商标以及商务快送、宅急送等信息。

3. 按管理层次分类

1) 作业信息

作业信息是产生于物流作业层的信息，是物流管理最基础的信息，一般具有量大、面广、发生频率高等特点，如库存种类、库存量、在运量、运费、运输工具状况、收发货情况等。

2) 管理控制信息

管理控制信息是产生于物流管理的局部或中层决策的信息，如各种财务信息、物流统计信息、客户管理信息等。

3) 战略决策信息

战略决策信息是产生于物流管理的全局或高层决策的信息，如物流企业的高层决策信息等。

4. 按信息领域分类

1) 物流活动所产生的信息

一般而言，在物流信息管理工作中，该类信息是发布物流信息的主要信息源，其作用不但可以指导下一个物流循环，也可以作为经济领域的信息提供给社会，如物流运输信息、仓储信息、配送信息、货运代理信息等。

2) 提供给物流活动使用而由其他信息源产生的信息

该类信息是信息工作收集的对象，是其他经济领域产生的对物流活动有作用的信息，主要用于指导物流活动，如各级政府的各种经济管理政策、交通运输的基础设施状况信息等。

5. 按信息加工程度的不同分类

物流空间广阔、时间跨度大，这就决定了信息发生源多、信息量大。因此，信息量过大所导致的难以吸纳、收集，无法从中洞察和区分有用信息和无用信息，这种所谓的"信息爆炸"

情况严重影响了信息系统的有效性。为此,需要对信息进行加工。按加工程度的不同,信息可以分成以下两类。

1) 原始信息

原始信息是指未加工的物流信息,是物流信息管理工作的基础,也是最具权威性的凭证信息。一旦有需要,可以从原始信息中找到真正的依据。原始信息是加工信息可靠性的保证。

2) 处理信息

处理信息是指对原始信息进行各种方式和各个层次处理后的物流信息。这种信息是原始信息的提炼、简化和综合,它可以大大减少信息存量,并将信息整理成有使用价值的数据和资料。处理信息需要各种加工手段,如分类、汇总、精选、制档、制表、制音像资料、制文献资料、制数据库等。同时,还要制成各种具有指导性的可用资料。

二、物流信息管理的内容

物流信息管理就是对物流全过程的相关信息进行收集、整理、传输、存储和利用的信息活动过程。也就是物流信息从分散到集中,从无序到有序,从产生、传播到利用的过程。同时,对涉及物流信息活动的各种要素,包括人员、技术、工具等进行管理,实现资源的合理配置。

物流信息管理不仅包括采购、销售、存储、运输等物流活动的信息管理和信息传送,还包括了对物流过程中的各种决策活动,如采购计划、销售计划、供应商的选择、顾客分析等提供决策支持,并充分利用计算机的强大功能,汇总和分析物流数据,进而做出更好的进销存决策。物流信息管理也会充分利用企业资源,加深对企业的内部挖掘和外部利用,大大降低生产成本,提高生产效率,增强企业竞争优势。

物流信息管理是为了有效地开发和利用物流信息资源,以现代信息技术为手段,对物流信息资源进行计划、组织、领导和控制的社会活动。具体可以从以下四个方面来理解。

1. 物流信息管理的主体

物流信息管理的主体一般是与物流管理信息系统相关的管理人员,也可能是一般的物流信息操作控制人员。这些人员要从事物流业务操作、管理,承担物流信息技术应用和物流管理信息系统的开发、建设、维护、管理,以及物流信息资源开发利用等工作。与物流管理信息系统相关的管理、操作人员必须具备物流管理信息系统的操作、管理、规划和设计等能力。

2. 物流信息管理的对象

与信息管理的对象一样,物流信息管理的对象包括物流信息资源和物流信息活动。物流信息资源主要指直接产生于物流活动(如运输、保管、包装、装卸、流通、加工等)的信息和与其他流通活动有关的信息(如商品交易信息、市场信息等)。而物流信息活动是指物流信息管理主体进行物流信息收集、传递、储存、加工、维护和使用的过程。

3. 物流信息管理的手段

信息管理离不开现代信息技术,同时利用管理科学、运筹学、统计学、模型论和各种最优化技术来实现对信息的管理以辅助决策。物流信息管理除具有一般信息管理的要求外,还要通过物流管理信息系统的查询、统计、数据的实时跟踪和控制来管理、协调物流活动。利用物流管理信息系统是进行物流信息管理的主要手段。

4. 物流信息管理的目的

物流信息管理的目的是开发和利用物流信息资源,以现代信息技术为手段,对物流信息资源进行计划、组织、领导和控制,最终为物流相关管理提供计划、控制、评估等辅助决策服务。

三、物流信息管理的特点

物流信息管理是通过对与物流活动相关信息的收集、处理、分析来达到对物流活动的有效管理和控制的过程,并为企业提供各种物流信息分析和决策支持。物流信息管理具有以下四个特点。

1. 强调信息管理的系统化

物流是一个大范围内的活动,物流信息源点多、分布广、信息量大、动态性强、信息价值衰减速度快,物流信息管理要求能够迅速进行物流信息的收集、加工、处理,因此需要利用物流管理信息系统进行处理。物流管理信息系统可以利用计算机的强大功能汇总和分析物流数据,并对各种信息进行加工、处理,以提高物流活动的效率和质量。而网络化的物流管理信息系统可以实现企业各部门、各企业间的数据共享,从而提高物流活动的整体效率。因此,物流信息管理强调建立以数据获取、分析为中心的物流管理信息系统,从庞大的物流数据中挖掘潜在的信息价值,从而提高企业的物流运作效率。

2. 强调信息管理各基本环节的整合和协调

物流信息管理的基本环节包括物流信息的获取、传输、储存、处理与分析,在管理过程中强调物流信息管理各基本环节的整合和协调。在仓储、运输、装卸搬运、包装、物流加工、配送等物流活动中,对管理信息各基本环节的整合和协调可以提高物流信息传递的及时性和顺畅程度,提高物流活动的效率。物流管理信息各基本环节的信息处理一旦间断,会影响物流活动的整体连贯性和高效性。

3. 强调信息管理过程的专业性和灵活性

物流信息管理是专门收集、处理、储存和利用物流全过程的相关信息,为物流管理和物流业务活动提供信息服务的专业管理活动。物流信息管理过程涉及仓储、运输、配送、货代等物流环节,涉及的信息对象则包括货物信息、作业人员信息、所使用的设施设备信息、操作技术和方法信息、物流的时间和空间信息等。此外,物流管理信息的规模、内容、模式和范围等,根据物流管理的需要,可以有不同的侧重和活动内容,以提高物流信息管理的针对性和灵活性。

4. 强调建立有效的信息管理机制

物流信息管理强调信息的有效管理,即强调信息的准确性、有效性、及时性、集成性、共享性。在物流信息的收集和整理中,要避免信息的缺损、失真和失效,强化物流信息活动过程的组织和控制,建立有效的管理机制。同时通过制定企业内部、企业之间的物流信息交流和共享机制来加强物流信息的传递和交流,以便提高企业自身的信息积累,并进行相应的优势转化。

四、物流信息管理的模式

物流信息管理根据管理体制、所采用的管理技术和方法与手段的不同,也有不同的模式,基本上可以归纳为以下四种模式。

1. 手工信息

利用纸介质,通过人工记录、计算、整理等活动进行信息管理,这是早期的传统物流管理信息模式。此时,计算机技术还不太成熟,在物流领域还未得到广泛应用,各项物流活动主要依赖手工操作来完成,物流管理信息主要包括制作出入库凭证、制作财务和会计凭证、制作结算单、人事薪金计算和制单、人工制作会计账目、人工填写库存账册等。

2. 计算机辅助管理

计算机辅助管理模式是指物流企业使用计算机来辅助管理企业的各项物流活动。与手工管理模式相比,在此种管理模式下,计算机参与了不少业务的处理,但计算机的应用领域还很有限。计算机辅助管理模式的特点是物流企业开始利用计算机处理部分物流业务,进行相应的物流信息管理,但基本上属于单机系统管理模式,还没有引入网络化处理技术,也没有实现集成化的信息管理。计算机系统承担的辅助管理功能包括订单信息处理、出入库处理、库存管理、采购管理、会计总账管理、人事考核和薪金管理、应收款和应付款管理、票据管理等。

3. 物流管理信息系统

随着现代信息技术的发展和计算机应用的普及,许多企业开始发展自己的专用物流管理信息系统,如大中型商业企业的进销存管理信息系统、铁路运营控制和调度信息管理系统等。此时,物流管理信息系统的特点是计算机软硬件集成化,建立了数据库管理系统,可以进行统计分析以及辅助决策,基于 Internet 系统对外联网。这种管理模式充分利用计算机网络技术和通信技术,将多种物流信息管理子系统进行集成,达到物流信息共享,减少冗余和不一致,以提高物流信息管理的效率和效果。物流管理信息系统承担的主要功能包括网络化的订单信息处理、销售预测、物资管理、车辆调派、运输线路选择和规划、供应商管理、财务成本核算、银行转账和结算,以及客户信息系统的集成等。

4. 智能集成化物流管理信息系统

智能集成化是物流管理信息系统的发展趋势,智能集成化也是未来物流管理信息系统的主要特点。智能集成化的物流管理信息系统模式将在物流管理信息系统中引入人工智能、专家系统、计算机辅助经营决策以及大量智能化、自动化、网络化的物流工具,具有后勤支持、物流动态分析、安全库存自动控制、仓库规划布局、车辆运输自动调度、仓库软硬件设备控制、人力使用分析控制等功能。此外,智能集成化物流管理信息系统还集成供应商、批发商、物流配送中心、零售商及顾客等的信息,并在计算机网络中进行实时的信息传递和共享,逐步形成社会化全方位的物流信息系统管理模式。

总之,物流信息管理的任务就是要根据物流信息采集、处理、存储和流通的要求,选购和构筑由信息设备、通信网络、数据库和支持软件等组成的物流管理信息系统,充分利用物流系统内部、外部的物流数据资源,促进物流信息的数字化、网络化和市场化,提高物流管理水平,发现需求机会,做出科学决策。

第二节 物联网技术与物流信息化

物联网(internet of things,IOT)的定义有很多,普遍认可的一种是:

物联网是通过射频识别技术、红外感应器、全球卫星定位系统、激光扫描器等信息传感设备,按规定协议,将任何物品通过有线、无线方式与互联网连接,进行通信和信息交换,以实现智能化识别、定位、跟踪、监控和管理的一种网络。

Internet of things,顾名思义,就是物物相连的互联网。这里有两层意思:其一,物联网的核心和基础仍然是互联网,是在互联网基础上延伸和扩展的网络;其二,其用户端延伸和扩展到了任何物品与物品之间,进行信息交换和通信,以实现许多全新的系统功能。

全面感知、可靠传输、智能处理与自动控制是物联网的四个显著特点。物联网与互联网、通信网有所不同,虽然它们都是能够按照特定的协议建立连接的应用网络,但物联网的应用范围、网络传输以及实现功能等都比现有的网络明显增强,其中最显著的特点是其感知范围的扩大以及其应用的智能化。

1. 全面感知

物联网连接的是物,需要能够感知物,赋予物智能,从而实现对物的感知。原本我们对于物的感知是表象的,现在变成了物与物、人与物之间广泛的感知和连接,感知的范围进一步扩展,这是物联网根本性的变革。

实现对物的感知,就要利用 RFID、传感器、二维码等技术,以便能够随时随地采集物的静态和动态信息。这样,就可以对物进行标识,全面感知所连接对象的状态,对物进行快速分析处理。

2. 可靠传输

物联网前端传递过来的信息,要通过网络将感知的各种信息进行实时传送,并具备如下特点:

其一,对感知到的信息进行可靠传递,全面及时而不失真;

其二,这个信息传递的过程应该是双向的,即处理平台不仅能够收到前端传来的信息,而且能够顺畅、安全地将相关返回信息传递到前端;

其三,信息传递安全,抗干扰,防病毒能力、防攻击能力强,具有高可靠性的防火墙功能。

3. 智能处理

物联网实现了利用计算机技术,结合移动通信技术,构成虚拟网络,及时对海量数据进行信息控制;完成通信,进行相关处理,真正达成了人与物的沟通、物与物的沟通。在物联网系统中,通过相关指令的下达使联网的多种物品处于可监控、可管理的状态,这就突破了手工管理的种种不便。应用感知技术让物品能够及时反馈自己的状态,从而实现智能化管理。

物联网对信息的智能化处理是对信息进行非接触的自动处理,通过各种传感设备实现远程获取,并不需要实地采集;对物流信息实行实时监控,对流通中的物体内置芯片,通过系统随时监控物品的运行状态;在智能处理的全过程中,都可实现各环节信息共享。

4. 自动控制

自动控制即利用模糊识别等智能控制技术对物品实施智能化控制和利用,最终形成物理、数字、虚拟世界和现实社会共生互联的智能环境。

一、条形码技术

在流通和物流活动中,为了能迅速、准确地识别商品,自动读取有关商品的信息,条形码技术被广泛应用。

条码可分为一维条码和二维条码。一维条码即传统条码。一维条码按应用可分为商品条码和物流条码两种。商品条码包括 EAN 码和 UPC 码,物流条码包括 UCC/EAN-128 码、ITF 码、39 码、库德巴码等。二维条码根据构成原理和结构形状的差异,可分为两大类型:一类是行排式或层排式二维条码(stacked or tiered barcode),如 PDF417 等;另一类是矩阵式二维条码(Checkerboard or dot matrix type),如 QR Code、Data Matrix 等。

常用条码如表 10-1 所示。

表 10-1　常用条码

条码种类	条码名称	示　例	描　述	应　用
一维条码	UPC 码		只用数字,长度为 12	在美国和加拿大被广泛用于食品、百货及日用品零售业
	EAN 码		与 UPC 兼容,具有相容的符号体系	用于世界范围的食品、百货及日用品零售业
	Code 128		采用 ASCII 码字符集:0~9,A~Z	广泛用于制造业及仓储、物流业
	UCC/EAN-128		是目前可用的最完整的字母数字型一维条码	广泛用于物流标识及其他物流单元
二维条码	PDF417		可以容纳 1848 个字母字符或 2729 个数字字符。约 1000 个汉字信息,比普通条码的信息容量高几十倍	用于报表管理、产品的装配线、银行票据管理、行包及货物的运输管理等
	矩阵式二维条码		QR Code 符号共有 40 种规格,最高版本为 40,可容纳多达 1850 个大写字母或 2710 个数字或 1108 个字节,或 500 多个汉字	由于其高密度编码,信息容量大,因此被广泛采用

（一）一维条码技术

条码是由一个接一个的"条"和"空"排列组成的，条码信息靠条和空的不同宽度和位置来传递，信息量的大小是由条码的宽度和印刷的精度来决定的，条码越宽，包容的条和空越多，信息量越大；条码印刷的精度越高，单位长度内可以容纳的条和空越多，传递的信息量也就越大。这种条码技术只能在一个方向上通过"条"与"空"的排列组合来存储信息，所以称为"一维条码"。

1. 一维条码技术的基础术语

（1）条（BAR）：条码中反射率较低的部分，一般印刷的颜色较深。

（2）空（SPACE）：条码中反射率较高的部分，一般印刷的颜色较浅。

（3）空白区（CLEAR AREA）：条码左右两端外侧与空的反射率相同的限定区域。

（4）起始符（START CHARACTER）：位于条码起始位置的若干条与空。

（5）终止符（STOP CHARACTER）：位于条码终止位置的若干条与空。

（6）中间分隔符（CENTRAL SEPERATING CHARACTER）：位于条码中间位置的若干条与空。

（7）条码数据符（BAR CODE DATD CHARACTER）：表示特定信息的条码符号。

（8）校验符（CHECK CHARACTER）：表示校验码的若干条与空。

（9）供人识别字符（HUMAN READABLE CHARACTER）：位于条码符的下方，与相应的条码相对应的、用于供人识别的字符。

2. 一维条码的结构

任何一个完整的一维条码通常都是由两侧的空白区、起始符、数据字符、校验符（可选）、终止符和供人识别字符组成的。

一维条码符号中的数据字符和校验符是代表编码信息的字符，扫描识读后需要传输处理，左右两侧的空白区、起始符、终止符等都是不代表编码信息的辅助符号，仅供条码扫描识读时使用，不需要参与信息代码传输。

3. 一维条码的编码方法

条码的编码方法是指条码中条空的编码规则以及二进制的逻辑表示的设置。众所周知，计算机设备只能识读二进制数据（数据只有"0"和"1"两种逻辑表示），条码符号作为一种为计算机信息处理而提供的光电扫描信息图形符号，也应满足计算机二进制的要求。条码的编码方法就是要通过设计条码中条与空的排列组合来表示不同的二进制数据。一般来说，条码的编码方法有两种：模块组合法和宽度调节法。

模块组合法是指条码符号中，条与空是由标准宽度的模块组合而成。一个标准宽度的条表示二进制的"1"，而一个标准宽度的空表示二进制的"0"。商品条码模块的标准宽度是0.33 mm，它的一个字符由两个条和两个空构成，每一个条或空由1～4个标准宽度模块组成。

宽度调节法是指条码中，条与空的宽窄设置不同，用宽单元表示二进制的"1"，而用窄单元表示二进制的"0"，宽窄单元之比一般控制在2～3。

4. 一维条码的分类

一维条码按应用可分为商品条码和物流条码两种。商品条码包括 EAN 码和 UPC 码，物流条码包括 UCC/EAN－128 码、ITF 码、39 码、库德巴条码等。

5. 一维条码的特点

一维条码仅在一个方向（一般是水平方向）表达信息，而在垂直方向则不表达任何信息，其一定的高度通常是为了便于阅读器对准阅读。一维条码的应用可以提高信息录入的速度，减少差错率。其不足之处：数据容量较小，最大约 30 个字符；只能包含字母和数字，不能编码汉字；条码尺寸相对较大，空间利用率较低；条码遭到损坏后不能阅读。常用一维条码的特点如表 10-2 所示。

表 10-2 常用一维条码的特点

种类	字符数	排列	校验	字符符号、码元结构	标准字符集	其他
EAN-13 EAN-8	13 位 8 位	连续	校验码	7 个模块，2 条 2 空	0～9	EAN-13 为标准版 EAN-8 为缩短版
UPC-A UPC-E	12 位 8 位	连续	校验码	7 个模块，2 条 2 空	0～9	UPC-A 为标准版 UPC-E 为消零压缩版
39 码 Code39 Alpha39	可变长	非连续	自校验 校验码	12 个模块，5 条 4 空，其中 3 个宽单元、6 个窄单元	0～9、A～Z、－、$、/、+、%、*、.、空格	"＊"用作起始符和终止符，密度可变，有串联性，可增设校验码
93 码	可变长	连续	校验码	9 个模块，3 条 3 空	0～9、A～Z、－、$、/、+、%、*、.、空格	有串联性，可设双校验码，加前置码可表示 128 个全 ASCII 码
基本 25 码	可变长	非连续	自校验	14 个模块，5 条，其中 2 个宽单元、3 个窄单元	0～9	空不表示信息，密度低
交叉 25 码	定长或可变长	连续	自校验 校验码	18 个模块表示 2 个字符，5 个条表示奇数位，5 个空表示偶数位	0～9	表示偶数位信息编码，密度高，EAN、UPC 的物流码采用该码制
矩阵 25 码	定长或可变长	非连续	自校验 校验码	9 个模块，3 条 2 空，其中 2 个宽单元、3 个窄单元	0～9	密度较高，在中国被广泛地用于邮政管理
库德巴码	可变长	非连续	自校验	7 个单元，4 条 3 空	0～9、A～D、$、+、-、/	有 18 种密度

续表

种类	字符数	排列	校验	字符符号、码元结构	标准字符集	其他
128 码	可变长	连续	校验码	11 个模块，3 条 3 空	3 个字符集覆盖 128 个全 ASCII 码	有功能码，对数字码的密度最高
11 码	可变长	非连续	自校验	3 条 2 空	0～9、—	有双自校验功能

（二）二维条码技术

由于受信息容量的限制，一维条码只能充当物品的代码，而不能含有更多的物品信息，所以一维条码的使用，不得不依赖数据库的存在。在没有数据库和不便联网的地方，一维条码的使用受到了较多的限制，有时甚至变得毫无意义。另外，用一维条码表示汉字信息几乎是不可能的，这在某些应用汉字的场合显得十分不便，效率很低。

现代高新技术的发展，迫切要求在有限的几何空间内用条码表示更多的信息，从而满足各种信息的需求。二维条码正是为了解决一维条码无法解决的问题而诞生的。

1. 二维条码的概念

二维条码是某种特定的几何图形按一定规律在平面（二维方向上）分布的黑白相间的图形，用于记录数据符号信息。它具有条码技术的一些共性：每种码制有其特定的字符集；每个字符占有一定的宽度；具有一定的校验功能等。二维条码能够在横向和纵向两个方位同时表达信息，从而能在很小的面积内表达大量的信息，并且能够表达汉字，存储图像。

2. 二维条码的分类

二维条码可以分为堆叠式/行排式二维条码和矩阵式二维条码。堆叠式/行排式二维条码形态上是由多行短截的一维条码堆叠而成；矩阵式二维条码以矩阵的形式组成，在矩阵相应元素位置上用"点"表示二进制"1"，用"空"表示二进制"0"，由"点"和"空"的排列组成代码。

1) 堆叠式/行排式二维条码

堆叠式/行排式二维条码的编码原理建立在一维条码基础之上，按需要堆积成两行或多行。它在编码设计、检验原理、识读方式等方面继承了一维条码的特点，识读设备、条码印刷与一维条码技术兼容。但由于行数的增加，行的鉴别、译码算法及软件与一维条码的不完全相同。有代表性的二维条码有 Code49、Code16K 和 PDF417（见图 10-1）等。

图 10-1　二维条码 PDF417

PDF417 条码是一种高密度、高信息含量的便携式数据文件，是实现证件及卡片等大容量、高可靠性信息自动存储、携带并可用机器自动识读的理想手段。

2) 矩阵式二维条码

矩阵式二维条码以矩阵的形式组成。在矩阵相应元素位置上，用点（方点、圆点或其他形状的点）的出现表示二进制的"1"，点的不出现表示二进制的"0"，点的排列组合确定了矩阵码所代表的意义。矩阵码是建立在计算机图像处理技术、组合编码原理等基础上的一种新型图形符号自动识读处理码制。具有代表性的矩阵条码有 Code One、Maxi Code、Aztec Code、QR Code、Data Matrix 等，如图 10-2 所示。

Maxi Code 条码是由美国联合包裹服务公司（UPS）研制的，用于包裹的分拣和跟踪。

Aztec Code 条码是由美国韦林公司（Welch Allyn）推出的，最多可容纳 3832 个字数、3067 个字母字符或 1914 个字节的数据。

Data Matrix 条码主要用于电子行业小零件的标识，如 Intel 的奔腾处理器的背面就印制了这种条码。

(a) Data Matrix

(b) Code One

(c) QR Code

图 10-2　几种矩阵式二维条码

3. 二维条码的特点

（1）信息容量大。根据不同的条空比例，每平方英寸可以容纳 250～1100 个字符。在国际标准的证卡有效面积上（相当于信用卡面积的 2/3，约为 76 mm×25 mm），PDF417 条码可以容纳 1848 个字母字符或 2729 个数字字符，约 500 个汉字信息。Aztec Code 条码最多可容纳 3832 个字数、3067 个字母字符或 1914 个字节的数据。这种二维条码比普通条码信息容量高几十倍。

（2）编码范围广。二维条码可以将照片、指纹、掌纹、签字、声音、文字等凡可数字化的信息进行编码。

（3）保密、防伪性能好。二维条码具有多重防伪特性，它可以采用密码防伪、软件加密及利用所包含的信息如指纹、照片等进行防伪，因此具有极强的保密防伪性能。

（4）译码可靠性高。普通条码的译码错误率约为百万分之二，而二维条码的误码率不超过千万分之一，译码可靠性极高。

（5）修正错误能力强。二维条码采用了世界上最先进的数学纠错理论，如果破损面积不超过 50%，条码由于被玷污、破损等所丢失的信息，可以照常破译出丢失的信息。

（6）容易制作且成本低。利用现有的点阵、激光、喷墨、热敏/热转印、制卡机等打印技术，即可在纸张、卡片、PVC 甚至金属表面上印出二维条码。由此所增加的费用仅是油墨的成本，因此人们又称二维条码是"零成本"技术。

（7）条码符号的形状可变。同样的信息量，二维条码的形状可以根据载体面积及美工设计等进行自我调整。

（三）条码识读设备的分类及应用

条码识读设备是用来读取条码信息的设备。它使用一个光学装置将条码的条空信息转换成电平信息,再由专用译码器翻译成相应的数据信息。

条码识读设备从原理上可分为光笔、CCD 和激光三类,从形式上有手持式和固定式两种,它们都有各自的优缺点,没有一种识读设备能够在所有方面都具有优势。下面分别讨论每一种识读设备的工作原理和优缺点。

1. 光笔

光笔是最先出现的一种手持接触式条码识读设备,它也是最为经济的一种条码阅读设备。使用时,操作者需将光笔接触到条码表面,通过光笔的镜头发出一个很小的光点,当这个光点从左到右划过条码时,在空的部分光线被反射,在条的部分光线将被吸收,因此在光笔内部产生一个变化的电压,这个电压通过放大、整形后用于译码,如图 10-3 所示。

图 10-3　光笔条码扫描器

光笔的优点:与条码接触阅读,能够明确哪一个是被阅读的条码;阅读条码的长度可以不受限制;与其他阅读器相比成本较低;内部没有移动部件,比较坚固;体积小,重量轻。

光笔的缺点:①使用光笔会受到各种限制,如在一些场合不适合接触阅读条码;②只有在比较平坦的表面上阅读指定密度的、打印质量较好的条码时,光笔才能发挥它的作用;③操作人员需要经过一定的训练才能使用,阅读速度、阅读角度及使用的压力都会影响它的阅读性能;④因为它必须接触阅读,当条码在因保存不当而产生损坏,或者上面有一层保护膜时,光笔都不能使用;⑤光笔的首读成功率低,误码率较高。

2. CCD

CCD(charge coupled device,电子耦合器件),比较适合近距离和接触阅读,它的价格没有激光阅读器的贵,而且内部没有移动部件。依据形状和操作方式不同,CCD 分为手持式 CCD 扫描器和固定式 CCD 扫描器两种类型,如图 10-4 所示。这两种扫描器的扫描机理和主要元器件完全相同。

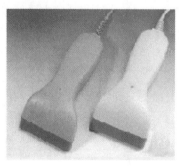
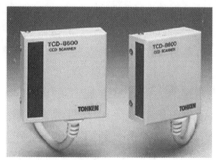

(a) 手持式CCD扫描器　　　　(b) 固定式CCD扫描器

图 10-4　CCD 扫描器

CCD 识读设备使用一个或多个 LED,发出的光线能够覆盖整个条码,条码的图像被传到一排光探测器上,被每个单独的光敏二极管采样,由邻近的探测器的探测结果为"黑"或"白"来区分每一个条或空,从而确定条码的字符。换言之,CCD 阅读器不是阅读每一个条或空,而是条码的整个部分,并转换成可以译码的电信号。

优点:与其他识读设备相比,CCD识读设备的价格较便宜,但同样其阅读条码的密度广泛,容易使用;它的重量比激光阅读器轻,而且不像光笔那样只能接触阅读。

缺点:①CCD识读设备的工作距离限制在1~2 ft(30.5~61.0 cm),但最新生产的阅读器已经有效地将景深扩展到7 in(19.8 cm);②CCD阅读器的局限在于它的阅读景深和阅读宽度,在需要阅读印在弧型表面(如饮料罐)的条码时会有困难;③在一些需要远距离阅读的场合,如仓库领域,也不是很适合;④CCD的防摔性能较差,因此故障率较高;⑤在所要阅读的条码比较宽时,CCD也不是很好的选择,信息很长或密度很低的条码很容易超出扫描头的阅读范围,导致条码不可读;⑥某些采取多个LED的条码识读设备中,任意一个LED发生故障都会导致不能阅读;⑦部分CCD识读设备的首读成功率较低且误码概率高。

3. 激光

用激光作为光源的条码识读设备称为激光枪。激光扫描仪是各种扫描器中价格相对较高的,但它所能提供的各项功能指标最高,因此在各个行业中都被广泛采用。

激光扫描仪的基本工作原理:手持式激光扫描仪通过一个激光二极管发出一束光线,照射到一个旋转的棱镜或来回摆动的镜子上,反射后的光线穿过阅读窗照射到条码表面,光线经过条或空的反射后返回阅读器,由镜子进行采集、聚焦,通过光电转换器转换成电信号,该信号将通过扫描器或终端上的译码软件进行译码。

激光扫描仪分为手持和固定两种形式:手持式激光扫描仪连接方便简单、使用灵活;固定式激光扫描仪适用于阅读量较大、条码较小的场合,能有效解放双手工作,如图10-5所示。

(a) 工业级用线手持式　　(b) 通知用线手持线性　　(c) 固定式条码识读器
　　激光条形码识读器　　　　影像条形码识读器

图 10-5　激光扫描设备

优点:①激光扫描仪可以用于非接触扫描,通常情况下,在阅读距离超过30 cm时,激光阅读器是唯一的选择;②激光扫描器的景深最长,为8~30 in(20.32~76.2 cm),一些专门用来阅读大型条码的特制激光枪景深可以达到几英尺;③激光阅读条码密度范围广,并可以阅读不规则的条码表面或透过玻璃、透明胶纸阅读,因为是非接触阅读,不会损坏条码标签;④因为有较先进的阅读及解码系统,首读识别成功率高,识别速度比光笔及CCD的更快,而且对印刷质量不好或模糊的条码识别效果好;⑤误码率极低(约为三百万分之一);⑥激光识读设备的防震防摔性能好,如Symbol LS4000系列的扫描仪,在距水泥地1.5 m的高处摔下一般不会受损。

缺点：激光扫描仪唯一的缺点是它的价格相对较高，但如果从购买费用与使用费用的总和计算，与 CCD 识读设备并没有太大的区别。

二、射频识别技术

（一）射频识别技术概述

射频识别（radio frequency identification，RFID）技术是 20 世纪 90 年代开始兴起的一种自动识别技术。

RFID 技术是一项利用射频信号通过空间耦合（交变磁场或电磁场）实现无接触信息传递并通过所传递的信息达到识别目的的技术。

RFID 技术诞生于第二次世界大战期间，当时英国主要用来识别进机场的是否为己方飞机。现代战争中 RFID 的应用更加普及，美国对伊拉克战争期间，美国国防部在军用物资箱上装置 RFID 标签，到前线扫描一下就知道里面装了什么，大大缩短了物流的时间。美国太空总署则用这种技术追踪发射到太空中的东西。在民用领域，许多欧美国家的高速公路有电子收费站，只要凭着粘贴在车上的 RFID 识别卡片，就可以直接通过收费通道自动扣款，不用停车。借助 RFID 技术，沃尔玛超市率先在全球范围内建立起商品供应链追溯机制，它要求供应商在所有进入沃尔玛超市的商品包装箱上，都要有应用 RFID 技术的电子商品标签。

RFID 技术在我国的应用已经开始，一些高速公路的收费站口使用 RFID 可以实现不停车收费，铁路系统使用 RFID 记录火车车厢编号的试点已运行了一段时间，一些物流公司也将 RFID 用于物流管理中。

（二）RFID 技术的特点

RFID 技术是一种易于操控、简单实用且特别适用于自动化控制的灵活性的应用技术，识别工作无需人工干预，可自由工作在各种恶劣环境下，识别距离可达到几十米。其所具备的独特优越性是其他识别技术无法比拟的。它的特点可归纳为：

（1）读取方便快捷。数据的读取无需光源，甚至可以透过外包装来进行。有效识别距离更长，采用自带电池的主动标签时，有效识别距离可以达到 30 m 以上。

（2）识别速度快、可多目标识别。标签一进入磁场，阅读器就可以即时读取其中的信息，而且能够同时处理多个标签，实现批量识别。

（3）标签数据可以动态更改。利用编程可以向电子标签里写入数据，从而赋予 RFID 标签交互式便携数据文件的功能，而且写入时间比打印条形码更短。

（4）动态实时通信。标签以每秒 50~100 次的频率与阅读器进行通信，所以只要 RFID 标签所附着的物体出现在解读器的有效识别范围内，就可以对其位置进行动态的追踪和监控。

（5）抗恶劣环境能力强。传统条形码的载体是纸张，容易受到污染，但 RFID 对水、油和化学药品等物质具有很强的抵抗性。

（6）更好的安全性。RFID 标签不仅可嵌入或附着在不同形状、类型的产品上，且可以为标签数据读写设置密码保护,具有更高的安全性。

(7) 使用寿命长、应用范围广。其无线电通信方式,使其可以应用于粉尘、油污等高污染环境和放射性环境,而且封闭式包装使得其寿命大大超过印刷的条形码。

RFID 技术与其他技术的比较如表 10-3 所示。

表 10-3 RFID 技术与其他技术的比较

技术	信息载体	信息量	读/写性	读取方式	保密性	智能性	抗干扰能力	寿命	成本
条形码	纸、塑料薄膜、金属表面	小	只读	条形码扫描器	差	无	差	较短	最低
磁卡	磁性物质	一般	读/写	电磁转换	一般	无	较差	短	低
IC 卡	EEPROM	大	读/写	电擦除、写入	最好	无	好	长	较高
RFID	EEPROM	大	读/写	无线通信	最好	无	很好	最长	较高

(三) RFID 技术的工作原理

1. RFID 系统的组成

在具体的应用过程中,根据不同的应用目的和应用环境,RFID 系统的组成会有所不同。一个典型的可应用 RFID 系统一般由电子标签、天线、阅读器和应用系统几部分组成,如图 10-6 所示。

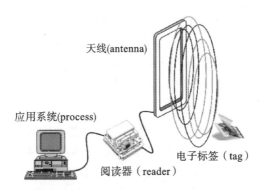

图 10-6 RFID 系统的基本组成

①电子标签:电子标签由耦合元件及芯片组成,每个标签具有唯一的电子编码,附着在物体上标识目标对象,当受到无线电射频信号照射时,能反射回携带有数字字母编码信息的无线电射频信号,供阅读器处理识别。

②阅读器(读写器):在 RFID 系统中,阅读器一般也叫信号接收机。根据支持的标签类型与完成的功能不同,阅读器的复杂程度有显著的不同。阅读器的基本功能就是提供与标签进行数据传输的途径。另外,阅读器还提供相当复杂的信号状态控制、奇偶数据校检与更正功能等。标签中除存储需要传输的信息外,还必须包含一定的附加信息,如错误校验信息等。识别数据信息和附加信息按照一定的结构编制在一起,并按照特定的顺序向外发送。阅读器通过接收附加信息来控制数据流的发送,一旦到达阅读器的信息被正确地接收和译

解后,阅读器通过特定的算法决定是否需要发射机对发送的信息重发一次,或者指导发射器停止发信号,这就是"命令响应协议"。使用这种协议,可以在很短的时间、很小的空间阅读多个标签,也可以有效地防止"欺骗问题"的产生。

③天线:天线是标签与阅读器之间传输数据的发射、接收装置。在实际应用中,除了系统功率外,天线的形状和相对位置也会影响数据的发射和接收,需要专业人员对系统的天线进行设计和安装。

④应用系统:应用系统包括数据库服务器和其他信息系统。数据库服务器负责处理阅读器传送过来的信息,并进行信息处理,将重要信息存储在数据库中。其他信息系统根据需要向阅读器发送指令,对标签进行相应操作。

2. RFID系统的基本工作原理

(1)阅读器通过发送天线发送一定频率的射频信号,当射频卡进入发射天线工作区域时产生感应电流,射频卡获得能量被激活。

(2)射频卡将自身编码等信息通过卡内置发送天线发送出去。

(3)系统接收天线接收到从射频卡发送来的载波信号,经天线调节器传送到阅读器,阅读器对接收的信号进行解调和解码,然后送到后台主机系统进行相关处理。

(4)主机系统根据逻辑运算判断该卡的合法性。针对不同的设定做出相应的处理和控制,发出指令信号,控制执行机构动作。

三、传感器技术

我国国家标准(GB/T 7665—2005)对传感器的定义是:"能感受被测量并按照一定的规律转换成可用输出信号的器件或装置。"传感器作为信息获取的重要手段,与通信技术和计算机技术共同构成信息技术的三大支柱,其作用是利用物理效应、化学效应、生物效应,把被测的物理量、化学量、生物量等非电量转换成电量。

1. 传感器

传感器技术是实现测试与自动控制的重要环节。在测试系统中,传感器被作为一次仪表定位,其主要特征是能准确传递和检测出某一形态的信息,并将其转换成另一形态的信息。具体地说,传感器是指那些对被测对象的某一确定的信息具有感受(或响应)与检出功能,并使之按照一定规律转换成与之对应的可输出信号的元器件或装置。如果没有传感器对被测的原始信息进行准确可靠的捕获和转换,一切准确的测试与控制都将无法实现。即使最现代化的电子计算机,没有准确的信息(或转换可靠的数据)和不失真的输入,也将无法充分发挥其应有的作用。

传感器种类及品种繁多,原理也各式各样。其中电阻应变式传感器是被广泛用于电子秤和各种新型机构的测力装置,其精度和范围是根据需要来选定的。过高的精度要求对使用并无太大意义,过宽的范围也会使测量精度降低,而且会造成成本过高及增加工艺上的困难。因此,根据测量对象的要求,恰当地选择精度和范围是至关重要的。但无论何种条件、场合使用的传感器,均要求其性能稳定、数据可靠、经久耐用。为此,在研究高精度传感器的同时,必须重视可靠性和稳定性的研究。目前,包括传感器的研究、设计、试制、生产、检测与应用等诸项内容在内的传感器技术,已逐渐形成一门相对独立的专门学科。

第十章
物流自动化信息系统

一般情况下,由于传感器设置的场所并非理想,在温度、湿度、压力等效应的综合影响下,可引起传感器零点漂移和灵敏度的变化,成为其使用中的严重问题。虽然人们在制作传感器的过程中,采取了温度补偿及密封防潮的措施,但它与应变片、粘贴胶本身的高性能化、粘贴技术的精确和熟练、弹性体材料的选择及冷热加工工艺的制定均有密切关系,哪一方面都不能忽视,都需精心设计和制作。同时,还需注意传感器的安装方法、支撑结构的设置,以及克服横向力等问题。

2. 传感器网络

传感器网络是由许多在空间上分布的自动装置组成的一种计算机网络,这些装置使用传感器协作监控不同位置的物理或环境状况(如温度、声音、振动、压力、运动或污染物)。无线传感器网络的发展最初起源于战场监测等军事应用,而今则被应用于很多民用领域,如环境与生态监测、健康监护、家庭自动化,以及交通控制等。

传感器网络主要包括三个方面——感应、通信、计算(硬件、软件、算法),其中的关键技术主要是无线数据库技术。

传感器网络系统通常包括传感器节点(sensor)、汇聚节点(sink node)和管理节点。大量传感器节点随机部署在监测区域(sensor field)内部或附近,能够通过自组织方式构成网络。传感器节点监测的数据沿着其他传感器节点逐跳地进行传输,在传输过程中监测数据可能被多个节点处理,经过多跳(multi－hop)后路由到汇聚节点,最后通过互联网或卫星到达管理节点。用户通过管理节点对传感器网络进行配置和管理,发布监测任务以及收集监测数据。

传感器网络的每个节点除配备了一个或多个传感器之外,还装备了一个无线电收发器、一个很小的微控制器和一个电源(通常为电池)。单个传感器节点的尺寸可以大到一个鞋盒、小到一粒尘埃。传感器节点的成本也是不定的,从几百美元到几美分,这取决于传感器网络的规模以及单个传感器节点所需的复杂度。传感器节点尺寸与复杂度的限制决定了能量、存储、计算速度与频宽的限度。

传感器网络由大量部署在作用区域内的、具有无线通信与计算能力的微小传感器节点,通过自组织方式构成的,能根据环境自主完成指定任务的分布式智能化网络系统。传感网络的节点间距离很短,一般采用多跳的无线通信方式进行通信。传感器网络可以在独立的环境下运行,也可以通过网关连接到 Internet,使用户可以远程访问。

传感器网络综合了传感器技术、嵌入式计算技术、现代网络及无线通信技术、分布式信息处理技术等,能够通过各类集成化的微型传感器协作地实时监测、感知和采集各种环境或监测对象的信息,通过嵌入式系统对信息进行处理,并通过随机自组织无线通信网络以多跳中继方式将所感知信息传送到用户终端,从而真正实现"无处不在的计算"理念。

传感器网络节点的组成和功能包括四个基本单元:传感单元(由传感器和模数转换功能模块组成)、处理单元(由嵌入式系统构成,包括 CPU、存储器、嵌入式操作系统等)、通信单元(由无线通信模块组成)以及电源部分。

在传感器网络中,节点通过各种方式大量部署在被感知对象内部或者附近。这些节点通过自组织方式构成无线网络,以协作的方式感知、采集和处理网络覆盖区域中特定的信息,可以实现对任意地点信息在任意时间的采集、处理和分析。一个典型的传感器网络的结构包括分布式传感器节点(群)、sink(基站)节点、互联网和用户界面等。

传感节点之间可以相互通信,自己组织成网并通过多跳的方式连接至 sink 节点,sink 节点收到数据后,通过网关(gateway)完成和公用 Internet 的连接。整个系统通过任务管理器来管理和控制。

传感器网络的特性使得其有着非常广泛的应用前景,其无处不在的特点使其在不远的未来成为人们生活中不可缺少的一部分。通过感知识别技术,让物品"开口说话、发布信息",是融合物理世界和信息世界的重要一环,是物联网区别于其他网络的最独特的部分。物联网的"触手"是位于感知识别层的大量信息生成设备,包括 RFID、传感器网络、定位系统等。传感器网络所感知的数据是物联网海量信息的重要来源之一。

第三节 物流信息系统设计

开发信息系统的方法很多,其中生命周期法是一种最基本的方法。在生命周期法的开发过程中,系统分析和系统设计是最重要的两个阶段。下面我们着重对物流信息系统进行系统分析和系统设计的介绍。

一、系统分析

物流信息系统以各种物流信息为研究对象,通过物流信息输入、储存、处理、输出来实现物流系统目标。它必须具有较强的针对性,对软件的工作环境与人机界面做出明确的规定,以确定研究对象和系统的作用范围。在进行必要、全面的调查研究和系统分析的基础上,对物流管理部门的管理模式和信息数据交换流程进行必要的抽象,经过去粗取精、去伪存真的取舍,进一步回答系统"要做什么"和"能够做什么"的问题,并用书面材料把分析结论表达出来,从而上升为一般的通用物流信息系统模型。

(一)研究对象与总体设计要求

1. 研究对象

物流系统分析的研究对象基本上可以分为计划管理、采购管理、仓储管理三大子系统的信息数据。以用户第一的观点为指导思想,分析设计信息系统的数据模式与子模式,并以此为依据确定文件的组织方式、存储模式、处理方式与输入/输出方式,做出系统的数据流程图与数据字典,并在此基础上进行功能分析与设计。

2. 总体设计要求

物流信息系统的设计应该遵循以下一些原则和要求:

(1)了解和熟悉国家有关部委制定的关于物流工作的各种法令和规范。系统设计必须符合物流有关计算机应用与信息系统建设标准化规范的要求,物流信息的统计方法应符合国家统计局及上级部委的规定,重要报表应使用专用程序文件,采用统一固定的报表形式输出。

(2)系统设计应遵循系统思想,采用结构化分析与设计的思想与方法,并且尽量采用软件工程方面的新技术、新方法。

(3)在进行物流信息系统设计的同时,必须考虑与横向同级信息系统及纵向(上下级)信息系统的接口关系,实现不同子系统之间的数据共享,并在软硬件配置上留有进一步发展的余地。

(4)信息处理在速度上必须满足管理工作的要求,并有较好的可恢复性、可自检性。统计数据汇总时应充分保持统计数据的独立性。

(5)系统应采取一定的保密措施,保证数据及时、正确、安全、可靠,对输入信息建立完善的维护体系。

(6)要求系统有较好的实用性,确保用户能方便地使用。例如,物流部门每天要处理的账单繁多、数据量大,输入/输出必须操作简便、易于掌握,应尽可能采用代码输入,将汉字输入量减少到最低限度,做到快速、可靠。再如,物流部门一些分类账的科目与财务部门账目的科目设置应是一致的,这样物流部分就可以直接通过物流信息系统引用财务部门的数据,而不用再去收集处理相关数据。

(二)系统现状的调查分析

任何一个新系统的建立都是以现行系统为基础的。在新系统设计工作开展之前,必须先把现行系统的各方面情况调查清楚,并对所调查到的情况进行分析,找出共性的问题以及特殊情况,为系统设计做好准备工作。调查的重点是现行系统的组织、功能及业务流程,以便系统研制人员能掌握现状,找出改进之处。而调查分析的结果就作为新系统试行方案,用以建立计算机化的信息系统的逻辑模型。

例如,任何一个组织的物流部门与其他部门之间都有多种多样的关系,归纳起来主要表现为上下级关系、物资流动关系、资金流动关系、信息资料(文件、报表、账单等)传送关系等。脱去这些关系的实体外衣,抽象出来的就是存在于一个组织中的物流、资金流和信息流,这些才是系统分析员要捕捉的对象。

(三)现场工作流程调查

现场工作流程调查可借助现场工作流程图来进行。现场工作流程图以所处理的某一业务在工作现场的工作流程为基础,在工作场所平面图上描述物流等情况。它能真实地再现工作人员的实际业务活动过程以及票据和文件信息的流向,业务处理过程的顺序、时间及其特点;它能反映出输入/输出的形式、要求和某些例外情况的处理方法及过程等,表明某项业务工作被处理的全过程,发现业务工作流程中的某些关键问题和薄弱环节,从中找到改善管理的突破口。

(四)事务流程的调查

事务流程是研究业务活动中作业处理过程的一种分析方法。在事务流程调查中要解决三个问题:

(1)作业流程标准化。在物流管理中,各种作业流程大多有标准的执行规范,系统分析人员的任务就是要尽可能搞清楚各种作业流程的执行现状,以及它们与标准规范的差别与联系,收集在各作业流程执行过程中所产生的各种账单、图表的标准形式与填写格式。

(2)绘制数据流程图。有了作业的标准流程,就可以动手绘制系统的数据流程图。这里需注意的是，我们强调的是数据流而不是控制流。

绘制数据流程图应从总体到部分、从简单到复杂、由粗到细地逐步展开，不断扩展，直到符合要求为止。绘制数据流程图的关键是要使数据流程图易于理解，其分解应符合工作流程的规定要求，概念上应合理清晰。数据流程图是调查研究的产物，它源于现行系统，又高于现行系统，是对现行管理系统的高度概括、修改、补充和提高。

(3) 建立数据字典。数据流程图描述了系统的"分解"，即描述了系统由哪几部分组成，各部分的数据流之间有什么联系等，并未说明系统中各个数据成分的含义。因此，必须对图中出现的每一个数据分别给出具体的定义之后，才能较完整地描述一个系统。数据流程图与数据字典是密切联系的，两者结合在一起才能构成"需要说明书"，单独一套数据流程图或单独一本数据字典都是没有任何意义的。数据流程图中出现的每一个数据流名、文件名和加工名都应与物流管理中常用的术语一致，并在数据字典中都应有相应的条目给出这个名字的定义。

二、系统设计

(一) 系统设计策略

模块划分原则为建立系统结构图提供了基本准则，现在可以依据系统数据进行系统结构图的具体设计。先把整个系统作为一个模块根据系统数据流程图逐层划分模块，再逐步形成多层次分块系统结构图。设计过程由三个步骤组成：

第一步，分析数据流程图，确定它的类型和功能。

第二步，采取相应的设计策略，导出初始系统结构图。

第三步，对结构进一步修改，逐层分解和优化，确保最终设计符合数据流程图的逻辑功能要求。

(二) 系统设计方法

根据以上的系统分析，可将整个物流信息系统设计分为三个职能子系统的设计，即计划管理、采购管理和仓库管理的设计。

1. 子系统的管理规范化要求

应该指出，物流信息系统的系统分析与设计，不应是对原有手工系统的简单描述，而是在对原有系统作充分调查研究的基础上，将原有系统的管理工作抽象、概括为信息系统的计算机工作模型，即新系统。一般来说，新系统对管理信息进行自动化管理，对管理工作必然会有一定的管理规范化、程序化要求。

1) 仓库管理子系统

要求对仓库管理的货品进行统一规划，每个仓库尽可能按大类物资归类，将主要货品、备品配件、其他产品分仓库分别管理。编制统一的物资编码、料号、报表代号，按本系统要求的代码标准对物资进行登记、归档。货架、货位、货垛须合理、整齐、牢固，做到每种物资登记建立保管账，标明货位号、档案编号和ABC分类，做到账、卡、物三者相符，账单处理要及时，料单发放须规定有效期等，具体措施要明确。

2）采购管理子系统

要求对各类合同统一编码管理，分类存放，对在途物资实行跟踪管理，到货物资及时验收入库，库存物资及时清理，无拖欠货款，做到货款相符。

3）计划管理子系统

要求对每一份物流计划和任务书进行编码登记，每一种计划供应货品要归类汇总，便于查找核对和管理，同时管理货品的调配工作。

2．系统主要功能分析

进行物流信息系统功能分析是为了达到系统的目标要求。系统功能分析工作一般是通过系统功能层次结构图进行的：通过功能关联图进行功能之间的关系分析；通过职能机构与管理活动关系等工具进行职能与功能关系分析。一般情况下，系统设计是系统分析工作的继续和发展，设计阶段的系统设计（SD）方法与分析阶段的系统分析（SA）方法有着密切的联系，系统设计方法通常与系统分析方法结合起来使用。

1）功能分析图

由系统分析阶段产生的数据流程图，可以逐步导出各自的功能分析图。

数据处理系统的数据流程图一般有两种典型的结构——变换型结构和事务型结构，对整个系统使用"变换分析"，对系统的局部使用"事务分析"。在分析的过程中应注意不断消除重复的功能。

功能分析图体现了按功能从属关系形成的层次结构，它不受部门和任务大小的限制，而是取决于其实现方法、步骤和数据逻辑结构的复杂程度等。

2）功能关联图

在功能分析图和现场流程图的基础上，可以进一步找出功能与业务活动的相互联系，为进一步分析功能与业务之间的关系给出详尽的资料。通过功能关联图还可以检查信息的质量，如信息的精确度、完整性、逻辑性、重要性及可扩充性。图10-7显示了某物流信息平台系统功能的总体框架。

3．子系统设计要求

物流系统各个子系统的具体设计要求如下所述。

1）仓库管理子系统

每一种货品应有唯一的编码与之对应。每一种货品的描述数据项可以分为两类：一类是在相当长的一段时间（如一年）内基本不变的数据项，如货品名称、规格型号、计量单位、单价、清仓数量等；另一类是每一张单据具有的独特的数据项，如单据编号、发生时间、收支数量等。根据关系数据库的规范化理论，可以将物流数据库设计成相对固定的信息和变动信息两类数据库。

子系统应设置各种清仓库存与账户输入、修改、稽核、查询、打印等功能。台账输入是用户每天都要操作的模块，一定要方便、清晰、可靠、迅速，应注意将输入的原始数据量降低到最少。

账目修改应能有多种数据项作为可选择的关键字，应能在修改中任意选择记录号，或向下、向上连续翻动查找要修改的记录；应能在任何位置插入用户需要的记录，删除用户不需要的记录等。账目稽核采用依次显示单据内容的方式，稽核过的账目不再重复出现。

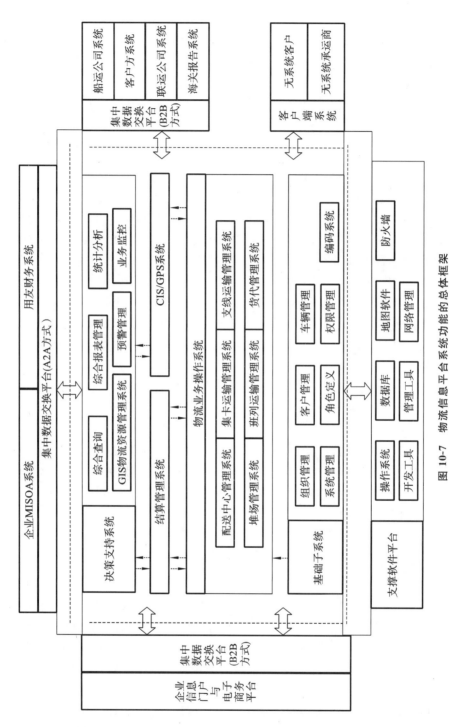

图 10-7 物流信息平台系统功能的总体框架

用户对账目数据有疑问时可以通过查询和打印的方式解决。查询方法应灵活、方便,满足用户的需要;打印输出的格式应标准、统一,重要账目的打印应设置专用打印模块;打印的账目应保证正确无误并经过财务、审计部门检验认可后才能使用。同时,应设置各种报表和各种统计功能,以满足财务部门的需要。

2) 计划管理子系统

计划管理职能在物流管理中起着龙头作用,各下属单位需用的货品报计划部门确认后,发出调运指令。物流部门通过汇总,落实物流任务,制定仓储生产经营体系,进行有计划的物流管理工作。计划管理子系统即负责调运任务的实施、统计、控制,并通过完善的信息系统不断反馈任务执行情况,随时做出调整采购与供应的计划,保证全面完成物流管理的任务。

计划的重要功能是下达调运任务书,也具有调运物资的数据输入、修改、稽核、查询、打印等功能。系统根据输入的原始计划数据进行各单位供应物资的统计汇总,并可从仓库管理子系统中统计实际供应的货品数量、金额,以此来统计本期需要采购的物资数量、金额,编制采购计划;统计本期内完成供应任务的百分比;编制计划平衡表。

3) 采购管理子系统

采购职能对物流管理的进货质量、经济效益起着重要作用。在我国现行体制下,有计划的采购工作是保证物流管理必不可少的环节。采购人员依据计划人员制订的期内采购计划进行市场调查与价格、质量分析,选择最佳方式与厂商洽谈业务,签订购买合同。当厂商履行合同时,采购人员通过财务汇款承付,这时需转入对在途物资的跟踪管理。当在途物资到达后,采购人员还须安排搬运提货,交仓库有关人员验收,开出收料单,办好入库手续。

采购管理子系统应有合同管理与在途物资跟踪管理、对外委托加工管理等基本数据库。合同管理为采购人员在年度内对外签订的各种合同提供系统的管理,包括合同输入、合同执行、合同分析、合同注销、合同结转、作废合同处理等功能。在途物资管理为用户对已经付款的在途物资实行跟踪管理。在途物资与合同管理之间有一定联系,一般以合同序号作为关键字相连接。合同执行情况、在途物资到货入库验收情况、委托加工原料与成品之间的成本核算等功能与仓库管理子系统有数据共享关系,可以以合同序号、在途序号、货品编码作为关键字相连接。子系统还应提供采购费用、运杂费统计、产生实际单价等信息,进行采购成本计算汇总,打印各种合同、合同执行与分析表、在途物资到货汇总表及催货单。

第四节　物流管理信息系统

一、物流管理信息系统的概念与特点

物流管理信息系统是根据物流运营、管理、决策的需要,以人为主导的,利用计算机硬件、软件、网络通信及其他设备,进行物流信息的收集、处理、储存、更新和维护,为企业高层决策、中层控制和基层运作提供信息服务的人机系统。

物流管理信息系统内部的相关衔接是通过信息进行沟通的,资源的调度也是通过信息共享来实现的,组织物流活动必须以信息为基础。

物流管理信息系统是企业物流信息系统的基础,也是企业信息化的基础。它利用各种信息进行实时、集中、统一的管理,实现信息流对商流、物流、资金流的控制与协调。

随着社会经济的发展与科技的进步,物流管理信息系统正在向业务活动的集成化、系统功能的模块化、信息采集的实时化、信息存储的大型化、信息传输的网络化、信息处理的智能

化以及信息处理界面的图形化方向发展。物流管理信息系统的特点主要表现在以下五个方面。

1. 集成化

集成化是指物流管理信息系统将业务逻辑上相互关联的部分连接在一起，为企业物流活动中的集成化信息处理工作提供基础。在系统开发过程中，数据库的设计、系统结构及功能的设计等都应该遵循统一的标准、规范和规程，以避免出现"信息孤岛"现象。

2. 模块化

模块化是指物流管理信息系统划分为各个功能模块的子系统，各子系统通过统一的标准来进行功能模块的开发，然后实现集成并组合起来使用。这样，既能满足企业不同管理部门的需要，也可以保证各个子系统的合理使用及设定相关的访问权限。

3. 实时化

实时化是指借助于光电技术、条形码技术、RFID 技术、GPS 技术、GIS 技术等现代物流技术，对物流活动进行准确实时的信息采集，并采用先进的计算机与通信技术，实时地进行数据处理和传送物流信息，通过网络的应用将供应商、分销商和客户按业务关系连接起来，使整个物流管理信息系统能够及时地掌握和分享属于供应商、分销商和客户的信息。

4. 网络化

网络化是指通过 Internet，将分布在不同地理位置上的物流分支机构、供应商、客户等连接起来，形成一个复杂但有密切联系的信息网络，从而通过物流管理信息系统实时了解各地业务运作情况。物流信息中心将各节点传来的物流信息进行汇总、分类、综合分析，然后通过网络把结果反馈传达下去，从而起到指导、协调、控制物流业务的作用。

5. 智能化

物流管理信息系统正在向智能化方向发展，比如企业物流管理信息系统涉及的决策支持分系统中的知识子系统，它就负责对决策过程中所需的物流领域知识、专家的决策知识和经验知识进行搜集、存储和智能化处理。

二、物流管理信息系统的种类

物流管理信息系统根据分类方法的不同，可以分成不同类型的系统。

（一）按系统的结构分类

1. 单功能系统

单功能系统是只能完成一种职能的系统，如物流财务系统、客户关系管理系统和访销系统等。

2. 多功能系统

多功能系统是能够完成一个部门或一个企业所包括的物流管理职能的系统，如仓库管理系统、某公司的经营管理决策系统等。

（二）按系统功能的性质分类

1. 操作型系统

操作型系统是指为管理者处理日常业务的系统。它的工作主要是进行数据处理，如记账、汇总、统计、打印报表等。

2. 决策型系统

决策型系统是指在处理日常业务的基础上，运用现代化管理方法，进一步加工计算，为管理人员或领导者提供决策方案或定量依据的系统。

（三）按系统作用的对象分类

1. 企业生产物流管理信息系统

这一系统主要对制造企业内外部的物流活动进行管理。一方面是企业顺利进行生产，对原材料、物料、日常耗用品等的采购时间、路线、存储，以及对产成品的销售时间、存储及送至用户的路线等进行计划、管理、控制的外部物流活动；另一方面是对制造企业采购来的物资在生产过程中的存储、搬运、包装等进行设计、计划、管理等的内部物流活动。

企业生产物流管理信息系统是以"企业资源计划"为核心的物流管理信息系统，实现对企业的人员、资金、房屋、设备、物料等资源的综合管理和优化，其功能围绕资源计划展开，包括计划的制订、执行、跟踪和控制等。

2. 商业企业物流管理信息系统

商业企业本身不生产商品，但它为用户提供商品、为制造商提供销售渠道，是用户和制造商的中介。专业零售商为客户提供统一类型的商品，综合性的零售商（如超市、百货商店）为客户提供不同种类的商品，这类商业企业的经营特点是商品种类多、生产地点分散、消费者群体分散等。商业企业物流管理信息系统主要是对不同商品的进、销、存等进行管理的系统。

商业企业物流管理信息系统一般是以"客户关系管理"为核心的物流管理信息系统，关注销售、营销、客户服务和支持等方面的业务，强调与客户需求的互动和提高客户价值、客户忠诚度，其功能围绕客户生命周期展开，满足客户售前、售中、售后各阶段的物流服务需求和信息需求，对客户价值和客户忠诚度等进行评价。

3. 第三方物流企业的物流管理信息系统

第三方物流企业是本身不拥有货物，而为其外部客户的物流作业提供管理、控制和专业化作业服务的企业。第三方物流企业的物流管理信息系统是一个综合的系统，负责对第三方物流企业的仓储、运输、配送等所有物流活动进行管理，如图10-8所示。利用物流管理信息系统，第三方物流企业可以准确、及时、高效地捕捉各种信息并进行处理，从而科学地指导物流活动的高效运转。

4. 以"供应链管理"为核心的物流管理信息系统

该系统强调将供应商、制造商、分销商、零售商等结为供应链伙伴进行一体化运作，以供应链的竞争优势弥补单个企业的竞争劣势，其功能围绕供应链上的业务协同展开，包括供需信息传递、业务单据交换等，如卷烟配送中心的物流管理信息系统。

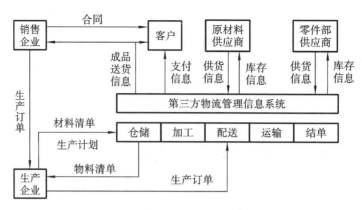

图 10-8 第三方物流管理信息系统

三、物流管理信息系统的主要功能

物流管理信息系统包括信息采集与处理功能、事务处理功能、预测功能、计划功能、控制功能、辅助决策和决策优化功能等。

1. 信息采集与处理功能

信息就是传递中的"知识差",数据和信息的区别在于:数据是原料,信息是产品。

(1) 数据的采集。数据采集方式包括手工方式和自动信息采集技术,自动信息采集技术有光电信号、条形码、RFID 等。采集好的数据经初步处理,按信息系统的数据结构要求进行组织并输入系统中。

(2) 信息的存储。数据进入系统之后,经过整理和加工,成为支持物流系统运行的物流信息,利用各种存储介质进行存储,并可随时输出到其他各个子系统中。

(3) 信息的传输。物流信息系统最基本的功能之一就是信息传输。信息传输需要具备相应的传输设备和传输技术,包括信息传输的安全、及时、完整,特别是物流过程的很多动态信息,应保证对动态信息的实时传输,以利于物流过程的有效控制。

(4) 信息的处理。物流信息系统最基本的目标就是将输入数据加工成有用的物流信息。信息处理可以是简单的计算、汇总、查询和排序,也可以是复杂的模型求解和预测。

2. 事务处理功能

物流信息系统能够对物流过程进行日常性事务管理工作,如实现对物流过程中订货、采购、进货、运输、仓储、装卸搬运、包装、物流加工、配送、销售等环节所涉及的合同、票据、物品状态、业务量,以及物流企业内部的人事、财务、客户关系管理等进行综合查询、统计分析、报表输出等,既节省了人力资源,又提高了管理效率。

3. 预测功能

应用物流信息系统不仅能记录物流活动的现状,而且能利用历史数据,运用适当的数学方法和科学的预测模型来预测物流的发展速度、规模、物流服务与区域经济状况,包括经济规模、经济结构、市场运作状况等。通过这些相关因素,可以对物流发展做出宏观和微观的预测,可以是对整个物流规模的预测,也可以是对库存量、运输量的预测。

第十章
物流自动化信息系统

4. 计划功能

物流管理信息系统针对不同管理层提出的不同要求，能为各部门提供不同的信息并对其工作进行合理的计划与安排，如库存补充计划、运输计划、配送计划等，从而有利于保证管理工作的效果。

5. 控制功能

物流管理信息系统首先能对物流系统各个环节的运行状况进行检测、检查，比较物流过程实际执行情况与其计划的差异，从而及时地发现问题；然后再根据偏差分析其原因，采用适当的方法加以纠正，保证系统预期目标的实现。控制过程也是协调过程。

6. 辅助决策和决策优化功能

物流管理信息系统能够提供相关的决策信息，达到辅助决策的目的，而且可以利用各种半结构化或者非结构化的决策模型及相关技术进行决策优化，为各级管理层提供各种最优解、次优解或满意解，以便提高物流管理决策的科学性，并合理利用企业的各项资源，提高企业的经济效益。与管理决策密切相关的数学方法和技术有运筹学、系统建模仿真、专家系统技术等。物流管理信息系统的决策功能如图10-9所示。

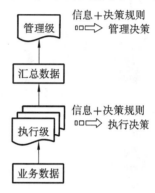

图 10-9 物流管理信息系统的决策功能

中海北方物流信息系统

一、概况

中海北方物流有限公司是中海集团物流有限公司所属的八大区域物流公司之一。其业务涵盖物流策划与咨询，企业整体物流管理，海运，空运，码头、集装箱场站、铁路班列运输，集卡运输，仓储配送等。

公司建有现代化的集装箱场站和码头，通过集团发达的国际、国内集装箱航线，可将货物运抵国内任意指定港口和国际各主要港口；拥有集装箱冷藏班列，独立经营冠名为"中国海运一号"大连—长春内外贸集装箱班列；组建了实力强大的集卡车队和配送车队，拥有配备 GPS 系统的集卡拖车 200 余辆，配送车 50 辆，构成纵贯东北内陆的陆上运输体系，可将货物运往东北任意指定地点。公司在大连港建有10万平方米的现代化物流配送仓库，采用以条码技术为核心的信息管理系统，配有国际先进的物流仓储设备。以大连为中心，按照统一标准在各主要城市建有二、三级配送中心，形成了辐射东北三省的梯次仓储配送格局；公司的冷藏高温仓库，成为新鲜瓜果蔬菜存储、加工、包装、分拨和配送中心。

二、中海北方物流信息系统简介

中海北方物流公司的物流信息系统是以 Intranet/Extranet/Internet 为运行平台的，以客户为中心的、以提高物流效率为目的的，集物流作业管理、物流行政管理、物流决策管理于一体的大型综合物流管理信息系统，由电子商务系统、物流企业管理软件、物流作业管理系统和客户服务系统组成。

● 电子商务系统使客户通过 Internet 实现网上数据的实时查询和网上下单；

● 物流企业管理系统对企业的财务、人事、办公等进行管理，对数据进行统计、分析、处理，为企业提供决策支持；

● 物流作业管理系统则通过集成条码技术、GPS/GSM 技术、GIS 技术等物流技术，实现物流作业、管理、决策的信息化；

● 客户服务系统为客户提供优质的服务。

其整体构架如图 10-10 所示，而实际应用流程如图 10-11 所示。

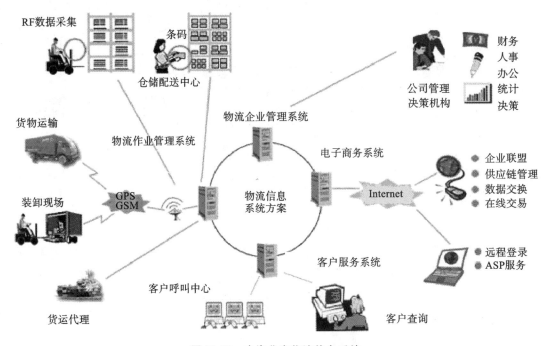

图 10-10　中海北方物流信息系统

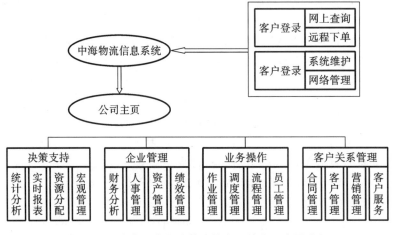

图 10-11　中海北方物流管理信息系统实际应用流程

第十章 物流自动化信息系统

三、中海北方物流信息系统功能介绍

(一) 中海物流管理信息系统的模块结构图

中海物流管理信息系统的模块结构图如图 10-12 所示。

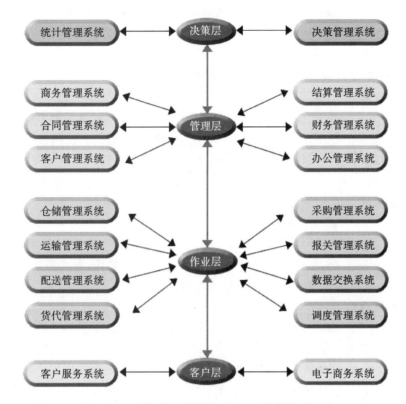

图 10-12 中海北方物流管理信息系统模块结构图

(二) 各系统功能简述

1. 物流业务管理系统

物流业务管理系统由十一个子系统组成,分别是配送管理系统、货代管理系统、仓储管理系统、运输管理系统、结算管理系统、客户管理系统、报关管理系统、数据交换系统、合同管理系统、采购管理系统、调度管理系统。

各系统功能简述如下:

1) 配送管理系统

按照即时配送(JIT)原则,满足生产企业零库存生产的原材料配送管理,满足商业企业小批量、多品种的连锁配送管理,满足共同配送和多级配送管理。支持在多供应商和多购买商之间的精准、快捷、高效的配送模式。支持以箱为单位和以部件为单位的灵活配送方式。支持多达数万种配送单位的大容量并发配送模式;支持多种运输方式,跨境跨关区的跨区域配送模式。结合先进的条码技术、GPS/GIS 技术、电子商务技术,实现智能化配送。

2) 货代管理系统

满足国内一级货运代理的要求,完成代理货物托运、接取送达、订舱配载、多式联运等多项业务需求,支持航空、铁路、公路和船务运输代理业务。配合物流的其他环节,实现物流的全程化管理,实现门对门、一票到底的物流服务。

3) 仓储管理系统

可以对所有的包括不同地域、不同属性、不同规格、不同成本的仓库资源,实现集中管理。采用条码、射频等先进的物流技术设备,对出入仓货物实现联机登录、存量检索、容积计算、仓位分配、损毁登记、简单加工、盘点报告、租期报警和自动仓租计算等仓储信息管理。支持包租、散租等各种租仓计划,支持平仓和立体仓库等不同的仓库格局,并可向客户提供远程的仓库状态查询、账单查询和图形化的仓储状态查询。

4) 运输管理系统

运输管理系统可以对所有运输工具,包括自有车辆、协作车辆及临时车辆实行实时调度管理,提供对货物的分析、配载的计算,以及最佳运输路线的选择。支持全球定位(GPS)和地理图形系统(GIS),实现车辆的运行监控、车辆调度、成本控制和单车核算,并提供网上车辆以及货物的跟踪查询。

5) 结算管理系统

对企业所有的物流服务项目实现合同价格一条龙管理,包括多种模式的仓租费用、运输费用、装卸费用、配送费用、货代费用、报关费用、三检费用、行政费用、办公费用等费用的计算,根据规范的合同文本、货币标准、收费标准自动产生结算凭证,为客户以及物流企业(仓储、配送中心、运输等企业)的自动结算提供完整的结算方案。

6) 客户管理系统

通过对客户资料的收集、分类、存档、检索和管理,全面掌握不同客户群体、客户性质、客户需求、客户信用等客户信息,以提供最佳客户服务为宗旨,为客户提供方案、价格、市场、信息等各种服务内容,及时处理客户在合作中遇到的各类问题,妥善解决客户合作中发生的问题,培养长期的忠诚的客户群体,为企业供应链的形成和整合提供支持。

7) 报关管理系统

报关管理系统集报关、商检、卫检、动植物检疫等功能的自动信息管理于一体,满足客户跨境运作的需求。系统支持联机自动生成报关单、报检单,自动产生联机上报的标准格式,自动发送到相关的职能机构,并自动收取回执,使跨境物流信息成为无缝物流信息传递,使报关、报检业务迅速、及时、准确,为物流客户提供高效的跨境物流服务。

8) 数据交换系统

系统提供电子商务化的 WEB-EDI 数据交换服务,通过电子商务网站或者基于 Internet 的数据交换通道,提供标准的 EDI 单证交换,实现与供应链上下游合作伙伴之间的低成本的数据交换,为供应链企业数据交换、电子商务数据交换以及未来开展电子支付、电子交易创造条件。

9) 合同管理系统

合同是商务业务和费用结算的依据,系统通过对合同的规范化、模式化和流程化,合理地分配物流服务的实施细则和收费标准,并以此为依据,分配相应的资源,监控实施的效果和核算产生的费用,并可以对双方执行合同的情况进行评估以取得客户、信用、资金的相关信息,交客户服务和商务部门作为参考。

10) 采购管理系统

采用规范化的企业采购模式和管理流程,满足企业开放式或供应链采购方式,包括网上招标、供应商管理、采购计划管理、需求管理、报价管理、审批管理、合同管理、订货管理、补货管理、结算管理、信用管理、风险管理等功能,从成本降低、效率提高和流程控制等不同方面为企业创造价值。

11) 调度管理系统

调度管理系统用于大型物流企业的业务集中调度管理,适用于网状物流、多址仓库、多式联运、共同配送、车队管理等时效性强、机动性强、需要快速反应的物流作业管理,以应付客户的柔性需求,减少部门之间的沟通环节,保证物流作业的运作效率。

2. 物流企业管理系统

物流企业管理系统由五个子系统组成,分别是商务管理系统、财务管理系统、统计管理系统、办公管理系统、决策管理系统。

1) 商务管理系统

商务管理系统的功能包括物流市场预测、物流营销策划、物流项目论证、物流资源整合、物流方案设计、价格政策制定、物流绩效评估等,结合合同管理和客户管理系统,准确地把握企业的市场方向、政策动向和客户需求,灵活地制定营销策略,实现企业发展战略目标。

2) 财务管理系统

财务管理系统结合成熟的财务管理理论,针对物流企业财务管理的特点,根据财务活动的历史资料进行财务预测和财务决策,运用科学的物流成本核算、作业绩效评估手段,从财务分析的角度,对企业发展战略、客户满意度、员工激励机制、企业资源利用、企业经济效益等方面进行分析,并得出有关财务预算、财务控制、财务分析报告,为实现企业价值最大化提供决策依据。

3) 统计管理系统

统计工作作为企业管理的基础,按照物流行业的标准,针对物流企业的经营管理活动情况进行统计调查、统计分析、统计监督,并提供统计资料。按照物流企业的统计要求,对物流企业的各项经营指标及经营状况进行分类统计和量化管理。

4) 办公管理系统

以降低管理成本、提高管理效率为目的,为物流企业的规范化、流程化和科学化管理提供包括办公管理、项目管理、资源管理、人事管理、知识管理在内的统一的企业管理平台,通过电子公文传递、资源动态分配、多方网络会议、邮件自动管理、定位信息传呼等实现企业的无纸化办公。

5) 决策管理系统

及时地掌握商流、物流、资金流和信息流所产生的信息并加以科学地利用,在数据仓库技术、运筹学模型的基础上,通过数据挖掘工具对历史数据进行多角度、立体的分析,实现对企业中的人力、物力、财力、客户、市场、信息等各种资源的综合管理,为企业管理、客户管理、市场管理、资金管理等提供科学决策的依据,从而提高管理层决策的准确性和合理性。

3. 电子商务系统

通过《中海物流网》实现的电子商务系统功能主要有:

实时查询——客户在网上实时查询库存情况、运输情况和账单。

清单录入——客户可以直接录入作业指令单、订车单、订仓单等。

网上下单——客户可以直接输入物流服务的需求。

信息反馈——客户对物流服务提出建议或投诉。
网上报价——客户可以在线发出询价请求并得到报价回复。
网上交易——物流服务项目在线查询、交易撮合和电子签约。
网上联盟——通过联盟的形式整合社会物流资源。
数据交换——通过 EDI 方式实现异构信息系统的数据对接。
信息外包——以 ASP 方式实现远程物流信息系统功能外包。
项目招标——通过电子招标的形式获得最佳的供货方。

4. 客户服务系统

系统实现的客户服务内容包括：
流程查询——查询有关作业的流程状态。
在库查询——查询有关的库存状况。
在途查询——查询货物运输途中状况。
定制查询——按照客户的要求选择查询内容。
账单下载——在线获取结算清单。
实时跟踪——查询有关货物的地理位置图形。
定制信息——按照需要发出客户所指定的专业信息。
咨询服务——在线解答客户在物流活动中的疑难问题。

四、特点

1. 全过程的物流信息采集和处理

系统实现了全球采购、运输、仓储、配送、包装、流通加工、装卸搬运、转运、报关、报检、分拣、结算等全过程的信息采集、储存、处理、统计和查询，使信息流通达物流作业和管理的每个环节。

2. 生产物料配送的零库存 JIT 管理

系统支持零库存生产企业的 JIT（即时）和 ECS（高效）物料配送作业，同时满足多供应商对单一生产厂家和多供应商对多生产厂家的配送模式，是唯一能支持精确配送的信息系统。

3. 数字化仓库的智能化管理

系统实现了仓库的数字化、条码化和局部智能化管理。

4. 基于 GPS/GIS 技术的车辆调度管理

系统对不同类型的车辆实行统一管理和调度，利用 GPS/GIS/GSM 技术实现最佳线路管理。

5. 基于 Web 方式的客户服务

系统建立在 INTRANET/EXTRANET 的网络拓扑结构下，实现内网和外网的各自独立运作而又以宽带网络连接。通过 Web 可以为全球客户提供实时在线查询、下单和结算。

6. 基于 EDI 方式的海关通关管理

系统自动生成符合国际 EAFACT 标准的 EDI 单证，可以和深圳海关、商检的 EDI 系统直接连接，实现联网通关报验和报检。

7. 国际结算管理体系

系统支持物流作业的即时清算，当一单作业完成之后，产生的费用结算单已经提交到财务结算,并通过信息渠道告知客户,分别按照约定的结算规则完成国际和国内结算。

8. 良好的移植性

遵循 J2EE 规范构建本系统,将 JAVA、HTML、XML、TCP/IP、数据仓库等计算机技术和条码以及 GPS/GSM、GIS、RF、动态规划等物流技术有机结合,实现了系统的跨平台运行和广泛适用性。

思考

中海北方物流信息系统的结构体系及其作用是什么?

练习与思考

练习与思考题答案

一、选择题

(一)单选

1. (　　)指的是尚未实现但已当作目标确认的一类信息,如物流量计划、仓库进出量计划、车皮计划、与物流活动相关的国民计划、工农业产品产量计划等。

A. 计划信息　　　　B. 控制信息　　　　C. 作业信息　　　　D. 统计信息

2. 物流信息管理的目的是开发和利用物流信息资源,以(　　)为手段,对物流信息资源进行计划、组织、领导和控制,最终为物流相关管理提供计划、控制、评估等辅助决策服务。

A. 现代信息技术　　B. 现代科学技术　　C. 现代管理技术　　D. 现代软件技术

(二)多选

1. 物流信息的特点是(　　)。

A. 物流信息的数据量大,涉及面广

B. 物流信息的种类繁多,来源复杂

C. 物流信息的动态和实时性强

D. 物流信息要能够实现共享,遵循统一的标准

2. 按信息加工程度的不同分类,信息分为(　　)。

A. 原始信息　　　　B. 半原始信息　　　C. 处理信息　　　　D. 已知信息

3. 物流信息管理的模式基本可分为(　　)。

A. 手工信息　　　　　　　　　　　　　B. 计算机辅助信息

C. 物流管理信息系统　　　　　　　　　D. 智能集成化物流管理信息系统

二、填空题

1. 作业信息是产生于物流作业层的信息,是物流管理最基础的信息,一般具有_____、_____、_____等特点。

2. 物流信息管理就是对物流全过程的相关信息进行_____、_____、_____和_____的信息活动全过程。

3. 与信息管理的对象一样,物流信息管理的对象包括_____和_____。

三、名词解释

1. 物联网

2. 射频识别技术
3. 物流管理信息系统

四、简答题

简述物流信息管理的特点。

五、论述题

分析物流管理信息系统的种类和主要功能。

参考文献

[1] 李严锋,冉文学,解琨.物流管理[M].北京:高教出版社,2018.
[2] 汝宜红,田源.物流学[M].北京:高等教育出版社,2019.
[3] 小保罗·墨菲,迈克尔·克内梅耶.物流学[M].北京:中国人民大学出版社,2019.
[4] 胡建波.物流概论[M].成都:西南财经大学出版社,2019.
[5] 王健.现代物流概论[M].北京:北京大学出版社,2019.
[6] 刘军,阎芳,杨玺.物流工程[M].北京:清华大学出版社,2014.
[7] 李浩,刘桂云.物流系统规划与设计[M].杭州:浙江大学出版社,2015.
[8] 徐文贤,李书宁.数字时代的图书馆自动化系统[M].北京:北京理工大学出版社,2012.
[9] 丁永琦.物流管理[M].北京:企业管理出版社,2019.
[10] 王道平.现代物流管理[M].北京:北京交通大学出版社,2019.
[11] 郭丽娜.企业物流管理[M].长春:东北师范大学出版社,2019.
[12] 李兴志,张华,曹益平.电子商务物流管理[M].济南:山东大学出版社,2019.
[13] (英)艾伦·哈里森(Alan Harrison),(荷)雷姆科·范赫克(Remko Van Hoek),(荷)希瑟·斯基普沃思(Heather Skipworth).物流管理(英文版)[M].北京:机械工业出版社,2019.
[14] 邹娟平,胡月阳,李艳.基于物联网技术的现代物流管理研究[M].青岛:中国海洋大学出版社,2019.
[15] 张诚,谢衍.物流管理与信息技术融合项目研究[M].北京:中国科学技术出版社,2019.
[16] 代承霞.跨境电子商务物流管理模式创新及发展[M].北京:经济日报出版社,2019.
[17] 高见,高明.新时代物流管理与发展研究[M].北京:中国原子能出版社,2019.
[18] 汪利虹,冷凯君.冷链物流管理[M].北京:机械工业出版社,2019.
[19] 宾厚,赵凤,王欢芳.现代物流管理合理化及创新发展模式研究[M].北京:中国铁道出版社,2019.
[20] 马璐,吕品.物流决策与优化[M].武汉:华中科技大学出版社,2019.
[21] 王欣兰.现代物流管理概论[M].北京:清华大学出版社,2018.
[22] 王晓虎.精益物流管理[M].北京:中国人民大学出版社,2018.

[23] 赵泉午,卜祥智.现代物流管理[M].北京:清华大学出版社,2018.
[24] 田宇,孙红英,张春翠.物流管理[M].北京:高等教育出版社,2018.
[25] 柴庆春.国际物流管理[M].北京:北京大学出版社,2018.
[26] 王雅华."一带一路"背景下我国物流管理发展研究[M].北京:中国水利水电出版社,2018.
[27] 刘刚.物流管理[M].北京:中国人民大学出版社,2018.
[28] 苑春林,喻晓蕾.国际物流[M].北京:中国经济出版社,2018.
[29] 王玉龙,(澳)韩清龙,费敏锐.网络控制系统的优化设计[M].北京:科学出版社,2019.
[30] 孙业国.网络控制系统的分析与控制[M].北京:科学出版社,2019.
[31] 王燕锋,王培良.网络控制系统建模、控制及其故障检测[M].杭州:浙江大学出版社,2019.
[32] (芬)维利—佩卡·埃洛兰塔.分布式控制系统设计:模式语言方法[M].北京:机械工业出版社,2018.
[33] 赵云波.网络化控制系统的数据包控制[M].北京:科学出版社,2017.
[34] 熊军华.物流仓储系统存取及调度优化方法研究[M].北京:中国水利水电出版社,2018.
[35] 刘昌祺,金跃跃.仓储系统设施设备选择及设计[M].北京:机械工业出版社,2010.
[36] 冉文学.单元物料订单分拣轮询控制系统研究[M].北京:经济科学出版社,2015.
[37] 宋志兰,冉文学.物流工程[M].武汉:华中科技大学出版社,2016.
[38] 吴功宜,吴英.物联网工程导论[M].北京:机械工业出版社,2012.
[39] 冉文学,宋志兰.物流管理信息系统[M].北京:科学出版社,2010.
[40] 刘云浩.物联网导论[M].北京:科学出版社,2010.
[41] 杨卓静,孙宏志,任晨虹.无线传感器网络应用技术综述[J].中国科技信息,2010.
[42] 邓安远,于林峰.无线传感器网络传输协议研究进展[J].科技传播,2010.
[43] 王艳琴,彭刚,刘宇.浅析无线传感器网络及其路由技术[J].电脑知识与技术,2010.
[44] 杨家玮.移动通信基础[M].北京:电子工业出版社,2010.
[45] 廖洪涛.数字电视业务支撑系统[M].北京:电子工业出版社,2011.
[46] 周三多,陈传明,鲁明泓.管理学:原理与方法[M].5版.上海:复旦大学出版社,2011.
[47] 刘鹏.云计算[M].北京:电子工业出版社,2010.
[48] 杨文志.云计算技术指南——应用、平台与架构[M].北京:化学工业出版社,2010.
[49] 雷万云.云计算企业信息化建设策略与实践[M].北京:清华大学出版社,2010.
[50] 王鹏.云计算的关键技术与应用实例[M].北京:人民邮电出版社,2010.
[51] John W. Rittinghouse,James F R. Cloud Computing:implementation, Management, and Security[M]. Beijing:China Machine Press,2010.
[52] (美)Abraham S,Henry F K.数据库系统概念(原书第6版)[M].北京:机械工业出版社,2012.
[53] (美)西尔伯沙茨.数据库系统概念[M].北京:机械工业出版社,2013.
[54] 张红娟,傅婷婷,郭盈发.数据库管理[M].3版.西安:西安电子科技大学出版社,2012.
[55] 屈军锁.物联网通信技术[M].北京:中国铁道出版社,2011.

[56] 夏华.无线通信模块设计与物联网应用开发[M].北京:电子工业出版社,2011.
[57] 董健.物联网与短距离无线通信技术[M].北京:电子工业出版社,2012.
[58] 吴巍.物联网与泛在网通信技术[M].北京:电子工业出版社,2012.
[59] (美)阿基迪兹,沃安.无线传感器网络[M].北京:电子工业出版社,2013.
[60] 冉文学,宋志兰.物联网技术[M].北京:高等教育出版社,2014.
[61] 朱晓蓉,齐丽娜,孙君,等.物联网泛在通讯技术[M].北京:人民邮电出版社,2010.
[62] 高红梅.物联网在农产品供应链管理中的应用[J].COMMERCIAL TIMES,2010(22).
[63] 黄志雨,嵇启春,陈登峰.物联网中的智能物流仓储系统研究[J].自动化仪表,2011(32).
[64] 解海东,李松林.基于物联网的智能矿山体系研究[J].工矿自动化,2010(3).
[65] 施祖建,汪丽莉.物联网在安全生产领域的应用研究[J].能源技术与管理,2010(6).
[66] 李静雅.物联网技术在城市公交系统中的应用研究[J].机械工程与自动化,2010.12.
[67] 李严锋,张丽娟,冉文学,等.现代物流管理[M].5版.大连:东北财经大学出版社,2017.
[68] 冉文学,李严锋,宋志兰,等.物流质量管理[M].北京:科学出版社,2008.
[69] 冉文学,宋志兰.物流管理信息系统[M].北京:科学出版社,2016.
[70] 冉文学,宋志兰.物联网技术[M].北京:高等教育出版社,2014.
[71] 张锋,顾伟.物联网技术在煤矿物流信息化中的应用[J].中国矿业,2010,19(8).
[72] 陈志,高莉.物联网技术在冶金企业应用中的探索与实践[J].冶金自动化,2011,35(1).
[73] 张烨.物流自动化系统[M].杭州:浙江大学出版社,2009.
[74] 蒋长兵,白丽君.物流自动化识别技术[M].北京:中国物资出版社,2009.
[75] 牛东来.现代物流信息系统[M].北京:清华大学出版社,2011.
[76] 吴清一.物流系统工程[M].2版.北京:中国物资出版社,2006.
[77] 田红英,黄远新.第三方物流管理[M].成都:四川大学出版社,2008.

与本书配套的二维码资源使用说明

　　本书部分课程及与纸质教材配套数字资源以二维码链接的形式呈现。利用手机微信扫码成功后提示微信登录,授权后进入注册页面,填写注册信息。按照提示输入手机号码,点击获取手机验证码,稍等片刻收到4位数的验证码短信,在提示位置输入验证码成功,再设置密码,选择相应专业,点击"立即注册",注册成功(若手机已经注册,则在"注册"页面底部选择"已有账号? 立即注册",进入"账号绑定"页面,直接输入手机号和密码登录)。接着提示输入学习码,需刮开教材封面防伪涂层,输入13位学习码(正版图书拥有的一次性使用学习码),输入正确后提示绑定成功,即可查看二维码数字资源。手机第一次登录查看资源成功以后,再次使用二维码资源时,只需在微信端扫码即可登录进入查看。